中华现代学术名著丛书

远东国际军事法庭

梅汝璈 著

梅小璈 梅小侃 整理

商务印书馆
创于1897 The Commercial Press

图书在版编目（CIP）数据

远东国际军事法庭 / 梅汝璈著；梅小璈，梅小侃整理. --北京：商务印书馆，2025. --（中华现代学术名著丛书）. --ISBN 978-7-100-25428-1

Ⅰ. D995

中国国家版本馆CIP数据核字第2025UR4224号

本书根据法律出版社 1988 年版排印

中华现代学术名著丛书

远东国际军事法庭

梅汝璈　著

梅小璈　梅小侃　整理

商　务　印　书　馆　出　版

（北京王府井大街36号　邮政编码100710）

商　务　印　书　馆　发　行

北京市十月印刷有限公司印刷

ISBN 978-7-100-25428-1

2025年9月第1版　　开本 880×1240　1/32

2025年9月北京第1次印刷　　印张 13⅛　插页 1

定价：86.00元

梅汝璈

（1904—1973）

出版说明

百年前，张之洞尝劝学曰："世运之明晦，人才之盛衰，其表在政，其里在学。"是时，国势颓危，列强环伺，传统频遭质疑，西学新知亟亟而入。一时间，中西学并立，文史哲分家，经济、政治、社会等新学科勃兴，令国人乱花迷眼。然而，淆乱之中，自有元气淋漓之象。中华现代学术之转型正是完成于这一混沌时期，于切磋琢磨、交锋碰撞中不断前行，涌现了一大批学术名家与经典之作。而学术与思想之新变，亦带动了社会各领域的全面转型，为中华复兴奠定了坚实基础。

时至今日，中华现代学术已走过百余年，其间百家林立、论辩蜂起，沉浮消长瞬息万变，情势之复杂自不待言。温故而知新，述往事而思来者。"中华现代学术名著丛书"之编纂，其意正在于此，冀辨章学术，考镜源流，收纳各学科学派名家名作，以展现中华传统文化之新变，探求中华现代学术之根基。

"中华现代学术名著丛书"收录上自晚清下至20世纪80年代末中国大陆及港澳台地区、海外华人学者的原创学术名著（包括外文著作），以人文社会科学为主体兼及其他，涵盖文学、历史、哲学、政治、经济、法律和社会学等众多学科。

出版“中华现代学术名著丛书”，为本馆一大夙愿。自1897年始创起，本馆以“昌明教育，开启民智”为己任，有幸首刊了中华现代学术史上诸多开山之著、扛鼎之作；于中华现代学术之建立与变迁而言，既为参与者，也是见证者。作为对前人出版成绩与文化理念的承续，本馆倾力谋划，经学界通人擘画，并得国家出版基金支持，终以此丛书呈现于读者面前。唯望无论多少年，皆能傲立于书架，并希冀其能与“汉译世界学术名著丛书”共相辉映。如此宏愿，难免汲深绠短之忧，诚盼专家学者和广大读者共襄助之。

商务印书馆编辑部

2010年12月

凡　　例

一、“中华现代学术名著丛书”收录晚清以迄20世纪80年代末，为中华学人所著，成就斐然、泽被学林之学术著作。入选著作以名著为主，酌量选录名篇合集。

二、入选著作内容、编次一仍其旧，唯各书卷首冠以作者照片、手迹等。卷末附作者学术年表和题解文章，诚邀专家学者撰写而成，意在介绍作者学术成就，著作成书背景、学术价值及版本流变等情况。

三、入选著作率以原刊或作者修订、校阅本为底本，参校他本，正其讹误。前人引书，时有省略更改，倘不失原意，则不以原书文字改动引文；如确需校改，则出脚注说明版本依据，以“编者注”或“校者注”形式说明。

四、作者自有其文字风格，各时代均有其语言习惯，故不按现行用法、写法及表现手法改动原文；原书专名（人名、地名、术语）及译名与今不统一者，亦不作改动。如确系作者笔误、排印舛误、数据计算与外文拼写错误等，则予径改。

五、原书为直（横）排繁体者，除个别特殊情况，均改作横排简体。其中原书无标点或仅有简单断句者，一律改为新式标点,专名号从略。

六、除特殊情况外,原书篇后注移作脚注,双行夹注改为单行夹注。文献著录则从其原貌,稍加统一。

七、原书因年代久远而字迹模糊或纸页残缺者,据所缺字数用“□”表示;字数难以确定者,则用“(下缺)”表示。

作者简介

梅汝璈，1904年出生于江西南昌，1924年毕业于清华学校（清华大学前身），旋即留学美国斯坦福大学，后以优异成绩在芝加哥大学获法学博士学位。1929年，梅汝璈学成归国，先后在山西大学、南开大学、武汉大学、复旦大学、中央政治学校等院校担任教授，讲授政治学、民法概论、刑法概论、英美法和国际法等课程；并自1934年起长期担任国民政府立法院委员，曾代理立法院外交委员会委员长。抗日战争胜利后，梅汝璈受国民政府派遣，于1946年代表中国出任远东国际军事法庭法官。在近三年的审判工作中，他努力维护民族尊严，伸张国际正义，为实现大体公正的审判结果作出了贡献。1948年底，国民政府任命梅汝璈为行政院政务委员兼司法行政部长，他拒不到任，避居香港，且于1949年12月初在中共有关机构安排下抵达北京。从1950年起，他先后担任中华人民共和国外交部顾问、全国人民代表大会代表及法案委员会委员、全国政协委员、世界和平理事会理事、中国人民外交学会常务理事、中国政法学会理事等职。梅汝璈在反右派斗争和"文革"中曾遭受不公正待遇。1973年病逝于北京。

整理者说明

《远东国际军事法庭》是一部未完成的书稿，写于1962—1965年间。全书计划分为七章，但只完成了前面的一至四章。“文革”动乱中梅汝璈先生横遭批判，所有的文稿都被没收，他原定的写作计划自然无法实施，直至1973年悄然辞世。所幸当时业已誊清的前四章底稿得以索回，并由法律出版社于1988年首次出版，又于2005年以新版发行，其后收录于上海交通大学出版社出版的《梅汝璈东京审判文稿》（2013年）及《东京审判亲历记》（2016年）。正文后面的三个附录为原稿所含，此处予以保留。

作为远东国际军事法庭的中国法官，梅汝璈先生撰写的这部著作从法庭的历史、结构、机制、理论等各方面进行详细论述，它的价值自不待言。不幸的是，那些还没有来得及展开论述的写作提纲、还没有抄录的手稿以及大量资料却不知所终，成为无法弥补的损失和永远的遗憾。当年热心支持出版的倪征燠和王铁崖两位法学界巨擘亦已作古，他们为《远东国际军事法庭》初版所作的序言一并敬录于此，以为纪念。拙文《纪念我们的父亲》系本书整理者多年前所撰写，今次重发，或许有助于读者对梅汝璈法官的了解，也表达了我们对先父的崇敬与怀念。

本书另外附有：1. 梅汝璈法官的日记四则，是从他仅存的49天的东京日记中选取的，全文首次发表在《东京大审判：远东国际军事法庭中国法官梅汝璈日记》(江西教育出版社，2005年)，后亦收入《梅汝璈东京审判文稿》和《东京审判亲历记》。此处所选的是开庭当日及其后某几天的记录。2. 梅法官在庭审期间写给法庭庭长的一篇备忘录，原件为英文，译文摘自“梅汝璈法官东京审判期间的备忘录四篇”，载于程兆奇主编的《战争审判研究》丛刊第二辑(上海交通大学出版社，2023年)。3. 梅法官在庭审结束后，即法官们撰写判决书、定罪量刑及宣判的阶段发给国民政府外交部的九封函电，已查找到的全部16封函电见《梅汝璈东京审判文稿》中的“东京审判期间的部分函电”。我们希望通过这三个附文呈现出梅汝璈法官在东京审判的早期、中期和后期的部分工作状况，当然远远不可能是全貌。此外，本书还收入了：4.《关于谷寿夫、松井石根和南京大屠杀事件》，这是梅汝璈先生写于1961年的一篇重要文章，原载全国政协《文史资料选辑》第二十二辑(中华书局，1962年)，经作者补正后的版本收录于法律出版社的《远东国际军事法庭》及此后多家出版社出版的梅汝璈遗著中。5. 梅汝璈先生著述要目，它部分反映了梅先生作为一位著名法学家的贡献，原载梅小璈、范忠信选编的《梅汝璈法学文集》(中国政法大学出版社，2007年)，今次做了少许更新。

本书中的一些引文、译名、字句、标点等与现行用法有些差异，为尊重其原貌而基本未做改动，仅就个别地方略加处理或调整。从近四十年前的《远东国际军事法庭》初版开始，在历次的成书和再版过程中得到很多学者、专家和老师们的帮助，在此一并表示感谢。当然，作为整理者，我们所做的工作难免有疏漏之处，希望得到读者指正。

承蒙商务印书馆邀请，这部旧作得以列入“中华现代学术名著丛书”，使我们感到非常荣幸，相信梅汝璈先生的在天之灵也会感到欣慰。希望这本书能帮助更多的读者，特别是青年人更好地理解并记住人类历史上这一重大事件，从中获得经验和教训并汲取力量。

目　　录

附文

初版序一

倪征燠

已故梅汝璈先生哲嗣梅小璈君持其先父遗著《远东国际军事法庭》（未完成稿）来访，嘱我为序。睹物思人，感慨万千。于公于私，我都觉得乐于承担。书稿虽因故中辍，未能完成，但亦不足为病，因它概述了第二次世界大战以后关于战争罪行原则的确立和发展。这些原则通过东京审判的历史实践，更明确地树立了对侵略战争进行谴责和惩罚的标志。和纽伦堡审判一样，东京审判不仅在传统国际法关于违反战争法规或惯例的普通战争犯罪以外，确立了破坏和平罪和违反人道罪，它还深入地阐述了关于"共同阴谋"进行侵略的论点，颇有独到之处。梅先生已完成的四章，虽然偏重于事实经过和审判程序，但也对于日本甲级战犯被判处罪刑的法律根据，在其开首第一章内作了一般性的叙述。当然一般性叙述不能代替精辟的法律性论断，但读者毕竟不难由此推断东京审判的立脚点和方向，何况还有远东国际军事法庭最后作出的判决书可以对照。我上面所说梅先生遗著虽未完成，亦不足为病，就是这个意思。

我还认为，梅先生这部遗著之所以值得重视，也在于它蕴藏着许多局外人所不能得到的有关东京审判的宝贵资料。这些资料包括法庭的组成经过及其各部门间的协调关系；甲级战犯名单的确定及其逮捕和受审的详细经过；法官们席次的排定及其内部工作制度；检察团和辩护团的组成和职责及其内部工作程序；美国律师参加辩护的经过及其意义等。遗憾的是，关于东京审判最终阶段中对各被告，特别是对几名侵华主犯的定案经过，梅先生可能计划在其遗著的最后部分叙述，因此没有能在这四章中反映出来。这部分无疑是一段曲折的过程，因为当时国民党政府对东京审判缺乏正确的认识和估计，以为日本军国主义侵略中国，事实昭彰，审判不过是个形式，受害国毋须提出确切证据，就可以对受审战犯定罪，这已经是一个错觉，更没有料到美国派出一大批美国律师为被告们辩护，加以十一位法官中有七位来自英美法系国家，造成了一个有利于被告们的极不平衡的局面。尽管法庭宪章规定"法庭不受一般技术性采证规则的拘束"，事实上东京审判采用的基本上是英美式程序规则。中国方面格于当时形势，不得不一方面顶住英美式高度技术性采证规则的套用，另一方面急起直追，广泛搜集证据，包括从当时被封存的日本陆军省档案中检出的有关文电，在审判后期对被告本人及其所提证人进行"反诘"时提出，以充实对被告侵华罪行的证明。最后总算所有侵华主犯如当时众所周知的土肥原贤二、板垣征四郎、松井石根、武藤章、广田弘毅等均法网难逃，被处极刑，其罪状被昭告于全世界。

此外，溯至党的十一届三中全会，我国实行对外开放政策，涉外诉讼案件显著地增加，而且这类案件大多数是在海外进行的。我们为了做到"知己知彼"，很需要有关外国诉讼程序法，特别是英美诉讼程序法的知识。但目前这类资料比较缺乏。梅先生遗著的第四章较详细地阐述了英美式的审判程序规则及其实际运用。虽然东京审判属于国际性刑事案件，而我们目前面临的涉外诉讼多数是在内国法院进行的民商事案件，但不少证据法规则是在内国法院进行的刑事和民商事案件中可以共同适用的。因此，我认为梅先生遗著中这一部分，不仅对诉讼程序法的一般研究有用，而且在目前对外涉讼频繁的情况下，也提供了亟待参考的资料。

我和梅先生在抗日战争时期相识于重庆。1946 年初，我适邀游美英两国，实地考察彼邦司法制度及其实践。闻梅先生将执法东京，不禁深感得人。1947 年初我被邀参加东京法庭中国方面的检察工作。我和梅先生当时虽然岗位各异，但也共同经历了东京审判中“化险为夷”的曲折过程。梅先生辞世已十有三年，其余当年共事的中国审检人员，除鄂吕弓、吴学义教授亦已物故外，均星散各地。九五高龄的中国检察官向哲濬先生长期卧病沪渎；刘子健兄现执教于美国普林斯顿大学；桂公绰兄则在台湾大学任教；裘劭恒、杨寿林、高文彬、周锡卿、张培基诸君分别在京、沪各大学执教，数十年如一日，裘君还兼任繁重的法制工作。梅小璈君前来嘱我为梅先生遗稿作序，我对四十余年前事恍如隔昨，遐想联翩，借此寄语东京旧雨，望各珍重，为祖国繁荣昌盛、世界和平、人类进步作出自己的贡献，到最后一息。如有机缘能再叙首一堂，共话当年崎岖道路，为梅先生此稿续裘补遗，宁非理想中事！

1986 年 8 月

[**倪征燠**（1906—2003），国际法学家。1947 年至 1948 年作为中国检察团首席顾问，参加远东国际军事法庭的审判工作，对土肥原贤二、板垣征四郎、松井石根等甲级战犯提出了控诉。1956 年起任职外交部。1985 年至 1994 年担任国际法院法官，1991 年当选为国际法研究院院士。2003 年在北京病逝，享年 97 岁。]

初版序二

王铁崖

我的朋友梅汝璈博士逝世已经十几年了。现在，他的遗著《远东国际军事法庭》能够出版，能够公之于世，这是中国法学界的一件幸事。

梅汝璈博士的一生是法学家的一生。他早年学习法学，二十四岁时就以优异成绩取得了美国芝加哥大学的法学博士学位。回国以后，他从事法学教学，参加立法工作，于 1946 年作为中国法官参加在东京的远东国际军事法庭对日本首要战犯的审判，历时三年。解放前夕，国民党政府任命他为司法部长，梅汝璈博士毅然拒绝到任，并冒险从香港回到北京。此后，他长期在外交部担任法律顾问，直到逝世。在这期间，他还以法学家、外交家的身份，多次参加各种国际会议。梅汝璈博士一生中对于法学做了不少的贡献，而在远东国际军事法庭上的审判工作则是他的重要贡献之一。

战犯审判，正如梅汝璈博士所指出的那样，“是第二次世界大战后国际生活中的一件大事，也是人类历史上的一个创举”。第一次世界大战后的尝试是失败了；为了取得成功，在第二次世界大战期间，主要同盟国经过几次协议，一再肯定了惩罚战争罪犯的原则。依此，在大战结束之后，在欧洲纽伦堡和远东东京分别设立了一个国际军事法庭，从事审理战犯的工作。两个法庭分别以大约一年和两年多的时间顺利地完成了自己的任务，这是一个重大的胜利。

从国际法的角度来看，战争罪行和战争罪犯是经过纽伦堡和东京审判而确立起来的新概念，它们的确立，表明了国际法，特别是战争法的一个新的发展。很久以来，在国际法上就有正义战争和非正义战争的区别的理论，而在现代，这种区别表现为侵略战争和反侵略战争。虽然侵略战争和反侵略战争的区别在严格意义上说还没有形成确定的国际法规则，但是，谴责侵略战争已经是人类法律意识的一部分，也已经成为国际法的新内容的一部分。惩罚战争罪行和战争罪犯就是从区分侵略战争和非侵略战争以及谴责侵略战争这样的原则引申出来的，而反过来又推动了这样的原则向前发展，从而使它们在国际法上的地位得到了确立。因此，第二次世界大战后的两次战犯审判——纽伦堡和东京的战犯审判，在国际法的发展史上自有其不可磨灭的功绩。

梅汝璈博士作为中国法官亲自参加了远东国际军事法庭的战犯审判，而且把自己的经历写了下来，这是十分有意义的。他从1962年就开始撰写这部关于远东国际军事法庭的著作了。可惜，“文化大革命”一朝爆发，他的写作计划不得不中断。在1973年逝世之前，他再也没有获得继续写下去的机会。因此，这本书只有四章，是一部未完成的书稿。但是，尽管是未完成稿，这现有的四章已经论述了远东国际军事法庭的设立及其管辖权，远东国际军事法庭的宪章及组织，日本主要战犯的逮捕与起诉，远东国际军事法庭的审讯程序等有关远东国际军事法庭的许多重要问题。这本书材料丰富，分析深入，是一本很有价值的著作，可以作为研究国际法与国际政治者的重要参考书。在国际上，像这样有分量的有关远东国际军事法庭和战犯审判的书是不多见的。

作为一个法学家，参加国际战犯审判，是一个光荣而艰巨的任务。梅汝璈博士作出了巨大的努力，排除各种困难——当时国内政府的不重视、不支持，以及国际上的反动势力的拖延和阻挠——使远东国际军事法庭对日本的主要战犯作出了基本上符合正义要求的判决，这是难能可贵的。我和梅汝璈博士在解放后开始订交，在他回到北京之后的几天，我们一起参加了中国人民外交学会成立大会。在大会上，周恩来总理赞扬了梅汝璈博士的工作，指出“他为人民办了一件大好事，为国家争了光”。这是对梅汝璈博士一生中从事的一项重要工作的最好评价。

1986 年 5 月 25 日

北京大学国际法研究所

［**王铁崖**（1913—2003），国际法学家，北京大学、北京政法学院教授，北京大学国际法研究所所长。1987 年当选为国际法研究院院士。1997 年至 2000 年担任前南斯拉夫问题国际刑事法庭法官。2003 年在北京病逝，享年 90 岁。］

第一章　远东国际军事法庭的设立及其管辖权

一、主要战犯的国际审判：第二次世界大战后的创举

第二次世界大战是以轴心国的失败而告终的。德国的正式投降是在 1945 年 5 月 8 日，日本的正式投降是在同年 9 月 2 日。

在德日投降之后，战胜的同盟国便分别在德国纽伦堡和日本东京先后设立了两个国际军事法庭。前者的名称是“国际军事法庭”；后者的名称是“远东国际军事法庭”。后者冠以“远东”二字，以示区别于前者。一般人对这两个国际军事法庭的简称是“纽伦堡国际法庭”和“东京国际法庭”，或者“纽伦堡法庭”和“东京法庭”。[①]

这两个法庭的组织虽略有不同（见下章），但是它们的任务和目的却是一样，那便是：把轴心国的某些国家领导人当作首要的或主要的战争罪犯而加以逮捕、侦查、起诉、审讯和判刑。[②] 这些首

① 纽伦堡国际军事法庭的英文名称是International Military Tribunal, Nuremberg；东京远东国际军事法庭的英文名称是International Military Tribunal for the Far East, Tokyo。

② 《纽伦堡国际军事法庭宪章》第一条：“依照……协定，应设立一国际军事法庭，以公正并迅速审判及处罚轴心国之主要战争罪犯。”《远东国际军事法庭宪章》第一条：“远东国际军事法庭之设立，其目的为公正与迅速审判并惩罚远东之主要战争罪犯。”

要的或主要的战争罪犯有时又被称为“甲级战犯”；他们都是当年纳粹德国和法西斯日本政府中对策划、准备、发动或执行侵略战争负有最高或主要责任的人物。这些人对于国家侵略战争政策的制定和侵略战争的进行是起过重大作用的。

对于这类主要战犯或甲级战犯由正式组织的国际法庭依照法律手续加以审讯和制裁，是第二次世界大战后国际生活中的一件大事，也是人类历史上的一个创举。在这以前，一个战败国的领导人物，即使他们是发动侵略战争的元凶巨魁，一般都是逍遥法外的，从来没有受过法庭的审判和法律的制裁。

诚然，在历史上，一个国家的元首或政府显要在战争中一旦落在敌国手中被杀害或被囚禁的事情，是屡见不鲜的。最著名的近例便是 1815 年拿破仑一世被英、俄、奥、普等战胜国流放在圣赫勒拿岛终身囚禁。但是他的流放并没有经过任何国际法庭或国内法庭的审判。用法律去制裁战败国领导人之事，确实是第二次世界大战后的一个新创举。

二、第一次世界大战后战犯国际审判的失败经验

在第一次世界大战终结的时候，协约国也曾有过要把德国元首和政府高级负责人交付国际审判的意图，但其实际结果却是一场空梦，成为历史上的一个大笑话。

事实的经过是这样：在大战要完和刚完的时候，“绞死德皇”的呼声弥漫了对德作战的各协约国及参战国。由于那次战争的规模之大是空前的，它对人们所造成的痛苦和牺牲也是史无前例

的，因此协约国和参战国的人民对于发动那次大战的德皇威廉二世和德国政府的领导人都怀着深深的仇恨，必欲严厉惩罚之而后快。

在1919年巴黎和会上，依法惩办德皇和主要战争罪犯的问题曾得到相当认真的讨论，讨论的结果具体地表现在《凡尔赛和约》第七章（标题为“惩罚”）的四条（第227至230条）条文里。

和约第227条明白规定了：协约国及参战国将组织特别法庭审讯德皇威廉二世，并治之以破坏国际道德和条约尊严的最大罪状。第228条规定了：对于德皇以下的主要战争责任者，德国承认有权提交军事法庭审判。

根据《凡尔赛和约》的这些条款的规定，巴黎和会便指派了一个国际委员会去“从事研究战争制造者的个人责任，开具战犯名单，并草拟审讯法庭的组织宪章”。这些事情，委员会在受命之后都一一照办了。

就当时的情景看来，协约国及参战国对审判德国主要战犯之事未尝不想有声有色地干它一番。但是由于下列几个原因，这件事弄到后来便成了虎头蛇尾，终而不了了之。

1. 俄国1917年十月无产阶级革命的胜利。这个胜利使各协约国和参战国的资产阶级统治者大为震动，他们于是把大部分的注意力转向怎样包围俄国和如何对付苏维埃政权的问题上；对于怎样执行《凡尔赛和约》中惩办德国战犯的条款，他们是不甚关切的。

2. 协约国彼此之间的摩擦，特别是英国和法国之间的猜忌。在第一次世界大战以后，法国俨然成了欧洲大陆上的霸主，这显然同英国要在大陆上维持均势平衡的传统政策相矛盾。因此，袒德抑法便成了战后英国对外的基本方针之一。

3. 德国政府对于引渡战犯并交付国际审判的主张顽强抵抗，不予合作。

由于以上各因，《凡尔赛和约》关于惩办威廉二世和其他主要战犯的条款便等同虚设，不但和约中规定的国际法庭始终未能组织成功，而且协约国于无可奈何之中，为了便于行事，敷衍塞责，索性把全部审判工作都委托给德国政府自己去搞了。

德国政府受托之后，阳奉阴违，百般拖赖，迟至 1921 年 5 月（战争结束了两年半之后）才由其最高法院在莱比锡（Leipzig）假惺惺地开始举行了“审判”。这个“审判”的乖谬荒唐，在历史上是罕有其匹的。

先是协约国根据《凡尔赛和约》的规定，提出了一个八百九十六人的重要战犯名单，交给德国政府按名予以逮捕和审讯。德国政府多方抗拒，先将名单人数缩减为四十五人，称之为“试验审判”。在这四十五人之中，实际上受到审讯的只有十二人，而这十二人之中经法庭判罪的只有六人；他们的刑度都判得异常之轻，自六个月至四年徒刑不等。在六名判了刑的战犯之中，有两名还越狱逃跑了，论者都认为这是德国法庭故意放纵的。

因此，莱比锡审判的最后结果，只是轻微地惩罚了总共四名小战犯。当那个罪恶昭彰、杀人如麻的石坦格尔（Stenger）将军被法庭宣告无罪的时候，观审群众还喝彩欢呼，献花致敬，把他当作“民族英雄”看待。至于战争最高责任者德皇威廉二世，在战时便逃入了荷兰国境，荷兰以违反其宪法及历史传统为理由，拒绝把他引渡，因而使他终身逍遥法外，没有受到任何法律制裁。

这便是“莱比锡审判”所以成为历史上一幕大滑稽剧的原因所在，也就是第一次世界大战后惩办首要战犯的全部“成绩”。[①]

从上面这个简单的历史叙述中，我们可以看出：在第二次世界大战以前，人们要惩办侵略战争的制造者和主使人的意思和企图在国际社会里已经有了一个初步的萌芽。尽管莱比锡审判是一大失败，尽管《凡尔赛和约》关于处罚战争制造者的条款等同具文，但是人们要使战争制造者负起个人责任的思想却已有了一个明确的开端。同时，第一次世界大战后处理战犯的失败经验给了人们一些深刻的教训。第二次世界大战后审判首要战犯工作之所以能够相当顺利地进行，未尝不是得益于那些经验教训。

三、第二次世界大战期间的准备工作

当第二次世界大战正在激烈进行的时候，同盟国（那时亦称“联合国”或“联合国家”，指的是当时对德、意、日等轴心国作战的各国，而不是指战后在纽约成立的联合国组织）对于战后惩处战犯问题便已经有过几次协议，做过一些准备，其中最重要的是：

1. 1942 年 1 月 13 日比利时、捷克、希腊、荷兰、波兰、南斯拉夫、卢森堡、挪威、法国九国发表的共同宣言，申明惩办战争罪犯是他们作战的主要目标之一。

2. 1943 年 10 月在伦敦成立的联合国家“战罪调查委员会”，该会除上述九国外，中、美、英三国亦曾参加。

---

① 关于莱比锡审判的详情，阅 Mullins, *Leipzig Trials* (1921)。

3. 1943 年 11 月 1 日莫斯科苏、美、英三国会议闭幕时所发表的"关于暴行的宣言"。这个宣言除了重申战犯必须严惩之外，并声明了：凡在某一地方犯有严重暴行的战犯"都应当押解回到他犯罪地的国家中，以便按照那些被解放了的国家及因此而建立了自由政府的法律去审判治罪"。"宣言"还宣布"对于主要罪犯的案件绝不偏袒；他们所犯的罪行既无地理上的区分，应该由同盟国政府去共同审判治罪"，这就是说，对于轴心国的领导人，那些元凶巨魁们，应该由同盟国共同组织的国际法庭去审判。

除了上述各国政府的联合努力之外，当时同盟国的领袖们对战后惩办战犯亦常个别地作过严厉坚决的表示，其中最著名的有：

1. 1943 年 7 月 30 日美国罗斯福总统警告中立国不得庇护战犯的照会；

2. 1943 年 11 月 6 日苏联斯大林元帅"要严厉惩办这次战争发动者的一切法西斯罪犯"的声明。[①]

四、两个国际军事法庭设立的经过

1945 年 5 月德国投降。从是年 7 月 17 日起，英、美、苏三国举行了柏林会议，签订了著名的《波茨坦议定书》（亦有称之为《波茨坦协定》者）。在该议定书的第六章（标题为"战争罪犯"）

---

① 同盟国政府和首领们的这些宣言、照会和声明，载S. Glueck, *War Criminals: Their Prosecution and Punishment*, Appendix B, pp. 109–113。

里，重申了对于希特勒德国的主要战犯必须严予法律制裁之决心，并“认为尽速开始审判此等主要战犯乃极其重要之事”。[①]在此前举行的苏、美、英三国领袖克里米亚会议上，惩办希特勒德国的主要战犯问题也得到了他们的重视。会议并决议要“……使所有一切的战争罪犯，予以公正与迅速之惩处”。[②]

根据同盟国在战时和战后迭次表示要惩办法西斯战犯的坚决意愿，苏、美、英、法四国代表在伦敦举行了会议，专事讨论组织国际法庭审判纳粹主要战犯的问题，并于1945年8月8日签订了关于设立国际军事法庭的四国协定和作为协定附件的《纽伦堡国际军事法庭宪章》，宪章规定了法庭的组织、职权和审判程序的基本原则。[③]

四国协定和法庭宪章签订、颁布之后，经过约两个月工夫，法庭的组织工作便告完成。纽伦堡国际军事法庭在1945年10月18日接受了对戈林、赫斯等22名首要纳粹战犯的起诉，正式审讯是在10月20日开始的。

※　※　※　※

远东国际军事法庭设立的情况同纽伦堡国际军事法庭的有些不同。它不是直接按照一个国际协定设立的，而是根据一系列的

① 《波茨坦议定书》中有关惩处战犯之条款，见《国际条约集（1945—1947）》（世界知识出版社）第87页及第88页。

② 《苏美英三国克里米亚（雅尔塔）会议公报》，载《国际条约集（1945—1947）》，第8页。

③ 苏、美、英、法四国《关于控诉和惩处欧洲轴心国主要战犯的协定》及附件《欧洲国际军事法庭宪章》（又称《纽伦堡国际军事法庭宪章》，为与《远东国际军事法庭宪章》相对应，本书统用此名称）俱载《国际条约集（1945—1947）》，第94—103页。截至1945年底为止，加入本协定的国家有澳大利亚、比利时、捷克、丹麦、埃塞俄比亚、希腊、海地、洪都拉斯、印度、卢森堡、荷兰、新西兰、挪威、巴拿马、巴拉圭、波兰、乌拉圭、委内瑞拉和南斯拉夫。

国际文件授权远东盟军最高统帅部设立的。这些文件是《波茨坦公告》《日本投降书》和莫斯科外长会议的决议。

《波茨坦公告》是中、美、英三国政府在1945年7月26日宣布的，后来苏联也附署，参加了这个公告。公告的目的是促令日本武装部队尽速无条件投降；公告并规定了日本投降时必须接受的各项条款。公告第六项说："欺骗及错误领导日本人民使其妄欲征服世界之威权及势力，必须永久剔除；盖吾人坚持非将不负责之黩武主义驱出世界，则和平安全及正义之新秩序势不可能。"公告第十项说："吾人无意奴役日本民族或消灭其国家，但对于战罪人犯，包括虐待吾人俘虏者在内，将处以法律之严厉制裁。"①

1945年9月2日由外务大臣重光葵和参谋总长梅津美治郎代表日本签订并向同盟国九国受降代表麦克阿瑟等所呈递的日本投降文书完全接受了《波茨坦公告》中的条款。投降文书上写道："余等谨奉天皇、日本帝国政府及日本帝国大本营之命，并代表其接受美、中、英三国政府首脑于1945年7月26日在波茨坦宣布及尔后由苏联参加之公告各条款。"第六项写道："余等为天皇、日本国政府及其后继者承允忠实履行波茨坦公告之条款。"②

日本既接受了《波茨坦公告》中的一切条款，当然也就接受了其中"对于战罪人犯，……将处以法律之严厉制裁"的条款。

但是《波茨坦公告》仅仅规定了日本必须接受的投降条款，而对如何实现这些条款的具体步骤和措施则完全没有规定。诚

① 1945年7月26日《中美英三国促令日本投降之波茨坦公告》，载《国际条约集（1945—1947）》，第77—78页。

② 1945年9月2日《日本投降书》，载《国际条约集（1945—1947）》，第112—114页。

然，事实上，在占领和管制战后日本以及执行投降条款的种种事宜，美国政府通过其担任盟军最高统帅的美国五星上将麦克阿瑟，是大权独揽，包办一切的。然而，在形式上，它还需要一个盟国授权的具体的法律根据。这个根据便是 1945 年 12 月在莫斯科召开的苏、美、英三国外长会议所通过的一项决议，这个决议中国也同意了。因此，它便成了对日作战的四大盟国的一致决议。

决议规定“盟国驻日最高统帅应采取一切必要措施，以使日本投降及占领和管制日本各条款一一实现”。这个决议给了盟国最高统帅非常庞大、广泛的权力；同时，在法理上说，他对同盟各国也负有实行《波茨坦公告》中各条款（包括严惩战犯的条款）的义务。①

根据莫斯科会议的这个决议，当时的远东盟军最高统帅（麦克阿瑟）经过同受降各盟国的外交磋商之后，便在 1946 年 1 月 19 日颁布了一项《设置远东国际军事法庭的特别通告》，通告的全文如下：

① 战后驻东京的“盟军最高统帅”道格拉斯·麦克阿瑟（Douglas MacArthur）是一个骄横的美国军人，是当时美国三个“五星陆军上将”之一。在 1941 年 12 月珍珠港事变发生的时候，他正任菲律宾总督。事变后，他便被任命为太平洋战区美军总司令及盟军最高司令官，主持对日作战，直至日本投降。1945 年 9 月 2 日日本正式投降时，他是盟军受降的总代表。迄后美军进驻日本，他便大权独揽、唯我独尊，俨然以“太上皇”自居，不过那时由于各同盟国对日本的侵略记忆犹新，对日军的暴行余痛尚存，加上当时美国庇护日本战犯的倾向尚未充分表现出来，因此，麦克阿瑟在占领和管制日本的初期，对于同盟国课予他的诸如民主改革、严惩战犯等义务履行得还是相当负责任的。远东国际军事法庭便设立在这个时候。但为时不久，他便把已经逮捕在押并准备作为第二案、第三案起诉的四十余名甲级战犯分为两批先后擅自释放了。等到远东法庭对第一批甲级战犯判决执行完毕，所有日本甲级战犯已被麦克阿瑟释放得一干二净。那时远东法庭既已无事可做，只有无形中归于消灭。

由于美国及其同盟共同反抗轴心国所进行非法侵略战争的各国曾迭次发表宣言，申明它们决意对战争罪犯要加以法律制裁；

由于同日本处于战争状态的各盟国政府于 1945 年 7 月 26 日在波茨坦宣布了对于所有的战犯，包括对我们的战俘犯有残暴罪行的人犯在内，应当予以严厉的法律制裁，作为日本投降条件之一；

由于 1945 年 9 月 2 日日本全权代表奉日本皇帝和日本政府之命并代表他们签署了日本投降文书，从而接受了波茨坦公告内所载各项条款；

由于这一投降文书生效之后，日本皇帝和日本政府统治日本国家的权力应该服从盟军最高统帅，而盟军最高统帅有权采取其认为实施投降条款所需要的各种措施；

由于本文件签署人系盟国所任命以实现日本武装部队全面投降的盟军最高统帅；

由于美国、英国和苏联在 1945 年 12 月 26 日莫斯科会议上研讨了日本履行投降条款问题后，已经议定（中国亦曾同意）：最高统帅应颁布所有为实施投降条款的命令；

基于上述等因，我，道格拉斯·麦克阿瑟，兹以盟军最高统帅的资格，为行使我所受命的威权，并为实施关于对战争罪犯实行严厉法律制裁的投降条款，特令规定以下各条：

第一条：设立远东国际军事法庭，负责审判被控以个人身份或团体成员身份，或同时以个人身份兼团体成员身份，犯有任何足以构成破坏和平之罪行者。

第二条：法庭的组织、管辖权和职权详载于本日经我核准的《远东国际军事法庭宪章》中。

第三条：本命令丝毫不妨碍为审判战犯而在日本或在某一与日本处于战争状态的联合国家内任何地区所建立或必须建立的任何国际法庭、国内法庭、占领区法庭或委员会或其他法庭之管辖权。[①]

在发布这个通告和公布《远东国际军事法庭宪章》后不久（即 1946 年 2 月 15 日），盟军最高统帅部根据各同盟国政府的提名还任命了十一名远东国际军事法庭的法官（中、美、英、苏、澳、加、法、荷、新、印度、菲十一国各一名，其中印、菲法官系同年 4 月任命）。

由于十一国法官到达东京的时间参差不齐，远东国际军事法庭迟至 1946 年 4 月 29 日才正式接受盟军最高统帅部国际检察处（远东国际军事法庭的起诉机关）对东条、广田、平沼、小矶、松井、板垣、土肥原等二十八名日本主要战犯的起诉书。公开庭讯是在 1946 年 5 月 3 日开始的。[②]

① 东京盟军最高统帅部特别通告第一号，1946 年 1 月 19 日，载 U. S. State Department, *Trial of Japanese War Criminals* (Publication No. 2613)。这个通告在当时的国内外报纸上均有披露。

② 远东国际法庭自从公布宪章及法官名单到正式开庭，其间经历了约三个半月之久。主要原因系由于十一国法官到达东京的时间参差不齐。苏联法官迟至开庭前两天始偕同苏联陪席检察官及若干随员到达。据说苏联法官之所以迟迟到达，其原因系盟军总部对他随带人员的入境签证故意刁难。缘苏方原拟派遣约七十名人员到法庭及检察处工作，但是完全由美国人包办的盟军总部认为人数太多，不肯签发入境许可证。后经往返磋商，再三交涉，始允约二十名随员入境。美国之独断专行于此可见一斑。

五、国际军事法庭的管辖权

（一）“战争罪行”概念的演变

1946年1月19日颁布的《远东国际军事法庭宪章》分成五个部分，共十七条，其中有的是关于法庭的任务和职权（亦即“管辖权”），有的是关于法院的组织（各部门的机构和人事），有的是关于提证、审讯、判决、复核和减刑的主要原则。在本节里，我们想首先论述一下有关管辖权问题的那些条款，因为：

1. 宪章中的管辖权条款是法庭所以设立和存在的关键，也是当时法庭内外争辩最激烈的一个问题。非但被告辩护律师喋喋不休、不遗余力地攻击法庭的管辖权，即使当时西方国家的国际法学者也有很大一部分人是反对它或对它表示怀疑的。必须指出，在第二次世界大战以前，这一部分国际法原则确实是很不清楚、很不明确的。

2. 法庭对于宪章规定的管辖权条款的肯定和支持，澄清、明确并且发展了这一部分传统的国际法原则。这不能不说是纽伦堡和东京两大审判对现代国际法的一种贡献。联合国大会在1946年12月11日还郑重地通过了一项决议，“确认”这个法庭宪章及判决中所规定和阐扬的关于管辖权的原则是现行国际法的原则。[①]

由于以上两个原因，我们认为首先说明和澄清一下宪章中关于管辖权的条款对于了解法庭整个的工作和任务将是有益的。至

① *Yearbook of the United Nations 1946–1947*, p. 254.

于宪章中关于法庭组织、审理程序及其他条款，将留待后面再述。

※　※　※　※

远东国际军事法庭的管辖权是在法庭宪章第五条中规定的。该条全文如下：

第五条　对于人与罪之管辖权　本法庭有权审判及惩罚被控以个人身份或团体成员身份犯有各种罪行包括破坏和平罪之远东战争罪犯。

下列行为，或其中任何一项，均构成犯罪行为，本法庭有管辖之权，犯罪者个人并应单独负其责任：

（甲）破坏和平罪　指策划、准备、发动或实行一种经宣战或不经宣战之侵略战争，或违反国际法、条约、协定或保证之战争，或参与上述任何罪行之共同计划或阴谋。

（乙）普通战争罪　指违反战争法规或战争惯例之犯罪行为。

（丙）违反人道罪　指战争发生前或战争进行中对任何平民人口之杀害、灭种、奴役、强迫迁徙以及其他不人道行为，或基于政治上或种族上之理由而进行旨在实现或有关本法庭管辖范围内任何罪行的迫害行为，不论这种行为是否违反行为地国家的国内法。*

凡参与制定或执行旨在完成上述任何罪行之共同计划或阴谋之领导者、组织者、教唆者与共谋者，对于任何人为实现此种计划而作出之一切行为，均应负责。

---

* 宪章在1946年4月26日经过修订，此处删去了同年1月19日初始版本中的“对任何平民人口”（against any civilian population）的字样。——整理者注

《纽伦堡国际军事法庭宪章》第六条关于管辖权的规定同远东国际军事法庭这一条的规定实质上是完全相同的，只是文字上稍微有些差别。[①]

自从纽伦堡法庭和东京法庭的宪章作了这样的规定之后，特别是经过这两个法庭在判决书中加以阐扬以及联合国大会予以确认之后，现在我们承认的战争罪行便有上述的三种，而且也只有上述的三种。这对传统的国际法说来，不能不算是一个相当大的变化和发展。

在第二次世界大战以前，“战争罪行”的概念是模糊、混乱的。在战争中违反或破坏国际作战法规和惯例[按：此即等于东京宪章第五条和纽伦堡宪章第六条中所规定的（乙）项罪行]固然传统地被认为是战争罪行，就是平民（非战斗员）拿起武器从事战斗也被称为战争罪行，甚至在敌后从事间谍活动或破坏活动（即所谓战争叛乱行为）或抢劫行为，也都被笼统地称为战争罪行。捕获国对敌人一切可以惩处的行为几乎都叫作战争罪行。[②]

自从纽伦堡法庭和东京法庭的宪章和判决确认战争罪行只有三种之后，那些对敌人的其他罪行，如间谍活动和破坏活动等，交

---

① 《远东国际军事法庭宪章》第五条与《纽伦堡国际军事法庭宪章》第六条不同之处如下：（一）远东宪章对破坏和平罪的定义是：“指策划、准备、发动或实行一种经宣战或不经宣战之侵略战争……”底下加了黑点的字样是纽伦堡宪章所没有的。（二）远东宪章称“普通战争罪”，纽伦堡宪章则简称为“战争罪”。（三）远东宪章对普通战争罪的定义是“指违反战争法规或战争惯例之犯罪行为”，纽伦堡宪章则在此句之后还加上了一句，即“此种行为应包括但不限于……”（四）关于违反人道罪的定义，纽伦堡宪章是“……或基于政治上、种族上或宗教上之理由而进行……的迫害行为”。底下加了黑点的字样是远东法庭宪章所没有的。——除了以上几点之外，两个宪章关于管辖权的条款内容是完全相同的。

② 奥本海《国际法》（第7版），第151、152、154、155目。

战国虽也可以惩处，但不是当作战争罪行去惩处。[1] 因此，自一方面看，现在国际上的战争罪行的范围是缩小了。但是，从另一方面看，它的范围却大大地扩大了。因为，除了传统的普通战争罪行之外，我们现在还明确地承认两种其他的重要战争罪行——破坏和平罪和违反人道罪。

现在让我们就上述三种战争罪行，分别地略加说明。先讲普通战争罪。

（二）关于"普通战争罪"

普通战争罪是现在公认的三种战争罪行中最容易了解的一种。远东法庭宪章对它所下的定义是"指违反战争法规或战争惯例之犯罪行为"。纽伦堡法庭宪章却在"指违反战争法规或战争惯例之犯罪行为"之后，加了一句"此种行为应包括但不限于对占领区内或在占领区内的平民之谋杀、虐待或运出以从事奴隶劳动或其他目的；对战俘或海上人员之谋杀或虐待；杀害人质；掠夺公私财产；滥肆破坏或非出于军事上必要而毁灭城镇或乡村"。

纽伦堡宪章所增加的这一句完全是举例的性质。实际上这种罪行里所包括的内容是极其广泛的。它在往时一向被认为是战争罪行中最主要的一种，甚至是唯一的一种。自古以来，交战国对敌人的一切残暴行为，例如杀人、放火、奸淫、抢劫、虐待俘虏、残害

① 奥本海《国际法》对于战争罪行的观念是混乱的；有时它仍然把上述这些行为和战争罪行混为一谈。关于对奥本海《国际法》战争犯罪概念的批评，阅苏联阿·赫·特莱依宁"战争罪行"，载奥本海《国际法》（中文译本）第二卷第二分册补编［甲］第409—413页。

平民等，只要力所能及，都是要加以惩处的，无论是经过审判或不经过审判。这是长久以来国际间的普遍实践。

由于各国长期普遍实践的结果，在国际间关于这种事情便形成了许多不成文的原则和惯例。随着时代的进展和战争的频繁，这种原则和惯例的内容便逐渐地增多了，范围也逐渐地扩大了。到了 19 世纪中叶，基于相互制约和人道主义等种种原因，人们开始感觉到有逐步把那些已经成熟了的原则和惯例用国际公约的形式加以规定和统一的必要。因此，近百年来，关于作战的方法、使用的武器以及对病伤员、俘虏、平民的待遇等各方面，国际间便举行了一系列的外交会议，签订了一系列的国际公约，其中 1899 年第一次海牙保和会议和 1907 年第二次海牙保和会议中所签订的那些公约，特别是 1907 年第四海牙公约及其附件陆战规则以及 1949 年在日内瓦会议中签订的四个日内瓦公约，涉及的范围非常广泛。时至今日，我们几乎可以说：除了少数新颖课题，例如核武器的使用、空中战争等之外，关于交战国的宣战方式、武器的使用、作战的方法、俘虏的待遇、平民的保护以及中立国的地位和其他许多国家和个人在战时所应遵守的规则和习惯，极大部分都被这些公约所包罗进去了。[①] 这些公约曾经大多数国家签字、批准或

① 关于战争规则和惯例，经历次国际会议制定成了公约或宣言或议定书者，在第二次海牙保和会议（1907 年）以前有：1856 年巴黎海战宣言；1864 年关于改善战地武装部队伤者病者境遇的日内瓦公约；1868 年关于禁止爆炸性和燃烧性子弹的圣彼得堡宣言；1899 年第一次海牙保和会议中所缔结的三个公约和三个宣言——三个公约是《国际纷争和平解决公约》《陆战法规和惯例公约》及《关于 1864 年 8 月 22 日日内瓦公约原则推行于海战公约》，三个宣言是《禁止从气球上投掷炮弹和炸裂品宣言》《禁止使用专为散布窒息性或有毒气质的投射物宣言》及《禁用易于在人体内炸裂的子弹宣言》。1907 年第二次海牙保和会议中缔结的有十四个公约和宣言：《国际纷争和平解决公约》《限制用兵索取债项公约》《战争开始公约》《陆战法规和惯例公约》《陆战时中立国和中立国人民权利义务公约》《开战时敌国商船地位公约》《商船改充战舰公约》《敷设海底自动触发水雷公约》（转下页）

加入，它们已成为世界各国所公认和应该共守的行为规范。违反这些规范的行为便算是犯了战争罪——亦即远东国际法庭宪章所称的“普通的战争罪”（conventional war crimes），一般习语简称为“暴行罪”（atrocities）。①

（接上页）《战时海军轰击公约》《关于1906年7月6日日内瓦公约原则推行于海战公约》《海战时限制捕获权公约》《设置国际捕获法庭公约》《战时中立国的权利义务公约》及《禁止从气球上投掷投射物和爆炸物宣言》。这些公约部分地替代、修正或补充了以前的公约。第二次海牙保和会议以后，关于战争法例的重要发展有：1909年《伦敦海战法规宣言》；1922年《关于在战争中使用潜水艇及有毒气体的公约》（以上两文件均未被各国批准，但由于其有宣示国际惯例性质，故仍不失为国际法的重要文件）；1925年《关于禁用毒气或有毒武器及细菌武器的日内瓦议定书》（已有四十六国参加，包括苏联及中国在内，美日两国迄未批准，中华人民共和国于1952年7月13日声明承认）；1929年日内瓦《战俘待遇公约》和《改善战地武装部队伤者病者境遇公约》（这两个公约修正、补充了1907年的海牙公约；前者原为1907年海牙第四公约之一部分，今则独立成为一个公约，后者为原有的公约，今则加以修正和扩充，以替代原有公约）。第二次世界大战以后，各国于1949年又在日内瓦签订了四个公约：除了修正了1929年的那两个公约（即《战俘待遇公约》和《改善战地武装部队伤者病者境遇公约》）之外，还修订了《改善海上武装部队伤者病者及遇船难者境遇公约》（原1907年海牙第十公约），并增加了一个《战时保护平民公约》。对这四个日内瓦公约，我国曾于1952年7月13日声明附保留地承认中国旧政府的签字。1956年11月5日，我国正式批准了这四个公约。

① 下列行为是暴行罪或普通战争罪（亦即违反战争法规和惯例的罪行）中比较重要和常犯的例子：1. 使用有毒的或其他被禁止使用的武器和弹药，包括窒息气、毒气及类似的气体；2. 杀伤因病或因伤而残废的士兵或已经放下武器投降的士兵；3. 暗杀及雇人暗杀；4. 伪装要求准予纳降或伪装伤病；5. 虐待战俘或伤者和病者，占取他们所有的而不属于公有财产的金钱和贵重物品；6. 杀害或攻击无害的敌国平民；无正当理由而占取和破坏他们的私有财产，特别是抢劫；迫使占领地居民供给关于对方军队或其防御方法的情报；7. 对战场上的尸体予以不名誉的待遇；占取在尸体上发现而不属于公有的财产或枪械、弹药等的金钱和贵重物品；8. 占取和破坏博物院、医院、教堂、学校等所有的财产；9. 攻击、包围和轰击不设防城镇及其他居住地点；海军无正当理由地轰击不设防地方；纯为恐怖或攻击平民的目的而进行空中轰炸；10. 对于历史纪念物和供宗教、艺术、科学及慈善之用的建筑物作不必要的轰击，而此项场所已标有特殊标志并且已经通知轰攻设防城镇的围军；11. 违反日内瓦公约的行为；12. 攻击或击沉业已降下旗帜表示投降的敌船；不经事先要求听候搜索即行攻击敌国商船；13. 攻击或夺取医院船，以及其他一切违反关于适用日内瓦公约原则于海战的海牙公约的行为；14. 无正当理由而破坏敌国捕获品；15. 在战争中使用敌军制服，或在海上被交战国船只攻击时使用敌国旗帜；16. 对持有护照或保护证的敌国个人施行攻击，或违反安全证的行为；17. 对执休战旗的军使施行攻击；18. 滥用休战旗所给予的保护；19. 违反战地协定、投降条款及停战协定；20. 破坏誓言（奥本海著《国际法》第二卷第二分册第252目附注）。

有人说，某些公约，例如海牙各公约，由于有“普遍参加”的条款（即所有作战国家都要是公约的参加国，公约方才适用；如一个作战国家未曾参加，公约便不适用），因而它们的效力是有限度的而不是普遍的。如果非公约参加国的人们违反了那些公约的规定，他们便不应该被当作违反战争法规及惯例的罪犯去惩处。对于这种说法，纽伦堡国际法庭曾加以驳斥。法庭说：“海牙公约所规定的陆战规则无疑地表现得比在制定当时的国际法进了一步。然而，正如公约所明白指出的，它是要修订一般作战的法规和惯例，而这些法规和惯例当时是存在的。但是到了1939年，公约里所规定的那些规则却为所有的文明各国所承认，并且被认为只是宣示了作战的法规和惯例。”[①] 远东国际法庭对于海牙各公约抱有同样的看法。它说：“虽然公约作为一个有拘束力的条约可以被用所谓普遍参加的条款或其他方法所否定，然而公约仍然是国际习惯法的有力证据。本法庭将根据它，以及其他一切可获得的证据，去决定适用于某一场合的习惯法。”[②] 在许多场合中，纽伦堡和东京国际法庭都曾引用各公约的条款，认为它是“举世公认的规则”，因而对于德国和日本有拘束力，不论它们是否公约的参加国。对海牙公约是如此，对日内瓦各公约和多数国家所签订的其他公约亦当作如是观。这些公约对于某国之所以具有拘束力，并不在于某国是参加国，而在于它们所表达和宣示的是普遍公认和应该共守的战争法规和惯例。因此，这些法规和惯例的适用范围是很广

① 《纽伦堡国际军事法庭判决书》，伦敦版（英国皇家出版局）第64页，中文译本（世界知识出版社）第106页。

② 《远东国际军事法庭判决书》，张效林译（五十年代出版社）第一部第三章，第40页。

泛的，它们的拘束力是普遍的。

违反战争法规和惯例的行为是战争罪行，这是第二次世界大战以前便早已肯定，而且是所有的国际法学者都承认的。第二次世界大战以前的战犯审判实例虽不很多，但违反战争法规和惯例（亦即犯有暴行罪）的犯人在战时或战后受到法律制裁却是常有和惯见之事。就是那次荒唐滑稽的莱比锡审判实际上也还是在审判违反战争法规和惯例罪的基础上进行的。纽伦堡和远东两个国际法庭的宪章把它列为属其管辖权内的战争罪行之一，只是沿袭国际法的传统而已。这一部分国际法原则没有发生多大的改变，只是它的适用范围比以前更明确了一些，也扩大了一些。在东京和纽伦堡两大审判中，被告律师们对法庭这一部分管辖权的行使没有提出过什么异议，在当时的国际法学者和作家中也没有引起过任何争辩。

（三）关于"违反人道罪"

除了上述的普通的战争罪行（即违反战争法规和惯例的罪行）之外，纽伦堡和东京法庭的宪章还规定了法庭对另外两种战争罪行有权行使管辖，即"违反人道罪"和"破坏和平罪"（侵略罪）。这两种罪行是较普通的战争罪行更为严重的罪行。第二次世界大战以后，经过纽伦堡和东京的两大审判，以及 1946 年联合国大会的确认，这两种罪行已经明确地被肯定下来了。这在关于战争犯罪的国际法原则上是一个很大的演变，也是一个重要的发展。

我们先谈违反人道罪。

一切违反战争法规和战争惯例的罪行大都是残酷的，违反人道的；但是“违反人道罪”在这里却有它特殊的含义，并不是像我们普通习语中所谓的“违反人道”的意思。

众所周知，在海牙公约和其他国际条约中所表达或宣示的战争法规和惯例，其所禁止的事项只是限于敌对双方在战争中的某些行为，如奸淫、掳掠、虐待俘虏、残害平民、使用非法武器等，而不能包括一切不人道的行为，尤其不能包括大规模的不人道的行为，例如对和平人口实行灭种性的集体屠杀，或者基于种族、政治或宗教的理由对他们实行的集体迫害。在第二次世界大战中，希特勒匪帮的残暴是史无前例的，其屠杀和迫害的方式是无奇不有的。他们对犹太人、苏联人、捷克人、波兰人的那种惨无人道的大规模集体屠杀是骇人听闻的，也是任何公约的制定者所没有预想到的。倘使仅仅因为公约上没有规定，或者习惯上没有先例，便对这些更大更凶的罪行不加惩处，而只是惩处那些违反战争法规和惯例的传统的普通罪行，那是极不公平的事情。因此，在纽伦堡和远东国际法庭的宪章里，关于战争罪行的种类便添置了一项违反人道罪。它补充了违反普通战争法规和惯例罪之不足，同时也是违反普通战争法规和惯例罪的引申和发展。

举例来说，关于希特勒匪帮政府基于种族的理由而进行的消灭犹太人的罪行，纽伦堡判决书上有过这样惊人的记载：“本法庭也收到了关于被囚者在被消灭以前或以后的处理的证据。证据表明，在杀死以前，被害妇女的头发被剪了下来，运到德国去作制造垫子之用。被囚者的衣服、金钱和贵重物品也被搜去，并送至相应的机构去处理。消灭以后，金牙和补牙的金料从尸体的头部取出，送至德国银行。”“尸体焚毁以后，灰烬用作肥料；在某些情形下，曾经试图利用被害人身体上的脂肪作为商业上制造肥皂的原料。此外，还有特别的小队旅行至欧洲各地，寻觅犹太人，以便加以‘最后解决’。德国派遣代表团到当时被它奴役的国家，如匈牙利和保加利亚，安排运送犹太人到消灭营的事情。现在已经知道，到1944年底，从匈牙利运出的40万名犹太人在奥斯威辛被杀害。也有证据证明，从罗马尼亚的一部分地区搜出了11万名犹太人，以便把他们‘干掉’。经希特勒指定负责这一计划的阿道夫·埃希曼估计，奉行这种政策的结果，被杀死的犹太人有600万，其中有400万是在消灭人的机构中被弄死的。”①

这种骇人听闻的灭种性的暴行是任何战争法规和惯例所没有规定的，因此，我们只好叫它作“违反人道罪”。违反人道罪之所以别于普通的战争罪，是在于后者为各种公约所表达的国际法则与规范所禁止，而前者则为起码的人道观念和精神所不容。

此外，违反人道罪还有下列两个特点，这两个特点是他种战争犯罪所没有的。第一，违反人道罪不仅对敌人可犯，而且对本国公民也可以犯。例如，德国人大规模地残杀其本国（德国籍）的犹太人。第二，违反人道罪不但战时可犯，而且战前也可以犯的。例如，德国人在第二次世界大战发生以前便已经开始了杀害其本国犹太人的罪行。然而，要使这种杀害成为可以审判的战争罪行，就必须认定这是为了实现其他的战争罪行而犯的，或者是与其他战争罪行有关的。例如上面所说的德国人对本国犹太人大规模的杀害，为的是便利他们的侵略，而侵略是战争犯罪的一种。因此，那种杀害便构成违反人道的罪行。至于与侵略或任何战争罪行无关的杀害，虽然也是违反人道的事情，却不能算为一种战争罪行。因为，

① 《纽伦堡国际军事法庭判决书》，伦敦版第64页，中文译本第105页。

既称战争罪行，必须同战争有关。确定了这种违反人道的行为同实现某种战争罪行有关，那么，它便构成不折不扣的违反人道罪，至于它是否违反行为地国家之国内法是不必问的。譬如，确定了德国人杀害本国犹太人是同其侵略行动有关，我们便可判定它是违反人道罪，纵使行为地国家之国内法（纳粹德国的国内法）对这种杀害并不禁止，甚至还加以鼓励。事实上，这种杀害大都是由国家法律所直接或间接命令的。

有了这样的了解，我们对于纽伦堡和远东国际法庭的宪章中关于违反人道罪的规定，便容易明白。同时，有了这样的了解，我们便可进一步地认识到这个罪名确有设立的必要。

纽伦堡和东京国际法庭管辖权中这一项罪行的添置没有引起过多大的问题。被告辩护律师没有对它提出过严重的抗议，当时的国际法学者对它也没有过很多的批评。原因大概是大家都认为处罚这样的罪行是势所必至，也是理所当然。

（四）关于“破坏和平罪”（侵略罪）

在远东国际军事法庭的宪章（第五条）里，犹如在纽伦堡国际军事法庭的宪章（第六条）里一样，破坏和平罪是被列为法庭管辖权的“甲”项，即第一项，也就是最重要的一项。在纽伦堡法庭受审的戈林等 22 名主要纳粹战犯和在东京法庭受审的东条等 28 名主要日本战犯，虽然其中有许多人是被控兼犯“乙”项（普通战争罪行）或“丙”项（违反人道罪行）或“乙”“丙”两项战争罪行，但是他们每一个人却都被控为犯有“甲”项战争罪行，即破坏和平罪或侵略罪。这是对他们全体及每人的主要控诉；对他们的“乙”“丙”两项罪行的审判在两个国际法庭中只是次要的，纵使不是附带的。因此，这些人通常被称为“甲级战犯”，而这两个审判亦常被称为对德日甲级战犯的审判。这些被告之所以被称为“甲级战犯”，不仅仅是因为他们在国内有很高的地位、很大的权力，而且是因为他们对于国家侵略政策的制定和侵略战争的实施负有主要的责任。

正如前面所指出的，对于纽伦堡和东京法庭有权审判“乙”项战罪（普通战争罪行），任何方面都没有提出过异议，因为那一向被认为是无论国际的军事法庭或国内的军事法庭都可以审判的。“丙”项战罪（违反人道罪）虽是新确立的罪名，然而被告方面对于法庭有权审判这项罪行却没有提出过严重的抗议，学者间对它也没有发生过多大的争执。

但是，两个国际法庭宪章中所规定的最主要的一项管辖权，即对破坏和平罪或侵略罪的管辖权，却引起了被告律师方面的激烈攻击和反对，当时的西方国际法学者和作家们对它也有不少的怀疑和争论。

按照两个法庭宪章条文的规定，侵略战争是犯罪的；凡是以任何方式或行动去参与这种战争的人们都要负其个人责任。这是很硬性的、毫不含糊的规定。

攻击或怀疑这项规定的人们在这里便提出了下列两个根本性的问题，企图否定或动摇法庭这一项最重要的管辖权：

第一，侵略战争在被告们参与的时候是否在国际法上已经被认为是犯罪？倘使在当时的国际法上不认为是犯罪，即使在现在（即审判时）的国际法上认为是犯罪，被告们仍应被宣告无罪，因为“法律不能溯及既往”。

第二，纵使侵略战争在当年国际法上已被认为是犯罪，参与其事的个人是否应该负责？战争是一种“国家行为”，无论其性质为侵略的或非侵略的，它是国家主权的一种行使或表现，在国际法上是许可的。对于“国家行为”，负责的应该是国家而不应该是个人。况且国际法是以国家而不是以个人为主体，个人在国际法上是没有责任的。

在远东国际法庭和纽伦堡国际法庭的整个讯审过程中，这两个问题是争辩得最热烈的法律问题，也就是被告辩护方面攻击法庭管辖权的焦点所在。他们翻来覆去、喋喋不休地强调这样两点，简言之，即：一、侵略战争不是国际法上的犯罪；二、纵使是犯罪，被告们也不负个人责任。

当时西方的国际法学者对于这两个问题的意见也是有分歧的、混乱的。他们当中有很大一部分人和被告辩护方面采取了同一的或类似的观点和主张。[1] 就是在远东国际军事法庭的十一名法官之中，印度法官巴尔（R. Pal）先生便是同被告辩护方面抱有同样的观点和主张的。巴尔先生自开庭起至宣判止始终不与其他十位法官同事合作，而顽固地坚持他自己的见解，即：侵略战争不是犯罪，全体被告应被宣告无罪开释。当然，这只是巴尔先生的个

① 在纽伦堡和东京国际法庭成立前后（1945年秋至1946年冬），西方报纸及法学刊物上讨论侵略战争和个人责任这两个问题的文章很多。就本人读过的许多论文来看，拥护法庭宪章规定（即认侵略战争为犯罪、参与者须负个人责任）的作者仍居多数，如Lord Wright，Hans Kelsen，William Cowles，Albert Levy，H. Lauterpacht，Q. Wright等。对宪章此项管辖权规定表示反对或怀疑的有C. E. Wyganski，Max Radin，George Finch，Erich Hula，G. Swarzenberg等人。Sheldon Glueck在纽伦堡开审前原属守旧的少数反对派（见其1944年所著*War Criminals: Their Prosecution and Punishment*一书，纽约Alfred A. Knopf书店出版），但到了1945年，他便完全改变了自己的旧观点和主张而成为拥护纽伦堡宪章的多数派中的一个中坚分子了（见其1946年夏季出版的*Nuremberg Trial and Aggressive War*一书，纽约Alfred A. Knopf书店出版）。

人意见，并不代表远东国际法庭的主张。[1]

※　※　※　※

远东国际法庭，犹如纽伦堡国际法庭一样，对上述这两个问题的处理是一致的，它们对这两个问题的答案是正面的、肯定的，在法理上是坚决支持法庭宪章的规定的。在纽伦堡，苏、法、美、英四国法官的意见是完全一致的。在东京，除了印度法官之外，其余十国法官对于认定侵略战争是国际法上的罪行和所有参加者都负有个人责任，也是一致的。

下面我们便要叙述一下两个国际法庭对于这两个问题在法理上的论证和阐扬。由于纽伦堡法庭开庭比东京法庭开庭约早半年，其宣判比东京法庭的宣判约早两年，又由于东京法庭曾声明在法律观点上完全同意并支持纽伦堡法庭的见解，因此，我们下面申述纽伦堡法庭的意见，便等于申述两个法庭的共同意见了。[2]

纽伦堡法庭虽承认它有遵守和适用宪章规定的义务，但是它认为宪章的规定是完全符合当时的国际法的；因此，遵守宪章和适用宪章的规定便是遵守国际法和适用国际法的原则。它说："自本法庭看来，宪章并非战胜国方面权力之武断的行使，而是表现着已被宣布的当时的国际法。在这个范围内，它本身便是对国际法的

① 东京国际法庭宣判时，巴尔先生因不同意多数法官所通过之判决书，曾发表其个人意见书（即"异议书" Dissenting Opinion），长达一千四百余打字页。其篇幅之巨，打破有史以来法官个人"异议书"之记录（按：《远东国际军事法庭判决书》长一千二百十八页，在司法史上已属空前；而巴尔先生个人意见书竟较法庭判决书长二百余页，实一惊人之举）。该异议书已由印度加尔各答Sanyal & Co. 书店出版，书名为*International Military Tribunal For The Far East— Dissentient Judgment of Justice Pal*。

② 远东法庭判决书上写道："有鉴于两个法庭的宪章在一切重要方面完全相同，本法庭宁愿对纽伦堡法庭的意见表示无条件的支持，而不愿用不同的字句重新另写，以免敞开对两个写法不同的意见采取抵触的解释及争辩之门。"（见《远东国际军事法庭判决书》第一部第二章甲节）

一种贡献。”[1]

由此看来，法庭的认定是：侵略战争早已在国际法上被认为是犯罪行为。它不但是犯罪行为，而且照纽伦堡判决书的说法，是“最大的国际性罪行，与其他战争罪行的区别，只是它所包括的是全部祸害的总和”。[2]因为，没有侵略便不会有国际战争，没有国际战争便不会有杀伤、破坏、奸淫、掳掠、虐待俘虏、残害平民以及其他种种的战争罪行，所以侵略战争是“全部祸害的总和”，因而也是“最大的国际性罪行”（supreme international crime）。

但是纽伦堡法庭或东京法庭都没有进一步地指出：侵略战争之所以发生，正是由于帝国主义的剥削制度和抢掠制度；只要帝国主义还存在，便有产生侵略战争的土壤。是故，要根绝侵略战争，必须消灭帝国主义。[3]

纽伦堡国际法庭认定侵略为战争罪行，其主要根据是1928年8月27日各国在巴黎签订的“非战公约”，通常被称为“巴黎公约”或“凯洛格-白理安公约”。这个公约有63个国家批准和参加，其中包括德国、意大利和日本。所以德、意、日三个轴心国家对它都有遵守的义务。[4]

《巴黎非战公约》的序言说：缔约国“所有各国关系之变更，只可以和平方法使其实现……由是世界文明各国联合，共同斥责以战争为施行国家政策之工具”。

---

① 《纽伦堡国际军事法庭判决书》，伦敦版第38页，中文译本第63页。

② 《纽伦堡国际军事法庭判决书》，伦敦版第13页，中文译本第20页。

③ 《列宁论战争与和平》第二章“现代战争产生于帝国主义”（人民出版社1960年版）第16—22页；《毛泽东选集》（人民出版社1952年版）第一卷第167—168页，第二卷第464—466页。

④ 《巴黎非战公约》全文，载《国际条约集（1924—1933）》，第373—374页。

公约第一条说："缔约各国兹郑重宣告：彼等罪责恃战争以解决国际纠纷，并斥责以战争为施行国家政策之工具。"

公约第二条说："缔约各国互允：各国间设有争端，不论如何性质，因何发端，只可用和平方法解决之。"

纽伦堡国际法庭认为，自从全世界极大多数国家缔结的非战公约有了这些条文的规定之后，侵略战争在国际法上已经被视为是违法的。它不但是违法的，而且是犯罪的。法庭说："依照本法庭之见解：郑重地斥责战争为推行国策之工具，其中必然包括承认战争在国际法上是违法的原则；凡从事于策划和执行这种产生不可避免的可怕结果的战争者，都应该视为犯罪行为。被当为解决国际纠纷中推行国策工具的战争，其中必然包括侵略战争，因此侵略战争正是公约所视为违法的。"[①]

对于《巴黎非战公约》中并没有直接使用"犯罪"字样，纽伦堡法庭认为毫不重要；因为公约中此处所谓违法，照正当合理的解释，其意义必然是等同犯罪。在这里，法庭并指出了1907年的第四海牙公约（关于禁止战争中各种残暴行为的公约）为例证。该公约并未用过"犯罪"字样，但人们迄未怀疑过其中所禁止的事项都是犯罪行为。四十年来，无数的犯有那些罪行的人们曾被各国法庭所逮捕，当作战争罪犯去审判和惩处。所以解释法律和适用法律不能拘泥于呆板的文字，而应重视立法的精神和当时的环境，包括当时的公众意识、人群进步、社会舆论，等等。

为了更进一步证明这个公约肯定是把侵略战争视为国际罪行，纽伦堡国际法庭还列举了在公约缔结以前国际间要把侵略战

① 《纽伦堡国际军事法庭判决书》，伦敦版第39页，中文译本第65页。

争定为犯罪的多次努力和尝试，其中最重要的是：

1. 1923 年国际联盟所倡导的“互助公约”草案。该草案开宗明义第一条便宣称：“侵略战争是一种国际罪行”，“任何一缔约国不得犯此罪行。”

2. 1924 年的“日内瓦议定书”，即《和平解决国际争端议定书》，议定书序言中明白宣布：“侵略战争乃对（国际社会成员间）团结之破坏，是一种国际性的犯罪。”这个议定书在国联大会里曾获得 48 个会员国的签字，包括日本及意大利在内。议定书虽未获批准生效，但如纽伦堡法庭所说，“它可视为有意要把侵略战争标明为国际罪行的有力证据”。①

3. 1927 年 9 月 24 日国联大会各国代表（其中包括德、意、日三国的代表）全体一致通过的一个决议案。决议案序言宣称：“侵略战争永不应被使用为解决国际纠纷的手段，故是一种国际的犯罪。”

4. 1928 年 2 月 18 日美洲 21 国在古巴首都举行的第六次泛美大会中全体一致通过的一个决议案。该决议案宣称：“侵略战争构成对人类的国际罪行。”

5.《凡尔赛和约》第 227 条（审判德皇）和第 228 条（审判德国主要战犯）。这些条款表示着：远在第一次世界大战刚刚结束的时候，人们要把侵略战争发动者当作罪犯去审判的意思和企图已经很明显地表现出来，虽然实际上并没有办到。关于此事，我们在前面已经有所说明，兹不赘述。

纽伦堡法庭把上述各文件列举了出来，其目的是要证明二十

① 《纽伦堡国际军事法庭判决书》，伦敦版第 40 页，中文译本第 67 页。

年来人类思想和群众意识的进步已经到了一个阶段，并且造成了一种环境；在这个阶段上和这种环境下，非战公约的缔结恰当地确定了一个国际法上的大原则，那便是：侵略战争在国际法上是犯罪行为。正如法庭所说，"……从事侵略不仅是非法的，而且是犯罪的。本法庭刚才提到的一系列的公约和条约表达了世界上的良知关于禁止侵略战争的要求"。[①] 由此可见，非战公约并非骤然地改变了旧的国际法原则或创造了新的国际法原则，而只是适时地、明确地宣布了一个现时的已经成熟了的国际法原则。

远东国际法庭完全同意纽伦堡国际法庭对于《巴黎非战公约》的这个认定和解释。因此，它也拒绝了被告律师们所提出的说法，即：当被告们策划、发动或参加侵略战争的时候，侵略战争还未被宣布为非法；因而根据"法律不溯既往"的原则，被告们应该是无罪的。远东国际法庭对这种辩护理由曾予以坚决的驳斥。

（五）个人责任问题

被告律师们对于纽伦堡和远东国际法庭的管辖权的另一攻击焦点是关于战犯们的个人责任问题。在这个问题上，当时的西方国际法学者和作家中也有不少人是采取和被告律师们同样的观点和主张的。

他们对于犯有违反战争法规和惯例的普通战争罪行以及犯有违反人道罪行的人们应负个人责任，没有提出过多大的反对或怀

① 《纽伦堡国际军事法庭判决书》，伦敦版第41页，中文译本第67页。

疑。他们的反对和怀疑仍然是在破坏和平罪或侵略罪上。那些在侵略战争当年是否犯罪的问题上采取否定态度的人们，在个人是否应对侵略罪行负责任的问题上也大都采取否定的态度。他们代表着一种保守的，甚至可说是陈腐过时的旧国际法观点，而这种观点是纽伦堡和远东国际法庭所坚决拒绝接受的。

综合被告辩护方面以及某些国际法学者所持反对在侵略罪行中有个人责任的理由，不外下列四种：

1. 侵略战争是“国家行为”（act of state），是国家主权之行使，应由国家负责；参与其事的个人只不过是服从或执行国家的政策命令，他们是没有“个人责任”的。

2. 侵略战争是国际法上的犯罪，国际法是以国家而不是以个人为主体的；因此，个人违反国际法的行为是不应该受处罚的。

3. 国际法对于违反它的国家规定了制裁，但是对于违反它的个人并没有规定制裁方法；因此，法庭处罚个人是没有根据而且是无从着手的。

4. 按照刑法原理，犯罪必须犯罪者有“犯罪的意思”。个人参与侵略战争时不可能有犯罪的意思。

上述四种反对理由都是不能成立的，纽伦堡和东京国际法庭曾坚决地予以驳斥。

对于第一种理由，说侵略是国家行为、个人不负责任，纽伦堡法庭判决书的答复是：“国际法对于国家和个人同时规定有权利和义务，这是很早就被公认的。”在引用了“奎林案”（Ex Parte Quirin）为例证之后，判决书继续称道：“对于破坏国际法的个人是可以处罚的。违反国际法的罪行是人做出来的，而不是抽象的集体（国家）做出来的；只有处罚犯有这样罪行的个人，才能使国际法的规定有效实施。”[①]

当然，说个人对侵略战争应负责任，那并不等于说国家对于侵略战争不负责任。相反，自古以来，国家对于侵略战争都是要负责的，而赔偿便是履行这种责任最常见之事。但是，我们在此处却要注意：现在国家所负的责任在法理上应该是民事性质的（即赔偿对方因战争所遭受的损失），以赔偿作为对敌国的刑事性的惩罚已经是陈旧过时的学说而为国际实践所逐渐摒弃了。[②] 因此，要制止战争和侵略，必须从加重野心家及好战者个人的刑事责任着手。加重国家的民事责任是不十分公道的，因为赔偿是由全国广大人民去负担的，而广大人民在侵略战争中基本上处于被驱使的地位，他们对侵略别国并不感兴趣，而且从中得不到利益。世界各国的普通人民都是要和平的。这或许就是为什么第二次世界大战以后，对于惩处战犯比较严厉，对于赔偿问题反可以宽大的一种合理解释。

对于第二种反对理由，说国际法不能处罚个人，同样是不能成立的。根据国际法而处罚个人的先例不可以数计，而且由来已久。例如，海盗和贩卖人口一向被认为是国际法上的犯罪，任何国家都

① 《纽伦堡国际军事法庭判决书》，伦敦版第 41 页，中文译本第 68 页。

② 关于国家是否负有刑事责任，迄为国际法上的一个可以争辩的问题。初期国际法学者大抵认为国家是可以犯罪的，因而有“犯罪国家”之称（阅 Van Vollenhoven, *The Three Stages in the Evolution of the Law of Nations*, p. 8 ff）。在对战败国和约中常有割地赔款的规定，作为“惩罚性”的条款。但是晚近国际法学者及作家多半反对“犯罪国家说”。在纽伦堡审判中，英国首席检察官萧克劳斯（Hartley Shawcross）曾采取旧时观点；他把对被告战犯控诉的重点放在“从犯”罪和“教唆”罪上，即认为被告们曾帮同和教唆他们的国家去犯罪。如此说来，国家便成了犯罪的主体，至少与战犯们同样是犯罪。纽伦堡法庭没有采取萧克劳斯的观点。判决书上说犯国际法上罪行的是“人”而不是“抽象的集体”（国家）。这显然表示着法庭对于“犯罪国家说”是不同意、不接受的。这种看法是与现在一般国际法学者的主张相符合的。萧克劳斯的论据无疑可以说是代表着守旧的少数国际法学者的见解（萧克劳斯控诉陈述要点，载《纽伦堡国际军事法庭审判记录》第 833—835 页）。

可以对他们加以逮捕和惩处。其实，整个的所谓“战争犯罪”都是个人对于国际法的侵犯，它们的审判和惩治是不受一般国内刑法规则的限制的。在国际法庭里，国际法是直接地被引用着；在国内法庭里，它们多半是通过一种自己的法律形式，用概括的或列举的方法把国际法变为国内法而加以引用。[①] 然而在实质上，这些惩处战犯的规则都渊源于海牙公约和其他一般国际公认的战争法规和惯例，它们无疑是国际法。

对于第三种反对理由，说国际法对于个人没有规定制裁方法，因而不能处罚他们，那也是完全不能成立的。被西方一般人推崇为国际法开山始祖的格老秀斯在三百多年以前便表示过对于违反国际法的犯人，捕获者或审判者是有权可以处其死刑的。[②]

既然有权处死刑，当然有权处较死刑更轻之刑。况且事实上，远在纽伦堡和远东审判之前，各国军事当局或国内法庭，经过审判或不经过审判，对于犯有战争罪行的俘虏们处以各种轻重刑罚，已是司空见惯，从来未见有人提出过问题。所以，以国际法缺乏对个人的制裁方法为理由而主张犯人不负个人责任，也是丝毫没有根据的。

---

① 有些国家在平时便把国际法中关于战争行为的原则和惯例全部地或部分地制定在他们的刑法和战争规则手册之中（如英国的《陆战法规和惯例手册》、美国的《陆战规则》），有些国家是以国内法方式概括地承认国际法的规则，甚至在宪法中承认国际法的效力（如德意志民主共和国）。有些国家却在战后审判战犯时方才颁布单行审判战犯的法规或命令，将国际法中关于战争罪行的部分概括地或列举地采纳进去（如苏联、法国、加拿大），我国全国人民代表大会常务委员会 1956 年 4 月 25 日所通过的《关于处理在押日本侵略中国战争中战争犯罪分子的决定》，也是属于这一类的。有些国家在这种审判战犯法规或命令中把审判卖国贼的罪行一并规定了进去（如捷克斯洛伐克、波兰、罗马尼亚、保加利亚）。各国所采取的接受方式虽不一致，但是这些关于战争罪行的法规或命令，它们的内容却大都是采自海牙公约、日内瓦公约和一般国际公认的战争规则和惯例，因而在实质上是国际法而非国内法。

② Grotius, *De Jure Belli ac Pacis*, Book Ⅲ, Chapter Ⅺ, Sec. 10 ; S. Glueck, *War Criminals: Their Prosecution and Punishment*, p. 107 ff.

至于第四种反对理由，说在被告们从事或参加侵略战争的时候，纵使当时的国际法已认其为犯罪行为，但是被告们自己并不知晓当时的国际法，所以在他们主观上缺乏“犯罪的意思”，因而不能构成犯罪，法庭认为这也是不能成立的。法庭对于这种诡辩的答复是：第一，人人有知晓和遵守一切现行法（包括国际法）的义务；对于现行法的愚昧无知，绝不能作为免除罪责的辩护理由。[①] 第二，被告们在从事侵略的时候，纵使不能精确地了解侵略在国际法上是何等严重的罪行，但是以他们的知识和地位来说，他们在破坏条约或协定去攻占邻国的时候，绝不会不明白或者没感觉到他们的行为是错的、是有罪的。不能说他们是没有“犯罪的意思”。纽伦堡判决书上说：对于这种人“加以惩罪，非但不是不公平；反之，如果让他们逍遥法外，那倒是不公平了”。[②]

在坚决驳斥了一切反对个人责任的辩护理由之后，两个国际法庭一致的结论是：凡是参加过侵略战争的人们，无论是在策划、准备、发动或执行这种战争的任何阶段上参加的，都要负个人责任，都应被当作战犯受审。这是纽伦堡和东京法庭宪章及判决中所确认和宣布的一个国际法上的大原则——侵略战争中个人责任的原则。

（六）官职地位和上级命令的问题

同上述原则有密切关系的，或者可以说是由那个原则所产生的，

① Baron Wright, “War Crimes under International Law”, *Law Quarterly Review*, Vol. 62 (1946), pp. 40, 51. 纽伦堡国际法庭检察官杰克逊说过：“法律的进步是要那些猜测错误或通晓太迟的人们偿付代价的。”见《纽伦堡国际军事法庭审判记录》第116页。

② 《纽伦堡国际军事法庭判决书》，伦敦版第39页，中文译本第64页。

是另外两个原则性的问题，需要在这里说明和澄清一下。一是个人官职地位的问题，一是上级长官的命令的问题。先谈第一个问题。

官职地位问题

《纽伦堡国际军事法庭宪章》第七条规定："被告之官职地位，无论是国家之首领或政府各部之负责官吏，均不得为免除责任或减轻刑罚之理由。"《远东国际军事法庭宪章》第六条规定："被告在任何时期所曾任之官职……均不足以免除其被控所犯任何罪行之责任……"这两条规定的基本意义是相同的。在这里，一个关于战犯审判的新的国际法原则被确认和宣布了，那便是：所有的人，上自一国的元首或首相，下至普通的士兵或平民，只要他犯有任何战争罪行，便应负其个人责任，并应被当作战犯去接受审讯和惩罚。

在旧国际法上，一国的元首是被视为神圣不可侵犯的，在任何情况下他都不受外国法庭或国际法庭的审判。在第一次世界大战终结时，协约国所组织的战争责任调查委员会里，美国代表和日本代表便是坚决地这样主张的。[①] 但是巴黎和会并没有采取美日代表的主张。在《凡尔赛和约》（第 227 条）里明确规定了：协约国将"组织特别法庭审讯德皇（威廉二世），并治之以破坏国际道德及条约尊严之最大罪状"。虽然由于荷兰政府拒绝引渡以及协约国间的离心离德，这一条文实际上成了空话，不过一国元首神圣不可侵犯的说法在理论上已经从此而开始动摇了。至于元首以下的其他主要战争责任者，《凡尔赛和约》（第 228 条）也规定了要"德国承认协约国有权提交审判"。但是从莱比锡审判那幕滑稽剧的结果（只有六名低级军官被判徒刑）看来，这一条文实际上也等同具文。

---

① 美国和日本代表的主张，载该委员会报告书第 147—152 页。参阅 S. Glueck, *War Criminals: Their Prosecution and Punishment*, pp. 121-139。

由此可见，在第二次世界大战以前，战犯审判的对象实际上只是限于士兵或普通军官，比较高级显要的官员从来没有受审的，更不必说一国的元首或政府的主要领导了。

第二次世界大战以后的情况便不同了。由于纽伦堡和东京宪章关于个人责任的明确规定以及法庭在两个审判中贯彻了这个规定，因此，在今天（指审判时）说来，在战争犯罪的责任上人人平等的原则已经是建立了，至少在表面上和理论上是如此。在纽伦堡受审判的戈林等二十二名甲级战犯都是纳粹德国最重要的领导人（那时希特勒已死，否则也会被投入受审者之列）。东京受审的二十八名甲级战犯也都是法西斯日本最重要的领导人，其中四人曾任首相。在纽伦堡，被判处绞死刑的是十二人，终身徒刑的是三人，有期徒刑的是四人，无罪释放的是三人。[①] 在东京，被判处绞死

① 被纽伦堡国际军事法庭判处绞死刑的十二人为：戈林（Goering），帝国元帅，空军总司令，“四年计划”执行总监，纳粹党副总裁，希特勒指定的第一继承人；里宾特罗普（Ribbentrop），纳粹德国外交主持人，1933 年起任驻英大使，1938 年起至德国投降止改任外交部长；凯特尔（Keitel），陆军元帅，1935 年起至投降止任德军参谋总长；卡登勃伦纳（Kaltenbrunner），纳粹党卫军大队队长，希特勒特务头子希姆莱的亲信助手，1935 年起任奥地利纳粹党卫军领导人及帝国保安总署署长；罗森堡（Rosenberg），纳粹党员“精神训练”主持人，1941 年起至投降止任帝国东方占领区事务部部长，法西斯主义及种族优越学说的理论家兼宣传家；佛兰克（Frank），1934 年起任德国司法部部长，1939 年起到波兰解放止任波兰总督；佛利克（Frick），1934 年起任德国内政部部长，1943 年至 1945 年任波希米亚与摩拉维亚监护使；捷斯–殷瓜特（Seyss-Inquart），纳粹党党务重要领导人，历任不管部部长及奥地利总督，1939 年起至投降止任波兰副总督，荷兰占领区专员；史特莱赫（Streicher），纳粹党党务重要领导人，《进攻者报》主笔，反犹太主义的思想家及宣传家，迫害犹太人的组织者及领导者；索克尔（Sauckel），1942 年起至德国投降止任纳粹党卫军大队长、劳工使役督办，“奴隶劳动”的组织者；约德尔（Jodl），陆军上将，1935 年至 1938 年任最高统帅部国防处处长，1939 年起至投降止改任作战指挥部参谋长；鲍尔曼（Bormann），赫斯的参谋长，纳粹党办公厅主任，1943 年起至投降止任希特勒的机要秘书及亲信顾问——缺席裁判。被判处无期徒刑的三人为：赫斯（Hess），1933 年起任纳粹党副总裁及不管部部长，1938 年至 1941 年任秘密内阁阁员，1939 年起任国防委员，希特勒指定的第二继任人；冯克（Funk），1938 年起至投降止任经济部部长、帝国银行总裁兼军事经济督办、国防委员、中央计划委员会委员；莱德尔（Raeder），海军上将，1935 年至 1943 年任海军总司令，1943 年起至投降止任海军督察署署长。被判处有期徒刑的四人为：史拉赫（转下页）

刑的是七人，终身徒刑的是十六人，有期徒刑的是二人，无罪开释的没有——像这样对国家领导人规模浩大的审判和严厉的制裁是历史上从来未曾有过的，在二十年或三十年以前是不可能想象的。这两大审判虽然不是没有缺点，但是它在法理上却贯彻了“个人责任”的原则和“个人官职地位不能为开脱罪责之理由”的原则。

长官命令问题

同“个人责任”原则有密切关系的另一问题便是上级长官命令问题。这也是在战犯审判中被告辩护方面所常引为开脱罪责的理由之一，特别是当他们被控犯有普通战争罪和违反人道罪的时候。

问题的提法是这样的：倘使一个人，例如一个士兵或下级军官，在犯战争罪行的时候，并非出于他自己的意愿，而只是服从其政府或上级长官命令的结果，他是否可以免除罪责、不受惩罚？

在以前，对这个问题的答案是相当混乱的。某些西方国家著名的国际法学家，如凯尔逊、斯密士之类，都主张上级命令是可以使战犯们免除其罪责的。① 他们的主要考虑是军队中的森严纪律以

（接上页）（Von Schirach），“希特勒青年团”的组织者及领导者，1940 年起任维也纳纳粹党部督导员兼帝国驻维也纳总督；史斐尔（Speer），希特勒的亲密战友，1942 年至 1943 年任军备与军需部长，1943 年起至投降止任军备与军事工业部部长、中央计划委员会领导人之一；牛赖特（Von Neurath），1932 年至 1938 年任外交部部长，1939 年至 1943 年任波希米亚与摩拉维亚监护使；杜尼兹（Doenitz），海军上将，1936 年至 1942 年任潜水舰队司令，1943 年至 1945 年任海军总司令，1945 年 5 月继希特勒之后短期任德国元首。被宣告无罪的三人为：沙赫特（Schacht），自 1933 年起历任帝国银行总裁、经济部部长兼军事经济督办、不管部部长、希特勒的经济财政问题的主要顾问；巴本（Von Papen），对外间谍活动及破坏活动的组织者及领导人，1934 年起历任驻维也纳公使、驻土耳其大使等职；弗立茨（Fritzsche），宣传煽动家，戈培尔的亲近同僚，历任宣传部国内报刊局局长、无线电广播事业局局长等职。苏联法官曾声明不同意法庭宣告沙赫特、巴本和弗立茨三人无罪和只判处赫斯无期徒刑。他曾把他的不同意见作成异议书附载于法庭判决书之后。关于远东国际法庭对被告们判处的刑度，我们以后将有详细论述，此处不赘。

① Kelsen, *Peace through Law*, p. 107 ; Smith, *Law and Custom of the Sea*, pp. 176–180 ;《奥本海国际法》，第 253 目。

及违抗命令对于抗命者的危险。1944 年以前的英国《陆战法规和惯例手册》(第 443 条)和美国《陆战规则》(第 366 条)也有过这样的规定。但是在 1944 年那一年,英国手册和美国规则都做了修改,而采取了完全与此相反的规定——即上级命令不能作为免罪的理由。由此可见,以前的国际法作家以及国内立法对这个问题的态度是摇摆不定的。

纽伦堡和东京国际法庭在这个问题上所采取的态度却是明确、坚定的。纽伦堡法庭宪章第八条规定:"被告是遵照其政府或长官之命令而行动之事实,不能使其免除责任;但如法庭认为合于正义之要求时,将于刑罚之减轻上加以考虑。"东京法庭宪章第六条也有同样的规定:"……被告系遵从其政府或上级长官之命令而行动之事实,均不足以免除其被控所犯任何罪行之责任。但如法庭认为符合公正审判之需要时,此种情况于刑罚之减轻上得加考虑。"

两个法庭宪章之所以采取这样的规定,其理由是:一个人只应该服从合法的命令,而不应该服从违法的、犯罪的命令。倘使他因服从命令而违反了明显的、无可否认的战争规则,他便应该负不可逃避的责任。因为,倘使不如此,而只是把责任向发布命令的上级长官推,推到最后,将只有国家元首一个人或高级首长几个人对某些战争罪行负责了。这对于战争法规的有效实施是会有极大的损害的。

因此,任何人犯了违反战争规则或违反人道的罪行,不论他是自动地犯的或是因服从上级命令而犯的,都应该被视为战犯而受到惩处。但是在服从上级命令而犯了战争罪行的场合,法庭可以把违反命令对于抗命者所能发生的危险在量刑的时候加以考虑。

对于一个普通士兵或下级军官说来，因抗命而受到严酷的立即的惩罚的危险是很大的，他的选择余地是很小的。对于一个高级司令长官或一个文职官吏或普通平民说来，这种危险是不太大的，至多不过丧失他的职位或企业而已。有的时候，正因为他抗拒执行那种违法的命令，而能导致那种命令的撤销或修改。所以，法庭在斟酌刑度的时候，应该根据战犯们个别的、不同的具体情况而加以考虑。对国家领导人或高级官吏说来，上级命令的问题是不存在的。倘使他们不同意某一非法命令或政策，他们可以主动辞职，绝不会有生命的危险或被处罚的可能。事实上，他们正是这种非法命令的制造者和发布者。

由上所述，倘使一个普通士兵或下级军官犯有违反战争法例或违反人道的罪行，纵使是由于执行上级命令的结果，他是不能卸去其罪责而只能要求减轻其刑罚的。但是在破坏和平罪里，情况便大不相同。就纯理论上说，破坏和平罪既包括所有参加（无论是策划、准备、发动或从事）侵略战争的人们在内，而上级命令又不能成为免除罪责的理由，那么，当一个普通士兵或军官奉命出征去参加侵略战争的时候，他便算犯有破坏和平罪了。然而，事实上并非如此。同盟国的起诉机关或审判机关，无论是国内的或国际的，都没有坚持过这项原则。对一般士兵和军官，同盟国并没有因他们参加侵略战争而以破坏和平罪对他们起诉。因为，决定进行侵略战争不是他们的事情，而且一种战争是否侵略，以他们的地位和知识说来，是不容易辨认的。因此，在第二次世界大战的实践中，同盟国把极大多数的、数以百万计的德日战俘都遣送回他们的祖国，并没有以犯有侵略罪而对他们一律加以拘留、起诉。只是少数犯有违反战争法例或违反人道罪行者才被拘留，当作丙级战犯起诉。对于这类战犯，一般是由各国国内的而不是由国际的军事法庭去审判的。

由此可见，在第二次世界大战后的广泛实践中，以犯有破坏和平罪（侵略罪）而被起诉受审的只限于极少数的国家领导人，即政府首脑、大政客、大军阀、大财阀、大军火制造商、著名的战争煽动家、重要战区的司令长官和其他对于侵略战争的发动和推行负有主要责任的上层人物。这些人一般被称为“甲级战犯”，他们大都是由国际军事法庭去审判的。

六、甲级战犯与国际审判

最后，有几个次要的法律实践中的问题，还需要说明一下。那便是：何谓“甲级战犯”？它同乙级、丙级战犯的区别何在？何以甲级战犯一般系由国际法庭审判，而乙、丙级战犯一般系由国内法庭（犯罪地国的法庭）审判？

必须指出：把战犯分为甲、乙、丙级只是一般学术著作中和新闻报道上的习语，在正式的国际文件中是没有根据的。在1945年8月8日英、美、法、苏四国签订的伦敦协定和《纽伦堡国际军事法庭宪章》中，它们用的是“控诉及处罚欧洲轴心国主要战争罪犯”的字样；1946年1月19日东京盟军最高统帅部颁布的设立远东国际军事法庭的通告和法庭的宪章中，也用的是“公平及迅速审讯并惩罚在远东的主要战争罪犯”字样。在其他的正式国际文件中，它们使用的也是“主要战犯”而不是“甲级战犯”字样。

但是在日常习语中，在学术论著中，以及在新闻报道中，人们为了方便和更醒目起见，常把这类战犯称为“甲级战犯”（Class A war criminals）。

甲级战犯的特征有二：一是他们的地位很高、权力很大，属于国家领导人的范围；二是他们都犯有纽伦堡和东京宪章中所规定的“甲项”罪行——破坏和平的罪行，亦即策划、准备、发动或实行侵略战争的罪行，而这种罪行是法庭所认为“最大的国际罪行”，是“包括全部祸害的总和”的罪行。这两个特征是互相关联的。一个没有很高地位和很大权力的人是不会对国家的侵略政策和战争政策发生作用或影响的。因此，被称为“甲级战犯”的大都是侵略战争中的“元凶巨魁”。

这些“元凶巨魁”虽亦常被控犯有他项的战争罪行，如普通战争罪行和违反人道罪行，但是他们每个人毫无例外地是被控为犯有破坏和平的罪行。这是对他们的主要的控诉，其他被控的罪行都是次要的。

依照一般国际惯例，甲级战犯大都是由国际军事法庭审判的，至于何以必须由国际法庭去审判，我们在国际文件中或作家论著中并没有发现权威的或详明的解释。据我们体会，其理由大概是这样：和平是不可分割的，安全是要靠集体去维持的，所以发动侵略、破坏和平的罪行不仅关系直接受害的邻邦，而且是参战各国所共同关切的。这种罪行的祸害是没有地理区域的限制的，它是对多数国家和多数人民的犯罪。因此，它应该由国际法庭去共同审判，而不宜于由一国的国内法庭去单独审判。

至于犯有违反普通战争罪行或违反人道罪行的乙级和丙级战犯，按照国际惯例，一般都是由犯罪地国（即暴行实施所在地国）

的国内的或当地的军事法庭审判。这不仅是由于这类战犯的官职地位较低、犯罪事实较为简单，用不着组织国际法庭去审判，而且把这类战犯引渡给犯罪地国国内的或当地的军事法庭去审判还有两大好处：第一，他们所犯的暴行既然是在某地区实行的，则在该地区审判不但可以贯彻“犯罪属地”的刑法原则，而且对于证据的搜集、证人的传唤以及现场的调查等均较方便。第二，由犯罪地国内的或当地的法庭去审判，使这类战犯在当地受到法律制裁，可以使对他们的暴行记忆犹新的地方群众在心理上、精神上感到快慰。由于上述原因，所以同盟国在多次宣言和照会中都强调犯有残酷暴行的战犯们将来必须引渡到暴行实施地去受审，并警告中立国家对他们不得予以庇护。[①]

※　※　※　※

战犯审判的规模浩大和案件众多是第二次世界大战终结后的一个非常突出的现象。在国际方面，有纽伦堡国际法庭对德国甲级战犯的审判，有远东国际法庭对日本甲级战犯的审判。在国内方面，各同盟国国内法庭对乙、丙级战犯的审判，其案件之多是使人惊异的，有的国家（例如美国）竟超过了一千件，而几百件或几十件的更是所在多有，不足为奇。[②]

---

① 同盟国政府和首领们的这些宣言、照会和声明，载S. Glueck, *War Criminals: Their Prosecution and Punishment*, Appendix B, pp. 109-113。

② 关于第二次世界大战后各国国内军事法庭审判犯有暴行罪的乙、丙级战犯案件的数目字，我们迄今还没有精确的、全面的统计或报道。据 1964 年 12 月 24 日出版的美国《时代周刊》披露：在德国被占领期间，同盟各国的军事法庭曾审判纳粹战犯共 5025 名，其中处死的为 486 名；战后德国法庭自己审判的纳粹战犯为 12882 名，判刑的为 5243 名，其中处死的为 12 名，无期徒刑的为 76 名；苏联法庭对纳粹战犯判刑的估计约为 10000 名。这个报道和估计的可靠性如何，不无疑问。但是，同盟各国对德日战犯审判案件之多和处罚之严确实是第二次世界大战后一个最突出的现象，它和第一次世界大战后战犯审判的情况是大不相同的。

由于战后这许许多多审判的结果，关于战争罪行和战犯审判的国际法原则得到了很大的澄清，同时也起了不小的变化。在往时，这一部分的国际法原则是相当混乱和模糊的；当时的国际法学者和作家在某些问题上也有过不少的争论。经过第二次世界大战后的这样丰富的实践，特别是经过纽伦堡和东京国际军事法庭的两大审判，这些原则已经基本上明确和肯定了，而且也有了显著的发展。[①]

本章论述的便是这些国际法原则获得澄清、肯定和发展的过程和原因，而这些原则是远东国际军事法庭行使其管辖权所一贯恪守的基本原则。

① 梅汝璈：《战争罪行的新概念——总结第二次世界大战后关于战争罪行的国际法原则的一些主要的变化和发展》，载《学术月刊》1957年第7期，第57—66页。

第二章　远东国际军事法庭的宪章及组织

一、宪章的内容概述

远东国际军事法庭的宪章[①]是由东京盟军最高统帅根据一系列的国际文件（《波茨坦公告》《日本投降书》和莫斯科外长会议的决议）的间接授权所制定，于1946年1月19日以特别通告颁布的。它和欧洲纽伦堡国际军事法庭宪章不同，纽伦堡法庭宪章是在美、英、苏、法四国1945年8月8日签订的伦敦协定中所直接制定，作为协定的附件公布的。关于此事，本书前一章已有较详的论述，兹不多赘。[②]

《远东国际军事法庭宪章》在颁布后不久，即同年4月26日，曾经盟军最高统帅明令修改过一次。那次修改只是将法庭成员（法官）人数的最高额由九名提高到十一名，并规定除了在《日本投降书》上签过字的九个受降国之外，印度和菲律宾亦得各自推

① 《远东国际军事法庭宪章》（Charter of the International Military Tribunal for the Far East）全文，载本书附录一。Charter一字一般译为“宪章”；但亦有译为“规程”、“组织法”或“组织规程”者，似欠妥善。此处从一般译法。

② 见本书第一章第四节。

荐法官候选人一名。

除了上述的一次修改（修改时法庭尚未正式开庭）之外，宪章没有过任何其他的修改。因此，在远东国际军事法庭整个的存在期间，这个宪章始终是法庭在组织方面和审判程序方面的根本方针和指导原则。

《远东国际军事法庭宪章》分为五章，共十七条。其中有的是关于法院的组织、人事及行政事务；有的是关于法律问题。在关于法律问题的各条文之中，有的是属于实体法方面的，例如法庭的职权、对人对罪的管辖权、刑罚权等；有的是属于程序法方面的，例如陈诉的顺序、审理的进行、证据的采取、证人的诘问、判决的型格、刑罚的执行等。

宪章第一章是关于“法庭之组织”，共四条。

第一条说明法庭设立的宗旨与任务是“为求远东主要战争罪犯之公正与迅速的审判及处罚”。在这里，需要指出的是远东国际军事法庭实际上审判的虽然都是日本的主要战犯（甲级战犯），但是在法庭成立之初，它原来是打算要审判所有在远东地区逮捕起来的主要战犯的，不论他们的国籍为何。因此，本条的规定用的是“远东主要战争罪犯”字样而不是“日本战争罪犯”字样。

在日本投降后约十天的时光，即1945年9月11日，盟军最高统帅部便公布了一个行将逮捕的甲级战犯三十九名的名单。其中除了东条英机等二十七名日本人之外，还有非日本籍人十二名：德国籍三人，菲律宾籍三人，澳大利亚籍二人，缅甸籍、荷兰籍、泰国籍和美国籍各一人。这十二名非日本籍的战犯中比较著名的有前菲律宾伪政府大总统劳莱尔（Laurel），菲律宾伪国民议会议长阿奎诺（Aquino），菲律宾伪政府驻日大使瓦格斯（Vargas），德国驻日大使斯达玛（Stahmer），德国驻日大使馆中将武官克莱茨玛（Kreitschmer），泰国驻日大使伍伊齐德，缅甸伪政府驻日大使貌博士（Dr. Mau）——这些人都曾被逮捕入狱，原欲交由远东国际军事法庭去审判的。但是，后来由于种种原因（这些人中有的是不够甲级战犯资格的，有的是被他们祖国坚决要求引渡的，而法庭也考虑到要审讯这许多不同国籍的战犯在语言文字上和其他技术方面的巨大困难），他们在法庭正式开审之前便全都被释放或遣押回国了。

在1945年11月19日宣布的第二次甲级战犯逮捕令的名单（共十一人）中，在同年12月2日宣布的第三次的名单（共五十九人）中，以及在同年12月6日宣布的第四次名单（共九人）中，被指名逮捕的便全部是日本籍的重要战犯，没有任何一个非日本籍的战犯。远东国际军事法庭所审判的二十八名首要战犯便是由这四次被捕的总共一百一十八名甲级战犯中挑选出来的。他们全都是日本人，但是在宪章条文上仍然保持有“远东主要战犯”字样，犹如《纽伦堡国际军事法庭宪章》上虽写明审判“欧洲轴心国主要战争罪犯”而实际上它审判的全都是德国战犯一样。

此外，宪章第一条还规定了远东国际军事法庭的常设地址是在东京。

第二条是关于法庭成员（即法官）的人选，第四条是关于法官的出席、开庭与表决以及缺席的效果等。这些事项，将于本章第三节中予以阐述。

第三条是关于法庭庭长及书记官长的任命和职权以及书记官室的行政事务。这些事项，将于本章第三节及第六节中予以阐述。

宪章第二章（自第五条至第八条）是“管辖权及一般规定”。

第五条“对人与罪之管辖权”及第六条“被告之责任”是远东国际法庭设立及存在的大前提所在，是在国际法上最关重大的问题，也是当年的法律学者和作家以及被告律师们在庭内庭外争辩最激烈的问题。因此，我们在本书第一章第五节中便作了全面的阐述，此处不再赘及。

第七条规定法庭有权自行制定其诉讼程序规则。这个程序规则已经由法官会议制定，并于 1946 年 4 月 25 日以庭令公布。[①] 关于这个程序规则，将于本书第四章中详予阐述。

第八条是关于检察长及各国陪席检察官的指派及职权。这些事项，将于本章第四节中予以阐述。

宪章第三章（第九条及第十条）是“对被告之公平审判”。为了保证对被告审判的公平，第九条中规定了某些必须遵守的事项，例如：起诉书必须符合一定的条件，必须尽早送达被告，其副本（以及法庭宪章的副本）必须译成被告所能了解的文字，即日本文（见第九条甲项）；法庭的一切诉讼程序（无论是口头的陈述或书面的文件）必须以英日两种文字为之（见同条乙项）；被告有权选择自己的辩护人，或由法庭为其指定辩护人，进行辩护（见同条丙项）；被告本人或其辩护人可以行使辩护权的正常合理范围内的一切权利，包括询问及反诘证人之权利以及请求法庭协助搜取或调阅于自己有利的各种证据文件之权利（见同条丁、戊两项）——这些事项在本章第二节三节及本书第四章中将有较详细的阐述，此处从略。

第十条规定的是在审讯开始以前向法庭提出的一切申请、动

① 《远东国际军事法庭程序规则》的全文及修正案，载本书附录二。

议和要求必须履行的一定手续。这纯粹是手续细节问题，无关宏旨。像这样的条文原是可以不必摆在宪章里面的。

宪章第四章是“法庭之权力与审讯之进行”，自第十一条至第十五条，共五条。这一章涉及的事项范围比较广泛，大都是些属于程序法上的问题。

第十一条规定法庭之权力。但这里所谓权力并不是指法庭的管辖权（这是法庭真正的最重要的权力，本书第一章已有阐述），而是指在审讯过程中法庭所具有的行政事务性质的权力，例如传唤证人出庭作证之权力，审讯被告及诘问证人之权力，命令提供证据文件之权力，命令及执行证人宣誓或作出声明之权力，任命官员执行法庭指定的任何任务（包括庭外采录证据的任务）之权力。

第十二条的标题虽是审讯之进行，但其内容并非规定整个审讯过程中的步骤、阶段或顺序（这些事项在第十五条中另有规定），而只是规定在审讯过程中法庭为保证审讯应公正及迅速采取的措施及应行使的权力，例如：法庭应采取措施使审讯程序（无论是陈述、提证或辩论）严格限制于控诉中所提出的问题，并防止及排除一切与本案问题无关的陈述及一切可使审讯拖延的行为；法庭应行使维持法庭秩序之权力，对不守纪律或藐视法庭之人应断然予以相当之处罚，包括剥夺其参加审讯程序之全部的或部分的权利。此外，对于个别患有严重精神上或身体上病症之被告，法庭有权决定其是否应当停止出庭受审。

第十三条是关于证据的规定。这一条的规定是比较详细的，它列举了各种可以和应该采纳的特定证据的项目，以及提出和登记证据的手续、格式。它的总的精神是：关于采纳证据，法庭不受一般技术性的采证规则之拘束；法庭将尽一切可能采取简单、便捷而不拘泥于技术性的程序，并得采用法庭认为有作证价值之任何证据。这一条的用意虽善（目的在保证审讯进行尽量迅速、简便），但是，事实上，由于大多数法庭成员未能摆脱英美法系高度技术性的、烦琐复杂的证据法规则的影响，审讯还是不能很迅捷地进行。法庭审判之所以拖延至两年半之久，其原因虽多，然采证手续之过分烦琐、复杂也是重大原因之一。关于这件事，在本书第四章中将有专节予以阐述和讨论，此处从略。

第十四条是关于审讯地址。条文规定除第一次审讯应在东京（法庭的常设地址）举行外，以后的任何审讯应在何地举行，可由法庭自行决定。然而，事实上，在远东法庭整个存在期间，审讯都是在东京举行的，法庭从来没有援用过这条条文。

第十五条是审讯程序之进行。这是一个很重要的条文，因为它把整个审讯进程所应遵循的步骤、阶段和顺序规定了一个如下的大体轮廓：首先是检察官宣读起诉书；其次是法庭对被告作认罪与否之询问；其次是检察官长及每一被告分别各作一次简赅的“开始陈述”（即所谓“始讼辞”，日本人称之为“劈头陈述”或“冒头陈述”）；再次是检察官提出控诉被告们犯罪的证据及被告们（或由他们的辩护律师）提出反控诉的辩护证据，证据包括证人和文件；再次是被告和检察官诘问对方所提供的任何证人及反诘对方所提出的任何文件；再次是被告（或由其辩护律师）陈述意见（致“终讼辞”）；再次是检察官陈述最后意见（致“终讼辞”）；最后是法庭制定判决书及判处各被告的罪刑，并宣布之。

这一条只是规定法庭审讯进程的一个大体轮廓和一些主要步骤。在实际审讯进行中，情况却要比这烦琐复杂得多。这在本书第四章中将有较详细的说明，此处从略。

宪章第五章，亦即最后的一章，是“判决与刑罚”（第十六条及第十七条）。

第十六条规定法庭对于认定有罪的被告有权判处死刑或它认为适当之其他刑罚。法庭既然有权判处死刑，则有权判处其他刑罚乃是当然之事。因为，死刑是刑法上公认的最重的刑罚；一个有权判处最重刑罚的法庭无疑地有权判处较轻的刑罚。

这条条文虽规定法庭有权对被告们判处死刑，但是法庭实际上是否应该行使这种权力而对某些被告判处死刑却是另外一个问题。这个问题当年在远东国际法庭法官们之间曾引起过争辩。除了那位主张全体被告无罪开释的印度法官之外，还有少数或个别法官，由于他们所代表的国家已经废除了死刑制度，因而主张远东法庭也不判处死刑而以判处无期徒刑（终身禁锢）为法庭科刑最高限度的。他们的主张未能获得多数法官的赞同，因而远东法庭仍然判处了七名罪责较重的被告战犯以绞死刑。由于某些法官拒绝投任何被告的死刑票（包括主张不适用死刑条款的法官们在内），而确定对某一被告的科刑又非至少有六票不可，因此远东法庭判处被告死刑的数量及比例均远较纽伦堡法庭所判处的为低。

此外，庭长威勃爵士（澳大利亚法官）还有一种奇特的想法和主张。他主张把全体被告流放到一个孤岛上去，正如当年英、俄、奥等国处罚拿破仑一世那样。他的这种奇特设想并未邀得多数法官的重视；但是他不但拒绝对任何被告投死刑票，而且把他自己这种奇特主张在他个人的“异议书”（对法庭判决书的不同意见）里公布了出来。

关于威勃庭长和其他法官的异议书，以及法庭在定罪和科刑问题上的实际投票情况，本书以后将有所叙述，此处从略。*

第十七条是关于判决与复核。这一条规定法庭的判决书须附具理由，并应于公开庭中宣读。这是一般法院所遵循的常规，远东国际法庭自亦不应例外。事实上，远东法庭的判决书长达一千二百余页，洋洋数十万言，判决理由应有尽有，公开宣读持续了六天半之久，这不但满足了本条规定的要求，而且创造了世界司法史上的空前纪录。

本条又规定：法庭的审判记录应送交盟军最高统帅核办，法庭的判决将依照盟军最高统帅的命令执行，盟军最高统帅对法庭判决的刑罚还可以斟酌情形予以减轻，但不得加重。

在这里，便产生了这样一个有趣的法律问题：盟军最高统帅既然有权改变（减轻）法庭判决的刑罚，远东法庭的判决在法理上是否能够算做终审判决或最后判决？如果能算的话，那么，最高统帅的减刑权在法理上又算是属于什么性质？

依作者的见解，远东法庭的判决无疑应该被认为是最后判决或终审判决。一个判决是否是最后的或终审的，其关键在于当事人对该判决是否仍然有权上诉，以及是否存在着有权撤销该判决而对案件重新审判的机关。很显然，对远东法庭的判决，当事人无论被告或检方是不能上诉的，同时也没有任何机关（包括盟军最高统帅）是有权撤销远东法庭的原判而对案件加以重审的。至于盟军最高统帅的减刑权，那只能算是属于行政特赦权的性质，犹如一国元首通常可以对国内最高法院所判的刑罚行使赦免权或减刑

---

* 因本书是未完成稿，现存的第一至第四章中不含有异议书及定罪科刑阶段的实际投票情况。——整理者注

权一样。这种赦免权或减刑权的行使在法理上对于“原法庭的判决是终审的判决或最后的判决”这样一个结论并无损害。在纽伦堡，宪章规定这种权力是由盟国对德管制委员会行使的。[①] 然而，纽伦堡法庭的判决，犹如东京法庭的判决一样，都应该被认为是一审终结的、不能上诉的最后判决。

虽然纽伦堡宪章和东京宪章分别规定了赋予盟国对德管制委员会及东京盟军最高统帅以减刑的权利，但是事实上他们都没有行使这个权利。在纽伦堡，对被告们的刑罚是完全按照国际法庭的判决执行的。在东京，那位盟军最高统帅麦克阿瑟虽然一贯有意庇护日本战犯，但是在那时候（1948 年年底）他还不敢冒天下之大不韪，公然改变远东法庭的判决。因此，对日本各首要战犯的刑罚，他仍然按照远东国际法庭的判决去执行了。在执行绞刑的那一天，1948 年 12 月 23 日，麦克阿瑟还向报界发表了声明，宣称：“我没有任何理由去变更远东国际法庭对被告们所判处的刑罚。如果这样缜密的诉讼程序还不能信赖的话，如果这样博学的法官们还不能信赖的话，那么，世界上便不会有任何可以信赖的事物了。”[②]

以上是关于《远东国际军事法庭宪章》中某些条文的简要的解说。至于宪章有关各机构组织的条款，将于本章以后各节中分别援引时予以阐述；有关诉讼程序的条款，将于本书第四章中引用时再作进一步的说明。

---

① 《纽伦堡国际军事法庭宪章》第二十九条。

② 麦克阿瑟这篇执行远东国际军事法庭判决的冠冕堂皇的声明，见东京及各地 1948 年 12 月 23 日报章。但是，这篇声明言犹在耳、墨迹未干，他便指示检察长把巢鸭监狱里所剩下的唯一的一批甲级战犯，以“罪证不足，免予起诉”为借口，全部释放了。在判决执行开始之后只有一年多的工夫，他又擅自颁布了那个所谓的“第五号法令”，规定那些经远东国际法庭判处徒刑的战犯，在服刑届满刑期三分之一以后，经盟国多数的同意，便可予以提前释放。（参阅 1950 年 5 月 15 日周恩来总理的声明）

二、法庭的地址及布置

《远东国际军事法庭宪章》第一条中规定法庭的常设地址是在东京。但是第十四条又规定:除第一次审讯应在东京举行外,以后的任何审讯应在何地举行,可由法庭自由决定。乍看起来,这两条规定似乎是抵触的,其实不然。为了对外行文便利及其他种种原因,法庭必须有一个正式的、固定的、具永久性的常设地址,这便是东京。但是为了审讯的实际方便起见,宪章又规定了法庭有权在第一次开庭之后自由决定将其全部或一部分审讯工作迁移到任何他们认为适当的地点去进行。这原是为了工作的效率和便利设想,同时也是对法官们的自由意愿表示尊重的意思,用意是好的。

然而,事实上,在远东国际法庭存在的整个期间,它的审讯工作始终是在东京进行的。唯一的一次“例外”(其实并非真正的例外)是在 1947 年春天。那时法庭要传唤一名前日本关东军参谋长石原莞尔中将出庭作证,而石原莞尔长期病卧山形县吹浦町不能动弹。法庭于是派了新西兰籍的法官诺斯克罗夫特带了书记官、记录员、检察辩护双方代表以及几名随员前往石原莞尔的吹浦住所,举行日本人所谓的“临床审讯”。这是一般法庭在有迫切需要时指派一名“授命法官”代表法庭在庭外采取证据所常用的办法,不能视为法庭审讯工作改变了地点进行。然而,就是这种办法远东法庭也只采用过一次。

1946 年夏季,那是远东法庭开庭的第一个夏天,由于东京气候酷热,而法官们出庭又必须穿着厚的黑色缎制“法袍”,因而汗流浃背,感觉异常苦闷。那时确有个别法官建议把审讯工作暂时迁移到日本避暑胜地轻井泽去举行。经考虑后，法官们大都认为这事的牵涉面太广，耗费也太大；要把这样一副庞大的审讯机器和这样众多的有关人员搬到日本任何其他地点去实际上是不可能的。因此，这个建议未能邀得多数法官的赞同。但是，有鉴于盟军总部迟迟未能给法庭装修冷气设备，法庭决定以“罢工”（停止审讯）来对总部施加压力。果然不出所料，法庭全部冷气设备不到一个星期工夫便装置好了。审讯工作于是便告恢复。法庭这一次“罢工”的举动曾引起世界舆论的讥评。幸而，临时迁移到轻井泽去的计划未能实现，否则必然会遭到舆论界更大的攻击。

由上所述，可见宪章虽有法庭可以自由选择其审讯地点的规定，但远东法庭的审讯工作自始至终都是在东京的常设地址举行的。

※　※　※　※

远东国际法庭在东京的常设地址是在市谷区的原日本陆军部大厦。这个大厦在战前一度是著名的日本陆军士官学校，日本军国主义分子的摇篮；在战时是军部和参谋本部合组的大本营的所在地，亦即日本侵略战争发号施令的中心。审判日本主要战犯的国际法庭设在这里，不能说没有深远的意义。

战后东京，由于百分之七十五以上的房屋都被炸毁烧光，到处呈现着断瓦残垣、遍地焦土的凄凉景象。但是有某些地区和某些建筑物却屹然耸立，像沙漠中的绿洲或大海中的孤岛一样。远东法庭所在地便是这种绿洲或孤岛之一。

关于法庭的外部环境，东京《朝日新闻》（日本销路最广的日报之一，每天发行达五百万份）有过这样一段富于诗意的描述（题为“梦之迹”）：

杜鹃之花，或红或白，在土堤青草中放着芬香，而东京法庭即沿此土堤而直上。有钢骨水泥之大厦巍然屹立，其在大门之前，立有英文的木牌标记，写着五个大字：'INTERNATIONAL MILITARY TRIBUNAL, FAR EAST'（远东国际军事法庭）。

但在木牌附近土丘上之青松，依然独茂。此钢骨水泥之大厦乃旧时陆军士官学校所在地。在太平洋战争发生后，陆军省及参谋部之一部迁入此间办公，正所谓军阀发号施令（亦即痴人说梦）之中枢地点。现在所用于审判战犯之大厅适为该建筑物之大讲堂。换言之，即二十世纪毁坏人类文明之日本军阀老巢是矣。时当春夏之交，昭和廿一年（日本投降第二年，即1946年）5月3日，审判开始于市谷台矣。呜呼！杜鹃之芬芳，春色之荡漾，一切的一切，均属过去之梦而已。[①]

※　※　※　※

法庭所在的大厦，即原"军部大厦"，从外表看来是一座相当高大壮观的立体建筑，但是它内部实际可以使用的房屋却只有三层。[②]第一层，即地面上的一层，除供开庭之用的审判大厅之外，大部分都是供书记官室及其管辖下的各种机构的工作人员办公之用。法庭的记录、翻译人员，打字、印刷人员，警卫、看守人员，收

① 《东京裁判》（朝日新闻法庭记者团著），第一辑，1946年ニ乙一ス社刊行，第1页。

② 远东国际法庭所占用的大厦，一般盟国人士及日本人都叫它为"军部大厦"（War Ministry Building），因为自从战前陆军士官学校迁走以后，日本陆军省（简称"军部"）一直是设在这里。就是在1941年太平洋战争发生以后，参谋本部和海、陆军省合组的大本营中枢设在这里的时候，日本陆军省依然全部在此办公。因此，叫它做"军部大厦"是没有什么不妥当的。

发、传达人员，摄影、录音人员，勤杂、服务人员等，他们工作和休息地点都在这一层。此外，被告休息室、证人休息室、辩护律师的会议及休息室、新闻记者的发报及休息室、旁听人休息室，等等，也都设在这一层，地点大都是紧靠着审判大厅。

大厦的第二层大部分是供法官办公、休息及会议之用。每一法官都有毗连的办公室两间，一间是供他自己之用，一间是供私人秘书及打字员之用。庭长的办公室便是战时日本首相东条英机当年的办公室，而二楼中央那间比较宽大的法官会议室便是战时大本营的那班日本军阀巨魁因策划侵略战争而经常集会的地方。

除了法官办公室及会议室之外，书记官长的办公室也是设在二楼。此外，在二楼的一端还设有一个特别雅致的小餐厅，专供法官、检察官及高级职员休息时小饮及中午便餐之用。据说，这里的厨师犹如帝国饭店的厨师一样，都是日本全国最善于烹饪西菜的能手，而服务员亦多是能操流利英语的日本女郎。然而，事实上，法官们中午经常都是驱车回到他们居住的帝国饭店去用膳，光顾这个餐室的机会是不多的。

大厦三楼大部分是供检察处人员办公及会议之用。检察长、各国陪席检察官和助理检察官在这里都有各自的办公室。另一部分房屋便是用于保管法庭的档案文件及图书资料的。此外，还有一部分辟作法庭某些较高级职员的宿舍。法庭职员绝大部分都住宿在庭外，而警卫、服务和勤杂人员又都住在楼下，三楼的这些宿舍只是供给极少数由于职务上的需要或由于某种特殊原因而不得不在法庭内住宿的地位较高的职员（如个别的法庭书记官，个别法官的私人秘书，以及主管印刷、打字及新闻发布的工作人员）之用。

法庭大厦除了这三层办公场所之外，在一楼的最后面便是审判大厅，这是法庭工作的中心，也是举世瞩目的所在。

审判大厅是战前日本士官学校（战时日本大本营）的礼堂（日本人称其为“大讲堂”）改建的。大厅是方形的，面积很宽，原可容约二千人听讲或集会之用。在盟军总部决定把远东国际法庭设置在这里之后，便着手翻修改造的工程，经过三个多月的工夫才全部完成。据说翻改工程是以纽伦堡国际法庭审判大厅的图案为蓝本的，但是它的场面之大和设备之精比纽伦堡那个审判大厅还要胜过一筹。

※　　※　　※　　※

审判大厅内部设备和布置的大概情形是这样的：

在大厅的上首方、靠厅壁的高台上是一条长长的桌子，桌子后面摆着十一张高大的楠木沙发椅，椅子后面紧靠墙壁地方是一个大木架，木架中插着参加审判十一国的国旗——这便是法官坐席台。开庭时十一位法官鱼贯而入，沿梯登台，各自就坐自己的席位，庭长居中，其他法官按照美、中、英、苏、加、法、荷、新、印、菲次序分别左右就坐。

在法官席前面，位置稍低之处，又是一条长长的桌子及若干把椅子，这是供法庭的登记官、书记官和法官私人秘书坐的。

遥遥面对着法官坐席、在大厅的下首方紧靠墙壁处是被告坐席台，这个台分为高低两层，二十八名受审被告战犯分为两行就坐于此。这些当年不可一世的元凶巨憝在开庭时经常成为观众视线集中之焦点。

在靠近法官台的前面设有一张稍高于地面的小小的斜面站台。这是供检察官或被告辩护律师向法庭发言之用的。由于同时不能有两个人发言，所以这个站台是很小的，只能供一人使用。台上装有扩音器和红信号灯。发言正在被翻译时，红信号灯便亮着，等到红灯熄灭以后，发言者始可继续发言。这种扩音器和信号设备在庭长坐席上也有设置，因为庭长也是时常要代表法庭发言的。

在靠发言站台的左边是一个高于地面的小小的证人坐台。由于不能有两个证人同时作证，所以这个坐台也很小，只能供一人之用。

检察官或辩护律师发言时必须站立在发言站台上，而证人发言时却安坐在证人坐台中。这并不是由于法庭对证人特别尊敬或优待，而是由于证人们除了陈述自己的证言之外还时常要答复检察和辩护双方那冗长、烦琐、几乎永无休止的询问、反诘、再询问、再反诘。例如，伪满皇帝爱新觉罗·溥仪出庭作证时便被诘问达八整天之久；如果要他站立八整天，那便无异于变相的"体罚"，未免太不近情理了。因此，证人发言时是被允许坐着的，而检察官和辩护律师发言时则是站立的。

在证人坐台上也设有扩音器和红灯信号设备。红灯开时表示证人的发言正在被翻译着，须俟红灯熄灭后他才可以继续发言。

在发言站台的两旁分别设置着两张长方大桌，每张约可围坐十人，左边的一张是供检方出庭人员之用，右边的一张是供出庭的辩护律师之用。法庭的检察官（包括助理检察官）不下数十人，而辩护律师（日本籍和美国籍的）将近百人，每日在这两张桌子围坐的只是当天有任务的少数，其余的则散坐在他处或者根本不必到庭。

在证人坐席与检察官坐席之间又是一张长方桌。值日的翻译人员便围坐于此。他们是口齿流利、精通英日语文的一群人。凡是用英语向法庭发言的，他们便要立刻口头译成日语，凡是用日语发言的，他们便要立刻口头译成英语（有时证人或律师系用华语、俄语或他种语言，他们还要把它译成英日两种语言）。在供他们使用的桌子上装有扩音器和红信号灯操纵器。在他们翻译开始时便扭亮红灯，翻译完毕便把它关熄，以便发言者可以继续发言。

在法庭的所有座位上全都装有“译意风”耳机。每一听者只需扭动一下他所戴的耳机便可听到他所能懂或愿听的语言，英语或日语，有时还有俄语和华语。

语言翻译始终是法庭的一个困难问题，经常引起当事人的争辩。因此，法庭设有一个三人的“语言仲裁委员会”，又名“语言仲裁小组”。这三个人在开庭时必须到庭，以便随时执行职务，他们的坐席是设在贵宾旁听席的下面。

在翻译人员坐席的后面，设有一张小桌，担任开庭记录的速记人员就坐于此。速记是用速记机器进行的，而不是用手写的。

在审判大厅的右边靠墙的地方，用短栅栏划出了一大长方块的位置，这便是新闻记者的坐席。记者坐席分为两大部分：一部分是供同盟国记者之用；一部分是供日本记者之用。记者们经常携带照相机、电影摄影机、打字机、发报机，进进出出，熙熙攘攘。这是整个审判大厅中最拥挤和最不安静的一块地方。

在大厅的左边靠墙处，与新闻记者席遥遥相对的是一座长方形的高台，这便是盟国贵宾旁听席所在。这里大约有一百个座位，分为两排，日本人是没有资格坐在这里的。由于贵宾的资格限制极严，旁听者不多，因此这两排坐席便是整个法庭最空疏、最安静的一块地方。

在盟国贵宾旁听席的高台下面又是一长排坐席，这也是供一部分到庭的检察官和辩护律师就坐之用的。三人的“语言仲裁小组”也是坐在这一排。

审判大厅地面一层的布置情形，大概就是如此。（见附图）

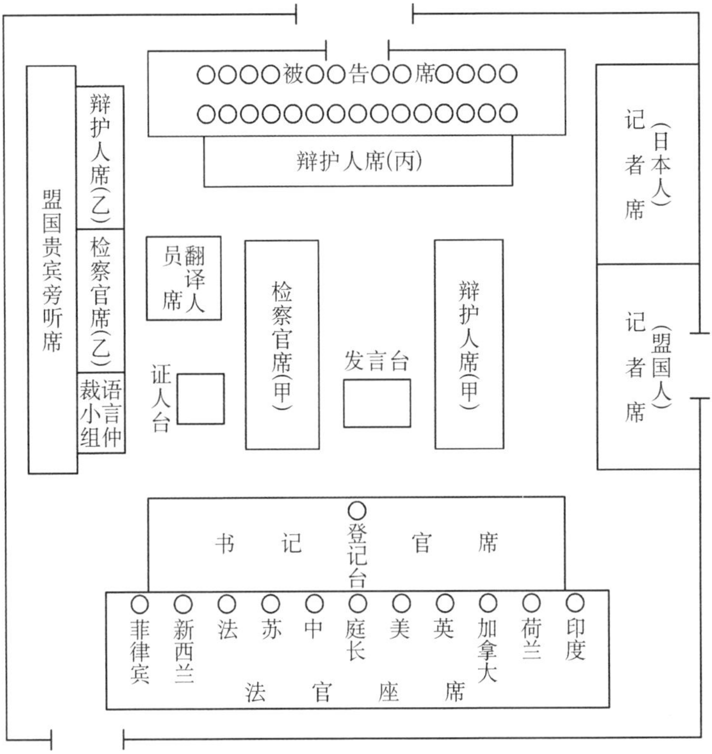

远东国际军事法庭审判大厅座席示意简图

按：审判大厅仅法官座席的右方（记者席上面）系楼房，座位为梯形，全部供普通旁听席之用（分为日本人旁听席与非日本人旁听席），共有座位约六七百个。（二楼图不备）

审判大厅只有一面有楼，那是在法官席的右边。这个楼除了一间小录音室以外，全部都是供做普通旁听席之用。这里也分为两部分：一部分是日本人的旁听席；一部分是非日本人的旁听席。全楼坐席虽可容大约六七百人，但是由于被告们的家属妻子多希望每天遥望到乃夫乃父的形容，以及一般东京居民和过路旅客都渴望看看这些一向骑在日本人民头上的元凶巨憝们的真面目和法庭公审的热闹情景，这些座位是经常“客满”的。[①]

在楼上普通旁听席之一角是一间玻璃小屋，这便是录音室。值得注意的是：远东法庭两年多的全部讯审过程除了保有一份五万多页逐字逐句的全部庭讯的文字记录之外，还保持了一份全部庭讯的钢丝录音记录。法庭开支浩大，于此亦可见其一斑。

法庭的执行官（司仪）在审判大厅里没有固定的座位，他经常进进出出，维持秩序，在开庭和闭庭时高声呼喊一番，在证人登台作证时，担任引导并执行宣誓。

审判大厅以及整个法庭的警卫都是由盟军总部的宪兵队担任的。开庭时，在审判大厅里站着大约二十名宪兵，散布全厅，各有其固定的岗位，他们大都是面向法官台站的。只有在新闻记者席和楼上普通旁听席站岗的宪兵，他们是背着法官台而面对记者们及旁听群众的。这事曾引起了记者和听众们的反感，但是为了保证绝对安全，警卫宪兵这种站岗姿态始终没有改变。

以上是远东法庭大厦的办公场所及审判场所（审判大厅）分配和布置的大概情形。

① 在二楼日本人旁听席中，被告广田弘毅的妻子和女儿以及东乡茂德的妻子（一个德国妇女）是每庭必到的，无间风雨，两余年如一日。他们与被告遥遥相望，目遇时常作一会心的苦笑。记得在最后一庭法庭宣布判处广田绞死刑时，广田竟吓得全身发抖，面色惨白，频频以目向右方上顾，寻视其妻女所在，实则其妻女所坐之日本人旁听席系在其左方楼上。于此可见此时广田之方寸已乱，神志不清，以致左右方向都不能辨认。旋经两名壮健宪兵用力挟持，始得拖步走出法庭。

三、法庭的成员：法官与庭长

（一）十一国法官简介

在1946年1月19日颁布的《远东国际军事法庭宪章》里规定，法庭的成员系由五名以上、九名以下之法官所构成；法官的人选系由盟军最高统帅从在《日本投降书》上签字的九个受降国所提出的候选人名单中任命之。因此，在宪章颁布不到一个月内（2月15日），盟军最高统帅部宣布任命的法庭成员名单只是九名法官，中、苏、美、英、澳、加、法、荷、新各一名。

在1946年4月26日修正的宪章里，法庭成员的最高额便增加了两名，定为十一名，印度和菲律宾也被规定为提名国。[①] 同天，盟军最高统帅又宣布了一名印度籍法官和一名菲律宾籍法官的任命。这样一来，在1946年5月3日法庭正式开庭的时候，法庭的成员便是十一名。他们是[*]：

澳大利亚法官兼庭长　威勃爵士（Sir William Webb）

美国法官　希金士（John P. Higgins）[任职三个月后辞去，由

① 印度和菲律宾并非日本投降书上的受降签字国。它们之被允许参加远东国际法庭是因为它们取得独立后已被允许参加设在华盛顿的盟国对日管制的最高决策机关——远东委员会。为了使远东法庭和远东委员会的成员国完全一致，因而法庭也就增加了印、菲法官各一名，但是巴基斯坦、缅甸、锡兰则付之阙如。它们在远东法庭和远东委员会都没有自己的代表。印尼和越南则因为那时它们的独立战争尚未取得最后胜利，法理上仍然是荷兰和法国的属地，因而在远东法庭和远东委员会都没有他们自己的代表。

* 此处的一些译名与当前通用译名（如韦伯、贝尔纳、勒林、帕尔、哈拉尼利亚等）略有区别。——整理者注

克莱墨尔将军（Gen. Myron Cramer）继任］

中国法官　梅汝璈（Mei Ju-ao）

英国法官　派特里克勋爵（Lord Patrick）

苏联法官　柴扬诺夫将军（Gen. I. M. Zaryanov）

加拿大法官　麦克杜哥（E. Stuart McDougall）

法国法官　柏奈尔（Henri Bernard）

荷兰法官　罗林（B. V. A. Röling）

新西兰法官　诺斯克罗夫特（E. Harvey Northcroft）

印度法官　巴尔（R. M. Pal）

菲律宾法官　哈那尼拉（Delfin Jaranilla）

以上十一名法官，除了美国法官希金士以外，在法庭存在的整个期间全都在法庭任职，没有中途更换的情事。希金士的更换是有其特殊原因的。希金士是美国马萨诸塞州最高法院的院长，在他奉派来到东京之后，院务便交给了一位副院长代理。不料这位副院长猝然去世，而另外一位副院长又长期抱病，不能视事。因此，他便呈准美国政府和盟军最高统帅辞去了东京法官的职务而返回到美国去了。美国法官于是改派了美国陆军军法总监克莱墨尔将军充任。这次美国之所以改派一位军人充任，据说系有鉴于苏联法官是一位军人的缘故。

美国法官的更换是 1946 年 7 月中旬的事情，那时希金士任职还不到三个月工夫。在新法官克莱墨尔将军出庭的第一天，被告辩护律师们看见有隙可乘，便向法庭提出了一个无理取闹的挑衅性的紧急动议，申请法庭拒绝克莱墨尔的出席。理由是：1. 宪章规定法庭成员最高额只是十一名法官，而克莱墨尔的任命是第十二名，因而这个任命是违背宪章的，也就是非法的；2. 在中途更换法官，使人怀疑法庭将来是否能够作出公正的判决；3. 克莱墨尔身为战胜国将领，又曾任美国陆军军法总监，因此他不可能在远东国际法庭这样的法庭里做一个不偏不倚的法官。

对于这个无理取闹的申请，法庭经过法官会议之后，毅然决然地予以驳斥。

在这以前，即法庭开庭之初，被告律师便向法庭提出过要求庭长和菲律宾法官回避的申请，并且扬言对其他每一法官也要提出同样的申请。对庭长威勃要求回避的理由是：他在被派来到东京之前，曾担任过澳大利亚政府任命的一个“日军暴行调查委员会”的委员长，他对日军行为必定胸有成见，因而不能虚怀若谷地从事公平审判。对菲律宾法官哈那尼拉要求回避的理由是：他在战时曾为日军所俘，并被迫参加过“巴丹死的进行”，[①] 对于日军深怀仇恨，因而也不能作出不偏不倚的公正判决。

在这两个无理取闹的申请提出之后，法庭便断然给了它们以严厉的驳斥，于是被告辩护方面要求其他法官回避的申请便没有机会提出。现在事隔不到三个月，他们又乘美国法官更迭之际，再次提出这样胡闹的申请，无非是在贯彻他们那以节外生枝来尽量拖延审判进程的战略。这对东京审判来说，不能不算是一件憾事。假使远东法庭宪章也同纽伦堡法庭宪章一样，有一项禁止要求法

① 所谓“巴丹死的进行”（Bataan Death March）又名“巴丹死亡行军”是第二次世界大战日军暴行中最突出的事件之一，犹如南京大屠杀一样。事件的简单经过是这样：1942 年春，当日军占领菲律宾的巴丹半岛的时候，它强迫所有的战俘和平民（不分男女老幼或伤者病者）在烈日当空、酷暑如蒸的情况下徒步走到圣非尔南多的集中营去，全程计一百二十公里，步行继续了九天。在行进中，日军不但不给他们食物和饮水，而且百般虐待、任意殴打，对敢于在道旁阴沟中窃取饮水者动辄予以枪杀，以致死尸枕藉，惨绝人寰，菲律宾人和美国人死于是役者达八千人之多，因此有“死的进行”或“死亡行军”之称。菲律宾法官哈那尼拉便是被迫参加过这次“行军”而得以幸存的一个人。

官回避的条款，辩护律师们便无隙可乘了。[1]然而远东法庭宪章对这样一个可以预料得到的纠纷竟无规定，这不能不说是宪章的一个漏洞。

※　　※　　※　　※

远东法庭十一名法官名义上虽然是由盟军最高统帅就各同盟国推荐的名单中选择任命的，实际上都是由各同盟国政府所指派的，最高统帅不过形式上加以任命而已。而且这些政府提出的只是各自的一名而不是一个名单，因此，最高统帅事实上并没有选择余地。从理论上讲，这些法官们是国际性的，可事实上他们仍然是各自国家的代表。这个认识从他们的坐席后面插有各自国家的国旗，他们所乘的汽车上涂有各自国家的国徽等事实中也可以得到旁证。

这十一位法官除了美国法官和苏联法官系两位军人之外，其余的都是文人，大都是在其国内司法界服务很久、富有经验，或者从事法律教学、律师业务或公共活动声誉较著的一些人。例如庭长威勃（五十九岁）是现任澳大利亚昆士兰最高法院院长，自1913年起三十余年以来一贯从事司法实务；英国法官（五十七岁）是苏格兰最高法院法官；新西兰法官（六十二岁）是新西兰最高法院法官；菲律宾法官（六十三岁）是菲律宾最高法院副院长并曾一度任菲律宾总检察长和司法部长；加拿大法官（六十岁）是加拿大刑事上诉庭法官——这些人都是富于审判经验的老法官。印度法官（五十八岁）原系数学教授，但后来改治法律，也有约三十年的司

① 《纽伦堡国际军事法庭宪章》第三条。这一条明文规定禁止提出要求法官回避的申请。

法业务经验，并且参加过不少的国际活动；中国法官（四十二岁）和荷兰法官（四十岁）是十一人中比较年轻的两个，他们除参加过立法工作或法律实务之外，还担任过多年的大学教授，从事法律理论的研究。法国法官（四十七岁）自从法校毕业以后，曾经营商业及从事殖民地行政事务多年，在第二次世界大战期间，他是戴高乐的“自由法国”的积极拥护者，并且担任过“自由法国”等几个军事法庭的检察长或检察官。

除了上述的九位文人法官之外，远东法庭还有两位法官（苏联法官和美国法官）是现役军人。他们在开庭时不着“法袍”而是穿军服，因此特别引人瞩目。他们虽系军人，但都是正规的大学法科出身，在军队中有过长期的司法和检察工作的经验，并卓著功勋。苏联法官（六十二岁）是现任苏联最高法院军事庭法官，历任前线一个战场的军事法庭庭长、红军军法学校校长，并且参加过 1935 年及 1938 年对托洛茨基分子和布哈林分子的审判。他是列宁勋章、红旗勋章、红星勋章、红军二十年服务奖章、保卫莫斯科奖章以及对德作战胜利奖章的持有者。

美国法官（六十五岁）是远东法庭成员中最年长的一个。他是著名的哈佛大学法科毕业生，从事过相当长期的律师工作。第一次世界大战时，他参加美国军队，在法国作战。战后一直在美国军队中担任军法官职及法律教学任务，凡二十余年。第二次世界大战爆发至战争终结，他担任着美国陆军军法总监，这是美国陆军中最高的司法官职。他对美国战时军法制度颇多兴革，卓具成绩。1945 年 11 月他已经退休，但是由于希金士的去职，他在 1946 年 7 月又被美国政府征召入伍，来东京法庭担任法官。他是美国勤劳勋章、卓绝服务勋章及名誉法学博士学位的持有者。

以上是远东法庭十一位成员的简单介绍。[1]

(二)法官们的工作关系与“法官会议”

这十一个成员在法庭存在的整个期间大都是辛勤奉公的,彼此相处也很和谐。例如印度法官,他几乎对每个重大法律问题都有其奇特的见解,在法官会议上时常闹别扭,争得面红耳赤;但是,会议一散,大家对他并不歧视。又如苏联法官,由于他是当时社会主义国家的唯一代表,他的观点方法每每是与众不同的,因而他在会议上滔滔不绝的发言也时常引起反感和攻击,甚至成为众矢之的;然而会议一过,大家又谈笑自若,一团和气,并无彼此仇视或轻视的现象。在一个受过高等教育的法官占压倒多数且他们的平均年龄又在五十岁以上的法庭里,这种现象应该被认为是正常的。

法官会议是用英语进行的。按照法庭宪章的规定,法庭的一切程序都要采用两种语言,即英文及被告所能了解的语言——日文。为了要保证审判的公正和被告辩护的权利,当然应该使被告们了解法庭上进行的一切,因此,使用日文为工作语言之一是需要的。但是法官会议既没有被告在场而且系秘密性质,自无译成日语的需要。因此,在法官会议上,大家都是以英语发言的,不通晓英语的法官由他自己携带翻译。

① 关于十一国法官的履历,东京盟军最高统帅部民事情报教育处曾于1946年10月23日正式发布一份较详细的新闻报道。这个文件曾经东京英文《日本时报》及其他日本报纸予以转载(中文译稿见本书附录三)。关于十一位法官的经历、生活等情况,上海《新闻报》驻日特派员谢爽秋也写过一篇较长的报道,连载在1948年3月23—25日的《新闻报》上。

事实上由于英美系的法官在远东国际法庭成员中占多数，这件事并没有产生很大的困难。英、美、加、澳、新固不待论，即印度和菲律宾，由于长期是英美统治下的殖民地，高等教育都是用英文进行的，因此这两国的法官不但能说英语，而且他们所受过的还是英美派的法律教育。至于中、法、荷三国，他们不是英语国家，在法律体系上也不属于英美派而是属于所谓大陆派（这是与英美派相抗衡的世界另一主要法律体系），但是这三国的法官却都能操英语，同时对于英美法程序也有相当的了解。这是由于远在法庭正式成立之前，包办占领和管制日本的美国政府便向各受降的同盟国政府打过招呼的缘故。

在 1945 年 10 月 18 日这一天，美国国务院便给各受降国家的大使馆送了一份很长的秘密照会。照会详细阐述了美国政府关于处理日本战犯所采取的种种政策和措施。对于甲级战犯，照会说东京盟军最高统帅部即将组织远东国际法庭予以审判，并请各国政府准备提出法官的人选以便最高统帅加以任命。照会并明确表示：在提出人选时各同盟国最好是各自推荐一位能操英语的法律专家。这个照会无疑地在那几个非英语国考虑法官人选时发生了影响。当时中国政府派遣的便是一位留美多年、获有法学博士学位而又在国内大学教授过英美法多年的人。

由于上述各种原因，远东法庭成员中绝大多数都能操英语。苏联法官是唯一的例外。但他随带有一位能操极端流利英语的口译和若干名工作效率很高的笔译人员，因此在工作中并不感到多大困难。他经常滔滔不绝地参加法官们的辩论，还时常写“备忘录”致送各法官同事，但是他的意见和主张却很少得到其他国家法官们的支持或重视。

在法官会议上没有充分发言机会的或者对多数的意见怀有不满的个别法官，在散会后通常是回到自己的办公室去写书面的“备忘录”，分别致送给同事们。这种备忘录的内容有的是发挥自己在会议上的“未尽之意”，有的是攻击别人在会议上的论点或主张。每当一个重大问题被讨论或被议决的前后，这种备忘录的来往是十分频繁的。谑者称之为法官间的“备忘录之战”（Battle of Memorandum）。这是法官们在出席公开庭审和法官会议以外的另一任务。不过这个任务是自愿承担的，有些喜欢坚持己见或舞文弄墨的人对此甚至感到津津有味，乐此不疲。有些法官们则并不那么热心。

对备忘录作出处理是庭长的责任。如果备忘录中有具体的建议或者要求重新考虑会议已经通过了的裁定或决定，庭长必须召开法官会议加以讨论。如果备忘录中只是在学术理论上发挥自己的主张或是为已经被否决了的主张作一番辩护，甚至有涉及个人攻击之处，那么，庭长便可以置之不理，不必召开法官会议或采取任何其他的行动。

远东法庭成员在组织上还有一点是同纽伦堡法庭大不相同的。在纽伦堡法庭，每位法官都有一位副法官或代理法官。在法官因故不能出席庭审或会议的时候，副法官或代理法官便可全权代理他去执行职务。因此，在纽伦堡法庭里，四国法官每天都是全体出席的。宪章还定了必须有四分之三的同意票才能通过重要决议。[①] 远东法庭则不然，远东法庭根本没有“副法官”或“代理法官”的设置。宪章规定只要法官们半数以上出席便构成法定人数，

① 《纽伦堡国际军事法庭宪章》第四条第（一）项及第（三）项。

出席法官的过半数的同意票便可通过任何决议。[1] 这样一来，十一位法官只要有六位出席便可以开庭或开会，出席的六位法官之中只要有四位的同意便可通过任何决议。而且宪章还规定了在同意票和反对票数目相等的时候（如三对三），庭长的一票是有决定性作用的。[2] 如此说来，四位法官或者庭长同两位法官（共三人）便有操纵法庭的可能。这在某些人看来是很危险的。[3]

诚然，这种危险在理论上是存在的。但是，事实上，这种事情从来没有发生过。在远东法庭的全部审讯期间，法官缺席的事情是非常稀少的。除了庭长和印度法官曾因事回国而有过短期（数十天）的告假以外，其他的法官几乎每天都到庭工作，缺席是非常偶然的。因此，法官席经常是满座的，很少有过两个以上的空席。例如，中国法官，他在八百十八次庭审中只缺席过几次。有的法官自始至终就没有告过假。法官们几乎都是准时到庭，排队进去，排队出来，每天进出达八次之多，就像小学生上课下课一样。一般说来，他们的工作态度都是相当认真的，责任感都是很强烈的。在投票决定每个问题的时候都是有多数少数之分的，所谓“正反票数相等时，庭长的投票有决定性”这一规定实际上从来没有发生过作用。

在庭长告假的那个短时期里，庭长职务由美国法官代理，因为美国法官依照法官席次是第一位，坐在庭长的右手方。中国法官是第二位，坐在庭长的左手方。

---

① 《远东国际军事法庭宪章》第四条（甲）项及（乙）项。

② 《远东国际军事法庭宪章》第四条（乙）项。

③ 例如苏联拉金斯基和罗森布立特便有过这样的想法。见他们合著的《日本首要战犯的国际审判》（世界知识出版社 1954 年中文译本）第 55 页。

（三）法官席次的排列

在这里，必须谈到一下法官坐席次序排列的问题，因为这是法庭宪章上没有明文规定而在开庭之前法官们曾经有过一度热烈争执的问题。这种争执是很自然的，在任何国际场合，争席次争座位的斗争总是难免的，国际法庭亦不例外。这不仅是个人的事情，而是有关国家地位和荣誉的问题。

由于远东法庭宪章没有明文规定法官席位的次序，这个问题在开庭前好几天在法官会议上便有过热烈的讨论和争执。照道理说，远东国际法庭法官既是由《日本投降书》上签字受降各国所派遣，法官们的席次当然应该以受降签字的先后为序。这就是说，应该以美、中、英、苏、澳、加、法、荷……为序。这是最合情合理的安排。许多法官，特别是中、美、加等国的法官，都赞成这个安排。

但是庭长却不喜欢这个安排。由于他想使两位与他亲近的英美派法官（特别是英国法官派特里克勋爵）坐在他的左右手，他便千方百计地要反对和变更这个安排。他最初的提议是法官次序应该按照联合国安全理事会以五强为中心安排，即以美、英、苏、中、法为序，但是有人指出：按照联合国宪章，安全理事会五个常任理事是以中、法、苏、英、美（按照国名字母先后）为序的。这样一来，两个非英美派的中国和法国法官将坐在他的两旁，而他所倚重的英国和美国法官反倒不能踞于中央席次。于是，他又提议说：我们不是联合国的组织，不必照五强居中的安排，可以适用一般按国名字母先后为序的办法。但是，这样一来，事情更乱，居中央的将是中、加两国以及法、印、荷、新等国的法官，而庭长所希望接近的英美法官反而离开他更远了。在这时候，又有人提议：远东法庭既是国际性的法庭，就不必以国家为序而应以法官个人的年资为序。但是，有人问道：年资是什么？是法官出生年龄的先后，还是在国内任法官的时间的长短？法官也应有高低之分，任一年的初级地方法院法官是否等于任一年的全国最高法院法官？如其不然，又应该如何折算？当律师、当教授的年资同任法官的年资又应该怎样折算？要解决这些问题，就非组织一个委员会去细致地调查研究一下各国的法律政治制度不可——这样争来争去，议论纷纷，莫衷一是。最后中国法官发言说："我看依照日本投降书上受降签字的次序安排坐席最为合理。如果庭长和大家不赞成这个办法，我们不妨找一个体重测量器来，看看各人的体重是多少，然后按照它来安排席次，体重者居中，体轻者居旁。这样，我们便可以有一个最公平最客观的标准。"

这话引得哄堂大笑。庭长对中国法官笑道："你的办法很好，但是它只适用于拳击比赛。我们是个国际法庭而不是拳击比赛。"中国法官答称："假使不照受降签字的次序，我认为这是唯一客观可采的标准。纵使我被置于末坐，也当心安理得，并且可以向我的政府有所交代。他们绝不会对我感到不满。如果他们要让中国得到较高的席位，就必须派一个比我肥胖的人来替代我。"显然，中国法官是意识到庭长是在千方百计地设法排挤他，不让他占据法官第二席。

这个问题就是这样半认真、半开玩笑地在开庭前的多次法官会谈中谈论来、谈论去。庭长既不作出决定，又不愿付诸表决，一任其混乱、僵持下去。直到开庭的前一天，庭长那迄未告人的打算才真正暴露出来了。

※　※　※　※

1946 年 5 月 2 日（即正式开庭的前一天）是法官们席次斗

争最尖锐的一天，也是具有决定性意义的一天。这天上午书记官长以紧急通知分送各法官，说今天下午四时举行法庭开庭仪式的“预演”，并且要拍照，嘱各法官届时穿上法衣，做好准备。法官们都按时到了庭，先在法官休息会议室集合。庭长宣布行列及坐席的次序是：美、英、中、苏、法、加、荷、新、印、菲，并说这是经过盟军最高统帅同意了的安排。照这个安排，庭长右手方将为美、中、法、荷、印，左手方将为英、苏、加、新、菲，其用意是要英美两国居中，排挤中国，以压制加拿大（照受降签字次序加应排在法之前）作为陪衬，表面上看来似乎也有点符合五强居中的意思。

庭长这一宣布，使大家愕然。中国和加拿大法官最为愤慨。中国法官首先表示说：“这个安排是荒谬的，它既非按照受降签字的次序，又非按照联合国安理会五强排列的次序，亦非按照一般国际会议以国名字母先后排列的次序，用意何在，殊属费解。我不能接受这种安排，并不宜参加今天的预演仪式。”说毕便愤然离开会议室，回到自己的办公室，并卸下法袍，以示决心。继之，便是加拿大法官的抗议。

庭长看见事情不妙，中国法官的这一手是他没有预料到的。于是他便亲自来到中国法官办公室里，鼓其如簧之舌，对中国法官婉言解释说：“盟军最高统帅要英美居中的意思无非是因为他们对英美法程序熟识一些，纯粹是为了工作上的便利着想，并无歧视中国的意思。中国的席位仍然在苏法之上，是五强的中坚。”中国法官说：“这是国际法庭，不是英美法庭，我看不出有英美派居中的必要！假使有的话，何以加拿大、新西兰等英美法系的法官又被挤在两旁呢？”庭长又说：“照现在的安排，你的近邻将是美国法官和法国法官而不是那位俄国将军，这对你将是很愉快的。”中国法官答称："我不是为了要愉快而来到东京的。中国遭受日本战犯们的侵略荼害达五十余年，对中国人来说，审判日本战犯将是一件非常沉重严肃的任务，绝不是一件轻松愉快的工作。至于说到俄国人，我们中国人并不像你们西方人那样厌恶或害怕他们。我觉得我们这位苏联同事有说有笑，是一个非常和蔼可亲的人。"

庭长看到他的话全都碰了壁，于是遂带威胁的口吻说："这是最高统帅的意思。如果因为你的拒绝尊重这个安排而使中美关系陷于不愉快的境地，那将是非常可憾的。你的政府未必同意你的这种行为。"中国法官带点激动地答道："政府同意不同意是另外一件事，但是我绝不接受这种于法无据、于理不合的安排。一个士兵还有只遵守合法的命令的义务，何况一个法官。况且，中国是受日本侵略最惨烈、抗战最久、牺牲最大的国家，在审判日本战犯的国际法庭里它应有的席位竟会被降低到一贯只知向日军投降的英国之下，这是不可思议的事情！我不相信中国政府会同意这个安排。同时，我也怀疑这个安排真正是最高统帅作出的。"最后这句话无疑地牵涉到庭长的人格和诚实问题。他听了很激动，同时又看到中国法官态度坚决，寸步不让，再也谈不下去，于是他便起身向中国法官说："我去同其他兄弟们商量一下，看看大家的意见如何。请你千万别走，至多十分钟我就回来。"最后这句话是因为看见中国法官故意穿大衣、戴帽子，作出急于要回饭店去的姿态而发的。

果然，不到十分钟，庭长便回到中国法官办公室来了。他面带笑容地说："我已经同其他的兄弟们商量过，他们一致认为今天的预演只是临时性的、非正式的，我们不妨照原定的安排，不必变更。至于明天正式开庭的安排如何，我们今晚可以开个会讨论一番。"

中国法官感到这可能又是庭长的一个诡计——先造成既成事实，然后借故取消今晚的会议，或者到明天又说最高统帅不同意作任何改变，我们应该依照昨天“行之有效”的办法，因此他决定现在便应该把这个斗争贯彻到底。他对庭长说：“预演固然是临时性的和非正式的，但是许多摄影师和新闻记者都等候在审判大厅里，他们必定要摄取许多照片，甚至刊登在报纸上。这些照片很可能传到中国人民的眼里，他们看到这种于法无据且与中国荣誉地位不相称的安排，必然会感到惊奇，甚至会责难我软弱无能。远东国际法庭的宪章上虽没有规定法官坐席的顺序，但是我们法庭之所以设立以及它之所以有权审判日本主要战犯是根据日本投降书而来，按照受降国家签字先后的次序安排席位是唯一合法合理的办法。这事我已在法官会谈中提过多次，多数同事们并无异议，也没有人提出过更好的办法。但是你始终不愿将这个问题付诸表决。我看再开法官会议是不必要的。唯一的办法是预演时就依照受降签字次序排列，如果最高统帅不同意，我们明天再开法官会议不迟。倘不如此，我绝不参加。至于我将来怎样办，我还得慎重考虑一下。我可以向政府请示，看它是否支持我，也可以向政府辞职，请它另派一个人来接替。这完全是我个人的事情。”说毕，又作要离去状。

庭长看见他的这一计谋又成泡影，神情非常焦急，便对中国法官说：“请你务必再等一等，我同其他兄弟们商量一下就来。”

此时预演仪式已经推迟了约二十分钟，参加的人们已经有点不耐烦了。中国法官心中有数，知道没有他的出席，预演是不会举行的，即使草草地举行了今天的预演，而明天的正式开庭必定会延期。这将掀起轩然大波，因为开庭的日期曾向全世界宣布了，而且一切准备工作都已就绪。对这一点，中国法官是有把握的。由于苏联法官一人迟迟未到，法庭还等了多日才确定开庭日期，而且总部和庭长一再宣称非俟全体法官到齐不拟开庭。现在苏联法官虽然到了，假使中国法官拒绝出席，估计还是不可能开庭的。不按照已经宣布了的日期开庭必然会在日本和全世界造成惊疑和非难。这个责任最高统帅或庭长都是不愿负而且也负不了的。根据这个估计，中国法官认为此时此地是摊牌的最好机会，因而他的态度便更加坚定不移了。①

不到十分钟工夫，庭长第三次来到中国法官办公室。他对中国法官说："大家同意你的意见，预演就照受降签字国的次序进行。今晚我把情况报告最高统帅，看他是否同意。"说完便悻悻地走了。中国法官于是脱去大衣，换上法袍，紧跟着也来到会议室了。预演仪式立即开始，然已较预订时间推迟了半个多小时。预演完毕，法官们还拍了许多照片。

第二天（5 月 3 日）上午九时半，远东国际法庭正式开庭。这是轰动东京的一件大事，法庭内外挤满了新闻记者、摄影记者、盟国来宾和日本旁听群众。法官们九时一刻便齐集在会议室里。未几，庭长进来宣布说："最高统帅已经同意，我们以后行列和坐席的顺序就照昨天预演时的顺序进行。"至此，法官们大都感到松了一口气，因为一个谈论了多日、僵持了多日的问题已经得到了最后的解决。加拿大法官尤感高兴，他笑着低声向中国法官说："我应该感谢你，要不是你的坚决斗争，我的席位便要排在法国人的后面，这将是很可耻的。我看，原来那个要英美居中的荒谬安排完

① 法官席位之争及中国法官战胜庭长和英美派法官对中国的排挤之事，天津《益世报》驻东京特派员刘浦生在《介绍东京国际法庭的法官》一文中（见 1947 年 8 月 3 日《益世报》）曾做过报道。

全是威廉（指庭长）个人的意思，他抬出麦克（指最高统帅麦克阿瑟）来不过是想吓唬吓唬我们而已。”至于那个安排究竟是出自庭长一个人的主意还是他们两个人的主意将永远是一个谜，局外人是不知道，也不可能知道的。

我们在这里较详细地叙述了一下法官席位的斗争，其目的不是要夸大斗争胜利的意义，而是要从这个斗争中吸取经验教训和得出正确认识。首先，必须认识到：在任何国际场合，争席位、争排场的明争暗斗是经常发生而且是不可避免的。这种斗争常常关系到国家的地位、荣誉和尊严，不能把它当作细枝末节，以为无关宏旨而淡然置之。其次，必须认识到：在第二次世界大战之后，中国虽一跃而跻于世界五大强国之列，但是它依然到处遭受压制和歧视。中国作为一个大国，它的权益经常受到侵犯和剥夺。在腐败无能的蒋记政府统治下，中国一直处于这种境地。这就说明，在那时要维护中国权益便需要进行更坚决更艰巨的斗争。最后还要认识到的是：在进行维护国家权益的斗争中，立场必须合法合理。站稳了合法合理的立场之后，便应该有寸步不让、坚持到底的决心和勇气。当然，也要正确地估计到当时的形势和可能出现的后果，随机应变；如果有勇而无谋，仍然是无济于事甚至败事有余的。

以上是关于法官席位的安排，它是经过尖锐斗争的结果。下面要论述的是庭长的指派、职权和他在法庭里所起的作用。

（四）庭长的指派、职权和作用

按照远东国际法庭宪章第三条（甲）项的规定，法庭庭长是由盟军最高统帅就法官十一人中指派一人充任的。这同纽伦堡国际法庭情况不同，纽伦堡法庭庭长是由法官们自己选举的。[①]

无论是选举的或指派的，庭长既然出自法官成员之中，他便是法庭成员之一，他的基本任务仍然是审判；在行使审判权上（如作出裁决及判决），他的权利义务是同其他的成员一样的。但是由于他是庭长，在审理程序方面和行政事务方面，他有一些特定的职权，并且能够起一定的作用。这是他与其他法官成员不同之处。

远东法庭的庭长是澳大利亚法官威廉·弗·威勃爵士。他被最高统帅任命为法庭庭长是有多种多样的原因的。首先，操纵战犯侦查及起诉大权的检察长既然必须由美国人担任，则庭长一职势必找一个非美国人担任不可，否则包办的形迹将过分暴露。在非美国人之中，又非找一个地地道道属于英美派系的人物不可，因为，正如我们所曾指出过的，远东法庭虽说是一个国际性的法庭，而且宪章上还规定了不受任何技术性规则的拘束，然而事实上，无论在审理程序方面或者语言文字方面，英美派都是占绝对的优势，在法官成员人数方面，英美派也是占压倒的多数。在英美派的法官（美国除外）之中，威勃爵士无疑是麦克阿瑟认为最合适的人选。英国法官派特里克勋爵虽也学识丰富、威望很高，而且聪明过人，但他是苏格兰人，受的是苏格兰法系的教养，不是真正的、嫡系的英美派。至于其他英美派法官，如新西兰的诺斯克罗夫特和加拿大的麦克杜哥，他们虽也是经验丰富的老法官，但是他们的资望手腕都不如威勃远甚。至于印度和菲律宾，虽也可算是英美派的支流，但它们是刚才脱离英美殖民统治的国家，地位很低，对日作战的贡献也相对较小，当然不在麦克阿瑟考虑之列。

① 《纽伦堡国际军事法庭宪章》第四条第二款。

澳大利亚虽然人口不多，但是地大物博、形势险要，它是大英帝国的嫡系正宗，在第二次世界大战中又是盟军对日作战的主要根据地。在太平洋战争的艰苦岁月里，麦克阿瑟的总司令部便长期驻扎在那里。因此，他对澳大利亚的感情是特别深厚的，同澳大利亚人士的往来也是特别亲密的。据说威勃爵士在战时便已与麦克阿瑟相结识，交情不坏。这也许是威勃爵士被指派为庭长的原因之一。不过同麦克阿瑟的私人交情不是威勃爵士被任为庭长的主要原因，主要原因还是澳大利亚的国际地位以及威勃爵士个人的学识才能和经验阅历。

威勃爵士不但是西方社会中的一个标准职业法官，有着一副循规蹈矩、守正不阿的样子，而且精力过人，工作勤奋，处理事务的能力很强。他在外表上虽然具有英国绅士式的风度，但在实质上仍然保持着澳大利亚人的粗犷性格。他的态度和言语非常坦白、直率，有时几乎是粗暴、急躁的，因此在庭上时常引起抵抗和冲突。例如，在公开庭审的第二天，正当检察长季南（美国人）洋洋得意地宣读他那冗长的“始讼致辞”的时候，威勃爵士突然向他袭击说：“你的这些煽动性的词句对于我们的审判毫无裨益。”季南气得面红耳赤，口出恶声，并以辞职相要挟。在法庭向被告们个别作认罪与否之讯问时，被告荒木答称：“在我一生六十多岁中，我没有犯过破坏和平罪，也没有犯过普通战争罪，更没有犯过违反人道罪。”庭长当即申斥他说：“我们要你答的只是认罪或不认罪，而不是要你作一篇演说。”有一次日本前首相币原被传出庭作证，因为他是日本政客中操英语最流利的一个，他被允许以英语发言。但在他刚开始说完几个字之后，庭长便要他停止，说：“证人，你的英语完全不行！还是用日语发言吧。”

威勃爵士不但对检察官、证人和被告时常流露出急躁，对辩护律师有时更是粗暴严厉。例如，被告铃木贞一的辩护律师、日本著名法学家高柳贤三在法庭管辖权问题辩论时被准许宣读他的一篇冗长的夸夸其谈的辩护状，但是当他用缓慢沉肃的语调方才读完几句的时候，庭长便申斥他说："你用不着装模作样，像煞有介事。你所要说的没有一字一句不是我们早已知道了的。快快念下去，不要浪费我们宝贵的时间。"[①] 又如，在审讯过程中，有两名美国律师（施密士和肯宁汉）曾因与庭长发生语言冲突而被迫去职。施密士系由于态度不恭，出言傲慢，经庭长斥责后表示不服，后由法官会议决定停止其职务。肯宁汉在庭上同威勃爵士言语冲突时，被威勃爵士公开斥其为"愚蠢"，肯宁汉极为愤慨，要求庭长收回他的说话并向他表示抱歉。此事曾引起轩然大波。庭长当即宣布闭庭，说这个问题"将由法官会议讨论决定，我将回避此项讨论"。在缺席情况下法官会议立即决定支持威勃爵士，认为他并未失言，无道歉之必要。旋即复庭，宣布法庭的决定。肯宁汉聆悉后愤而请求辞职，法庭当即表示接受。

以上所举，只是几个比较突出的事例。这些事例清晰地说明威勃爵士的性格和他对被告、律师和证人一贯的严厉态度。威勃爵士这种态度是经常获得法官同事们的支持的，因为它是对辩护方面永无休止地使审判拖延下去的战术的一种多少有些效果的打击工具。东京审判在无可奈何的情况下还能比较迅速地顺利进行，

---

① 高柳贤三在法庭朗诵的那篇辩护书已由东京有斐阁出版发行（英日文对照），书名《东京裁判与国际法》（*The Tokyo Trials and International Law*）。高柳贤三是东京帝大的老教授，在日本法学界中颇负盛名，他的这个辩护书是较全面地代表被告在法律方面的立场、观点和主张的。

与威勃的这种爽直性格和严厉态度不是没有关系的。

※　※　※　※

正如前面所指出的，庭长作为法官之一，他的任务是审判；在法庭对审判作出裁定及判决上，他的权利和义务是完全同其他法官们一样的。但是，作为庭长，在审判程序和行政事务方面是有其特定职权的。这些职权，计有下列几项：

庭长主持开庭，并代表法官发言。——在法庭每次开庭、法官们鱼贯进入并登台时，庭长领先，座位居中，退庭时也是由他领队下台，退出法庭。在开庭审讯时，他代表法庭发言，作对诉讼双方以及证人的口头的直接询问和宣布法庭对他们任何动议或申请的裁定。

对出庭作陈述的人们，无论是检察官、辩护律师、被告或证人，法庭直接作口头询问的场合是很稀少的。因为，按照英美法制度，所有可能提出的问题几乎都会由敌对双方（原告与被告）的一方尽量地向另一方提出的。例如，对检方的陈述或主张，辩护方面可以提出种种的非难并要求其答复任何问题，这就形成了一场淋漓尽致的言辞辩论。又如，对检方所提供的证人，辩护方面可以尽量对他的证言提出种种质问，进行无孔不入、无隙不乘的反诘，力图贬低证言的价值。检察方面对被告方面所作的陈述及所提供的证人也是如此。这样，经过双方的互相诘问、互相责难，事实的真相和问题的所在便很容易弄清楚。法官们只需默默静听，就像辩论会里的裁判先生一样。这和大陆法系国家的法官要对出庭者直接发问的情况是迥然不同的。只有在双方质难完结之后，如果某一法官对某一点事实或对某一个问题还有疑问，他便可直接对出庭者加以询问。询问系由该法官用纸条传递给庭长，由庭长宣布，并令出庭者立即答复。但是，这种情况事实上是不常有的。

法庭对出庭者直接发问的事情虽不常有，但是在开庭的过程中，它对检察和辩护双方律师所提出的无数临时动议或申请却要随时加以解决。特别是当双方盘诘一个比较重要的证人的时候，这种动议或申请是非常频繁的。例如，对检方提供的一个证人，先是由检察官（法庭经常称其为“检方律师”）作直接询问。如果被告辩护律师认为证人的答复将对被告不利时，他便可在证人答复之前立即起立向法庭提出临时动议，说：“我反对这个问题的提出，因为它于本案毫无关联性或重要性。请法庭加以制止。”在直接询问完毕之后，任何被告辩护律师对他都可以进行反诘，目的是在搜取一些有利于被告的证言，或者揭露他以前的证言中有自相矛盾之处，以减少其作证价值。对辩护律师在反诘中向证人提出的任何问题，如果检察官认为于己方不利时，同样可以向法庭提出临时动议，说：“我反对向证人提出这个问题，因为它于本案毫无关联性或重要性。请求法庭加以制止。”

对被告提供的任何证人，其情况亦复如此。无论在被告辩护律师对他执行直接询问或检察官对他执行反诘的时候，对方都可以“于本案毫无关联性或重要性”为借口而请求法庭制止某个问题的提出。

非但对出庭作证的证人是如此，双方对待彼此提供的作证文件的情况亦复类似。每当一方（检察方面或辩护方面）向法庭提出一个作证文件的时候，如果对方认为有隙可乘，便会向法庭提出临时动议，要求法庭拒绝接受，说“它于本案毫无关联性或重要性，因而没有作证的价值”。此外，对于文件的真实性的怀疑也可以作为请求法庭拒绝接受的理由。

考虑到法庭在审讯过程中曾传唤数以百计的证人和接受了数

以千计的文件，这种来自双方的临时动议是多如牛毛、不可计数的，而且是无穷无尽、永无休止的。被告辩护方面实行其拖延政策便以此作为最有力的工具。

对每一个这样的临时动议，法庭即使明明知道其为无理取闹，却不能不当场作出裁定，否则审讯便不能继续下去。

裁定是由庭长当场宣布的，但是它必须根据法官多数的意见。在开庭的最初期，为了作这种裁定，法庭经常宣布暂时休庭，并举行法官会议去讨论、表决。这样，每作出一个裁定，哪怕是最简单的裁定，至少要消耗二十分钟。而且休庭频繁，对一切出庭的人们都不方便。时日不久，法官们便认识到休庭解决不是好办法，于是他们决定除了对特别重大问题应举行会议之外，对一般临时动议都应在庭上立即解决。

解决的方法是法官们当场投票。每人在纸条上写出他自己的意见，传递给庭长，庭长应即以多数人的意见作为法庭的裁决，并立即宣布之。这样，只需两三分钟便可解决一个简单的临时动议。

最初，法官们在纸条上写的字数是比较多的，语气很客气，而且是文绉绉的，像一封短信一样：开始是“亲爱的庭长”，继之便是“我赞成接受”或“我反对这个动议”，最后还有“理由是……”，或者“因为……”，底下还签上自己的名字或缩写。后来，大家感到非但纸上写的首尾客套话不必要，就是附具理由也是多余的，因此纸条上便只写“赞成”或“反对”便够了。最后，索性连“赞成”或“反对”字样都不用，而以“+”或“–”符号去代替，“+”表示赞成，“–”表示反对。这样一来，在每个临时动议提出之后，法官们就立即忙于画票向庭长迅速传递，庭长只需把这十一张票收齐后，计算一下正负数目，便可立即宣布法庭的裁定。这样，不到一分钟问题便可以解决了。

法庭作出裁定的办法虽然简化到不能再简化的地步，然而由于临时动议十分频繁，它仍然是开庭时最浪费时间的事情，也是法官们最感头痛的事情。特别是庭长，因为他要代表法庭当场宣布裁定，更不能不忙于左顾右盼，收集投票和计算投票。

法庭的一般裁定（90% 以上的裁定）都是用上述这种当庭投票的方法作出的。只有重大问题才宣布休庭，举行法官会议讨论。任何法官认为有举行会议之必要时都可以随时递一张纸条给庭长要求开会，庭长必须立即宣布休庭。此外，任何法官对出庭人的陈述如有问题要提出，他也可以递一张纸条给庭长，庭长必须代为询问。因为，庭长不但是开庭时的主持人，而且是代表法官们的唯一发言人。

有些与审判实质无关、纯属事务性的琐细的临时动议或要求，是可以由庭长个人解决的。例如，有一次，某一证人因为摄影记者的镁光灯太亮对他的目力刺激太甚，致使他不能冷静思考，请求法庭予以制止。庭长立即命令熄灭灯光，停止摄影。又如，有一次，某辩护律师正在向法庭夸夸其谈地作陈述的时候，忽然感觉小便急得难熬，于是他便请求法庭允许他告假离开法庭两分钟，说什么"这个请求是由于生理上的迫切需要"。庭长当即打趣地对他说："这是对法庭从来未有过的奇怪请求。但是，无论如何，我还是批准你的请求。"——诸如此类的琐细事情，庭长当然可以擅自决定，没有投票表决或休庭开会讨论之必要，从来也没有任何法官提出过抗议，说庭长"越权"或"不民主"。

※　※　※　※

除了主持开庭并代表法庭和法官们发言之外，庭长第二个任务便是主持法官会议——召集会议并任会议主席。这个任务远不似前一任务的繁重，因为法官会议不是经常开的，不像公开庭审那样每天非搞足五个钟头不可(上午九点半至十二点,下午一点半至四点,中间各休息二十分钟)。有些小事情,只要法官们在休息室碰头的时候谈谈,庭长征询一下各人的意见便可解决,不必举行正式的法官会议。

只有在下列几种情况下,庭长才召开法官会议:

1. 检察处、辩护团(或任何被告的辩护律师)或书记官长关于重要事项向法庭提出书面要求或建议,例如要求法庭休庭若干天,以便准备诉讼材料;要求法庭对特定事项停止某一部分程序规则的适用;要求法庭传唤某人出庭作证(一般都是在诉讼每一阶段开始时,由诉讼双方各开具一张很长的名单提送法官会议审查,一次核准,但亦可随时作个别的请求)。

2. 开庭时当事人提出的临时动议而为用当场投票方式所不能解决者,应由法官会议解决。这种情况有二:一是庭长在听悉动议之后,自己认为问题重大,不适宜于用前面所说的那种简单的当庭传递纸条投票的方法解决,遂当即宣布休庭,召开法官会议商讨,复庭后当众宣布决定的结果;二是对于临时动议当庭投票的结果,有某一个或几个法官感觉不满,因而用纸条通知庭长,要求开会讨论,庭长应立即宣布休庭,并声明刚才当庭所宣布的裁决无效,法庭正式的裁定应俟法官会议结束后复庭时再行宣布。根据集体负责和成员权义平等的原则,法官要求召开会议的权利是绝对的;任何法官都可随时随地用书面或口头要求庭长召开会议,庭长必须立即照办,不得以任何理由加以抗拒或拖延。

3. 在法官们之间的所谓"备忘录之战"中,如果发现某个备忘录里有要求同事们重新考虑某项法律裁定或事实认定的意思,或者庭长个人认为某备忘录中有值得大家研究的问题,他可以召集会议,让大家就那个备忘录的内容讨论和争辩一番。这种讨论和争辩大都是学院式和理论性的，对于法庭未来的工作虽不乏指导和参考的价值，但是实际上它从来没有导致过法庭对于已往裁定的推翻或改变。

庭长仅仅在上述三种情况下才召开法官会议，因此法官会议不是经常开的。它对庭长和法官们都不是一种沉重的负担，它和开庭时要穿上法袍、聚精会神、正襟危坐每天达五小时之久的情况完全不同。在两年多的审讯过程中，正式的法官会议召集过不到一百次，每次开会的时间不长，大约半小时至一小时，有时只是一二十分钟（最后讨论法庭判决书和被告刑罚的整天会议除外）。

法官会议是秘密的，一切程序都用口头进行，不作记录；法官们只能自己出席，不准携带任何私人秘书或随员。苏联法官柴扬诺夫将军是唯一的例外。由于他不通晓英语，被特许随带一名翻译（六十多岁的老太太伯恩斯坦夫人，此人非常能干，精通英、法、德语，译话迅速就像自动机器一样，丝毫不耽搁会议的时间），但是这位翻译也是经过保密宣誓，并由苏联法官出具保证的。书记官长非经法官会议的邀请或批准，也不得列席会议。

由于法官会议是秘密的，因此日本人常称之为“秘密庭”，以别于“公开庭”或“公审庭”。其实这是不正确的。会议既不作记录，又没有双方当事人或他们的代理人参加，哪能以开“庭”视之？

会议的气氛是非常随便的，大家各抒己见、畅所欲言，你一句、我一句，完全不拘形式。庭长等到同事们的意见差不多一致了，或者多数人的意向已经很明显了，便作出结论，作为法庭成员多数的意见。只要没有强烈的抗议或异议，庭长便把它当作法庭的决定或裁决去宣布。由此可见，法官会议通过决议一般是不经过投票表决手续的，而宪章上关于票数相等时庭长一票具决定作用的规定事实上也是等同具文，从来没有适用过。

※ ※ ※ ※

庭长除了主持开庭和召集法官会议之外，他的另一任务，亦即第三项任务，便是处理日常的例行公事和签署法庭的重要文件，例如公告、指令、传票等。这项任务是毫不繁重的，因为比较重大的关系审判程序的事情都已经过法官会议的议决，而比较细微的关系行政、管理、人事或经费的事情又有书记官长（美国人）大权在握，总揽一切，庭长只是在必要时画画押而已。

由于远东国际法庭系盟军最高统帅部设立的一个机构，因此除了法官们系由各国政府推荐、经最高统帅加派之外，其余自书记官长以下的法庭大小职员都是由最高统帅部直接地或通过书记官长任免的。法庭的一切行政事务、人事安排以及经费开支也都是由书记官长直接秉承最高统帅部的意志行事的。这些事情完全是由美国人包办的。不但法官们不闻不问，就是庭长也只能听听书记官长的汇报，在一些必须盖印或签字的文件上盖上法庭的印章或签上自己的名字，如此而已。庭长在这一项任务上所花的时间是不多的，所费的思考是很少的。

由以上所述，可见庭长的工作并不比其他法官繁重多少。虽然在开庭和会议的时候，他要比其他法官更聚精会神、更多费脑力，但是他所花的时间却是和其他法官们一样多的。因此，正如其他法官一样，到了星期五下午散庭以后，他也是忙于收拾行装，向预订的地点出发，去作周末旅行。

按：法庭每周休庭两天，法官们星期六和星期日两天多喜离开东京到外埠或近郊去消度。特别是那几位嗜好狩猎或游泳或打高尔夫球的法官们，他们几乎每周都有一个周末消遣计划，在东京周末是找不到他们的踪影的。由于日本是一个风景秀丽、江山多娇的国家，到处是游览区，到处是温泉，而法庭对于法官们周末旅行的安排又是特别周到，照顾得无微不至。至于日本男女侍者的善伺人意、体贴入微，更是世界闻名的。因此，周末旅行对法官们来说确是他们在东京的生活中最愉快最有趣的一件“大事”。[1]

① 盟军最高统帅部对法官们在周末和休假期间的旅行安排和照顾是非常慷慨、周到的。每一法官只需提前一两天告诉书记官长办公室他周末打算到什么地方去，乘什么交通工具（火车、汽车或飞机），住什么旅馆，随行人员多少名，需要多少房间，多少车辆，书记官长便会通知总部，再由总部通知各有关方面做好接待准备。这种旅行的全部费用都是免收的，据说是写在法官所属国家的账上，将来在该国应得的日本赔款中扣除。在法庭较长的休庭期间，法官们往往有更大的旅行计划。例如，在 1946 年 5 月法庭休庭两星期的时候，中国法官和美国法官便向总部要了一架专机，带着近十名随行人员（连同五名机上工作人员），浩浩荡荡地飞到中国，在上海、北平等地作了约十天的游览旅行。在开庭以前，中、美、新、加、荷五国法官也曾向总部要过一架专机，作过一次全日本的空中旅行。又如，在 1947 年春天，法庭又有一个短期休庭，中国法官便带着十四名随行人员（其中除了两名私人秘书之外，大都是想作免费旅行的中国朋友和法庭职员）到京都、大阪、神户等地作了一星期的游览旅行。总部特为他们挂了一节命名“天堂号”的花车（原系专供日本天皇出巡之用的），以供来往乘坐，并在京都最华丽的饭店订了许多房间供他们住宿，每个人都按其级别有一辆轿车或吉普车供游览乘坐之用，而这一切都是“免费”的。由此可见，盟军总部对于法官们游览旅行的照顾是无微不至，并且十分慷慨的。其所以如此，一方面是为了表示对盟国代表人物的重视和优待，以冲淡一点美军包办日本占领的气氛；另一方面却是因为这种费用反正是由日本政府提供的占领费项下开支的，对美国说来是慷他人之慨、惠而不费的。至于说将来由该法官所属国家应得的日本赔款中扣除，那只是一句空话。因此，各盟国法官也就乐得趁此享受一番，豪华一度。因为，他们知道，要得到这种赔款，无异于“俟河之清”了。这便是周末游览和休假旅行之所以成为法官们公余生活中最感兴趣的事情的原因所在。然而他们的这一点小小享受比起美国占领军将领的挥霍无度，又是小巫见大巫了。举例来说，盟军参谋长的私人住宅占用的就是某著名日本王公的一座大花园官邸，他过着豪华的宫廷式的生活，征用的日本佣人达六七十人之多，后经美国记者的揭露和攻击才减为四十余名。又如美军第八军军长，他同样是过着极端豪华的生活。在他征用的无数日本佣仆之中便有两名全日本最著名的冰激凌食品制作师，专为他的家庭和客人制造冰激凌食品。他们不但可用冰激凌制成各式各样的飞禽走兽、花草果木，而且可以把它制成飞机、军舰。有一次，军长在宴后以这种冰制食品款待法官们，使法官们殊为惊异而赞赏不已。至于盟军统帅麦克阿瑟的享受，那更是不在话下。他在家里用餐或宴客时，经常有八个身穿日本大礼服的日本侍者鹄立桌旁伺候，俨然帝王式的排场。美占领军将领剥削日本之残酷以及他们生活之穷奢极欲，从上述的几桩小事中便可窥见一二。美占领当局对日本人力和物力的浪费实在惊人，连美国新闻记者都看着不顺眼。例如盟军总部高级职员和国际法官寄宿的帝国饭店，它里面的每一名住客便平均占用三个半服务人员。这不过是美国记者在新闻报道中所揭露的许多事例之一而已。

此外，庭长还有一个小小的任务，那便是交际的任务。每当这十一位法官被总部高级官员或各盟国代表团团长邀宴的时候，他总是坐首席而且代表同仁应酬一番，说些客套话，有时还要作一篇简短的祝词或谢词。同时，如果遇有特殊贵宾，例如某一盟国的总理、外交部长或高级军事长官之类的人物，来到法庭旁听，经书记官长的建议或该国法官的要求，他也得通知法官们在休息时间内到会议室举行一个简单的茶会或酒会对他招待一下，寒暄一番。但这种情况并不多，平均每一个月还不到一次。法官们在东京社交生活中虽经常是被邀出席庆祝会、招待会、宴会、酒会的对象，但是法庭作为一个机关或者法官们作为一个集体却从来没有自己举行过一次大宴会或酒会。这是因为按照西方司法界的传统，法官们应该是独立的，超然的，不宜于同外间有很多的交际应酬。至于同日本人的往来，那是绝对禁忌的。他们所住的帝国饭店对日本人是禁区，警卫森严，除了日本籍的服务人员以外，其他任何日本人都不许进去。

庭长和法官们在东京的职务、工作和生活情况，简单说来便是如此。

四、起诉机关：国际检察处

国际检察处是东京盟军最高统帅部（简称“盟军总部”）的一个组成部分，但对远东国际军事法庭说来，它又是一个起诉机关，在法庭审讯的案件中代表十一个起诉国家担任原告。

盟军总部为了执行日本投降条款曾经设置了许多专门性的处

或组，其中主管法律问题和战犯审判的计有两处：一为法律事务处，一为国际检察处。对这两个不同机构的不同性质和职权必须首先认识清楚，以免造成观念上的混乱。

法律事务处除承办总部的一般法律事务之外，还主管日本战犯的引渡以及对乙、丙级日本战犯的检举、逮捕、侦查和组织审讯他们的法庭。这些法庭大都是临时性的，由三名至五名军法官所组成，每案审讯的被告只是一名或数名，被控的罪名都是暴行罪，亦即普通的战争罪行。这些法庭采用的程序是简易的诉讼程序，因而它们结案也就比较迅捷。由于这些对乙、丙级战犯们的审讯大都是在横滨举行的，因此一般日本人便称之为“横滨裁判”，以别于远东国际法庭对日本首要甲级战犯的“东京裁判”。[1]

设在横滨的这些法庭的组织工作以及对乙、丙级被告战犯的逮捕、侦查、起诉工作都是由法律事务处担任的，事实上都是由美国人包办的。但是为了点缀门面起见，它有时也邀请少数有关的同盟国人参加。例如，在该处担任侦查和搜集证据的便有两名中国人。在横滨各法庭讯审的许多案件中，中国军事代表团也曾有过几次被邀派遣一名法官参加。但这只是起形式作用。就实质说，对日本乙、丙级战犯的横滨审判，从起诉到判决都是由美国人包办、操纵的。同盟国为了避免这种操纵，唯一的办法只有要求把某些乙、丙级战犯引渡到自己的国内法庭去受审，理由是这些战犯的罪行造成了对该盟国的直接损害。例如，在1946年，当时的中

①　“东京裁判”（日本人称审判为裁判，英文为Tokyo Trial，单数）系专指远东国际军事法庭对日本首要甲级战犯的审判（因为这种审判只有一次，故用单数）。“横滨裁判”（Yokohama Trials，复数）则系指美军法庭（或美军与其他盟国所组成的“混合军事法庭”）对日本乙、丙级战犯举行的审判。这种审判都是在横滨举行的，故称“横滨裁判”（因为这种审判曾举行过多次，故用复数）。

国政府由于受到来自人民群众的压力便要求过盟军总部把著名的乙级战犯谷寿夫、酒井隆、矶谷廉介、柴山六郎等押送到中国来受审。除非有特殊原因，盟军总部对于任何盟国的这种引渡要求是不能拒绝的。[①]

除了引渡到盟国去受审的少数战犯之外，对所有在日本本土上的乙、丙级战犯的逮捕、侦查、调查和起诉一类的工作都是由法律事务处主持的，对这种战犯的审判也是由它筹划和组织的。这是法律事务处的主要任务和职权。

国际检察处的任务和职权便大不相同。它是总部专为处理日本主要战犯（亦即“甲级战犯”）而设的。波茨坦公告既把日本主要战犯必须受到严厉的法律制裁作为日本投降的一项条款，那么，将来组织一个国际法庭去审判这些战犯乃是势所必至，也是理所当然。可是国际法庭只能从事审判。它既系国际性的，其组织手续亦必较为繁难迂缓，而事先的种种准备工作和起诉工作则非有专门机构和大批人员去立即着手从事不可。国际检察处便是专门为执行这种任务而设立的机构。

国际检察处的任务是很繁重、复杂的，它的权力是很大的。在

---

① 依照一般国际法原则和各盟国首领们在战时的迭次宣言以及远东委员会的决议，暴行实施地国家对于主持或参加该项暴行的乙、丙级战犯如果请求盟军总部引渡到该国去受审，盟军总部一般是不能拒绝的。中国政府请求引渡谷寿夫、酒井隆等，因为他们在日本侵华战争中在中国各地犯下了无数的残酷暴行，谷寿夫且曾是史无前例、骇人听闻的“南京大屠杀事件”的主谋之一。至于南京大屠杀事件的主犯及最高责任者松井石根，以及中国人民所深恶痛绝的土肥原贤二和板垣征四郎，中国政府当初也一度有向总部请求引渡来华的意图，嗣因他们已被列名为首要甲级战犯交由远东国际法庭审处，遂作罢论。这几名甲级战犯后来都被远东法庭判处了极刑。不妨设想，如果他们被引渡到中国，当时的蒋记政府很可能要从轻发落之甚至来个“无罪开释”的。罪大恶极的“三光政策”（人民杀光、财产抢光、房屋烧光）的创始人，日本华中派遣军总司令冈村宁次就被宣告无罪释放了。

法庭宪章公布之前，亦即日本被占领的最初期间，它便受命选择法庭的地址，修建和布置法庭的内部，而更重要的便是开具甲级战犯的名单，对他们加以逮捕、执行侦查，并录取各犯的详细口供。在法庭宪章公布之后，它便派员到日本各地的和同盟国的有关机关团体以及有关人士处作实地调查，搜集罪证材料，并就这些材料作精密的分析、比较，然后再确定被告的名单，最后起草起诉书。在法庭正式开庭之后，它要负担在诉讼程序中检察方面所应负担的一切责任，例如提供文件和证人证物去支持起诉书中所控告的罪行，询问自己提供的证人，反诘被告提供的证人，参加言辞辩论，并对被告个人及全案作出最后的总结发言，亦即致“终讼词”。

有鉴于案情的庞大，被告的众多，牵涉问题之复杂，以及双方提出的证件证人之浩繁，不难想象，这种检察工作是相当艰巨的。它需要盟军总部的巨大人力财力的支持。同时，这个机构的权力以及它对日本战犯的检举和对东京国际审判的影响都是非常之大的。因此，主持其事者不但必须是美国人，而且必须是为麦克阿瑟所亲信的美国人。这个人便是约瑟夫·季南（Joseph B. Keenan）。

季南在盟军总部是国际检察处处长，同时又是最高统帅的法律顾问。他很受麦克阿瑟的宠信。在日本刚被占领、法庭尚未成立的时候，他便受命以总部一名大员的身份从事一系列的准备工作，例如法庭地址的选择，改建工程的进行，甲级战犯的逮捕和侦查，证据文件的搜集，法庭宪章的拟订，起诉书初稿的起草，等等。虽说那时已有纽伦堡的先例可资借鉴，但是由于日本和德国的情况颇不相同，这些准备工作不能不说是相当繁重的。

在1946年1月19日法庭宪章公布的同时，季南便正式被任命为检察长，负对远东国际法庭所审讯的各个被告执行检察的全责。

检察长的权力特大是远东国际法庭宪章最突出的一个特点，也是它和纽伦堡最显著的一个差别。

按照纽伦堡宪章（第十四条），参加审判的四个国家（苏、美、英、法）都有其各自的首席检察官，他们的地位是完全平等的；在工作中他们是分工、合作的；对于应该决议的事项，他们是采取“合议制”，由多数决定的。[①] 这种情况就像一般法庭的成员（法官）一样，地位完全平等，每个法官都拥有同样的一个表决权。

远东国际法庭宪章的规定却大不相同。宪章关于法官权力的规定虽然完全同纽伦堡宪章一样，采用的是“合议制”，但是关于检察官方面采用的却是“首长制”，或者也可以称为“独裁制”或“包办制”。

宪章第八条规定：“盟军最高统帅指派之检察长对属于本法庭管辖权内之战争罪犯的控告负调查及起诉之责。”该条又规定：“任何曾与日本处于战争状态之联合国家得指派陪席检察官一人，以协助检察长。”

照上述条文看来，对于一切远东国际法庭管辖权内之战争罪犯，亦即“远东的主要战争罪犯”，事实上也就是日本主要战犯或甲级战犯，其“调查及起诉”的责任，亦即检察官的全部责任，是由检察长一人担负的，而这位检察长是由“盟军最高统帅指派”的。虽然国际检察处是一个相当庞大的组织，拥有很多的工作人员，但是独揽大权、最后决定一切的却是检察长。至于各同盟国

① 《纽伦堡国际军事法庭宪章》第十四条有如下的规定：“每一签字国……应各指派检察官一人，所有检察官应组成一委员会……”；“此项委员会对于一切事项应以过半数之投票决定之，并为便利起见，应按照轮流之原则指定一人为主席”；“如对应受本法庭审判之某一被告之指定或对该被告应被控诉之罪行，倘双方投票相等时，则应采取主张该被告应受审判或对该被告应控某项罪行之检察官的意见”。

家（亦即条文中所称“联合国家”），它们只能各派一名“陪席检察官”，以“协助”检察长。由此可见，各国陪席检察官对检察长的关系是从属的关系而不是平等的关系，它和各国法官对庭长的关系完全不同。因此，我们说它采用的不是同纽伦堡检察处一样的“合议制”，而是“首长制”，甚至可说是“独裁制”或“包办制”。对于检察长来说，各国陪席检察官只是处于顾问、咨议或助手的地位。

此外，关于陪席检察官还有两点值得注意的。第一，在规定有权推荐法官人选的国家名单的条文里，宪章指明为“日本投降书各签字国、印度及菲律宾共和国”（共十一国），而关于陪席检察官，宪章却规定“任何曾与日本处于战争状态之联合国家”均得指派一名。虽然条文是这样规定的，但是事实上派了陪席检察官参加的却还只是那十一国。第二，宪章规定了法官、庭长及检察长都要经过盟军最高统帅的任命，而各国陪席检察官却不必经过这样的手续。因此，陪席检察官的中途退职和换人接替是很简单方便的，不会引起任何方面的注意或抗议。例如苏联和印度原派的陪席检察官便中途去了职，由别人接替或兼代。至于各陪席检察官长期或短期告假回国而由他人临时代理的事情则更是常有的。

※ ※ ※ ※

虽然宪章上规定的陪席检察官的地位并不高，权力并不大，但是由于检举日本法西斯的元凶巨魁是举世瞩目的一件大事，尤其是深受日本侵略之害的亚洲人民所特别关切的一件大事，因此同盟各国对于派遣的人选还是很郑重的，他们派遣的大都是富有检察经验和法律学识的人，平均年龄在五十岁左右。

美国的陪席检察官是由检察长季南自己兼任的，季南是个富有资财的美国大律师，曾一度任美国联邦副检察长；中国派遣的是上海高等法院首席检察官向哲濬；英国是科明斯-卡尔（A. S. Comyns-Carr，属于自由党的英国国会议员，皇家大律师）；苏联是高隆斯基（S. A. Golunsky，苏联科学院通讯院士）；澳大利亚是曼斯菲尔德（A. J. Mansfield，昆士兰州最高法院法官）；加拿大是诺兰（H. G. Nolan，加拿大陆军军法次官，军事审判机关的副长官）；法国是奥内托（R. L. Oneto，塞因和玛伦陪审区法院的首席检察官）；荷兰是穆尔德尔（W. G. F. Borgerhoff-Mulder，海牙特别法庭法官）；新西兰是奎廉（R. H. Quilliam，最高法院检察官）；印度是梅农（Govinda Menon）；菲律宾是罗伯茨（Pedro Lopez，国会议员）。

以上十一位陪席检察官在东京审判整个期间，绝大多数是继续在职，始终其事的。只有苏联检察官高隆斯基在法庭开庭不到半年时由于健康欠佳辞职回国，他的职务改由他的助理检察官瓦西里耶夫（Vasiliev，苏联三级国家司法顾问）担任了。此外，印度陪席检察官梅农，由于在东京没有多少事情可做，便中途回国去了。印度政府并未改派新人，只是把有关印度方面的检察工作委托给了英国陪席检察官科明斯-卡尔代为照顾。在审判最后阶段，澳大利亚的陪席检察官曼斯菲尔德也离职回国，他把有关澳大利亚的检察工作委托给了新西兰陪席检察官奎廉代为照顾。由于检察处是采取首长制，各国检察官只是处于协助检察长的地位，因此一两个人的缺席对于工作并没有什么重大影响。

※ ※ ※ ※

检察处的办公场所是在法庭大厦的三楼。除了检察长拥有一间较大的办公室之外，每一参加国的陪席检察官及其随带的工作人员都有一间独自的办公室，并组成一个小组。这些小组是以国别命名的，例如中国组、苏联组、法国组，等等。由于大多数的陪席检察官都是只身来到东京的，既没有带工作人员，也没有带很多资料证据，这种以国别分组的意义是不大的，检察工作主要是在检察长统一指挥下，由许多他所亲信的美国助理检察官去进行的。这些助理检察官大都是盟军总部中有过法律训练和律师资格的美国军人或文职人员，他们的权限有时比陪席检察官还要大得多。例如，塔凡纳尔（Tavenner）、萨顿（Sutton）、摩罗（Moorrow）等都是季南的亲信和得力助手，在国际检察处都是“红极一时”的人物。[①] 在季南告假的时候，他时常指定塔凡纳尔代行检察长的职权。但是在另一些时候，他却指定英国陪席检察官科明斯-卡尔代行他的职权。这是因为科明斯-卡尔不但学识经验都很丰富，而且态度雍容，脑筋敏捷，口齿犀利，无论是在进行法律性的言辞辩论方面或是在询诘证人方面（包括直接询问检方自己的证人和反诘被告辩护律师提出的证人），他的工作都是做得特别出色的。因此，季南有时不能不借重他，虽然他并不是季南的亲信，同麦克阿瑟更无渊缘。以学识才能而论，科明斯-卡尔无疑地是各陪席检察官中最突出的一人，同时也是最受法庭尊敬和最为被告及辩护律师们所畏惧的一人。他的实际人望远在政客式的季南之上，其他那些庸庸碌碌的美国助理检察官更难望其项背。

上面已经指出过：国际检察处以国别分组的意义是不大的。这是因为：第一，远东法庭的检察工作是综合性的，由检察长和他的

① 美国助理检察官是季南检察长所最倚重的一群，他们是国际检察处的核心和骨干。他们几乎全是在盟军总部服役的职员，人数没有一定，事忙时便由季南多向总部调用几名，事闲时则减少几名。这些人有的因为服役期满便离开东京回国去了，那时便又有新人补充进来，因此他们的流动性是很大的。但是季南最得力的几名助手，如塔凡纳尔和萨顿之辈，在法庭整个审讯期间却始终供职于检察处，从未离开过。

许多美国助理担负全责，也可以说是由他们整个地包办，而不是像纽伦堡法庭一样，依照国别分工负责的。第二，各国的陪席检察官大都是单枪匹马、一个人来到东京，在人力方面够不上独自设立一组，因此他们在整个的检察工作中只能由检察长视其个人能力之强弱指派担任或多或少的一部分工作。对于有关他们本国的检察事项，他们至多只是提出一些意见和与国内取得联系，以便搜集一些证据材料和提供一些必要的证人而已。

但是也有例外。苏联检察组是发生了相当作用的。其原因是：第一，苏联陪席检察官不是只身来到东京，也不只是带来一两个秘书或翻译，而是带来了一大群的工作人员，数目在十名以上。有了这样充足的人力，苏联的工作当然容易展开，不必事事仰赖于美国人。第二，苏联情况与资本主义国家不同，它的隔离政策和保密制度使得外间对它不易接触或深切了解；因此，关于日本对苏侵略的作证文件档案完全要靠他们自己去搜集和提出，出庭的证人也要靠他们自己去提供和询问，对被告们所提出的辩护证人和证件也要靠他们来反诘或反驳。而且，日本对外蒙古（即“蒙古人民共和国”）的侵略的检察工作也是由他们代庖的。由于上述原因，苏联检察组在法庭检察处是具有相当独立性的，它的领导人高隆斯基（其后是瓦西里耶夫）以及拉金斯基、罗森布立特等助理检察官在法庭就日本对苏、对蒙的侵略活动审讯被告的阶段中，在检察方面是负过主要责任而且起过重大作用的。

此外，中国检察组在国际检察处中较之其他各组（苏联组除外）也还算是人力充足的。但是由于日本对华侵略的历史太长，案情复杂，绝大部分的检察工作都还是由检察长和他指定的美国人员担任的，中国组只是从旁协助而已。由于当时政府的腐化吝啬，对法庭工作不给予应有的重视，在开庭的初期中国陪席检察官只带去了两名秘书（裘劭恒、刘子健）。随着审讯的进展，经有关方面的再三请求和呼吁，在审讯的后期，国民党政府才允许增加几名顾问（倪征𣿫、吴学义、鄂森、桂裕）。自从这几位到来以后，中国检察组的工作才有了一些进展。对于侵华证据资料的搜集、补充，以及对于被告证人的反诘方面，中国检察组都起了相当重要的作用。吴学义和刘子健在日本政府秘密档案里搜集了不少关于被告土肥原贤二和板垣征四郎罪恶活动的有力证据，这些证据在审判后期都作为补充证据由检方陆续向法庭提出了。在被告板垣征四郎亲自登台作证的时候，倪征𣿫向他所作的长时间的反诘是很有声色的，对法庭最后判处板垣以极刑起了一定的作用。

除了苏联陪席检察官所领导的苏联组在日本对苏、对蒙侵略罪行的检察工作方面保持了很大的独立性和中国陪席检察官所领导的中国组在日本对华侵略罪行的检察工作方面提供了不少帮助之外，其他各国陪席检察官所领导的以国别命名的检察组大都有名无实。但这并不是说这些陪席检察官无事可做或者毫不重要。相反，在整个检察工作的分工里，他们是时时被检察长指定担任或大或小的任务的。比方说，检方要向法庭提出一个有问题的重要作证文件（辩护方面可能反对，因而可能引起言辞辩论），或者反诘一个重要但狡黠的被告或被告提供的辩护证人（必须对他的证言进行无孔不入、无隙不乘的盘质和非难），那么，检察长便非时常借重那位能力特强的英国陪席检察官不可。由此可见，陪席检察官在法庭的任务的多寡和艰易是因他自己的能力的强弱大小而异的。一般说来，各国派遣的陪席检察官的能力都在那些美国助理检察官之上，但是由于季南的私心，这些美国助理在法庭"表演”的机会却是很多的，几乎占三分之二以上。季南是一个标准的美国政客，本位主义非常浓厚。他竭力要把远东法庭的检察工作做成是一出美国人独演的“美国戏”。因此，非不得已，他是不愿意借重别国人的。这是各盟国的陪席检察官和助理检察官在漫长的讯审过程中经常感觉苦闷和不满的原因所在。

※ ※ ※ ※

国际检察处每周举行一次例会，出席者为各国陪席检察官和一些被检察长特别邀请的美国助理检察官。会议由检察长季南主持；季南缺席时则由塔凡纳尔（美国助理检察官）或科明斯-卡尔（英国陪席检察官）代理。例会完全是工作会议的性质，讨论的只是本周内在庭内庭外有些什么工作，如何分工，某件工作由哪个人去担任。例如，在检方提证的阶段，决定哪些证据文件应该提出，由哪些个人分别向法庭陈述并参加辩论，哪些证人应被邀出庭作证，由哪些人分别对他们作直接询问并在对方反诘时负责保护他们；在对方（被告方面）提证的阶段，决定由哪一个人对某些被提出的文件进行反对或抗议，由哪一个人对某一辩护证人进行反诘和攻击；等等。诸如此类关系一周内检察处内部分工的种种问题，都是在每周的工作会议例会上讨论的对象。

在工作会议上，参加的全体陪席检察官和一部分被邀的美国助理检察官（别国的助理检察官或顾问、秘书是从不被邀的）都可以自由发言，畅抒己见，季南检察长也装作虚心倾听的样子。但是，对于一切关键问题、战略问题，他是胸有成竹的。对一切问题他都保持最后的决定权。有时遇到某国陪席检察官坚持己见，因而同他发生争执的时候，他便会拿出他最后的法宝，用带威胁的口吻说：“请您注意法庭宪章的规定，检察长是负调查和起诉的全责的。”至此，对方也就不便争论下去了。据说，这种情况在他同苏联陪席检察官之间发生过多次。

季南是一个很有点手腕并且善于装模作样的美国式的政客。他不但是麦克阿瑟的亲信，而且同当时的美国总统杜鲁门还有相当的关系。他在处理日本主要战犯问题上，表面上虽也做出很尊重盟国意见的样子，对同盟国检方人员也还搞些联络拉拢，但是骨子里他是执行袒护日本战犯和恢复日本军国主义的政策的，一切唯杜鲁门和麦克阿瑟之马首是瞻。

在领导和主持国际检察处这个权力很大、用人很多的机构时，他实际上采取的几乎可以说是“独裁制”或“包办制”，一切唯我独尊，美国至上。不但在国际检察处内部而且在法庭公开庭上，他的那种飞扬跋扈、盛气凌人的态度都时常会暴露出来。同时，他又是一个非常喜欢出风头的人，在对报界的宣传中，他常常以法庭的主角或主人自居。①

季南的这种态度不能不引起法官们特别是庭长威勃爵士的憎

① 季南的飞扬跋扈、好大喜功，从下面两件事中也可以看出来。一件发生在法庭正式开审的前四天。这天，全体法官们在会议室里接见了季南检察长。季南将起诉书原本正式呈递给庭长，并就其内容作了概括的说明，最后还声明日文副本已于四十八小时前分送给了被告们各一份。庭长当即表示接受，命令书记官长予以登记，并且告诉季南于开庭时，可能需要宣读。这原是正常的程序，在英美法里叫作“proceedings in chamber”（意即在办公或议事的屋子里接见当事人而不是在公开庭上）。这是第一次法官们全体的集会，也是他们首次同检察长会见。整个经过不到半小时，大家很愉快地散去了。不料季南当天晚上向报界发表谈话，说他已经把起诉书“交下给法庭了”（handed down to the Tribunal）。法官们对季南用“交下”字样（既不是“呈递”，又不是“送交”），俨然以法庭的上级自居，都感到异常不满。在第一次公开庭上庭长威勃给他当头一棒，这件事未尝不是导因之一。另一件事更可表现季南的狂妄性格。按照法庭宪章规定，任何提交法庭的文件都应有英文和日文两种译本。有一次，季南向法庭陈述说，“这个文件的美国文本已经做成，并已送给了各有关方面”。不称“英文本”而称“美国文本”乃天下罕见之事，可见季南的大美国沙文主义思想是何等严重。他之所以时常遭到法庭的斥责实为咎由自取，而绝非偶然之事。

恶和嫉视。因此，遇有机会，威勃便要在公开庭上给他以打击。例如，前面已经提过的，在开庭的第一天，当季南正在洋洋得意地朗诵他那冗长的始讼致辞的时候，威勃突然斥责他说："你的这种煽动性的言辞，对于我们的审判毫无裨益。"季南气得面红耳赤，口出恶声，并以辞职相要挟。又有一次，季南正在高谈阔论地谈到日本实业家、财阀和军火商们如何被军阀们所威胁和控制，他们自己并未参加侵略罪行的时候，他也遭到威勃又一次同样的打击和斥责。由于远东国际法庭采用的是英美式的"国家律师制"，检察官和被告律师处于完全平等地位（在庭上季南常被称为检方首席律师），对检察长或检察官并无特殊照顾和尊重，像大陆法系对检察长或检察官那样，因此，季南对于"高高在上"的庭长的打击或斥责只有硬着头皮承受，报复是没有办法的。威勃的这种态度是得到各国法官同事们的充分支持和赞许的。因为，在各法官的心目中，他们都不满意季南那种过分嚣张跋扈、竭力要把东京审判演成一出"美国戏剧"的样子。此外，对季南和检方严峻一些还可以增加一点"公平审判"的气氛，表示法庭对双方一视同仁，无所偏袒。这在世界舆论和日本群众对法庭的观感上是有好处的。

由于在公开庭上受过庭长多次的打击，季南在法庭上的气焰便不得不稍有收敛。但是作为法庭的检察长、总部国际检察处处长和最高统帅的法律顾问，在处理日本主要战犯的问题上以及推行包庇政策方面，他的权力和影响是非常之大的。非但远东法庭的被告名单是由他开具的，起诉书是由他领导草拟的，检方在讯审中的一切调查、提证、质询、辩论等全部工作是由他指挥操纵的，而且对于未及交付审判的、留待将来再作处理的约四十名在押的日本甲级战犯也是被他以检察长的身份，秉承美国政府和麦克阿瑟的意旨，用“罪证不足，不予起诉”为借口而擅自全部分批释放的。关于季南擅自包庇和释放日本甲级战犯的行径，本书将另有较详细的论叙，此处姑不多述。①

五、被告辩护组织：日美辩护律师

辩护机构的庞大和辩护律师的众多是东京审判的一个主要特点，也是它同纽伦堡审判的一个重大差别。东京审判之所以持续至两年半之久，辩护方面组织的畸形以及它在审判中所实行的“延宕战略”实是重要原因之一。

纽伦堡宪章关于辩护方面的规定是简单明了的。宪章第十六条（丁）项规定：“被告有权在法庭上亲自或借助于辩护人为自己进行辩护。”为了维持审判的公平，刑事被告当事人有自己辩护或聘请他人代为辩护的权利，这是当然的事情，也是任何文明国家司法制度所承认和允许的。宪章第二十三条规定：“辩护人职务，经被告之声请，得由在其本国有权出庭之任何律师或本法庭特别准许之其他任何人执行之。”这是关于辩护人资格的限制。虽然本条条文中有“本法庭特别准许之其他任何人”的规定，但是事实上担任纽伦堡法庭各被告战犯辩护人的都是有律师资格的德国人，而且每一被告只有一名辩护人，是由他自己聘请的。

东京法庭的情况则颇不相同。法庭宪章第九条（丁）项规定：

① 参阅本书第　章第　节（因本书是未完成稿，作者原注如此。在现存的第一至第四章中，未见季南包庇、释放日本战犯的详细内容——整理者注）。

“被告有权由其本人或由其辩护人（但不得同时由两者）进行辩护……”宪章第九条（丙）项规定：“每一被告皆有权自行选任其辩护人，但本法庭得随时拒绝此等辩护人。被告应将其辩护人之姓名呈报本法庭书记官长登记。如被告无人代其辩护并在本法庭开庭时声请代为指定时，则本法庭将为其指定辩护人。遇无此项声请时，倘本法庭认为在实现公平审判上有指定辩护人之必要，仍得为被告指定其辩护人。”

诚然，纽伦堡宪章和东京宪章都承认被告有权自己辩护，也有权由律师替他辩护。这是两个宪章相同之处。事实上，在纽伦堡和东京法庭的被告全都是由律师替他们辩护的，他们自己在法庭审讯中所作的陈述只是以“证人”的身份作出的。[①]

然而纽伦堡宪章和东京宪章在关于辩护的规定上毕竟有很大的出入。

首先，纽伦堡宪章明文规定了辩护律师的资格，而东京宪章却没有这样的规定。这是两个宪章在文字上一个不同之点。但是在实际上，东京法庭的被告辩护律师也都是在其本国具有律师资格并且经过法庭形式上的核准的，犹如纽伦堡法庭的被告辩护律师一样。

---

① 远东法庭宪章规定被告有权为自己辩护或者由律师替他辩护，但二者不可得兼，那就是说，不可由自己同时又由律师进行辩护。纽伦堡法庭宪章虽无明文规定，但实际情形亦复如此。这是西方国家特别是英美的一种司法制度，中国人是不易了解的。在东京和纽伦堡两个法庭的全部被告既都自愿选择了由他们的律师进行辩护，他们自己便不能有任何辩护行为，例如参加言辞辩论，提出申请或异议，询问或反诘证人等。这一切的辩护工作都必须由他们的辩护律师来做。然而，被告却也有时被传唤登台作陈述或发言。在这种场合下，他是以“证人”而不是以“犯人”或“被告”的资格出庭的；法庭此时也是以“证人”而不是以“被告”呼之。所有对一般证人适用的程序规则，如律师们对他的询问和反诘等，对他都是完全适用的。法庭对他在庭上所作的一切发言和陈述都当作证人的“证言”而不当作被告的“供词”看待。

其次，东京宪章规定了倘使被告自己不能选任其辩护人的时候，他在开庭时可以声请法庭为他指派；或者虽然没有这样的声请，而法庭认为为维持公平审判有此必要的时候，也可以为他指派辩护人。纽伦堡宪章却没有这样的规定。然而，事实上，在纽伦堡和东京两个法庭的全部辩护律师都是由被告们自己聘任的，因而东京宪章上的这项条文也就等同虚设了。

此外，东京法庭宪章还规定了法庭得随时拒绝被告所聘任的辩护人，而这样的规定是纽伦堡宪章所没有的。正如前面所指出的，东京法庭曾经利用过这项条文所赋予的权力先后取消过两名美国辩护律师（施密士和肯宁汉）的出庭资格。其实，照一般法理说，法庭对于藐视法庭或行为不当的辩护律师是可以采取适当的纪律措施或惩戒措施的，包括革除其出庭资格在内。纽伦堡法庭虽没有革除过任何辩护律师，但是照一般法理和惯例说，它是有权这样做的。由此可见，东京宪章的这项规定只不过是用文字肯定了一个普通的司法原则或惯例，并没有特别重大的意义。

由上所述，可见纽伦堡宪章和东京宪章关于辩护方面的这几项规定文字上虽有些不同，实质上的差别并不很大。然而，在实际执行这些宪章条款的过程中，纽伦堡法庭和东京法庭所出现的情况却大大不同。

由于辩护律师的人数和国籍在两个宪章中都没有硬性的规定，东京和纽伦堡便发生了迥然不同的现象。在纽伦堡，每一被告都是老老实实、规规矩矩地由一名他自己聘任的德国律师替他辩护；在东京，则每一被告除了他自己聘任的几名（自两三名至五六名不等）日本律师之外，还有一名美国律师替他辩护。因此，辩护律师之众多和庞杂，以及由此而带来的喧扰和拖延便成了东京法庭和东京审判的最大特征之一。

每一名被告拥有好几名日本律师已经是有点反常的现象，但是有鉴于案情的庞大和复杂，这还不能说是十分不合理的现象。然而每一名被告必须同时拥有一名甚至一名以上的美国律师为他辩护，却是一个极不正常而且很不合理的现象。

被告和日本律师最初请求要有美国律师参加辩护的理由是：在远东国际法庭的宪章中虽然没有明文规定采用英美法系的诉讼程序，相反，有的地方还特别声明法庭不受任何技术性的诉讼规则的拘束；[①] 但是，实际上，由于宪章和程序规则都是英美法系人员所拟订以及英美法系人员在法官和检察官中占有压倒的多数，因此，远东法庭的整个诉讼程序都受着英美法系的严重影响。日本一向是“大陆法系”的国家，日本律师对这种英美法系的诉讼规则是不熟识的，更说不到运用自如。以为了保证公平和迅速的审判为借口，他们便请求法庭给每一名被告加派一位英美法系的盟国律师去帮助他们，特别是在诉讼程序方面，以便顺利地进行辩护。

日本被告辩护方面的这个请求迅速地得到了总部和法庭的核准。起先总部还打算除了美国律师之外，也邀请一些英联邦国家的律师来参加辩护，以冲淡美国遇事包办的气氛。但是英联邦各国，包括联合王国、澳大利亚、加拿大和新西兰，都表示不愿意为日本战犯辩护，因而都拒绝了派遣他们的律师担任远东国际法庭的辩护工作。因此，所谓“英美法系”的盟国辩护律师实际上全都是美国人。

---

① 例如宪章第十三条（甲）项中规定：“本法庭不受技术性采证规则之拘束。本法庭将尽最大可能采取并适用便捷而不拘泥于技术性的程序，并得采用本法庭认为有作证价值之任何证据。”

由上所述，可见远东国际法庭的每一被告除拥有两三名至五六名不等的日本律师之外，还各拥有一名（甚至两名）美国律师。这就造成了律师盈庭、喧宾夺主的反常现象。这种现象是纽伦堡国际法庭所没有的，也是任何国际法庭所罕见的。

现在把各被告所拥有的日本籍和美国籍的辩护律师的姓名开具如下：

荒木贞夫：（日本律师）菅原裕、莲冈高明、德冈二郎
（美国律师）L. G. MacManus
土肥原贤二：（日本律师）太田金次郎、加藤隆久、木村重治、北乡为雄
（美国律师）F. N. Warren
桥本欣五郎：（日本律师）林逸郎、奥山八郎、金濑薰二、菅井俊子、岩间幸平
（美国律师）E. R. Harris
畑俊六：（日本律师）神崎正义、国分友治、今成泰太郎
（美国律师）A. G. Lazarus
平沼骐一郎：（日本律师）宇佐美六郎、泽邦夫、毛利与一、柳井恒夫、北乡为雄
（美国律师）F. N. Warren
广田弘毅：（日本律师）花井忠、滋泽信一、广田正雄
（美国律师）George C. Yamaoka
星野直树：（日本律师）藤井五一郎、右田政夫、松田令辅

（美国律师）G. C. Howard、G. C. Williams

板垣征四郎：（日本律师）山田半藏、佐佐川知治、阪埜淳吉、大越兼二

（美国律师）F. G. Mattice

贺屋兴宣：（日本律师）高野弦雄、田中康道、藤原谦治、山际正道、楢桥渡

（美国律师）M. Levin

木户幸一：（日本律师）穗积重威、木户高彦

（美国律师）W. Logan

木村兵太郎：（日本律师）盐原时三郎、是恒达见、安部明、北乡为雄

（美国律师）G. C. Howard

小矶国昭：（日本律师）三文字正平、高木一也、小林恭一、松坂时彦、斋藤诚一

（美国律师）A. W. Brooks

松井石根：（日本律师）伊藤清、上代琢禅、大室亮一

（美国律师）F. G. Mattice

南次郎：（日本律师）冈本敏男、松泽龙雄、近藤义一

（美国律师）A. W. Brooks

武藤章：（日本律师）冈本尚一、佐伯千仞

（美国律师）R. F. Cole

冈敬纯：（日本律师）宗宫信次、小野清一郎、藏重铁一

（美国律师）S. A. Roberts、G. G. Brennan

大岛浩：（日本律师）岛内龙起、内田藤雄、
牛场信彦
（美国律师）O. Cunningham
佐藤贤了：（日本律师）草野豹一郎、数马伊三郎、
井上益太郎
（美国律师）G. G. Brennan、G. N. Freaman
重光葵：（日本律师）柳井恒夫、金谷静雄、
三浦和一、宇佐美六郎
（美国律师）G. A. Furness
岛田繁太郎：（日本律师）高桥义次、奥山八郎、
泷川政治郎、祝岛男、安田重雄、铃木勇
（美国律师）G. G. Brennan、E. R. Harris
白岛敏夫：（日本律师）成富信夫、佐久间信、
广田洋二
（美国律师）C. B. Carlyle
铃木贞一：（日本律师）高柳贤三、戒能通孝、
加藤一平、福岛寿
（美国律师）M. Levin
东乡茂德：（日本律师）西春彦、加藤伝次郎、
七田基玄
（美国律师）George C. Yamaoka、
B. B. Blakeney
东条英机：（日本律师）清濑一郎、内山弘、
盐原时三郎、河北健次郎
（美国律师）G. F. Blewett

梅津美治郎：（日本律师）宫田光雄、小野喜作、
池田纯久、梅津美一
（美国律师）B. B. Blakeney
大川周明：（日本律师）大原信一、金内良辅、
福冈文子
（美国律师）A. W. Brooks
日本辩护人会会长（总辩护人）：鹈泽总明
副会长（东条的辩护人）：清濑一郎

从上面的名单看来，日本辩护律师便有近一百名，加上二十余名的美国辩护律师，总数几乎达到了一百三十名。[①] 这不能不说是一个惊人的数字。由此可见，辩护律师之多和辩护阵容之盛是远东国际法庭最突出的一个现象。

※　※　※　※

日本辩护律师是有组织的，这个组织的名称是"日本辩护人会"。它是在法庭开庭的前夕成立的。在1946年5月4日（开庭的次日）该会第一次的集会中，白发苍苍的鹈泽总明被选为会长，亦即被告的总辩护人。鹈泽曾任东京律师公会会长，是这些日本辩护人中比较年高望重的，也是在日本法西斯军阀统治时期比较历史清白的，因而他被选为会长。鹈泽在法庭的表演不多，态度比较中和，给人们以"恂恂儒者"的印象。在他不多的发言里，他常喜高谈些政治哲学的道理，例如，"王道与霸道"的区别，"八纮一宇"的解释等，硬

① 这个数目还未包括在审讯进程中死去的被告松冈洋右及永野修身二人的辩护律师在内，名单中亦未将他们的辩护律师列入。被告大川周明虽因精神病态暂时中止受审，但他仍有随时恢复受审的可能，因此他的日美籍辩护律师还是被法庭保留着，以便在审讯过程中随时照管他的利益。

说日本政府一向重视和平、民主、讲信修睦、世界大同，反对使用武力、从事侵略。他还喜欢装着十分推崇中国法官的样子，常说日本的这些观念都是来自中国，博学的中国法官对它们必有更精深的了解。

在1946年5月4日日本辩护人会第一次会议上，还选举了大战犯东条英机的辩护人清濑一郎为该会副会长。清濑是一个老奸巨猾的旧式日本政客。他在日本辩护律师中是很突出的一个。关于此人，我们在下面还有机会谈到。

至于一般日本辩护律师，他们大都是战前日本比较有点声望的职业律师，但也有个别不甚著名的律师系由于同被告有亲友关系而被选为辩护人的。一般说来，日本律师对于案情是很熟悉的，对于搜索有利于被告的证据（证人、证件）是非常卖气力的。但是日本律师在法庭公开庭上的表演并不很多；他们宁愿把那些在公开庭上"冲锋陷阵"的"射击手"的任务让他们的那些张牙舞爪的美国同事去干，而他们自己却藏在后面做"兵工厂"（"制造炮弹"）的工作。因此，从表面上看，他们在法庭上的态度还算是老老实实、循规蹈矩的。

但是也有例外。有些个别的日本律师在法庭上也是很嚣张的。例如，前面提过的东条英机的那个辩护律师清濑一郎便是其中最突出的一个。清濑是一个著名的日本反动政客。在战前日本法西斯军阀统治时代，他是一个相当重要的帮凶。[1] 这样一个人竟被允

① 清濑一郎在日本军事占领结束后的政治生活更是活跃。他一跃而跻身于当权的自由民主党显要人物之列。在岸信介内阁时代和池田勇人内阁时代，他都担任着日本国会众议院议长的职务。在这一时期，他并发起在名古屋为远东国际法庭处死的七大战犯建立一块庞大的纪念碑，把他们当作"殉国烈士"或"民族英雄"看待。纪念碑的建筑费一千五百万日元是由清濑一郎、三文字正平（前小矶国昭的辩护人）和林逸郎（前桥本欣五郎的辩护人）筹募的，落成典礼是由清濑主持的。

许在远东法庭当辩护律师是令人惊异的。这种事情在纽伦堡法庭是不可能发生的；在那里，所有被告辩护律师都要经过严格的审查，凡是与希特勒纳粹匪帮有任何严重瓜葛的人都不准担任辩护人的职务。可是远东法庭忽视了这一点，造成了律师们气焰嚣张的恶劣现象。①

清濑不但在言辞辩论时、在抗议检方作证文件时和在反诘检方提供的证人时表现得穷凶极恶，时常遭到法庭的制止和申斥，而且在他替东条所撰的那篇冗长的强词夺理的辩护状里大事宣传日本帝国主义的“理论”，美化日本法西斯政府的侵略战争政策。在辩护状的封面上，他还偷偷摸摸地擅自加上了“此乃一历史文件也”字样。这事被发现后遭到了法庭的严厉斥责。庭长对清濑说：“何以这是一篇历史文件？这样一篇东西还配称作历史文件吗？”然而，尽管如此，法庭为了维持“公平审判”起见，依然是让清濑把那篇辩护状在公开庭上全部宣读了。

除了清濑一郎之外，在这约一百名日本律师之中，高柳贤三是另一个值得注意的人物。高柳是东京帝国大学的老牌教授，著述丰富，是当时日本法学界的一个权威。他在远东法庭担任铃木贞一的辩护律师。但是此人除了在总辩护阶段曾经提出并朗诵过一

① 远东国际法庭对于被告的日美辩护律师的人选几乎没有进行过任何认真的审查，一切都是由盟军总部包办的。因此，有些战前日本军阀统治时代的反动政客，如清濑一郎之流，也担任了远东法庭的辩护律师。甚至有些被告往时的僚属并与被告犯有“同谋”嫌疑的人也被准许担任律师职务，替被告辩护。例如，被告梅津的日籍律师池田纯久便是梅津的一个老部下。他是一名日本陆军中将，曾在梅津部下担任过关东军参谋部第五课课长和副参谋长等职。在1942年，他奉梅津之命，率领了一批军官到南洋各地考察日本人在那里建立的军事占领制度，以便根据考察所得制定关东军对苏联领土的占领计划。池田是极端仇苏反苏的，正如梅津和其他关东军将领一样。据说远东法庭的苏联检察人员曾一度主张申请法庭拒绝池田出庭，终以检察长季南不愿提出此项申请（表面的理由是中途申请更换辩护人将遗日本人以不公平之识），遂作罢论。

篇冗长的“东京裁判与国际法”的论文之外，[1]在法庭上并没有什么精彩的表演。然而，以学识和品质而论，高柳不能说不是日本辩护律师中比较可敬的一个。

除了鹈泽总明、清濑一郎和高柳贤三之外，其他日本律师大都庸庸碌碌，没有引起人们的特别注意。他们在法庭上的表演都不很多。对于不甚重要的文件或证人，他们虽也担任一些说明、抗议或质询的工作，但是当有重大的、有关键性意义的文件提出时或证人出庭时，他们宁愿让那班百无禁忌和好出风头的美国律师去照管。

※　※　※　※

美国辩护律师在法庭里虽然没有像日本辩护人会一样的正式组织，但是他们却有一个领首或头子，作为他们在必要时的代表。这个人先前是科尔曼（Coleman），科尔曼返美以后，名义上是美国籍的，在美国土生土长的日本人山冈（Yamaoka），实际上是卜烈维特（Blewett），东条英机的美国辩护人。卜烈维特是美国哥伦比亚大学校董之一，他是一个富有资财的美国律师，在东京法庭的美国辩护人中是资望最深的一个。当然，在西方社会里，财富的多寡几乎是一个人资望深浅的唯一标志。

科尔曼最初的野心是很大的。在法庭开审之前，他曾要求盟军总部和远东法庭批准设立一个同国际检察处地位相等、平起平坐的“国际辩护处”。法官们还专为听取他关于这个要求的意见开过一次会议。会议最后决定拒绝他的要求，理由是：检举日本战犯和给他们以公正的审判是盟国的不可逃避的直接的法律责任，但是为战

① 高柳贤三的论文，载《东京裁判与国际法》（*The Tokyo Trials and International Law*），东京有斐阁出版发行（英日文对照）。高柳的名著《法律哲学》，在战前我国大东书局曾经有过中文翻译本出版。

犯们辩护并不是盟国的这样的责任。法庭之所以允许盟国（美国）律师参加辩护纯粹是为了在诉讼程序上协助被告自己选择的日本辩护律师。辩护是被告们的权利而不是同盟国的义务。因此，在盟军总部里设立一个所谓“国际辩护处”的机构是没有必要的。

后来盟军总部根据法官会议的意见也同样拒绝了科尔曼的请求。不久，科尔曼便辞职回到美国去了。在漫长的审判过程中，美国律师先后辞职回国的除Coleman外，还有Guyder、Young、Alen、Dill、Haynes、Kleiman、McDonnell、Ruchik、Williams，共十人。[①] 这十个人是上面美国律师名单中所未曾列入的。如果把他们也加了进去，则曾经参加辩护的美国律师将达约四十名之多。以近一百名的日本律师，再加上近四十名的美国律师，辩护方面在远东法庭里的阵容可说是“洋洋大观”了。以二十几名被告而拥有一百数十名辩护律师，这不但是纽伦堡法庭所从未曾有，而且是任何法庭上或任何审判中所罕见的。就保证被告辩护权一事来说，远东国际法庭可算是慷慨宽大！

正如上面所指出过的：远东国际法庭每一被告之所以获准配备一名美国律师，原本是为了在诉讼程序法律技术方面可以协助他的日本辩护人。这些美国律师有的是从美国招来的，有的是原本就在盟军总部任职的。但是他们的薪给全都是由盟军总部法务处支付，而不是由被告本人或日本政府支付的。只从这一事实看来，他们的任务已经是再明显不过的了。在辩护工作上，他们应该

① 美国辩护律师大半是在盟军总部任职的有律师资格的现役军人。他们服役期满后大都急于回国，辩护人职务只好交由他人接替。这十个人的情况便是如此。此外也有服役虽届期满，但自愿继续留在东京执行辩护人职务的。至于那些直接从美国招聘来专为被告辩护的非现役军人，如卜烈维特之辈，他们既没有服役期满的问题，当然是继续任职直到审讯结束。

仅仅起助理或技术顾问的作用。比起被告们自己所选任的日本律师，他们的地位应该是次要的。

但是随着审判的进展和国际形势的变化，一种主次颠倒、反宾为主的现象便发生了。美国律师在辩护工作中反而起了主要作用，日本律师却甘愿退居“后台”，至少在公开庭上的表现是如此。举凡在公开庭上一切张牙舞爪、剑拔弩张的“表演”，几乎都是由这些美国人担任的。下面只举一个例子，便可看出这些美国律师是何等肆无忌惮。

在1946年5月14日的公审庭上，被告辩护方面申请取消起诉书中第三十九项所控诉的罪行。这项罪行是日本偷袭珍珠港美国舰队，杀害美国海军上将季德及大批美国海军军官和水手的罪行。美国律师布莱克尼（Blakeney）强辩说：“如果说海军上将季德在珍珠港被炸死是谋杀案的话，那么我们就得知道在长崎动手投掷原子弹的那个人的名字，我们就得知道制定这一作战计划的参谋总长，我们就得知道对这一切负责的总司令。”[①] 最后一人，布莱克尼无疑地是影射美国总统杜鲁门，因为按照美国宪法，总统是负责指挥全国军队的最高司令官，事实上在广岛和长崎投原子弹也是由他决定的。

在一个审判战犯的法庭上，美国律师竟把他自己祖国总统的行动和被告日本战犯的犯罪相提并论，这是不能不使人惊异的事情。美国律师之极端放肆，于此可见一斑。

诚然，投掷原子弹是不可宥恕的。但是远东法庭审判的是日本战犯们所犯的罪行，在这个审判里美国律师竟把美国自己的战争

① 《远东国际军事法庭审判记录》（1946年5月14日），第212页。

行为扯了进来，这是十分不适宜的，而且是丝毫不相干的。这种不体面的怪事，恐怕只有居心不良的人才干得出来。

※　※　※　※

美国律师在法庭上不但表现得肆无忌惮，而且有时还表现得不可想象的愚蠢。下面是一个有趣的例子：

国际检察处为了要证明日本帝国主义者通过各级学校教育去培养和灌输日本青年对外侵略的思想，曾经请求法庭传唤一名日本教育家前田到庭作证。在1946年8月2日证人前田作了正面陈述之后，美国律师克莱曼（Kleiman）对他执行反诘。

克莱曼向证人问道："你说各校校长在课程问题上都受着陆军军官的指挥。请你告诉我，难道在小学课程里不教授日本语文吗？"这个问题引起了全场的笑声。庭长插嘴说："真是没有道理！难道在日本学校里能不教授日本语文吗？"克莱曼向法庭解释说："如果对法庭方便的话，我现在倒想竭力求得对早在两个月前便引起法庭注意的那个问题的答案，即日本学校的课程究竟是些什么？……但是，如果对法庭不方便的话，我也可以放弃不提。"

庭长答道："我们不希望听取这个问题。"

克莱曼说："好，那我就改提下面一个问题：学生们上不上算术课呢？"

庭长带怒斥道："你真是岂有此理！这是一个严肃的案件。你是站在远东国际军事法庭面前，而这个法庭是在审判前日本帝国领导分子对人类所犯下的滔天罪行。"

克莱曼继续辩道："如果您同意的话，我认为在审讯的现阶段上弄清楚这样的课程问题是很重要的。"

庭长抑制了愤怒，随口说道："那就请你继续发问吧。"

克莱曼便继续向证人问道："在这些学校里有音乐、书法、图画、日本历史、手工等课目吗？"

这个问题引起了法庭听众更大的笑声。庭长怒不可遏地向证人说道："证人，你不必回答这种问题。"

至此，克莱曼已经感觉到他精心准备的那一连串可笑的问题无法再提出了，便垂头丧气地对庭上说："我再没有问题了。"①

※　　※　　※　　※

从以上两个事例，不难看出美国律师荒唐放肆和愚蠢可笑到了什么地步。他们的行为虽时常遭到法庭的制止和申斥，但是通过这种行为，他们依然可以达到他们拖延审判的目的。他们无隙不乘、无孔不入地利用英美法系烦琐复杂的诉讼程序，竭力使东京审判的时间拖长。正如我们在前面所指出过的，东京审判之所以长夜漫漫，月复一月，年复一年，被告辩护方面的这种"延宕战略"实为主要原因之一。

当时的国际形势也助长了他们对实行这种战略的信心和积极性。

首先，是美国日益露骨的袒护日本战犯、重新武装日本和恢复日本军国主义的政策。随着东京审判的进展，美国政府和盟军总部袒护日本帝国主义分子，从而恢复日本军国主义使其为美国侵略战争政策服务的企图，一天比一天地更加明显了。他们一批又一批地释放了在押的日本战犯，大量地解除了对日本军国主义分子的整肃。这就助长了这些被告辩护律师们的侥幸心理。他们幻想着：如果审判拖得足够长久，可能盟军总部终归有一天会结束审

① 《远东国际军事法庭审判记录》（1946年8月2日），第3145—3146页。

判，把这些被告战犯们全部释放，甚至予以起用。

其次，是美苏关系的日趋紧张。自从第二次世界大战终结之日起，美苏关系一直不是圆满的。远东法庭开庭以来，报纸上几乎每天都充满了关于双方如何张牙舞爪、剑拔弩张的报道，特别是在柏林封锁及其以前一段时期里，仿佛第三次世界大战爆发迫在眉睫。这就又给了被告和他们的律师们另一种错觉，引起了另一种幻想。他们幻想着：只要审判能够尽量拖长，可能有一天大战会爆发，那时国际阵营必定要起根本的变化，绑上了美国战车的日本必然会得到美国的重视，而远东法庭里的这些以侵略能手著称的被告们不但会中止受审，恢复自由，而且可能东山再起，重理旧业，担任美国的帮凶角色。

以上两种幻想虽然都未能实现，不但第三次世界大战不曾爆发，柏林危机终得解决，而且美国也不敢冒天下之大不韪，中断或干涉东京的国际审判，但是这两种幻想确实是促使被告辩护方面对东京审判采取积极"延宕政策"的一个重大原因。他们千方百计、无所不用其极地要使审判拖延下去，拖得越久越好。

面对辩护方面这种"延宕战略"，大多数法官们是感到厌烦、忧虑甚至焦急的。但是由于法庭宪章上和组织上有些无法纠正的缺点，例如，前面指出过的被允许出庭辩护律师太多，诉讼程序太烦琐，以及为了保证公平审判不能压制辩护方面畅所欲言，等等，他们也是无能为力和莫可奈何的。

诚然，对待这种"延宕战略"，法庭在可能范围内也还采取过一些措施，例如变通了法庭程序规则中某些过分烦琐的规定，简化了法官们作出裁决的投票方法，对信口雌黄或过分冗长的发言随时加以干涉或制止，甚至根据宪章第九条（丙）项的规定开除过两名傲慢不逊、最爱胡闹的美国律师。[①] 这些措施对于遏制辩护方面的嚣张无疑地起了一定的作用，但是它并不能给辩护方面的“延宕战略”以决定性的打击，因而法庭审判进行得依然很缓慢，浪费的时间依然很多。

此外，值得注意的还有：辩护方面的这种战略不仅是浪费了法庭的时间，拖延了审判的进度，而且给了日本被告们以歪曲事实，颠倒是非，用“慷慨”而冗长的陈述公开宣传日本帝国主义当年从事对外侵略的种种荒谬“理论”的机会。这不能不说是东京审判中最可憾的一件事情。

六、法庭的行政事务与人事安排

远东国际军事法庭的行政事务和人事安排几乎完全是通过书

① 远东法庭为了要维持“公平审判”的外貌，并未充分行使宪章上所赋予的权力。例如宪章第十二条规定“本法庭（甲）将审讯工作严格地限制于迅速审理控诉中所提的各项问题，（乙）采取严格措施以防止任何足以引起不合理拖延审讯之行为，并排除一切与本案无关之问题及陈述”；第十三条（甲）项规定“本法庭将尽最大可能采取并适用便捷而不拘泥于技术性的程序……”；第九条（丙）项规定“……本法庭得随时拒绝此等（被告的）辩护人”。但这些条文法庭都没有充分认真地利用过。诚然，法庭曾经取消过两名美国律师（施密士和肯宁汉）的辩护资格，但那是审讯后期和末期的事情，对于阻止拖延审判并没有发生多大的实际效力。施密士系在 1947 年 3 月以在公审庭上冒犯法庭而被停职的；而肯宁汉的停职则在 1948 年 10 月，其原因并非由于他在公审庭上的行为不端，而是由于他在庭外的言论荒谬。肯宁汉曾出席 1948 年 9 月 7 日美国律师公会于西雅图举行的代表大会，作了一篇关于东京审判的报告。在报告中，他肆意批评和诋毁远东国际军事法庭，说它不客观、不公正，对被告怀有偏见，不给辩护律师以充分辩护的权利。这篇报告公开发表在美国报纸上，早为法官们所获悉。肯宁汉回东京后，法庭遂命其于公开庭上作出能使法庭满意的解释。在肯宁汉结结巴巴、支支吾吾地作了一番“解释”之后，法官们举行了会议，一致认为不能满意，并决定以“诽谤法庭”为理由停止其辩护人的职务。但是此时审判已进入判决书起草阶段，公开庭讯事实上已告结束，因此，法庭的这个决定只是象征性的，并无任何实际意义。

记官长（美国人）秉承盟军总部的意旨进行的。书记官长名义上虽说是要接受庭长的领导，实际上他是盟军总部的一员，在一切行政事务和人事安排的工作上都是服从总部的指挥的。较小的事情他要向总部参谋长请示，较大的事情还要通过参谋长取得最高统帅的同意。庭长只是必要时在某些文件上签上自己的名字或授权书记官长盖上法庭的印章而已。这些文件大都只是与审判进行有关的，如传唤证人、调阅文件、核对或驳回检察或被告方面的书面申请、变更程序规则、同各盟国政府取得证据上的联系等。至于法庭内部的一切行政事务、人事安排、经费开支、档案保管等，庭长是不闻不问的。这些事情完全操之于书记官长，而书记官长又必须秉承总部意旨。因此，就行政和人事等方面说来，远东国际法庭是完全没有独立性的，它只是盟军总部的一个附属机关而已。

由于盟军总部是一个由美国人包办的机关，里面的职位几乎全为美国人所占据，同样，远东国际法庭的行政事务也完全形成了美国人包办的局面。除了一些不甚重要的翻译和服务人员等职位有些是由盟国人或日本人担任之外，法庭管理行政事务的全部职员几乎清一色地都是美国人。

由此可见，在行政事务和人事方面，远东国际法庭不但没有独立性，而且也没有国际性。

※　※　※　※

远东国际法庭在行政事务方面的内部组织是不规则而没有系统的，不像一般机关一样在首长领导之下设立若干部门，每一部门之下又分为若干科、室或组。远东国际法庭完全没有这样的一套整齐的行政体系，各机构的名称也极不划一。它的行政事务机构及人事配备完全是适应工作的实际需要，同时也参照了英美等西方资本主义国家法院组织的一些传统惯例。下面我们便把远东国际法庭内部关于行政事务的一些比较重要的机构和人员，他们的职权范围和工作关系，以及个人的性格和作风，作一简要的介绍。

书记官长和书记官室——书记官长的任命和职权是在法庭宪章第三条“职员与书记官室”中规定的。[①] 他是由盟军最高统帅直接任命的，因此他在法律地位上虽是法庭的一个属员，在某些法定职务上要听法庭或庭长的指挥，但是他对任命他的最高统帅（盟军总部）却负有更大的责任。实际上，书记官长每遇稍微重大一点的事情都是要请示总部，并完全秉承总部的意志行事的。这一点，我们在上面已经着重地指出过。

书记官长是法庭行政事务方面的最高职员，他总揽书记官室的一切职权，组织、领导、指挥该室的一切工作和人员。

按照宪章的规定，远东法庭的书记官长的职权是很广泛的，因为远东法庭的书记官室和一般法院的书记官室不同，它不仅主管庭审记录、收发文件和保管档案等日常事务，而且要组织和指挥整个法庭的全部行政事务和人事工作。它等于某些机关的秘书处，而书记官长便是秘书长。事实上，宪章条文的文字上也是这样称呼他的。[②] 打个比喻来说，远东国际法庭的书记官长或秘书长就像我国某些机关的办公厅主任，他在机关首长的领导之下，是整个机关的一切行政事务和人事安排的最高责任者。不过就远东法庭来说，领导他的首长不是法庭的庭长，更不是法官们，而是盟军总部（盟军最高统帅及其参谋长）。

① 《远东国际军事法庭宪章》第三条第二项。

② 在《远东国际军事法庭宪章》中，书记官长的英文名称系General Secretary（秘书长或总书记）。我们参照法院组织规程的一般称呼，把它译为“书记官长”。

担任法庭书记官长的是美国陆军上校华尔布里奇(Col. Walbridge)。这个人沉默寡言，行动有点神秘。他除了偶尔列席涉及重要行政事务的某些法官会议之外，在法庭中是不易看见的(有关审判事务的法官会议，例如讨论法律问题或作出裁定及判决的各种会议，除法官们自己出席外，是禁止任何人列席或旁听的，书记官长亦不例外)。华尔布里奇的主要任务是联系盟军总部。他经常出入于总部之门，奔走于总部与法庭之间。在法庭采取任何比较重大的行政措施或人事更换之前，他都要向总部参谋长或通过参谋长向最高统帅报告、请示。不言而喻，他是一个为总部所信任的人。在他的心目中，总部的意志便是一切。他同庭长和法官们以及一般公众的接触是很少的。

在华尔布里奇之下有一名亨尼上校(Col. Haney)，他的职务是助理书记官长，但是一般人多喜以“副书记官长”称呼他。亨尼的性格同华尔布里奇的大不相同。他的态度特别和蔼可亲，平易近人，而且经常公开在法庭中出头露面。因此，一般公众以及检察和被告律师们对法庭行政事务有什么琐细要求或意见，都喜口头向他提出。重大要求或申请当然必须用书面向法庭书记官室提出。法官们对事务上有什么意见或要求，例如要打印什么文件、要安排什么旅行节目等，也是向他提出的。亨尼是同法官们最接近也是同法官们最有好感的一个人。他对法官们的照顾是很周到的，几乎是“有求必应”。

此外，在书记官室中还有一个人是同法官们更接近的，他是柯勃特上尉(Capt. Colbert)，他的职位是法官随从副官(Judges' Aide)。这个职位是专为照顾法官们的生活起居和办理法官们交办的任何大小公私事务而设的。在法官外出旅行的时候，他负有随从、联系和保卫的责任。1946年5月中美二法官乘一架总部的专机到上海、南京、北平等地去游览访问的时候，柯勃特便是随行者之一；一切交通、住宿、饮食、参观日程等事项都是由他联系和安排的。那时大战刚完，中国在名义上虽也一跃而号称“五强”之一，但实际上它几乎是处于美军占领状态。所有通都大邑的高级旅馆都被美军所占用，交通路线和工具也为美军所控制。那次旅行倘使不是由柯勃特向美军联系作出妥善安排，其混乱和困难必定是不堪设想的。回忆起这件事，不能不令人感到可耻和痛心！

※　　※　　※　　※

语文翻译部——在书记官室领导指挥下的最重要的两个工作部门是语文翻译部和事务管理部。在远东法庭里，语文翻译的工作是非常繁重艰巨的，它需要大量的人力和物力。

按照宪章的规定，英文和日文是法庭的正式语文。因此，在法庭上口头说的每一句话、每一个字，无论出自庭长、检察官、被告律师或证人，都必须立即进行口译，原话是英语的译成日语，原话是日语的译成英语。听众们只要拨动他们座上的耳机（“译意风”）的开关，便可选择他所能听懂的语言。如果陈述者（大都是不能讲英语或日语的证人）讲的是汉语、俄语、德语、法语或蒙古语，翻译人员还必须立即把它同时译成英语和日语。远东法庭每天开庭达五小时之久，这种在公开庭上的立即的口头翻译工作无疑地是一件很繁重而且消耗时间的工作。这是人们所能想象得到的。

非但对在公开庭上的口头陈述是如此，同样地对一切向法庭提出的书面文件也必须事先译成日文或英文，原件是用英文写的译成日文，原件是用日文写的译成英文，原件是用第三种文字写的还必须同时译成英文和日文。虽然有一部分文件在原告或被告向法庭提出时已具备译文副本，但是有鉴于法庭接受的和发布的文件之多，这种笔译的工作也是很繁重的。

由此可见，远东法庭翻译部门的工作是法庭日常事务中一项艰巨而且重要的工作，因为它可能影响到审判的质量和效果，同时又最容易引起诉讼双方的抗议和争执。这一部门不但需要较多的人力配备，而且需要较高的语文技术水平。

主持语文翻译部的是安德生（Anderson），他是这一部的主任（director，日本人译为“部长”），副主任是琼士（Jones），当然都是美国人。为了工作上的便利，这一部门还任用了伊丹（Ytami）等几个美国籍的、在美国土生的日本人（日本人叫这种人为“二世”，意即指他们是侨外日人的第二代）。此外，无论担任口译或笔译的绝大部分工作人员都是精通英语的日本知识分子，其中许多还是高级知识分子。例如，东京帝国大学的老牌国际法教授横田喜三郎便是其中突出的一个。[1] 这些日本人不但知识水平很高，而且大都脑筋灵敏、英语流利。特别是在公开庭上担任立即的口头翻译的那些比较年轻的日本人，他们口译的迅捷就像自动机器一样，使听众感到舒畅满意。但是由于这些人（约二十至三十名）绝大部分都是日本政府外务省（外交部）介绍来的，盟国人士特别是法官们对他们翻译的忠实性，即是否不偏袒日本被告，总是有点不放心似的。

① 横田喜三郎是著名的日本国际法学家，精通英语，曾任联合国国际法委员会日本籍委员。在远东国际法庭开庭的那几年，他一直担任着法庭日文翻译科主任。

语文翻译部是法庭各行政事务单位中唯一任用了一些非美国人的部门，其余各部门都是清一色地由美国人包办的（事务管理部所雇用的日本服务员及勤杂人员除外）。

语文翻译部除了长期任用了一批日本人之外，在个别的困难场合，还时常向其他机关调用或商借得力人员去临时帮忙。例如，在苏联和蒙古证人出庭作证的时候，他们的翻译便是从苏联驻日军事代表团借调来的。又如，在伪满皇帝溥仪、“七七事变”时的北平市长秦德纯、宛平专员兼县长王冷斋以及许多为“南京大屠杀事件”到东京来作证的中国人出庭的时候，他们证词的翻译工作大部分是由当时的中国政府驻日军事代表团派人担任的，一部分是由中国法官的私人秘书担任的。

※　※　※　※

语文仲裁委员会（又名语文仲裁小组）——这个委员会或小组系专为解决语文翻译上的纠纷而设置的。有鉴于英文和日文的语法结构迥然不同，翻译上的差错和争执是很容易发生的。譬如某一个检方提供的日本证人在作证时说的一句日本话，经翻译员译成英文后，辩护律师方面认为有欠正确，可能对被告不利，他有权当场提出异议，请求法庭交付仲裁。法庭便须立即命令仲裁委员会举行会商，并将会商结果立即公开向法庭报告。如果报告主张更改，庭长便公开命令记录员在记录上予以更改。同样，检察方面也可随时行使这种权利。这种权利不但对口头翻译可以行使，对任何文件上的翻译误差或异议，任何有关方面亦可请求法庭交付仲裁。法庭对解决这种纠纷只有完全依赖这个三人组成的仲裁委员会或仲裁小组。为了随时解决问题，在开庭的时候这三个人必须呆坐在岗位上，不能须臾离开。

语文仲裁委员会的决定是最终的，不能更改的。

这个委员会的主席是模尔少校（Maj. Moore），是一个据说在日本担任过教学工作约二十年的美国人。模尔返美后，由腊佛特（Larft）继任。其他两名成员（佐野、筧）是精通英语的日本人。

※　※　※　※

事务管理部——这也是书记官长领导指挥下的一个重要部门。这个部门的工作范围是非常庞杂和广泛的。除了它本身有些特定的业务之外，几乎一切其他部门不管的事情它都必须照管。它的性质同一般机关的总务司或总务处颇相类似。

首先，打印和记录的工作。由于远东国际法庭的文件浩如烟海，打字和印刷（有时是用摄影复制）的工作是特别繁重的，而且这种工作常常是有时间性的，需要迅速处理。翻译部只管翻译；一个文件或记录译好之后，它便被交到事务管理部，打印（英文、日文）和送达的责任都是由后者承担的。

法庭每天的开庭速记也是一项相当繁难的工作。在开庭的时候，事务部不但要派技术很高的专人出庭去作速记，而且要于下午散庭后赶忙把它翻印出来，装订成册（每日五个小时的开庭速记的记录长约八十至一百页），并且要在法庭规定的晚间八时以前送到各法官住所和各有关方面（包括检察官和被告律师处），以便他们有充分时间可以阅读。如果任何有关方面发现记录上有任何错误，必须于次日开庭之始向法庭申请改正。法庭如准许其申请，庭长当即公开宣布并命令记录员照改。这是唯一可以改正法庭记录的机会；这个机会一经错过，记录便成为铁案了。由于远东国际法庭完全不采用所谓“自由心证”而是采用“证据主义”，因此记录便是全部审判的关键所在，也是法庭未来判决的唯一根据。[①] 所以各有关方面对于这份每天的开庭记录都是特别重视的。就法官们说来，无论他们一天的工作和应酬多么忙，在深夜安睡以前他们几乎都是要把这本记录浏览一遍的。积年累月，这份记录到审判终结时篇幅已近五万页，字数近一千万之多！

除了一份速记的文字记录之外，法庭还自始至终保持了一份录音记录。这种记录的机器操作也是事务部的事情。事务部还必须负责保管法庭的一切文件、记录及档案，并随时供应有关方面的调阅或查核。

其次，对于法庭数以百计的工作人员和雇用的日本服务员、炊事员、司机及搞清洁卫生等的勤杂人员的人事管理，也是事务部的一件繁重工作。这些人的任免、工作分配、薪给待遇、作息制度、劳动纪律等都属于事务部的主管范围。

招待工作也是事务部的一件相当麻烦的工作，因为在开庭期间时常有同盟国的贵宾来到法庭参观或旁听，对这些人事务部必须有一番招待和向导。庭长或个别法官对于某些来自同盟国的特殊人物有时也要举行酒会或茶会招待，而事前的一切准备布置也是交由事务部负责办理的。

分配和送发盟国人士普通旁听席和贵宾旁听席的入场券给各盟国代表团也是事务部的工作之一。这件工作看来虽是小事，但

---

① 所谓“自由心证”是指法官们在作出判决的时候不但要根据被法庭正式接受了的一切证据，而且可以自由运用他自己心里（即主观上）认为适当的证据和他自己对于案情的理解。这是“大陆法系”国家一般采用的制度。在这种制度之下，承审法官的自由斟酌权是比较广泛的。但“英美法系”国家一般都是采用“证据主义”，即法官在作出判决的时候必须客观地严格地根据诉讼双方向法庭公开提出并被法庭正式接受了的证据。在这种制度之下，一切都要唯证是赖，承审法官的自由斟酌权是非常之小的。远东国际法庭采用的是证据主义，因此作证文件和开庭记录便构成了最后判决的最重要的甚至可以说是唯一的根据或基础。

是如果办得不好却最易引起盟国代表团的不满或抗议。好在这两席的旁听人平时并不拥挤，特别是到了审判后期，贵宾席上的座客几乎是寥若晨星、屈指可数，所以一般说来，这事的问题还不很大。至于日本人旁听席的入场券，一向是由法庭交给日本外务省负责分发的，法庭事务部不加干预。[1]

此外，关于文件收发、食堂管理、物资采购、金钱出纳、账目会计等，也都是属于事务管理部的工作范围。总之，一切其他单位不管的事情，事务管理部都是要管的。

关于开庭时一切仪式、程序、纪律和秩序的维持，以及犯人和监狱的管理监督等，却都设有专门机构和专门人员负责主管，不属于事务管理部的职权范围。

事务管理部的部长是哈力士（E. R. Harris）。他原是一个美国海军军官。在他之下，还有一个哈加登（B. A. Hargaden），他的职务是事务主任，实际上等于副部长。这两个领导人都是受书记官长的节制的，遇有部内较大的事情都是要请示书记官长的。他们是法庭高级职员中工作最忙碌的两个人。

※　　※　　※　　※

在公开庭审的时候，法庭另外有一套人马。这些人在组织体系上虽亦属于书记官室，并受书记官长的一般领导，但在公审庭上执

① 在公开庭审的任何时候，日本人旁听席上都是坐得满满的，从来没有一个空位子。日本人要想得到一张旁听券是非常困难的。据说日本外务省除了每天发给每名被告家属两张旁听券之外，所有其余的旁听券都是当天清晨由该省派人按照排列先后的次序发给排队鹄候在该省大门外的群众，每人一张，发完为止。因此，有许多人在头一天的午夜或傍晚便在那里排队等候着。也有些人排队领到旁听券之后便拿去转卖给他人，做“黑市”生意。据东京朝日新闻社报道，在被告东条英机登台受审的那几天，一张旁听券的黑市价格竟高到日币八百元以上。当然，在主管发券的人员方面，“走私”和“开后门”的事情也不是没有的。

行职务的时候，他们是要听从庭长指挥的。书记官长不能干预公审庭的事务，他也不经常出席公审庭。

在公开庭审时必到的事务人员之中（翻译、仲裁、录音、摄影的人员除外），最重要的是下列三人：法庭执行官、登记官、宪兵队长。

法庭执行官（Marshal of the Court）——这是日本人的译称，从名义上看来，好像他的权限很大似的。其实，他的职务只是在法庭开庭时任司仪或赞礼，执行宣誓和维持庭审时的秩序。这种职务是十分简单而机械的。在开庭前十五分钟，当旁听群众都已到齐（旁听者必须于开庭前半小时入座），他便要高声当众宣布一下旁听者的几项重要守则，如开庭时不得谈笑喧哗，不得中途退出，法官们进出时必须全体肃立等，并约略解释一下旁听座上耳机的用法。

等到法官们开始鱼贯走进审判大厅的时候，他便高声喊叫一声："全体肃立！"法官们依次登台就坐以后，他便高声喊叫一声："全体就坐！"在此之后，他还得再喊一声："远东国际军事法庭现在开庭！"散庭时，他又得喊一声："全体肃立！"待法官们鱼贯步出审判大厅之后，其他人员及旁听群众始准离座。

法庭每天（星期六、星期天休庭）的公开庭审是分四段时间进行的（上午 9 点 30 分至 10 点 40 分，10 点 55 分至 12 点整；下午 1 点 30 分至 2 点 40 分，2 点 55 分至 4 点整）。法官们进出审判大厅每天达四次之多，因此法庭执行官每天这样的"司仪"或"赞礼"的任务也就是四次。这是一项非常机械的、形式主义的任务。

除了执行上述任务之外，法庭执行官另一任务便是引导出庭作证的证人进入审判大厅，登上证人台席位就坐，并在他开始发言之前执行宣誓。誓词很简单，仅仅表明证人将本乎良知，忠实陈述，如有欺诈，愿受制裁，而没有像许多西方法庭那样的宗教气氛，说些什么“在上帝的面前……”或“甘受上帝的制裁”或“上帝其助我”等一类的话。这是很自然的，因为参加远东国际法庭的国家并不都是信奉基督教的国家，而出席远东国际法庭的证人大多数并不是基督教徒。[①]

宣誓的仪式也很简单。证人和执行官面对面地站立，各举左手，执行官每朗诵一句誓词，证人便跟着重诵一遍，诵毕就坐。就坐后，他便开始发言，一般多是首先宣读他事前准备好了的证词。发言或宣读毕，双方的任何律师都可以就他的证词对他执行询问和反诘。这种对证人的询问和反诘可能拖的时间很长，有时要连续好几天之久。在证人整个的作证过程中，执行官都站在或坐在他的近旁，就像一个监护人或保护人一样。等到一切完毕，庭长说一声：“证人，你的义务解除了”，执行官便引导他步出审判大厅。

在法庭公审过程中，如果某人的发言或举动引起旁听人们的骚动或过大的笑声，执行官便要高喊几声“肃静！肃静！”例如，某律师在发言中途忽然小便急了，请求法庭停审两分钟并准许他离开审判大厅，庭长以滑稽口吻说道：“这种申请对我们说来确系一件新奇事物，但是我们仍然批准你的申请。”这话引起了哄庭大笑，那时执行官便不得不高喊几声“肃静！肃静！”

---

① 法庭职员的誓词和出庭证人的誓词颇不相同。在任职之前，法庭的一切职员都要宣誓或签署誓词。书记官长和书记官室全体职员的誓词中都没有“上帝其助我”一类的带有宗教气氛的词句。日本籍的记录员和翻译员的誓词中也没有此类词句。但是在非日本籍的记录员和翻译员的誓词中，其结尾却有“上帝其助我”字样。这是一件矛盾、费解的事情。不过一个非日本籍的记录员或翻译员，如果他不信仰上帝，可以用“声明”去替代“誓词”，“声明”中是没有带宗教气氛的词句的。因此，对这些人来说，他们在“誓词”和“声明”之间是可以有所选择的（参阅“远东国际军事法庭程序规则”第八条）。

此外，法庭如果认为任何人在公开庭审中有违反纪律或扰乱秩序的行为，它通过庭长随时有权命令执行官，再由执行官指挥在场的法庭宪兵，把那个人强制驱逐出去。但是，事实上，在两年多的公开庭审中，法庭始终没有行使过这种权力，因此执行官也就始终没有执行过这一任务。就是那两次美国律师被法庭革职并禁止参加庭审，他们也都是自动退出法庭的，并不是由执行官强制驱逐出去的。

担任法庭执行官的是一个叫樊美脱（Van Meter）的美国军官。他是一个身体魁梧、八字胡须、声音洪亮和态度严肃的人。他对执行他的这个看来似乎很机械乏味的职务是非常认真的，感觉津津有味，各方面对他的印象还算不坏。

※　※　※　※

登记官（Clerk）——在公开庭审的时候，坐在法官席低一层的那一长排书记官席中央的是法庭的登记官。[1] 这个登记官的唯一任务是登记被法庭正式接受了的作证文件（简称“证件”）。因此，他事实上只是一个证件登记官。由于证件是将来判决的主要的甚至可说是唯一的基础，而一个证件是否应被接受又常常是双方争执的焦点所在。为了郑重其事起见，法庭便特别设置了这样一个专司证件登记的登记官。凡是诉讼双方向法庭提出的任何证件（经过辩论或不经过辩论）都必须在登记官于公开庭审中当众高声宣唱及编号之后始能正式地被接受归档，作为法庭的有效证据的一部分。

① 登记官的英文名称为Clerk。按：Clerk一字在英文中用途甚广，举凡书记、录事、事务员、店员、监工都可叫作clerk。在英美法院组织中，一般书记官或记录员也都常称为clerk。远东国际法庭的Clerk，由于他的职掌是专司登记，与一般书记官不同，因此，我们便译称其为登记官。

在诉讼一方（检察方面或辩护方面）向法庭提出一个文件请求法庭接受为证据之后，如果对方不表反对或抗议，登记官便毫不犹豫地高声宣唱一声："检察（或辩护）文件第……号已被法庭接受，并正式登记为法庭证件第……号。"如果对方表示反对或抗议，法庭便让双方就这个证件是否应被接受的问题进行辩论。辩论停止之后，法庭便用法官投票表决的方法作出裁定。如果对方只是单纯地表示抗议，双方并不进行辩论，法庭也是用投票表决的方法作出裁定。在比较复杂并经过激烈辩论的少数场合，法庭的裁定大都是经过宣布休庭、举行法官会议讨论以后由法官们投票表决作出的。但是在极大多数的场合，特别是在问题很简单、是非很明显和双方没有进行辩论的场合，这种表决一般都是由法官们当庭用纸条（纸条是用最简单的文字或记号表明自己的意思：赞成接受或拒绝接受）迅速传递给庭长的方法进行的。[①]

法官们多数表决通过的结果，无论这种表决是在法官会议中或在当庭投票中得出的，便算是法庭的正式裁定，庭长立即当庭宣布："我们决定接受这一作证文件"或者"我们决定拒绝这一作证文件"。庭长宣布的法庭的这种裁定（或决定）是最终的裁决，不能推翻。

在证件被拒绝的场合，提出的一方（检察官或辩护人）只好把文件收回，停止发言，并退出陈述台。在证件被接受的场合，登记官便要高声宣唱道："检察（或辩护）文件第……号已被法庭接受，并正式登记为法庭证件第……号。"在法庭所接受了的数以千计的

① 关于法官们在作出裁定时所使用的各种投票方法，本章第三节中已有较详细的说明，此处不赘。

证件中，每一件都是经过了他这样的宣唱的。

登记官的这一宣唱看来虽纯属形式主义的，却也有相当重要的实际意义。因为，经过他这一宣唱，加上正式编置一个号码，这个文件作为一个合法有效的作证文件的身份便无可争辩地确定了；同时，提出的一方便可开始全部地或择要地宣读文件的内容，而他所宣读的每一句、每一字都会在法庭的庭审记录中反映出来。正如我们上面所指出的，由于远东国际法庭不采“自由心证”制度，庭审记录便是法官们对全案作出最后判决的主要根据。

在法庭决定接受每一证件之后这样地宣唱一下，并按照次序给它编一个号码，这便是登记官在开庭时的唯一任务，也就是他的全部职掌。他可算是法庭证据的“把关人”。法庭在全部审判过程中接受了约五千件证件，其中每一件都是经过了他这个“关口”的。

担任登记官职务的是一个叫德尔（Dell）的美国人。据说他曾在美国地方法院充任过法官多年，在未调到法庭来以前是盟军总部的一个文职人员。由于他在法庭的工作是十分单纯和非常机械的，很少同旁人接触，所以人们对他的印象不深。

※ ※ ※ ※

宪兵队长（Provost Marshal）——在法庭开庭的时候，经常在场、不能片刻离开的重要行政人员，除了上述的执行官和登记官之外，还有一个宪兵队长。[①] 他的职务是双重的：一是在法庭内的，

① 远东国际军事法庭，由于它是“军事法庭”的性质，所以对于法庭的警卫和监犯的看管不是像一般法院一样由普通“法警”担任，而是由盟军最高统帅部所派的宪兵队负责。派驻法庭和监狱的宪兵为数约自八十名至一百名，都是统帅部挑选的比较高大、精干、仪表很“帅气”的美国军士，归“宪兵队长”（Provost Marshal）率领、指挥（按：Provost Marshal 系军队编制中的名词，意即“宪兵司令官”或“宪兵指挥官”，日本人译为“宪兵队长”，此处姑从日译）。

一是在法庭外的。

宪兵队长在法庭内的职务又可分为两项：一是对整个法庭的，一是在公开庭审时的。

对整个法庭来说，宪兵队长负有警卫法庭大厦全部建筑物，保证法庭的安全和维持法庭内部秩序的完全责任。因此，宪兵岗位的布置、门警的安排、出入行人的检查等，举凡一切有关法庭安全和秩序的各种措施，都是他的职权范围内的事情。派驻法庭的宪兵完全归他指挥，听他的命令。

在法庭开庭的时候，宪兵队长的责任也是很繁重的。在开庭以前，他必须检查审判大厅的各部分，包括各角落，对旁听群众进行严格的搜查，布置开庭时的宪兵岗位，押送被告们从监狱到法庭来受审。在开庭的时候，他要负责监视被告战犯和旁听群众，以及维持庭内的秩序，使不发生任何意外。至于对违反纪律或藐视法庭的任何人的驱逐出庭，他必须秉承庭长和法庭执行官的指示行事，不能自作主张，独断独行。

在法庭开庭的时候，宪兵队长经常是站在被告席的入口处中央，与法官席遥遥相对，意思好像是表示对受审战犯们的监视，防止他们逃走。非遇有特别事故，他是不离开这个岗位的。

以上所述是宪兵队长对整个法庭的警卫和公开庭审时的安全所负的责任。但是他更重要的职务还是在法庭以外执行的，那便是对被告战犯们的看管。这是一项非常繁重的任务。

这些被告战犯虽然每天出席远东法庭受审，但是他们的羁押场所却不是远东法庭而是距法庭很远的巢鸭监狱。

巢鸭监狱是东京最著名的一个大监狱，可容犯人一千余人，经常被监禁在内的总在四百人以上。在日本被占领时期，盟军总部便把它征用了，作为羁押日本战犯（其中也有乙、丙级日本战犯以及尚未起诉的甲级战犯）及其他罪犯的场所。

在被羁押于巢鸭监狱的众多犯人里，远东国际法庭审讯的这二十几名被告的地位是特别的。他们的看管完全交由法庭的宪兵队长负责，不受巢鸭监狱一般规章制度的拘束，也不受巢鸭监狱典狱长和工作人员的管辖。他们的羁押地点虽在巢鸭监狱之内，但是在行政管理上却完全是独立的。

法庭的宪兵队长对远东国际法庭这些被告的看管名义上虽说也受庭长的指导监督，事实上他却完全是秉承盟军总部的意旨行事的，遇事都是直接报告和请示总部。

一般说来，由于这些被告们都是战前显赫一时的人物，是长期骑在日本人民头上的大军阀、大官僚和大财阀，法庭对他们的看管是十分宽大的，同普通犯人待遇的差别不可以道里计。

举例来说，这些甲级战犯在巢鸭监狱中每人都占有一间相当宽敞和整洁的住房。[①] 他们吃的是同一般占领军一样的西餐，在节日还可以吃到为他们特别准备的日本饭菜。他们受着全日本最好的医药照顾。他们在休息的时候可以自由地交谈，并且每天中午

① 远东国际法庭的这些被告在关进巢鸭监狱的初期都是每人配给一间固定的住房。但是自从1946年年底纽伦堡审判结束以后，他们的住房便要每个星期移换一次。据说这是受了被纽伦堡国际法庭判处绞刑的德国大战犯戈林于受刑前用隐藏在监房里的毒药自杀了的影响。自那时起，远东法庭主管监狱的宪兵队便采用了更换监犯们住房的办法，企图以这个办法使他们不容易在自己房内隐藏或埋藏自杀的药品或工具。当然，除了这种经常“换房”的办法之外，宪兵队还时常要严格地检查他们的衣物用具。那时报界盛传戈林自杀用的是藏在他口中金牙齿内的一种剧毒的氰化物。因此，远东法庭宪兵队对于被告监犯们的身体各部分也时常搜查，而且搜查得特别认真。对于他们亲友送来的用品和食物检查得尤其严格，为的是怕他们效法戈林，在不易发现的地方暗中隐藏着自杀的毒药。现在看起来，这事是可笑的。但是，在当时，法庭宪兵队确实是把预防监犯们的自杀当作一种十分重要的任务来看待的。

都可以接见家属亲友，甚至有时还可以向报馆记者发表谈话。这样宽大的待遇是一般战犯监狱中所罕见的。

随着美国庇护日本战犯以图恢复日本军国主义的政策的日益暴露，这些被告们在狱中所享的待遇更是优厚无比了。负看管他们全责的宪兵队长到了后来便成了他们的知心朋友了。

担任法庭宪兵队长的是一个美国军官——肯禾尔塞上校（Col. A. S. Kenworthy）。他四十余岁，中等身材，态度沉默，寡于言笑。由于他在菲律宾担任过审判那个绰号“马来亚之虎”的日本战犯山下奉文大将的军事法庭的宪兵队长，总部认为派他这样一个人担任远东国际法庭的这件工作是再适宜不过的。

肯禾尔塞在看管被告战犯们的工作上严格遵守着总部的指示，并且完全反映着美国的对日政策。在法庭开审的初期，他对被告们的态度和所采取的措施是相当严厉的。但是，随着时间的推移，美国的袒日政策逐渐明朗化，他对被告们的态度便越来越友好和善，他所采取的管理措施也越来越松弛宽大了。

肯禾尔塞在执行他的职务上还喜欢玩弄两面派的手法。一方面，在法庭举行公审的时候，以及在每天用大汽车押解被告们由监狱到法庭受审的来往路上，他对这些被告们所采取的措施表面看起来都是非常严峻认真的，好像对付一群江洋大盗一样。这是做给盟国人士和日本群众看的。在向庭长和法官们汇报狱中情况的时候，他也总是绘声绘色地把看管制度说成是多么认真，他对犯人们的态度是多么严峻。但是，另一方面，特别是在巢鸭监狱内部，实际情况却完全不是那么一回事。在监狱里，他对被告们的态度非但是和蔼可亲，而且是有求必应。他对这班元凶巨魁们的照顾是孤心苦诣、无微不至的。无怪乎在法庭公审庭快要终结的时候

（1948年2月1日），被告们赠送了他一幅长约丈许、裱得非常精致美观并有全体亲笔签名的“感谢状”，状上充满了肉麻的词句，例如称颂肯禾尔塞有“古武士之风格”、“慈父般的亲切”等。

肯禾尔塞对被告战犯们宽大无边的态度以及他惯于玩弄的两面派手法，绝不是由于他个人的秉性乖张和独出心裁。他这种种做法不过是当时美国日益加紧的重新武装日本、恢复日本军国主义的政策的体现和反映而已。作为一个老练的美国军人，肯禾尔塞对于美国的意图非但善于体会，而且是忠实执行的。

以上是一些关于远东国际法庭的行政组织和人事安排的实际情况以及法庭某些重要行政人员的性格和作风。最后，让我们谈一谈法庭的经费问题和档案问题，因为它们也是属于法庭行政事务范围以内的事情。

※　※　※　※

先谈经费。远东国际法庭是没有独立预算和独立会计的，它的一切经费开支最后都要纳入到盟军总部的账目上去。

但是这并不是说法庭没有独自的出纳账目，或者它完全不经手金钱开支。不过由法庭直接开支的款项是很有限的，主要都是一些行政方面的开支。法庭的重大开支不是由盟军总部支出便是由同盟各国或日本政府负担。

举例来说，数以百计的法庭职员们（从庭长、法官到警卫、勤杂人员）的工资原本应该是法庭一笔最大的开支，但是法庭对此完全没有负担，也不必过问。庭长和各国的法官、检察官和随带的秘书、随员、翻译等等，他们的薪水都是由各派遣国政府自己供给的。美国的助理检察官（大都是盟军总部的现役军人或文职人员），他们的工资是由盟军总部在占领军项下直接开支的。日本辩护律师的工资是由日本政府开支的。法庭的行政人员(自书记官长、执行官、登记官到速记员、打字员、摄影员,其中90%以上都是盟军总部调来任用的美国人),他们的工资都是向盟军总部直接支取的。美国辩护律师(无论是由盟军总部调用的或直接来自美国的),他们的工资也都是由盟军总部直接支付的。至于警卫法庭的美国宪兵队长和宪兵们,他们本是占领军编制中的一部分而被临时调来法庭服务的,其薪饷当然是取自盟军总部。法庭聘用的日本技术人员(翻译、印刷工、电工等)以及雇用的日本勤杂人员(厨师、侍女、清洁夫等),他们都算做盟军向日本政府"征用"的人员,其工资酬报是由日本政府支付的。至于法庭的改装、维修、设备等基本建设项目的费用,那都是由盟军总部担负的,法庭并不直接支出分文。

由以上事实看来,法庭全部职工的工资以及重大的基建开支都由其他机关负担,没有一项由法庭支付。法庭直接支付的只是某些行政事务项下的经费。必须指出:这项支出并不包括各国法官及其随从人员的住宿、伙食,以及假期或周末旅行的交通、旅馆等费用,因为这些费用是由盟军总部在占领费项下垫付,并且声明将来在各该法官所属国家应得的日本赔款中扣除的。①

在法庭直接开支的少数项目中,证人的费用和印刷纸张消耗无疑地是最大的两项。

在全部公审的过程中,法庭传唤了约五百个证人出庭作证。这些证人有的是日本人,有的是盟国人,有的住在东京或来自日本某埠,有的来自海外辽远的地方。对于住在东京或来自日本某埠的

① 关于"在日本赔款项下扣除"的说法,参阅本章第三节(四)目下的第三条脚注。

证人，法庭的开支是不多的。对于来自海外的证人，法庭的开支却是很大的，因为除了替他们买来往的飞机或船票以外，还要招待他们的住宿和伙食，此外还要给每人每日零用钱美金一元。而且，来自海外的证人不是随时到达便可随时出庭作证的，必须等待审理到了需要他作证的某个阶段，他才会被传唤出庭。因此，有的证人在东京滞留得很久，有的证人因为自己职业或工作关系中途回国，去了再来。这种情况便更增加了法庭的开支。

除了证人的开支之外，法庭用于印刷纸张的费用也是惊人巨大的，而且有不小的浪费。法庭接受的每一作证文件都要复制（影印、铅印或打印）许多份副本，以便分发给各法官和双方当事人以及各有关方面。此外，每天的开庭记录、备忘录、申请书和其他文件也是多得不可胜数：而这些也都需要铅印或打印许多份副本。因此，印刷（铅印、影印）和打字工作便成了法庭事务部门工作中最繁忙的一件，而它所消耗的纸张数量之大是令人咋舌的。据报纸透露，法庭用于印刷打字的纸张每天需要三吨到五吨之多。这样大量的纸张消耗，再加上打印所必需的油墨、胶片、药水、复写纸等，无疑地构成了一项巨大的开支。由于战后的日本造纸工业已被破坏，生产纸张的质量不高，因此，法庭用纸大都是外国（美国、瑞典）进口的。这就使法庭对纸张的开支更加庞大了。

除了以上两项较大的开销（证人费用和印刷纸张）之外，其他由法庭直接支付的费用，例如法官馔食茶水的供应，贵宾们的酒会招待，以及零星器皿、杂物和文具的添置等，都是很有限的，所费不多，甚至微不足道。

从以上所述，可以看出：由法庭直接开销的项目是不多的，这种开销只占法庭全部开销的一小部分。然而，就是这一小部分的开销，据报纸透露，自法庭开庭起到审判终结止，已经耗去了美金七百五十万元之多。法庭的浪费实在惊人！

无论是由远东法庭直接开支的或由盟军总部开支的，最后都要归入到总部的"占领费开支"账上去，而这项"占领费"是由美国向日本政府索缴的。至于这笔占领费总共是多少，怎样开支的，那却始终是一个谜，因为美国人一直把盟军总部看作自己的"家务"，总部的财政收支是从来不公开的。

自从 1951 年 9 月美国等四十八国同日本在旧金山签订的"对日和约"中规定了各签字国宣布对日放弃一切赔偿要求之后，[①] 美国在包办占领日本时期的那笔"糊涂账"更是无人过问了，而所谓"由各该盟国应得的日本赔款项下扣除"的问题也根本不存在了。

※　※　※　※

最后，让我们谈一谈远东国际法庭的档案和档案的处理。

远东国际法庭档案库存的档案是相当丰富的，日本人常用"汗牛充栋"、"浩如烟海"一类的辞藻去形容它。

远东国际法庭档案的来源，主要有下列几个：

1. 诉讼双方（检察方面和辩护方面）所提出而被法庭接受了的作证文件的原件（亦称"正本"）。这种原件（正本）为数将近五千卷，均经登记归档，存库备查。影印或铅印或打印的副本则分发给各有关方面。这种作证文件有些是在提出时全部被提出者在公审庭上宣读了，并记入了开庭记录。但是有许多作证文件，由于篇幅太巨，提出的一方在公审庭上只是宣读其内容的一部分（当

① 参阅《旧金山对日和约》第十四条"乙"款。这个非法条约的全文载《国际条约集（1950—1952）》（世界知识出版社）第 333—350 页。

然是比较重要的、有关的一部分)，因而在开庭记录中记载的也只是这一部分。例如，著名的“木户日记”(法庭接受的最重要证件之一)共有十几册之多，但在法庭上被宣读了的只是其中极小的一部分。任何作证文件，只要它被法庭正式接受了，便都有作证的完全效力，都被当作证件归档存案，无论它的内容是全部地或只是部分地在法庭上被宣读过。

2. 盟军总部在占领日本初期所缴获的日本政府的秘密档案，如历年来的御前会议记录、内阁会议记录、战时核心阁议(“五相会议”)记录、大本营的决策和作战计划、军部的秘密指令和文告、外务省的秘密报告和电讯等。这些文件都是属于“极机密”一类的文件，在战前或战时日本从来没有公开过的。在日本投降的时候，日本政府曾经费尽心机地将它用若干金属保险箱装好，巧妙地隐藏了起来，但终于被占领军神话般地发现了。[①] 由于这些文件对于远东法庭审判日本首要战犯具有莫大的价值，盟军总部便把它几

---

① 日本政府为了要消灭罪证，在投降以前便把大部分的档案文件都烧毁了。当然，也有一部分是被炸毁的，因为在日本投降前一两个月内盟军飞机曾昼夜不停地狂炸东京，投下数以万计的炸弹，因而东京和横滨一带的建筑物(包括政府机关的房子)大约有75%以上全被炸光或烧光了。但是，日本政府最秘密、最重要和最富有历史价值的档案资料却没有被炸毁烧光。日本政府中的那班元凶巨魁们早已把它装进几个金属保险箱中秘密地埋藏起来了。埋藏的地点是在东京一家被炸毁了的保险公司的地下室里。他们满以为公司的高大建筑物既已倒塌，地下室已为断瓦残砖所深深埋盖，加上附近又是一片废墟，满目疮痍，在这种情形之下，它是不易被发觉的。然而，据报道，在日本被占领不到四个月的工夫，他们的这个“秘窖”便被巡逻的盟国宪兵神话般地发现了。这个发现原是偶然的，但当时的新闻报道却绘声绘色地把它描写得像是一种有计划的“探险”行为似的。“秘窖”被发现之后，盟军总部便把所有埋藏在地下的那些保险箱都挖掘出来了，并且发现每只箱上都贴有封条，封条上写着：“非经内阁决议，不得启封。”这就不但表明这些保险箱里保藏的必是日本政府极端重要的秘密档案，而且表明隐埋这些档案的行动完全是日本最高当局有计划、有步骤的一个集体阴谋。毫无疑问，远东法庭的这些被告战犯们至少有一部分可能参与了这个阴谋，其中某些人，如东条、木户、永野、东乡、土肥原之流，或许还是这个阴谋中的核心人物。

乎全部移交了法庭档案室保管(纯粹属于军事机密的文件除外,如日本战时的军队编制、军需生产、作战计划之类)。检察和辩护双方向法庭提出的证据很大一部分都是从这些档案中淘取的。设在法庭大厦三楼的档案室便成了诉讼双方的武库,双方的工作人员都孜孜不息地像沙里淘金般似地在那堆积满架的、数量浩大的档案文件中寻找于己方有利的材料。哪怕是一鳞半爪,只要看来对己方有利,他们都要不遗余力地尽量搜刮,尽量向法庭提出。至于法庭是否接受,那是另外一件事。尽管如此,双方在这卷帙浩繁的日本档案中所提取出来作证的材料毕竟有限,仅占全部档案的极小部分。因为,这种日本档案不啻为日本政府(包括天皇、内阁、国会、大本营、军部等)数十年来在政治、军事、经济、外交各方面的重大决策和措施的全部内幕写真,而法庭所需要作为证据的只是近十余年来(自 1928 年皇姑屯炸案起至 1945 年日本投降止)日本扩大其侵略阴谋,从事侵略战争,以及它在侵略战争中所犯违反人道及国际法惯例的种种暴行的有关材料,特别是同这二十余名被告战犯直接有关的材料。毫无疑问,后者只能是前者的一小部分。由此可见,这种日本档案未被法庭利用的仍占绝大部分。对于这一部分未作为证件向法庭提出的材料,法庭当然不能把它当作证据看待。但是,对于研究日本近代史的人们,特别是对于研究日本帝国主义侵略史或对外关系史的人们,日本政府的这种机密档案却是无价之宝。

除了上述两类材料之外,远东国际法庭档案室还收到了不少从纳粹德国的秘密档案库里所缴获到的有关日本的侵略阴谋及德日互相勾结的材料,以及个别同盟国送来的有关日本侵略战争和日军在各地的种种暴行的材料。这些材料一部分已经为诉讼双方所利用，作为证件向法庭提出了，但是大部分仍然搁置在档案室中。当然，对研究历史的人们来说，这些材料的价值也是很大的。

以上所述是远东国际法庭档案室重要资料的组成概况。正如我们在前面所指出的，这些资料不但对于远东法庭的审判关系重大，而且对于日本研究也具有莫大的价值。

可是在法庭审判结束不久，盟军总部便把档案室所有的一切文件和资料，无论是法庭接受了的证件原本，或是日本政府的机密档案，或是从纳粹德国搜来的秘密文件，或是同盟国提供的作证资料，全部都接收了，并且不久便送到华盛顿美国陆军部去了。现在这些东西都成了美国独有的财产，其他同盟国是休想染指的。非但如此，连影印或打印的复制档案也被美国完全接收过去了，不让其他同盟国分享一册。记得当时中国政府曾想谋得一部“木户日记”的影印本，几经交涉，最终还是遭到美国政府的坚决拒绝。盟军总部鉴于“木户日记”具有重大的作证价值和历史价值，曾经用照相方法把它制成了影印本达一百部之多。但是对一个同日本关系最密切、作战最长久，而且是远东国际审判主要参加者之一的同盟国，连这样一部影印本都吝而不与，美国政府之极端专横自私，多疑善嫉，竟一至于斯！

这便是远东国际军事法庭“浩如烟海”、“汗牛充栋”的全部档案的最后归宿。

第三章　日本主要战犯的逮捕与起诉

一、盟军总部对主要战犯的四次逮捕令

依照 1945 年 12 月 26 日莫斯科会议的决议，盟军最高统帅被授予实施和执行 1945 年 9 月 2 日《日本投降书》中所载之一切投降条款的权力，而“忠实履行波茨坦公告（按：即 1945 年 7 月 26 日《促令日本投降之波茨坦公告》）之条款”乃日本投降的重要条件之一（见《日本投降书》第一条及第六条）。《波茨坦公告》第六条规定：“欺骗及错误领导日本人民使其妄欲征服世界之威权及势力，必须永久剔除。”第十条规定：“吾人无意奴役日本民族或消灭其国家，但对于战罪人犯，包括虐待吾人俘虏者在内，将处以法律之严厉制裁。”①

为了实施上述两项条款，盟军最高统帅部（简称盟军总部）在日本被军事占领的最初期便立即开始采取了下列两项措施：一是分批逮捕了一百余名首要的战争罪犯，亦即所谓“甲级战犯”；这些被逮捕者都是对日本侵略战争负有重大责任的大政客、军阀、财

① 莫斯科会议决议见《国际条约集（1945—1947）》（世界知识出版社）第 120—128 页，波茨坦公告见同书第 77—78 页，日本投降书见同书第 112—114 页。

阀、外交家或宣传家。二是分批“整肃”了近二十万所谓“日本军国主义分子”；凡是日本侵略战争时期在日本政府、军队、法西斯团体或大企业中担任过比较高级的职务的日本人都在被“整肃”之列。[①]

盟军总部采取上述两项措施是必要的，因为惩治战犯和取缔军国主义分子不但是国际文件授予它的权力，同时也是它对盟国不可逃避的义务。

必须指出，盟军总部在日本投降和盟军登陆后的初期对于行使这种权力和履行这种义务是相当严厉、认真的，可以说是雷厉风行，剑及履及，使日本反动派一时陷于极度惶恐和苦闷之中。这显然是由于那时战争甫告结束，盟国人民对于日军侵略的创痛记忆犹新。就是美国人民对于珍珠港的浩劫和对日作战的艰苦亦未能轻易忘怀。因此，在同盟国之间还存在一种同仇敌忾的共同感觉，大家都有严惩日本战争祸首和肃清日本军国主义的强烈要求。同时，在这期间，美国政府尚未明显地表现出对日本反动势力的庇护、扶植态度，尽管华盛顿和华尔街的某些人早就有把日本变成美国在远东的有力帮手的构想。

由于上述原因，盟军总部在占领初期对于逮捕战犯和整肃军国主义分子的工作进行得还算是比较迅捷及时和严格认真的。

① “整肃”是日本人所用的词语，英文原为purge，意即“清洗”或“取缔”。凡是被整肃的人，在整肃没有被解除之前，都不准担任任何公职。他们不但不准充当各级政府的任何官吏或议员，就是社会团体或企业团体的较高职务，如会长、经理、董事、主任、书记、会计之类，亦不准担任。在占领初期，盟军总部曾分批整肃了日本军国主义分子达 19 万多人。后来由于美国袒护日本反动势力的政策抬头，他们的整肃便一批又一批地被解除了。到 1952 年 9 月“旧金山和约”签订的时候，大部分的被整肃者都已恢复了公民权。和约签订之后，日本政府便索性全部解除了对这些人的整肃。

整肃问题同远东国际法庭的审判没有直接关系，兹不多述。

此处要着重叙述的只是主要战犯的逮捕。因为，逮捕他们的目的无疑地是为了将来交付审判，使其接受严厉的法律制裁。事实上，此后不久成立的远东国际军事法庭的审判对象都是从他们这些人里面挑选出来的。

日本主要战犯（亦即所谓“甲级战犯”）的逮捕系在1945年9月至同年12月间分四次进行的。

※　　※　　※　　※

盟军总部第一次战犯逮捕令是在1945年9月11日发布的。那时距日本正式签署投降书（9月2日）和美军开始登陆（9月3日）还不到十天工夫。

这一次逮捕令所指名要逮捕的战犯总共是三十九名，恶名昭著的前国务总理大臣东条英机被列为第一名。

这一次的逮捕令有两个特点：（一）逮捕的对象大都是发动太平洋战争时的日本政府首脑和在太平洋战争中犯有严重暴行的高级军官；（二）除了若干的日本战犯之外，某些曾同日本合作、参与侵略的外国官吏也在逮捕之列。这些人是在战争终结时未及逃返祖国而仍滞留在日本领土内的。

由于上述特点，这次逮捕战犯的范围从一方面说是比较狭的，因为许多重要的日本战犯还未包括在内；从另一方面说又是比较广的，因为其中还有十几名非日本籍的外国战犯。

这次逮捕令指名要逮捕的除了太平洋战争期间的日本首相东条英机外，还有东乡茂德（外相）、岛田繁太郎（海相）、贺屋兴宣（藏相，即财政大臣）、岸信介（国务大臣兼军需次官）、寺岛健（交通大臣、海军中将）、岩村通世（司法大臣）、小泉亲彦（厚生大臣）、桥田邦彦（教育大臣）、[1]井野硕哉（农林大臣）、土肥原贤二（陆军大将、航空总监，长期在中国从事间谍特务活动）、桥本欣五郎（法西斯军人，樱会、日本青年党及赤诚会之发起者）、铃木贞一（企划院总裁兼国务大臣）、上田良武（海军中将、海防义会理事长）、本间雅晴（驻菲律宾日本派遣军司令官、陆军中将）、[2]黑田重德（同上）、村田省藏（驻菲律宾日本大使）、长滨彰（驻菲律宾宪兵司令官）、太田清一（马尼拉暴行之直接负责人，陆军中佐）等二十七名日本人，另外还有非日本人十二名，其中有菲律宾傀儡政府伪大总统劳莱尔（Laurel），该傀儡政府驻日大使瓦格斯（Vargas）和国民会议议长阿奎诺（Aquino），德国驻日大使斯达玛（Stahmer）和德国大使馆中将武官克莱茨玛（Kreitschmer），缅甸伪政府驻日大使貌博士（Dr. Mau），泰国驻日大使伍伊齐德，以及战时在日本法西斯政府服务的澳大利亚人两名，荷兰人和美国人各一名。

这些第一批被捕的非日本人，无论凭什么标准，都并非全部够得上被称为"甲级战犯"，更够不上被称为"首要战犯"。因此，在总部决定将来的远东国际法庭只是专事审判日本战犯之后，他们便全都被遣送回国，听任他们自己的祖国予以处理。据后来获悉，这些人的命运颇有幸与不幸之分。有的是被以背叛祖国罪名受审，而被其国内法庭判处罪刑；有的却被宣告释放而逍遥法外，甚至参加国内竞选活动，企图重登政治舞台。

至于第一次逮捕令指名要逮捕的日本战犯二十七名，除了小

① 小泉亲彦和桥田邦彦两人在被捕之前便自杀了。

② 本间雅晴在被捕不久便被引渡到菲律宾去了。他是和那个绰号"马尼拉之虎"的日本大将山下奉文同时在驻菲律宾的美国军事法庭受审并被判处死刑的。

泉亲彦和桥田邦彦两人在逮捕前业已自杀身亡之外，其余二十五名全都被总部宪兵捕获入狱，有的个别战犯还是自动投案的。[①]

在这一批日本战犯的逮捕中，东条英机的逮捕无疑地是最富于戏剧性的。他临捕时的张皇失措和自杀不遂的滑稽演出曾引起全世界舆论的讥评，而日本人民对他的贪生丑态抨击得尤为尖锐刻骨。

按：日本自宣布无条件投降之后，国民自杀之风一时流行颇盛。老百姓因不愿做“亡国奴”而自杀者有之，身居高位者因不愿做“阶下囚”而自杀者亦有之。例如，三任国务总理大臣之近卫公爵，曾任陆军大臣之阿南大将与杉山大将，以及曾任关东军总司令之本庄大将等人，他们或则切腹自裁，“以身殉国”；或则夫妻双双服毒，同归于尽。这种举动虽是日本“大和魂”、“武士道”法西斯教育多年熏陶的结果，然其死事之悲壮，决心之坚定，也还不能不令人感动。然而，东条的“自杀”却大不相同。

东条英机原是日本侵华祸首之一，又是发动太平洋战争之最高责任者，他自己当然知道在日本投降以后，必定会被交付有司，受到严厉的法律制裁。因此，自盟军开始登陆之日起，十天以来，他便闭门谢客，独居斗室，整天徘徊于生与死的问题之间。贪生吗？又怕做阶下囚，异日仍然难免一死；自杀吗？又下不定足够的决心，鼓不起足够的勇气。

就这样彷徨犹豫了约有十天工夫，到了9月11日盟军总部那

① 盟军总部对于第一批战犯的逮捕手续是相当混乱的。对某些战犯，在逮捕令发布的次日便进行了逮捕；对另一批战犯却在逮捕令发表好几天之后方才加以逮捕。关于自动报到投案的办法，逮捕令也没有明确的规定。但是从第二次逮捕令发布时起，这些事情便弄清楚了。一般自动投案的期限规定是十天，如果在获悉逮捕令后十天之内不前往巢鸭监狱自动报到，则盟军总部的宪兵队在第十一天的清晨将前来强制执行。

个东条名列第一的三十九人的逮捕令发布并经电台广播之后，东条还是下不了自杀的决心。及至总部宪兵队吉普车隆隆之声闻于户外，宪兵们开始包围其住宅的时候，东条才拿起手枪向自己的腿部射击，仅仅伤及皮肤，并未击中要害。在这象征性的一击之后，他便束手就擒，被宪兵押解而去。这便是轰动一时的所谓东条自杀滑稽剧的真相。这幕滑稽剧引起了世界舆论的嘲弄和讥评。日本人民对它抨击尤烈，认为它是日本民族的奇耻大辱。他们说，东条身为陆军大将，从军四十余年，纵使不能杀敌致死，何以连自杀的本领都不曾具备？①

朝日新闻派驻法庭记者团的一段话最能代表当时日本人民对于这件事的一般观感。它说：

> 世间对东条之自杀咸评为滑稽儿戏。当年身任陆相，其对士兵所发“战阵训”谓“男儿不当身为战俘而生还”。今则发布该训之本人不得其死，丑态毕露。试观陆相阿南、杉山夫妻之勇于就死，未有不嘲笑东条于地下者！盖前日东条对美国新闻记者发表谈话，早已自觉以决生死。乃不此之

① 为了缓和日本人民对东条的攻击和粉饰东条的丑态，在东条内阁时代曾任递信院总裁，后来又在远东国际法庭担任东条辩护律师的盐原时三郎曾对日本新闻记者发表过以下的谈话：“东条之所以召世间之讥讪，倘事先能接得通知，以及有充分之时间考虑，则失败或不至如此。盖战败后东条之态度曾有两种立场之见解：第一，如有自由发言机会，亟欲将本人所信与战事勃发之真相负责写成一书，公之于世。同时，又深恐为外国拘捕，故手枪始终不离身旁。彼又曾邀医生在心脏部位画一墨圈；入浴后仍画墨圈于原处。东条不但终日置军刀于身旁，且在爱用之烟斗内盛以氰化钾，以备万一。至十一日被捕前始终未获预告，故东条仍以为尚有考虑余裕。及至吉普之声迫近，乃觉察为正式逮捕，于是先就浴然后再着新军服，退至书斋，以手枪击射墨圈，身虽倒而不得一死。今既复生，故当将一切实情公之于世。”盐原的这篇谈话破绽百出，欲盖弥彰，丝毫也没有收到说服日本人民谅解东条的效果。

图，直待美国宪兵逮捕之前而仓惶失措。何昔日之鲁莽成性，而今日之胆小如鼠？是不啻将战败日本之原形暴露无遗矣！①

在第一次逮捕令中名列第二的太平洋战争时任海军大臣的岛田繁太郎大将的态度倒是比较诚恳直率。岛田在心安理得地被捕之后对报界发表过一个谈话。他说："本人自编入预备役后，即以在野之身冀望胜利，以迄终战。唯大诏涣发以后，闭门思过，其间亦曾有意割腹，以谢天下。乃圣上有须忠诚履行波茨坦公告之圣旨，遂苟延性命，以迄于今。本人列为战犯受拘，早在意料之中。唯上无以对日皇，下无以对国民，斯为愧耳！"②

岛田的话很可以代表当时被捕的大多数日本甲级战犯的一般心情。

第一批逮捕令中指名的三十九个战犯，除东条有过一幕滑稽表演和小泉、桥田两人早已自杀之外，其余三十六人都很驯服地就捕，或自动报到。他们被暂时收容于横滨刑务所，旋即被转移到大森监狱，稍后又被转移到巢鸭监狱。③

在这三十六名囚犯中，那十二名非日本籍的犯人不久便被

① 见《东京裁判》（朝日新闻法庭记者团著）第1辑，第12页。

② 同上书，第13、14页。

③ 第一批逮捕非但手续及期限不甚明确，即收押场所亦经一迁再迁。因此，列名逮捕的战犯们大都惊惶失措，意存观望；但挺身自动前往监狱报到投案者，亦不乏人。在9月14日上午自动前往报到投案者有岩村通世，下午有贺屋兴宣、井野硕哉、铃木贞一、村田省藏；15日上午有桥本欣五郎、上田良武，下午有本间雅晴、黑田重德；16日有寺岛健；17日有岸信介；23日有土肥原贤二；30日有东乡茂德（此人因患病被允在自宅治疗若干时日，故报到特迟）。自第一批逮捕以后，各次逮捕令中均明确规定报到期限为十天，报到地点为巢鸭监狱，亦即羁押日本各级战犯的固定场所。

释放出狱，由盟军总部遣回他们各自的祖国。本间雅晴则被引渡到菲律宾美军军事法庭受审，旋与山下奉文一同被判处绞刑。因此，这批人中长期羁押在巢鸭监狱的只是东条英机等二十四名纯日本人。

※　※　※　※

盟军总部第二次战犯逮捕令是1945年11月19日发布的，距第一次约二月有余。这次命令中指名逮捕的都是比较重要的日本战犯，共十一人，其姓名如下（括弧内的各人简历系日本终战联络事务局所加注的）：

荒木贞夫（陆军大将，男爵，历任陆军大臣、教育大臣即文相，极端军国主义分子）

本庄繁（陆军大将，男爵，枢密院顾问，任关东军司令官时不顾日本上层政界之意旨，擅自挑起满洲事变，即“九一八事变”之责任者）

鹿子木员信（前言论报国会理事长，多年参加秘密团体，鼓吹军国主义，为已故之日本法西斯领袖头山满之亲密战友）

小矶国昭（陆军大将，曾任首相，为日本北进及南进扩张政策之提倡者）

久原房之助（前政友会总裁，故首相田中义一及荒木贞夫大将之挚友，曾参与“二二六事件”阴谋）

葛生能久（前法西斯团体黑龙会主干，为已故头山满之亲信）

松冈洋右（前外相，在外相任内签订德日意三国同盟，一贯以反美而博得军部及军国主义团体之欢心）

松井石根（陆军大将，任中国派遣军司令官时对南京大屠杀暴行以及对美舰巴纳号S. S. Panay和英轮瓢虫号Ladybird轰炸事件之负责者，其后又任大政翼赞会兴亚总部总理）

真崎甚三郎（陆军大将，青年将校之指导者，尝鼓动少壮军人发动革新运动，夺取政权）

南次郎（陆军大将，“九一八”满洲事变时任陆相，又曾任朝鲜总督及法西斯团体大日本政治会总裁）

白鸟敏夫（前驻意大利大使，为日本法西斯军国主义分子中最顽固之一）

——以上十一名被捕的日本战犯，从他们的地位之高和罪责之大说来，都够得上称为“甲级战犯”或“主要战犯”。由此可见，这次的逮捕名单是经过比较郑重的考虑的，不像第一次名单那样庞杂，其中既掺有不少的非日本人，也掺有个别够不上被称为“甲级战犯”的日本人。

第二次逮捕令指名的这十一名战犯除了本庄繁已经自杀和松冈洋右正染重病之外，都是在逮捕令发布后十天之内自动报到投案并携带行李入狱的。

本庄繁的自杀，值得在此一提。

本庄大将是日本法西斯军人领袖之一，也是日本侵略政策的积极推动者之一。1931年他正任日本关东军司令官，因而他一向被认为是“九一八事变”的最高的直接的负责人。

日本投降之后，本庄早已感到自己被当作战犯受审乃势在不免之事。杉山元帅（当时的陆相）夫妇于未被列名战犯之前便双双服毒自杀，以及东条自杀未遂的滑稽表演遭受世人的严厉抨击，这两件事给本庄的刺激至深。因此，在听到总部对他的逮捕令发出的消息之后，他便立即自裁身亡。那时他正在青山旧陆军大学辅导本部理事长办公室，时间是 11 月 20 日上午十时半。

本庄的自杀在日本人眼光中被认为是一件很壮烈的举动。他死后留有早已准备好了的遗书两件，并题有“诚以贯”三个字。①

松冈洋右是这一批列名逮捕者中另一个引人注意的战犯。他是在美国生长的日本人，英语说得很流利，历任外务大臣、日本出席国际联盟首席代表、南满铁路总裁等职，以鼓吹退出国联和缔结德、日、意轴心国军事同盟而博得法西斯少壮军人的欢心。在太平洋战争时期，他因患肺病已退出政治舞台。自日本投降到他被指名逮捕这一段时期，他一直病卧在长野县北安昙郡故居。11 月 19 日逮捕令发布之后，松冈于 20 日以棉被裹头对来访的新闻记者发表如下谈话：

> 余虽被命前往巢鸭监狱报到，但余患全身硬化症，不能步行半里之遥。余年已六十有六，实已无能为力矣。日本缔结三国同盟原系为促成和平，故余于日俄中立条约成立后即拟渡美商订太平洋协定。此事曾与近卫首相商妥。可惜近卫内阁不久瓦解，遂失却此一良好机会。吾人做梦也没有料到同美国开战。此殆为宿命所注定。及至战败则情况诚然严重。至余所爱好之俳句（日本歌赋），近亦毫无闲情逸致及之矣。

① 本庄繁的遗书在审讯过程中曾由他的儿子以证人资格在远东法庭宣读过，其主要内容是把“九一八事变”及继续侵占中国东北的责任由他一人负担起来，目的无非是为了减轻日皇及其他同僚战犯们的罪责。

松冈的这篇谈话无疑地是在洗刷自己的罪责，但也表现了他内心中的无限悲哀。回想当年在国联大肆咆哮和在莫斯科同斯大林热烈拥抱接吻时那种叱咤风云、不可一世的豪迈气概，前后宛若两人。①

松冈虽然患病严重，但盟军总部还是把他按期逮捕入狱，在狱中进行治疗。在次年五月远东国际法庭正式开庭讯审的时候，他被列名为受审的二十八名首要日本战犯之一。但是受审不到四个月，松冈便病死狱中。从那时起，他的名字就在被告名单中被勾销了。

※　※　※　※

盟军总部第三次战犯逮捕令是在 1945 年 12 月 2 日发布的，距第二次逮捕令仅十三天。这次指名逮捕的是五十九名，其中绝大多数都是长期骑在日本人民头上的"知名之士"，同时他们的战争罪嫌也都严重得使他们足够被划入"甲级战犯"之列。

这批被捕的战犯中有两名前国务总理大臣（广田弘毅、平沼骐一郎），有一名日本言论界老前辈、八十三岁的德富猪一郎，还有一名七十二岁的日本亲王梨本宫守正王。

第三批逮捕的五十九名的名单如下（括弧内各人的略历系日本终战联络事务局加注的）：

① 松冈洋右是日本政客中最狂妄的冒险家之一。他生长于美国俄勒冈州，幼时曾在该州充当僮仆，故西方报纸常称其为"俄勒冈僮仆"。回日本后，由于他能操流利英语，并善于逢迎军阀巨头和结识少壮军人，便逐步登上了日本的政治舞台。1933 年日本退出国际联盟时，他是日本首席代表。在国联大会上，他大肆咆哮并竭力诋毁中国，说"中国不是一个国家，而仅仅是一个地理上的名词"。1941 年 4 月松冈在同苏联签订了苏日中立条约后启程回国，斯大林到莫斯科车站送别，在互相拥抱接吻之后，他对斯大林说："如果你违反了这个条约，我一定要你的脑袋"，说毕以手加于斯大林颈上，作欲割状。此人言行之狂妄，于此可见一斑。

鲇川义介(贵族院议员、前满洲重工业日产社社长)

天羽英二(历任外务次官、情报局总裁)

安藤纪三郎(内务大臣)

青木一男(历任企划院总裁、大东亚大臣)

有马赖宁(历任兴亚同盟总裁、大政翼赞会总务长)

藤原银次郎(历任通商大臣、国务大臣、军需大臣、查察使)

古野伊之助(同盟通讯社社长)

乡古洁(三菱重工业社社长)

后藤文夫(历任农林大臣、内务大臣、国务大臣、大政翼赞会少壮团团长)

秦彦三郎(陆军中将,历任参谋本部次长、陆军大学校长、关东军参谋长)

畑俊六(陆军元帅,历任中国派遣军司令官、陆军大臣)

平沼骐一郎(枢密院议长,历任国务总理大臣、国务大臣)

广田弘毅(历任外务大臣、国务总理大臣)

本多熊太郎(外交官,前驻南京汪伪政府大使)

星野直树(历任内阁书记官长、国务大臣,曾与满洲有密切关系)

井田磐楠(贵族院议员、前大政翼赞会总务长)

池田成彬(历任日本银行总裁、财政大臣、通商大臣、枢密院顾问官、三井合名总理事)

池崎忠孝(众议院议员、文部参事官,关于远东问题有若干著述)

石田乙五郎(陆军少将,前宪兵司令官)

石原广一郎（石原产业社社长）

上砂胜七（陆军少将，前台湾军宪兵司令官）

河边正三（陆军大将，日华事变时任华北派遣军司令官，继任缅甸派遣军司令官）

菊池武夫（陆军中将，以攻击“天皇机关说”著名）

木下荣市（陆军少将，东部军管区宪兵队长）

小林顺一郎（陆军大佐，大政翼赞会总务）

小林跻造（海军大将，历任海军次官、联合舰队司令长官、台湾总督、中央协力会议议长、大政翼赞会会长，小矶内阁时曾任国务大臣）

儿玉誉士夫（战时在中国从事特务活动，著有狱中内外记）

松阪广政（前法务大臣，检察总长）

水野炼太郎（前法务大臣，历任大政翼赞会顾问、兴亚总同盟总理，并曾参加其他各政治团体活动）

牟田口廉也（退役陆军中将，在缅甸作战时曾大事活跃）

长友次南（陆军少将，中部地区宪兵司令官）

中岛知久平（中岛飞机企业之创始人，历任通商大臣、铁道大臣、内阁顾问，东久迩宫内阁时任军需大臣）

中村明人（陆军中将，历任宪兵司令官、泰国派遣军司令官）

梨本宫守正王（陆军元帅、军事参议官、神宫祭主）

西尾寿造（陆军大将，历任中国派遣军司令官、东京都长官）

纳见敏郎（陆军少将，前台湾军宪兵司令官）

冈部长景（贵族院议员，历任内大臣秘书官长、陆军政务

次官，东条内阁时任文部大臣）

大川周明（前东京帝国大学教授，著有《复兴亚细亚之诸问题》及关于远东民族运动的各种著作，系一大亚细亚主义狂者）

大仓邦彦（大仓精神科学研究所创办人，历任东洋大学及上海同文书院校长）

大野弘一（陆军少将，宪兵出身，前陆军第十一师团长）

太田耕造（法政大学教授，历任文部大臣及大政翼赞会总务长）

太田正孝（历任报知新闻社社长、大藏省政务次官、大政翼赞会总务）

樱井兵五郎（前民政党干事长，缅甸军政府首席顾问）

笹川良一（国粹大众党党主，超国家主义者）

佐藤贤了（陆军中将，历任陆军省军务局长、战争最高指导会议干事长）

下村宏（历任朝日新闻副社长、情报局总裁）

进藤一马（玄洋社社长）

盐野季彦（前检察总长、法务大臣）

四王天延孝（陆军中将，日本反犹太人协会会长）

正力松太郎（读卖报知新闻社社长）

多田骏（陆军大将，历任参谋本部次长、华北派遣军总司令官）

高桥三吉（海军大将，历任联合舰队司令长官、军事参议官、大政翼赞会兴亚本部顾问）

高地茂都（朝鲜宪兵队司令官）

谷正之(外务大臣)

德富猪一郎(日本新闻界前辈)

丰田副武(海军大将,历任联合舰队司令长官及大本营军令部总长)

津田信吾(钟实钟纺社社长,前大藏省顾问)

后宫淳(陆军大将,历任参谋本部次长、军事参议官,在安南活动甚久)

横山雄伟(此人在战时始露头角,日本人及外国人均以猜疑之眼光视之)

——从以上五十九人的情况来看,这次指名逮捕的战犯的范围是比较广泛的,他们的代表性是相当全面的。其中不但有军人、政客、外交家,而且有企业家、财阀、出版家、言论家,还有一般人认为不可侵犯的皇亲贵族。

自从这个名单公布之后,日本上层社会便掀起了一片恐慌和疑惧。那班一贯欺压人民的头面人物几乎人人自危,因为他们绝大多数都同日本侵略战争有关,都是有战争罪嫌疑的。他们害怕这一阵来势汹汹的逮捕之风将来会越刮越大,有朝一日会刮到自己身上来。但是后来的事实证明他们的这种恐惧是多余的。由于美国逐渐地表现出对日本反动势力的袒护态度,战犯逮捕之风不是越刮越大而是越刮越小。我们将可看到:自从第四次逮捕令发布之后,这股风便停止了。继之而来的是一股相反的风,那便是庇袒战犯之风,释放战犯之风。

这一批指名逮捕的五十九人,正同上一批那些人一样,其中绝大多数都是在逮捕令发表后十天以内自动前往巢鸭监狱去报到投案的。[1]在投案前后，有些人还对外国新闻记者发表了谈话，申述自己的感想或洗刷自己的罪责。例如，前陆相畑俊六元帅对外国记者说："本人遭到今日之事早在预料之中。深感战争责任之重大，对本人过去之经历实无强辩之余地。"高桥三吉海军大将也说："事已至此，毋宁自动前往接受处分为愈耳！"但是前首相平沼骐一郎却对外国记者说："世人多误会余为日本法西斯之指导者，殊不知余实反对法西斯思想之人。"读卖新闻社社长正力松太郎则谓："本人被列名战犯逮捕，或系出于某种误会。"

八十三岁的日本新闻界耆宿德富猪一郎（别号苏峰）也是自动投案的。当逮捕令发表的时候，他正在热海伊豆山养疴。在他老态龙钟、蹒跚入狱之际，他作了一首述怀的汉文短诗，颇为日本人所传诵一时。诗云："血泪为谁振，丹心白首违；沧桑转瞬变，八十三年非。"

在第三批指名逮捕的甲级战犯中，另有一人也引起了当时日本社会的轰动，那便是儿玉誉士夫。儿玉是上海被日军占领时期那个著名的特务机关（"儿玉机关"）的主持人。他原系一个年轻的"白面书生"，论地位和年龄都够不上"甲级战犯"的资格。但是由于他作恶多端、罪责深重，才使他列名为第三批逮捕的主要日本战犯之一。

---

① 盟军总部规定战犯们在十天期限内自动前往监狱报到的这个办法，在战后日本是行之有效的，没有出过任何意外。这在许多外国人看来似乎是一件不可思议的事情。但在当时日本的情况之下，这个办法确是实际可行的。因为日本是一个岛国，战败后的日本完全孤立起来了，四面都被盟国海军所包围，对外的出路完全断绝了，任何战犯要想逃跑到国外去是绝对不可能的。其次，日本一向是一个著名的"警察国家"，国家警察对于各地的户口迁移和国民行动调查得非常周密，侦查得非常认真，登记得非常严格。因此，任何战犯要想在国内躲藏起来也是极端困难的。由于上述原因，极大多数被指名逮捕的战犯们都乐于在限期内自己最方便的一天离别家人，携带行李，从容不迫地自动到监狱里去报到，而不愿不光彩地被宪兵们戴上手铐，绑上囚车，押解而去。

恰巧在第三批战犯逮捕令发表的那天（12月2日），日本报纸大登特登关于儿玉贪污致富的一项骇人听闻的报道，说他在主持上海儿玉机关的时候，由中国人手中讹诈盘剥了不义之财达三十万元之多。三十万元本不是一个太大的数目——在日本侵略巨头中，凡是在中国久混过的，哪一个不是腰缠累累、满载而归？不过由于儿玉贪污的报道恰巧是同对他的逮捕令同一天发表的，因此便引起了日本社会的特别注意。①

这只是一个小小的插曲。儿玉并没有被编入第一批在远东国际法庭受审的战犯之列。相反，他在巢鸭监狱呆了不到三年工夫便被盟军总部擅自释放了，而他那曾经轰动一时的“贪污致富案”更是无人过问了。

※　※　※　※

盟军总部的第四次甲级战犯逮捕令是在1945年12月6日发布的，距第三次逮捕令仅仅四天。

这是对日本主要战犯的最后一次逮捕。命令中指名逮捕的只是九个人，其中有两个（近卫、木户）是日本政界特别重要的人物。名单如下：

近卫文麿（公爵，曾三度担任国务总理大臣，侵华战争的最高责任者之一）

木户幸一（侯爵，内大臣，历任文部大臣、内务大臣、厚生大臣、日本皇室机要顾问、重臣会议主持人）

酒井忠正（伯爵，贵族院副议长）

---

① 《东京裁判》（朝日新闻法庭记者团著）第1辑，第23—25页。

大岛浩(陆军中将,驻德大使)

大河内正敏(理研所所长)

绪芳竹虎(历任国务大臣、情报局总裁)

大达茂雄(贵族院议员,曾任内务大臣)

伍堂卓雄(历任通商大臣、铁道大臣)

须磨弥吉郎(历任南京总领事、驻西班牙大使)

——以上九名中最引起震动的无疑地是近卫和木户两个巨头。木户是皇室事务的总管(宫内大臣),又是日皇最亲信的心腹。他是内阁与皇室联系的中心枢纽,十多年来他是日本政界一个举足轻重的人物。他同日本政界的上层人物,特别是近卫文麿,都有着密切的关系。

在这最后一次指名逮捕的人物之中,近卫文麿的逮捕以及他以后的自杀无疑地是最引起日本社会震动的一桩事件,有简单叙述一下的必要。

近卫在日本政界是一个"风云人物"。他以贵族公子哥儿的身份,常自诩为"命运之儿",意思是说他是幸运的宠儿,也就是中国人所谓"天之骄子"。他一贯受着日本硕果仅存的唯一元老和充任过三次日本首相的西园寺公望的栽培和宠爱,因而爬上了日本政府的最高层。

同西园寺一样,近卫也三度担任过国务总理大臣,时间是在日本发动全面侵华战争到太平洋战争开始,亦即1937年卢沟桥事变到1941年珍珠港事变这四年之中。日本全面侵华战争之扩大和持久,近卫是负有主要责任的。在他的首相任内,他屡次叫喊着:非打得中国"屈膝求和"不可,否则绝不停止战争。

与西园寺的期待相反，近卫不但不制止或稍微约束一下那班侵略成性的军阀们的狂妄野心，反而一味附和他们，从中推波助澜，以博取他们的欢心和拥戴。

然而，近卫毕竟不是军阀出身。他虽为日本侵华战争卖尽气力，却仍然不能取得军阀们的完全信任，同时他也没有足够的勇气使日本投入更大的冒险。因此，在日军偷袭珍珠港和发动太平洋大战的前夕，他便被赶下了首相的宝座。代之而起的便是那个地地道道的、不折不扣的军阀头子东条英机。

由于没有直接参加发动太平洋战争，近卫估计美国对他的感情可能不坏，因此在日本战败、快要投降的时候，他又以公子哥儿的姿态，亟谋重登政治舞台。在东久迩宫亲王任首相的投降内阁中，他担任了一名不管部的国务大臣。1945 年 10 月 5 日（距日本投降仅一月许）这个寿命不及两月的东久迩宫内阁实行总辞职，继之而起的是自“九一八事变”以来蛰居已久的币原喜重郎。在币原内阁时代，近卫又调任内大臣府御用挂之职。在这期间，他日夜奔走于其恩师、京都帝国大学名誉教授、日本宪法学权威佐佐木惣一之门，俨然有从事修改宪法大业之企图。稍后，日本国内外攻击贵族的舆论甚嚣尘上，近卫遂于 10 月 24 日向天皇辞去公爵荣衔。但是他的政治野心并未稍有收敛。就在辞去荣衔的那天，他还急急忙忙地去访晤了当时日本政府组织的宪法问题调查委员会的委员长松本国务大臣，说明他对于日本国体的见解，希望在制宪大业中有他一份贡献。同时，外间还盛传近卫将以在野之身组织新政党，在未来的总选举中大事活动。

然而事情的发展并不取决于近卫的主观愿望。近卫的无耻活动和狂妄野心引起了同盟国舆论界的大大不满。《纽约时报》在一篇社论中猛烈攻击近卫，说他绝非修订日本宪法的适当人物，并且说如果近卫被列为战犯受审，世界上不会有任何一人反对。

美国人包办的盟军总部对于同盟国的舆论一向不甚重视，但是对于来自美国本国的舆论，特别是像《纽约时报》这样有地位而且能代表垄断资本统治集团的报纸的言论，却不敢等闲视之。

由于《纽约时报》和其他方面对近卫越来越猛的攻击，盟军总部感到对近卫问题不能继续保持沉默而不予以澄清。于是，在 11 月 1 日盟军总部发言人便对记者们宣称：近卫的任务只限于总部同皇室的联系；至于修订日本宪法，总部自始便丝毫没有借重近卫的意思。总部的这个发言不啻是对近卫的当头一棒，使他的幻想受到沉重的打击。

继之而来的便是 11 月底召开的日本第八十九届临时议会。在这届议会召开时，议员斋藤隆夫首先提出质问，并一再直指近卫之名，说他是酿成全面侵华战争的祸首，对第二次世界大战的起源和日本惨败的结果都负有最高的直接的责任。这是对近卫的第二次沉重打击。临时议会对近卫虽未作出任何决议，但野心不死的近卫至此已感到不但幻想破灭，而且四面楚歌，无地自容矣。

事情的发展很快。12 月 6 日傍晚，正当近卫在其轻井泽岛森的华丽别墅里同访客围炉而坐的时候，无线电收音机送来了盟军总部发出逮捕他的命令的消息。这对近卫来说是一次最致命的打击，结束了他的全部政治生命和幻想。

逮捕令照例规定自动前往巢鸭监狱报到的期限为十天；倘使超过了 12 月 15 日仍未报到，总部宪兵即将执行强制逮捕。

此时的近卫在精神上遭受着极大的折磨。他在轻井泽的别墅里呆了五天，杜门谢客，终日绕室彷徨，进行着剧烈而痛苦的思想斗争。他徘徊于“偷生”与“自尽”两条道路之间。是效杉山、本庄等人而悲壮自裁，还是学东条、岛田等人的忍辱偷生？——对这个问题，他作不出决定。

12月11日近卫从轻井泽的乡间别墅回到了他在东京荻外庄的公爵官邸。在官邸里，他虽常召集其夫人千代子、胞弟文秀（日本著名音乐家）、已嫁的胞妹以及子女等人闲话家常，表面上佯作镇静，但是生与死的问题仍然紧紧地抓着他的神经，迄未获得解脱。这样又拖了五天，一直拖到报到限期届满、总部即将对他执行强制逮捕的前夕，12月15日的晚间。

在这一晚，近卫仍旧是同其夫人、弟妹、子女等人谈论家常及善后布置，直至深夜一时，但未露出有自杀之意。迨众人散去后，他又召唤他的儿子通隆单独进行了长时间的谈话，谈话涉及侵华战争。他坦白承认自己对于中国事变的责任重大，罪有应得。通隆离去后，近卫乃独自在十二叠之日本室更换白色服装，饮毒自杀。至16日拂晓为其妻子发觉时，则近卫尸体已僵、面色惨白，而室内则电灯尚明，火盆内之褐色药瓶中尚有一两滴毒汁残存。至此，这个风云一时的贵族哥儿便与世长辞了。“命运之儿”的下场并不幸运！

近卫死后不久，盟军总部宪兵队的捕囚车以及争取报道逮捕情景的各国新闻记者的吉普车便蜂拥而至。但是由于逮捕的对象已不存在，大家也只好颓然而返了。

第四次逮捕令中指名逮捕的战犯，除了近卫在逮捕前数小时服毒自杀以外，其余诸人都是在规定的报到期限内静悄悄地前往巢鸭监狱自动投案的。

自从第四次逮捕令发布之后，盟军总部便没有对日本主要战犯再发布过任何逮捕令。与日本人的预料相反，战犯逮捕之风不是扩大而是完全停止了。

※　※　※　※

总计盟军总部四次逮捕令中指名逮捕的人数共为一百一十八名（第一次三十九名，第二次十一名，第三次五十九名，第四次九名），但是到 1946 年年初实际在监狱里羁押的不过一百名左右。因为，那些非日本籍的战犯已经全部被遣送回国；有些日本战犯在逮捕之前已经自杀，例如本庄繁、近卫文麿、桥田邦彦、小泉亲彦；有的被引渡到国外去受审，如本间雅晴；还有个别的战犯，由于特殊原因，在被捕不久便被盟军总部以罪嫌不足为借口而擅自释放了，例如梨本宫亲王、乡古洁、上田良武。①

从严格的法律观点来说，战时日本上层人物够得上被称为“主要战犯”或“甲级战犯”的绝不只这百余人，但是这百余人的确都是货真价实的“主要战犯”或“甲级战犯”。因为长期以来这些人都曾利用过他们的特有地位和影响，把日本推上侵略战争的道路。这些人既不是全体日本主要战犯的总和，那么，他们的逮捕和审判只能说是对日本甲级战犯们的一种“象征性”的惩罚而已。

自从 1945 年底甲级战犯逮捕之风停止之后，盟军总部面临的迫切课题是：一、组织审判日本甲级战犯的国际法庭；二、从已经逮捕的甲级战犯中作些调查准备工作，以便能够挑选出若干人来，作为首先向法庭起诉的对象。

---

① 上田良武是第一批被捕的三十九名战犯之一，他是从巢鸭监狱中被释放出来的第一个人。乡古洁是在 1946 年 4 月 13 日被释放出狱的。乡古洁是三菱财阀巨头，他的被释预示着盟军总部对于日本垄断资本家的罪责将不予追究。果然，在不久以后，那些大财阀、大军火商和大企业家都陆续被释放了。检察长季南还发表过谈话，说日本资本家之所以参加侵略战争完全是受了军人枪杆子的逼迫，并非出于自愿。

关于前一项课题，我们在前一章（“远东国际军事法庭的宪章及组织”）中已有详细的论述，下面我们要谈的是第二点。

二、国际检察处对战犯们的调查工作及起诉准备

国际检察处是盟国最高统帅部（简称“盟军总部”）一个重要组成部分，它对处理日本甲级战犯自始便负有主要的责任。但是，要很好地履行这个责任却不是轻易、简单的事情，而是一项相当繁重艰巨的工作。

在日本被占领的初期，国际检察处忙的是拟订甲级战犯的名单，分批加以逮捕。在特定情况之下，它又要决定某些被捕了的战犯是否可以提前释放或遣送他国。例如，全部非日本籍的战犯的遣送回国，梨本宫、乡古洁、上田良武等人的不起诉开释，以及本间雅晴的被引渡给菲律宾去审判——这些事情都是由国际检察处决定的。

国际检察处处长是美国政客季南。关于季南飞扬跋扈的性格和独断独行的作风，在前面我们已经谈到过。[①]然而，尽管如此，季南对于检举日本主要战犯以及初期筹办国际法庭是卖过气力的，他在东京审判组织方面所起的作用和影响是很大的。

由于季南同时兼任盟国最高统帅麦克阿瑟的法律顾问，又是麦克阿瑟所亲信的人物，因此，在1945年底战犯逮捕之风停息之后，起草远东国际军事法庭的宪章以及选择法庭地址和修建法庭

① 关于季南检察长的性格和作风，本书第二章第四节中已有较详细的描述，此处不再赘言。

内部的各项任务也都落在他的身上。因为，逮捕战犯的目的无疑地是交付法庭审判，使他们受到波茨坦公告中所谓的“严厉的法律制裁”。当然，在执行此项任务的过程中，季南曾获得了一大批工作人员的协助，但是负最高责任的还是他一个人。

1946 年 1 月 19 日，盟军总部颁布了《远东国际军事法庭宪章》，并且任命了法庭的法官，同时也指派了季南为法庭的检察长。这就使季南在盟军总部法律顾问和国际检察处处长两个职位之外，又加上了一个远东国际法庭检察长的职位。显而易见，任命季南为检察长的意思就是要把他所主持的国际检察处作为远东国际法庭的起诉机构，使他能利用该处的全部人力物力去进行法庭的起诉工作。

按照远东国际法庭宪章的规定，检察长对于被控诉的各被告战犯的罪行负有“调查”及“起诉”的完全责任，其他盟国所派遣的陪席检察官只能在此项工作中对他予以协助。[①] 很显然，远东国际法庭的检察组织是采“首长制”，也可说是采“独裁制”或“包办制”。这是远东法庭和纽伦堡法庭在组织原则上一个最大不同之处。在纽伦堡，检察工作是采取“合议制”，检察长的职权由四国检察官组成的委员会执行，委员会主席由四国检察官轮流担任，四国检察官的权利义务是完全平等的。[②]

自从法庭宪章公布、季南被正式任命为检察长之后，他便立即动员了国际检察处的全部人员去开始从事各种起诉准备工作。除此之外，他还从美国聘来了一批对于罪证调查富有经验的“专

① 阅《远东国际军事法庭宪章》第八条。
② 阅《纽伦堡国际军事法庭宪章》第十四条。

家”。这时法庭组织尚未就绪，各国陪席检察官尚未来到东京，以后来到也是先后参差不齐，因此，在1946年初，检察处的起诉准备工作完全是由美国人包办的。

大体上说，远东法庭检察处的起诉准备工作是分为下列几个项目或步骤进行的：一、侦讯犯人，录取口供；二、从浩如烟海的日本政府档案中搜集可以作证的文件；三、实地采访调查，录取证人的书面证言及约定证人出庭口头作证；四、联系各盟国政府及有关机关，收集证据文件；五、决定首先受审的被告人选；六、草拟起诉书（或称“公诉状”）及其附件。

以上各项工作无疑地都是相当艰巨的，特别是由于法庭审理的这个案件牵涉的地域范围广泛，经历年代久长，犯罪种类复杂以及被告战犯众多。

下面让我们扼要地分别叙述一下这些工作是怎样进行的。

※　　※　　※　　※

首先谈谈侦讯犯人，录取口供。

在旧式的司法制度里，口供几乎是犯罪的唯一证据。只要犯人对所犯罪行坚决不招认，案子就判不下来。反之，无论用什么方法，只要能使犯人自己口头招认一下或在文件上画个押，打个手印，那便算是一切都解决了。因此，便发生了许多“严刑逼供”、“屈打成招”以及强迫画押打印的种种残酷野蛮现象。这种情况在我国的旧戏曲里被展现得十分充分。

现代司法制度并不认为犯人的口供是犯罪的唯一证据，尤其不能用肉体刑罚或威胁迫使犯人提供口供，承认自己的罪行。但是，由犯人在不受威胁的情况下自由自愿地提供的口供，在今日仍不失为法庭判定犯人有罪无罪或罪轻罪重的一种有力证据。因为，一个人对他自己没有做过的坏事是绝不会招认的，而且有些事情只有当事人才知道得最清楚。

因为口供在现代司法制度中仍然是一种重要的有价值的证据，所以侦讯在巢鸭监狱羁押的近百名甲级日本战犯，录取他们的口供，便成了检察处起诉准备中的一项首要的工作。事实上，这种工作在1945年最后三个月，当那些战犯们一批又一批地押进监狱的时候，便已开始。只是由于当时检察方面的人力不足，掌握的背景材料也太贫乏，那时的侦讯是很肤浅、初步的，向犯人所提的问题不能深入，不能击中要害，亦不能穷追到底。

然而，就在这种肤浅的初步的侦讯过程中，好几名罪恶并不算小的战犯却被宣告释放了。例如，上田良武便只是经过这样一番草草率率的“侦讯”之后，国际检察处就以“罪嫌不足，不拟起诉”为借口而把他释放了。乡古洁财阀的释放虽为时稍晚，但他也都没有经过严格认真的侦讯。由此可见，侦讯也常被检察处用来作为达到某种秘而不宣的政治目的的手段。

但是对于一般在押的甲级战犯，检察处的侦讯工作还是很认真而且很有成绩的。特别是在1946年最初三个月里，亦即法庭宪章公布之后到起诉书定稿之前，在这一段时间里，检察处对于侦讯犯人、录取口供的工作进行得非常积极，其原因如下：一、人力加强了。检察处向美国调聘的一批技术高强和经验丰富的侦讯人员陆续到达东京了。这些人大都是美国联邦调查局的职业侦查人员，他们在掌握犯人心理和运用侦讯技术方面是很有把握的。只要抓住了背景材料，他们是善于跟踪追击，盘根问底的。二、背景搞得比较清楚了。由于几个月的酝酿和准备以及一些初步尝试，所有参加侦讯的检察人员对于日本历史、社会、政治各方面的一般情况以及在押战犯们的精神面貌和历史履历，从实际接触中和政府档案中，已经摸得比较熟识了。三、各国陪席检察官和他们的助理人员陆续到达了东京。这些人虽然很少直接参加侦讯工作，但是他们可以提供有关的背景材料和需要犯人澄清的各种问题。同时，在他们的关切和注视之下，美国工作人员对此项工作也不得不采取积极的、认真的态度，以期做出一些成绩来。四、法庭组织接近完成，起诉书必须尽快撰拟，而从在押的全体战犯中挑选首批受审的被告又是一个先决问题。但是，非对他们进行一次普遍深入的侦讯，这个问题是不能解决的。

由于上述种种原因，对在押的战犯们的侦讯调查和录取口供越到后来便越成了检察处在起诉准备中的一项特别急迫的工作。它动员了更多的人员紧张地从事此项工作，主力当然还是那班由美国联邦调查局调来的“专家”和季南检察长的一些亲信人物。

国际检察处对犯人侦讯的方式是很特别的。

在英美法系里，没有独立的侦讯程序；他们的侦讯工作是采“预审”的方式，在法庭里而不是在监狱里进行。远东国际法庭在诉讼程序上虽大体采用英美制，但在侦查工作上却有它独特的方式。

检察处对这些日本战犯的侦讯是在羁押他们的监狱即巢鸭监狱内进行的。对个别因病保释在家治疗的战犯，这种侦讯还可以在他家里进行。[①]

侦讯的方式既不像英美“预审庭”那样隆重，却也不像派遣一两个人去作一次采访调查那样简单。每次出席侦讯程序的除了

① 例如，对前首相平沼骐一郎的侦讯和录供工作便是在他家里进行的。平沼当时年已八十岁，因病保释在家疗养。因此，对他的侦讯每次都是由侦讯员带同书记官、翻译员、速记员等到他的住所去进行。平沼由于年事已高，倚老卖老，在被侦讯时对侦讯员所提的许多问题常说记忆不清，不能回答。这时，他的妻子便在旁“提示”一下，据说这样便可以“帮助”他“重新回忆”。

受讯犯人、侦讯员和翻译员之外，还有书记官和速记员。在程序开始之前，侦讯员还要领导受讯人、书记官、翻译员和速记员举行宣誓。在侦讯完毕以后，速记员应将速记记录译出，作为正式的“侦讯记录”，然后由侦讯员、翻译员和书记官在该记录上签字，以昭郑重。但是无论速记记录初稿或是译出后的正式侦讯记录都不向受讯者宣读或交他审阅，更不需要他签字，承认无讹。这是侦讯程序中一个很大的缺点，因为在以后检察官向法庭提出这种“侦讯记录”作为证件的时候，受讯的被告及其辩护律师便时常可以提出异议，对记载是否正确故意表示怀疑，甚至抵赖或否认他在侦讯时所招认的供词。在这种情况下，法庭有时就必须传唤侦讯员或侦讯时在场的其他人员到庭对质。这样枝节横生，就在一定程度上拖延、扰乱了法庭的审讯进程。

正如前面所指出过的，侦讯工作是一件十分繁重艰巨的工作。我们只要想到远东法庭审理的这个案件牵涉的地域范围之广，犯罪年代之长，罪行种类之繁，特别是在押的重要战犯人数之多以及他们每个人在日本近二十年来政治舞台上的活动之错综复杂，便可知道要做好这项工作绝不是一件轻而易举的事情。一个好的侦讯员首先必须摸熟日本近二十年来在政治、经济、军事、外交各方面的大体情况，其次便是研究受讯犯人在哪些方面担任过什么重要职务，有过些什么罪恶活动，然后才能向他提出一些关键性和能击中要害的问题。

当然，侦讯人员在准备工作中经常依据的是那浩如烟海的日本政府的文件档案以及检察处联系的若干日本人所提供的资料和线索，但是他必须付出辛勤的劳动去挖掘、整理和决定取舍。此外，在侦讯中，他还必须运用自己的智慧能力，掌握侦讯技术和犯人心理，步步进逼，跟踪到底。这样，他才能作出出色的成绩，他取得的口供日后在法庭上提出时才是检方有力的证据。

一般说来，国际检察处的侦讯工作做得还算是有成绩的，工作质量也还算高的。从犯人侦讯得来的口供记录，有不小部分曾被检察方面有效地利用了，作为支持对该犯控罪的有力证据提交法庭。

侦讯工作从1945年底主要日本战犯逮捕完毕起，到1946年5月法庭正式开始审讯止，一直是国际检察处的一项最紧张最繁重的工作。在初期，侦讯的对象是全体在押的甲级战犯，工作当然不能细致深入。到了后期，特别是在首先受审的被告二十八名人选已经决定之后，侦讯的火力便集中地对着这二十八名被告。个别历史比较复杂的被告被侦讯竟至五六次之多，口供记录长达数十页，一般平均也都在两次以上。侦讯工作越是接近法庭开庭便越紧张，好像赛跑的人快到终点的时候要特别卖气力似的。

这是有原因的。按照英美法系的原则，检察官对犯人进行侦讯和录取口供的工作只能在法庭尚未受理起诉书之前进行。一旦法庭受理了起诉书，指定了正式庭审开始的日期之后，诉讼双方（检察方面和被告及其辩护人方面）便形成了两个敌对的阵营，非经法庭的允许或双方彼此的同意，不得有所往来或接触。检察官非但对被告本人不能有所交往，就是对被告辩护方面所提供的证人亦不得有所接洽或接触，否则他便犯有“勾引对方证人”的罪名。[①]

① 这个罪名在英美法中叫作tempt the witness，意思是搞乱、软化、勾引或贿赂对方的证人，使其不能一心一意地为对方作证。按照英美法系惯例，诉讼双方与本方所提供的证人事先可以尽量进行磋商，甚至教唆或指导他出庭时应该说什么和怎么样说。但是对于对方所提供的证人在庭外却不许有任何接触，否则便有“勾引对方证人”之嫌。这种视证人为“私有财产”的做法，是极不合理的。唯一的补救办法便是在公开庭审中，诉讼一方对另一方提供的证人及其证言，在执行“反诘”的权利的时候，尽量予以攻击，指出其破绽及矛盾所在，借此以减低其作证的价值。

反之，被告或其辩护律师对检察官方面所提供的证人也是一样。总之，在开庭以后，诉讼双方便应被视为壁垒分明、严阵以待的两个敌对性的实体；被告此时的身份是作战的一方，因而他当然可以拒绝向对方提供任何帮助，更不必说任凭检察处对他进行侦讯、录取口供。

这项原则在远东国际法庭的宪章或诉讼程序规则里是没有明文规定的。它纯粹是英美法系里的一个虽不合理却又牢不可破的传统惯例。远东国际法庭恰恰采用了这个传统惯例。这就说明了英美法系的传统观念在东京审判程序方面的影响之大。同时，它也说明了为什么检察处对被告战犯们的侦讯和录取口供的工作必须急急忙忙地在 1946 年 4 月 29 日法庭正式接受起诉书以前全部完成。[①]

※　　※　　※　　※

检察处在准备起诉中的第二件主要工作便是要从那堆积如山、卷帙浩繁的日本政府的公文档案里找出与各被告战犯罪行有关的材料。这种材料，一方面可以被利用作为在开庭前对战犯们进行侦讯和录取口供时的背景参考，而另一方面又可以被利用在开庭时作为向法庭正式提出的书面证件，以支持检察处的控诉。由于这种材料是录自日本政府的公文档案，它的作证价值无疑地是极高的。

---

① 在远东国际法庭被控的战犯中，板垣征四郎和木村兵太郎是没有经过侦讯的。由于日本投降时他们两人都率领日军驻扎在海外（板垣在新加坡，木村在缅甸），直到法庭开庭的前夕方才押解来到东京，投入巢鸭监狱。因此，检察处便来不及对他们进行侦讯和录供的工作。被告重光葵和梅津美治郎也有类似的情况。由于在本章下一节要提到的特种原因，这两名战犯是在起诉书提出的前夕方才逮捕入狱的，因而检察处就没有时间对他们进行侦讯，录取口供。因为，正如上面所指出的，一旦起诉书提出之后，检察官和被告是彼此不能有接触的。

但是要搜寻这类材料绝不是一件简单容易的事，而是一件非常繁重艰巨的工作。原因是：

1. 尽管远东法庭大厦三楼档案资料室里的日本政府的公文档案堆积如山，但这并非日本政府公文档案的全部。很大一部分的公文档案早已被飞机炸毁或者被日本官员于投降前自动烧毁。即使全体工作人员辛勤劳动，费尽心机，要想从剩余的这些公文档案材料中去拼凑起一幅每个被控战犯的罪行全图，那也是绝对没有可能的。侥幸的是由于占领军的传奇式的发现，那几大箱埋藏在地窖里的日本政府最机密的文件（历次御前会议、内阁会议、五相会议、枢密会议、重臣会议的详细记录等）都被挖掘出来了。[①] 这些文件也陈列在法庭的档案室里。这确实是无价之宝。它对于日本政府侵略政策之形成，侵略战争之发动，以及那些任过首相或大臣的被告战犯们在其中出过什么主意，作过什么发言，扮演过什么角色，等等，都提供了极端可靠的证据，而这种证据必然为法庭所接受。检察方面在论证对某些首要战犯的控诉时曾经充分地利用过这种材料。

2. 法庭档案室所收集的日本政府档案文件虽然并不齐全，但是它的卷帙仍然是极其浩繁。日本人常用汉词“浩如烟海”和“汗牛充栋”去形容其多。要从这“浩如烟海”、“汗牛充栋”的成千成万的档案卷宗里去找出同某一战犯罪行有关的一段一节或者一行一句，那有时简直是像大海捞针一样困难。由此可见，要有效地利用这种档案就非付出巨大的人力和辛勤的劳动不可。

3. 语文上的困难也是很大的。日本政府的公文档案都是用日

① 关于这几大箱日本政府秘密档案的传奇式的发现，见本书第二章第六节。

文写的，而检察处的工作人员大都是不懂日文的。因此，他们就非借助于雇用的日本人不可。但是这些日本人的翻译质量和忠实性如何却不是没有问题的。这样，就更增加了这项工作的复杂性和困难性。

由于上述的几种困难，检察处这项工作在起诉书起草的时候以及公开庭审的初期还没有做出很大的成绩。那时他们只是找出了一些勉强可以支持起诉书和可以打击某些被告的文件。至于能够深入地打击每个被告的证据大都是后来在审判过程中找到和提出的。因为，越到后来，工作人员从这“浩如烟海”的档案中寻找证据的技术便愈加熟练；他们对日本历史、政治和国情的了解也有所增进；而同盟各国的检察人员，特别是中苏两国的陪席检察官和他们的助理人员，此时也可以插手帮忙了。例如，关于重光葵和梅津美治郎的罪行的许多有力证据便是苏联检察人员在日本档案中找到和摘出的。又如，关于土肥原贤二和板垣征四郎的罪行的许多有力证据便是中国检察人员倪征日奥、吴学义、刘子健等在日本档案中找到和摘出的……这些证据都是开庭以后向法庭提出的，有的还是在反诘辩护证人时和检方进行反驳时作为补充证据提出的。

在这里，必须指出：提证的工作是贯穿着整个审理过程的一项主要工作。诉讼任何一方，只要它能找到对自己有利的证据，总是有办法在某一适当的阶段向法庭提出的。因此，检察方面这种挖掘证件的工作在庭审结束之前一直都在孜孜不息地继续努力，不像侦讯战犯和录取口供的工作那样，到庭审开始便必须立即停止。

此外，还有两件事值得在这里提到：一是在远东法庭档案室里所陈列的，除了堆积如山的日本政府档案之外，还有一小部分外间不能看到的其他文件和手稿，例如“满洲国大事记”、“木户日记”、

“西园寺公札记”等。这种资料虽然不多，但它也是诉讼当事人挖掘证据的对象。二是为了维持“公平”、“平等”的原则，法庭不但让检察人员到档案室去随意翻阅、任意摘取他们所需要的资料，而且也让被告辩护律师们去任意翻阅、尽量摘取他们认为对被告有利的任何资料。因此，档案室便成了诉讼双方的“共同武库”，每天都有三五成群的检察人员和辩护人员在那里孜孜不息地做“打捞”工作。他们在法庭上虽然属于两个敌对的阵营，但在档案室里他们却是“各尽所能、各取所需”，并且“和平共处、互不侵犯”。这不能不说是远东法庭里一个很特别、很有趣的现象。

※ ※ ※ ※

检察处在起诉准备中的第三项工作便是派人到各地去对战犯们的罪迹进行现场采访和调查。由于日本战犯的罪迹遍及全东亚和太平洋区域，这种采访调查当然不可能普遍、全面，而只能是有重点地、有选择地进行。这种方法对于某些种类的罪行是特别适宜的，对于某些其他的罪行却没有多大用处。例如，破坏和平罪中关于日本侵略政策的形成以及侵略战争的发动，这种证据只有从日本政府档案、主要战犯的口供等方面去找，派人到外地去采访调查是不会有结果的。但是对某些日本战犯在亚洲各地命令或纵容部下大规模地屠杀平民、虐待俘虏、烧劫财产、强奸妇女等种种非人道的暴行，派人到犯罪地区去作现场调查的好处是很大的。第一，他们可以向当地亲历目睹的人们录取证词，由陈述者签字后将来便可作为书面证言向法庭提出。由于证人是罪行的亲历目睹者，他的证言便是第一手资料，其作证价值是巨大的。第二，在采访调查的过程中，工作人员还可以预先约定所谓“关键性证人”（key witness）在审判的适当阶段中到东京来出庭作证，用口头的陈述对被告战犯做有声有色的控诉。

由于实地调查访问的方法对大屠杀一类的暴行特别适宜，国际检察处在法庭讯审开始以前曾经有重点地采用过多次，并且很有收获。例如，关于日军在马尼拉等地的暴行、“巴丹死的进行”、缅泰路的强制劳动、南洋各集中营中的任意虐杀等，他们都曾派人到菲律宾、印尼、缅甸、南洋各地去作实地调查，收集了不少的书面证词。然而做得最有成绩的还是关于南京大屠杀事件的实地调查。这是季南检察长亲自出马干的。

南京大屠杀事件是日军在第二次世界大战中的一件最突出的暴行，其规模之大，时间之长，杀人之多，都是历史上所罕见的。这事件曾经轰动全世界的舆论，遭到善良人类的普遍谴责。负责控诉日本战犯罪行的国际检察处当然要把这件事作为一个重点去处理，特别是由于这件事的祸首和主犯不是别人而正是已经逮捕在押的松井石根大将。为了彻底弄清事件的真相和收集较多的证据去支持检察方面的控诉，检察长季南在 1946 年 3 月初便调用了一架盟军总部的专用飞机，在中国陪席检察官陪同下，亲自率领了六七名得力的检察人员浩浩荡荡地由东京来到中国，在南京、上海、北平等地盘桓了约两个星期之久。

诚然，季南等人之来到中国是另外有一个目的的，那便是要在中国观光、游览。[①] 季南常对人说：“中国是文明古国，古迹名胜之多

① 游览观光无疑地是季南一行人来到中国的一个重要目的。在季南返回东京以后，有人问他这次旅行的收获如何，他回答说：只要看到一个北京的天坛，便不虚此行了。他对中国古迹名胜的估价之高，于此可见一斑。季南在美国执行律师业务多年，颇具资财。他那次在中国买了不少的古玩、字画、锦缎和首饰。他对中国当时市场上流行的讨价还价（“漫天要价，就地还钱”）的制度最具反感，常常埋怨他买某件东西所付的价钱有时竟超过其同行人员买同样东西所付价钱的两倍以上。

甲于天下，到了远东而没有到过中国，那将是一件极大的憾事。”然而季南一行人毕竟是为了调查证据而来的，至少名义上是如此。因此，他们也做了一些收集证件、访问证人的工作，取得了一些成绩。

在来华期间，他们访问了一些官方机关和慈善团体，收集了不少有关南京大屠杀的统计数字，访问了一些亲历目睹的中外人士，取得了许多份书面证言，并且预约了十来个有力的证人到东京去出庭作证。此外，关于1937年卢沟桥事变中中日军队谁首先开火的问题，他们也作了一些调查，并且也预约了几位关键人物（如当时的宛平行政专员兼县长及第二十九军副军长兼北平市长）到东京去出庭作证。在全部审讯过程中，检察处对南京大屠杀事件和卢沟桥启衅事件的提证工作做得是比较有声有色的。这就说明：实地调查访问所费的财力人力虽然较多，它却是起诉准备中的一项富有意义的工作。

但是，由于人力财力的限制，在起诉书提交法庭和法庭开审以后，派员到外地去实地调查采访的工作便完全停止了。这时检察处的人力减少了很多，那些被临时征调来帮助侦讯和录供的美国联邦调查局的人员大都回国去了。留下的人员以及国际检察处原有的工作人员几乎全部都投入了“庭内斗争”。向盟国政府或盟国各地征求作证文件和录取书面证言的工作实际上只好由各陪席检察官分别负责向他们各自国家的机关团体或个人去设法。在手续上，国际检察处在征集证据文件工作中要与各盟国保持公文上的联系。不过这只是形式上的问题。实际上推动此项工作的还要靠各同盟国派到法庭来的检察人员，因为他们对于自己国家的情况最清楚，他们知道用什么办法和在什么地方才能取到所需要的证件。他们的实际努力要比国际检察处的一纸公文效力大得多。

各同盟国提供的各种材料，如政府文件、调查报告、书面证言等，对于检察处的起诉工作也给了不小的帮助。许多这类材料在审讯的过程中都被作为证件向法庭提出了。在这方面，中国和苏联供给的是比较多的。但是，由于美国检察长的顽固偏见和居心叵测，这些材料中的相当一部分都被搁置起来而并未向法庭提出。[①]

三、二十八名被告战犯的挑选及其简历

从上面两节中，我们看到：国际检察处在 1945 年底先后分批逮捕了一百余名的日本主要战犯（“甲级战犯”），对他们进行了普遍的侦讯，录取了大量的口供，并且在侦讯过程中还以“罪嫌不足”为借口擅自陆续释放了好几名犯人。同时，对这近百名在押战犯的罪行，检察处从法庭档案室里堆积的大量日本政府档案以及各盟国送来的许多文件中辛勤地做了一番挖掘、整理的工作。此外，对个别战犯的罪行还有重点地派员到外地进行过一些实地调查和证据采访。

因此，到了 1946 年开春，检察处对于所有在押的甲级战犯们的历史、地位和罪行已经摸出了一个初步轮廓，对于他们之间错综复杂的政治关系也有了一个大体上的了解。他们此时所掌握的材料勉强够初步草拟起诉书之用。

---

① 中国和苏联方面提供给检察处的材料中有些是涉及日本皇室的，有些是涉及经济侵略和财阀们的责任的。这类材料多被季楠搁置起来了。例如，关于日皇批准进行细菌战的材料和荒木在日军侵占西伯利亚时的罪行的材料等都遭到季楠的压制而未能作为证据向法庭提出。

但是在草拟起诉书之前，有一个先决问题，那便是：在这许多在押的甲级战犯之中，究竟有多少人、是哪些人应该首先作为被告起诉，提请法庭列为第一案去审理？显然，把全体在押战犯都包括在一个案件中去起诉受审是不适宜的。那时正在开庭的纽伦堡国际法庭，其受审的被告德国首要战犯也不过二十二人；而纽伦堡所审理的案情比东京法庭将审理的却简单得多，犯罪的年代也短一些。因此，国际检察处遂决定首批受审的人数应以纽伦堡受审的人数为标准，即使稍微有所增加，亦不应超过三十名。

另外一个先决问题是：在控诉被告们的犯罪行为时，其犯罪年代应从什么时候算起？到什么时候为止？对于犯罪行为应算到1945年日本投降时为止，检察人员是一致同意的。对于犯罪行为应从什么时候算起，他们之间却存在着很大的不同意见，发生过严重的争执。有些人说：远东国际法庭审理的是第二次世界大战中日本战犯们的罪行，而日本对外侵略之所以变为世界大战的一部分是由于日军偷袭珍珠港，进而引起它对一系列国家的战争，所以1941年12月7日日军偷袭珍珠港事件应该作为犯罪日期的起点。有的人说：日军之所以偷袭珍珠港以及随之而来的对一系列太平洋国家作战，都是为了要解决它对中国的战争，前者不过是后者的继续和延长，因此，1937年7月7日日军在卢沟桥发动的全面侵华战争应该被认为是犯罪日期的起点。又有人说：1937年卢沟桥事件不过是1931年9月18日日军侵占沈阳和开始吞并满洲（中国东北四省）的继续和延长，事实上中日战争自那时起便已开始，因此“九一八事变”应该被认为是犯罪日期的起点。更有人说：1931年“九一八事变”之所以发生，其导因是1928年4月日军在皇姑屯炸死张作霖事件，从那时起日本侵占全中国的企图便已暴露无遗，而中日实际敌对状态那时便已发生，是故正本清源，被告战犯们的犯罪日期应从1928年算起。最后的这个主张无疑地是比较正确的，合乎逻辑的。从中国人的观点来说，也还算差强人意的。当然，这个日期还可以推得更久远一点，但是推得太久远了，提证是有困难的。

国际检察处经过郑重考虑和辩论之后，便决定采取最后的这一主张，因而对日本战犯们提起控诉的犯罪行为是从1928年（皇姑屯炸案）起至1945年（日本投降）止，总共约十七年的光景。

※　※　※　※

在起诉对象的人数（约二十至三十人）和犯罪的时期（约十七年）两个问题决定之后，检察处面临的另一个更困难的问题便是：哪一些在押的甲级战犯应该首先被起诉？换言之，哪二三十名甲级战犯应该被挑选出来作为第一案的被告，使其首先在远东国际法庭受审？

这个问题在检察处内部是有过很激烈的争议的。诚然，对于某些罪大恶极、臭名远扬的元凶巨魁如东条英机之流，大家是毫无异议的。但是对于比较次要的人物，各人却有不同的意见。例如，苏联陪席检察官自始便坚决主张鲇川义介（贵族院议员，满洲重工业日产社社长）和中岛知久平（中岛飞机之创始人，历任商相、铁相、军需相）应该列名为第一批受审的被告。但是季南检察长未予同意，因为鲇川和中岛都是日本的大企业家、大资本家，而袒护财阀和资本家，自始便是美国政府的既定政策。关于这一点，我们在评述乡古洁（三菱重工业社社长）被突然释放时便已经提到过。[①]

① 关于乡古洁等人的释放，参阅本章第一节的最后一条脚注。

经过长时间的讨论和争辩，季南最后决定挑选下列二十八人作为第一批起诉的被告（顺序是按照其姓氏的英文字母的先后顺序排列的）：

1. 荒木贞夫（ARAKI, Sadao）

2. 土肥原贤二（DOHIHARA, Kenji）

3. 桥本欣五郎（HASHIMOTO, Kingoro）

4. 畑俊六（HATA, Shunroku）

5. 平沼骐一郎（HIRANUMA, Kiichiro）

6. 广田弘毅（HIROTA, Koki）

7. 星野直树（HOSHINO, Naoki）

8. 板垣征四郎（ITAGAKI, Seishiro）

9. 贺屋兴宣（KAYA, Okinori）

10. 木户幸一（KIDO, Koichi）

11. 木村兵太郎（KIMURA, Heitaro）

12. 小矶国昭（KOISO, Kuniaki）

13. 松井石根（MATSUI, Iwane）

14. 松冈洋右（MATSUOKA, Yosuke）

15. 南次郎（MINAMI, Jiro）

16. 武藤章（MUTO, Akira）

17. 永野修身（NAGANO, Osami）

18. 冈敬纯（OKA,Takazumi）

19. 大川周明（OKAWA, Shumei）

20. 大岛浩（OSHIMA, Hiroshi）

21. 佐藤贤了（SATO, Kenryo）

22. 重光葵（SHIGEMITSU, Mamoru）

23. 岛田繁太郎（SHIMADA, Shigetaro）

24. 白鸟敏夫（SHIRATORI, Toshio）

25. 铃木贞一（SUZUKI, Teiichi）

26. 东乡茂德（TOGO, Shigenori）

27. 东条英机（TOJO, Hideki）

28. 梅津美治郎（UMEZU, Yoshijiro）

这二十八名战犯绝大多数都是在1945年底先后被捕的，早已被羁押在巢鸭监狱。但是其中有四个人情况并不是那样。他们是：重光葵、梅津美治郎、板垣征四郎、木村兵太郎。

重光葵和梅津美治郎是日本的投降代表。1945年9月2日盟国代表在东京湾密苏里号军舰上举行受降仪式的时候，他们二人分别代表日本天皇、日本政府和日本大本营在日本投降书上签了字。因此，盟军总部对他们多少有些“好感”，或者至少认为对他们应该有点“照顾”。所以，在四次逮捕令中，他们始终没有被列名为逮捕的对象。但是以其地位之高和罪恶之大，他们不但有资格被列为“甲级战犯”，而且应该列名为首批受审的主要战犯。

事实上，检察处在决定首批受审人选的时候已经这样做了，他们是正式列名在起诉书里被控的两个人。然而对他们的逮捕却与向法庭提出起诉书同时。因此，他们入狱的时间便算是在正式起诉之后。正如我们在前面所指出的，在起诉书正式提出之后，检察官和被告便处于对立地位，彼此是不能有所往来或接触的。由于这个原因，检察处对他们二人便没有时间进行任何侦讯和录取口供的工作。在检察处对重光和梅津的控诉材料中，侦讯报告或本人口供是不存在的。

板垣征四郎和木村兵太郎也有类似的情况。他们二人之所以未被列名于 1945 年那四次逮捕令中，倒不是由于对他们有什么特殊照顾，而是因为他们那时都不在日本国内。当日本投降的时候，板垣大将和木村大将都在海外作战，担任着重要的军职（板垣是日本第七战区总司令，驻扎在新加坡；木村是缅甸派遣军总司令，驻扎在仰光）。在日本投降之后，他们都遭到当地政府的拘捕。由于他们的劣迹昭彰，早已被国际检察处选为第一批起诉的对象。但是等到开庭的前夕，他们才被押解来到东京，投入巢鸭监狱。因此，检察处也来不及对他们进行侦讯或录取口供的工作。

除了上述四人之外，其余二十四人都长期被羁押在巢鸭监狱里，并且都经过检察处很认真的侦讯，都有很详尽的口供书存案。在法庭审讯的过程中，这些口供都充分地被检察处作为证据利用了。

※　　※　　※　　※

对于第一批起诉的这二十八名被告主要战犯的名单，人们大体上是感觉满意的，遗憾的只是检察处出于微妙的原因没有把任何重要的财阀、大资本家如鲇川义介、久原房之助、中岛知久平之流列名其间。但是，除了这个缺点之外，名单还算是差强人意的；所有的被告都是长期骑在日本人民头上的野心勃勃、罪恶昭著的法西斯侵略分子。在日本多年来的政治、军事、外交宣传各方面的罪恶活动中，他们的重要性是特别突出的。

把这二十八名被告战犯的地位或罪行分析一下，我们便可发现其中有：

1. 曾任国务总理大臣的东条英机（太平洋战争的发动者）、广田弘毅（老牌外交家）、平沼骐一郎和小矶国昭（老牌法西斯军人）。这四个首相都是日本政界中赫赫威名、不可一世的人物，在整个起诉期间（1928—1945 年），他们都是日本对外侵略活动中的首要分子。

2. 积极鼓吹侵略的老牌军国主义典型人物荒木贞夫、南次郎。

3. 对华长期侵略中活动最力、罪恶最大的土肥原贤二、板垣征四郎、梅津美治郎，以及对中国人民施以残酷暴行的主犯松井石根、畑俊六。

4. 战时日本经济动员和对华经济榨取的主要策划者和执行者、理财家贺屋兴宣、星野直树。

5. 东条内阁发动太平洋战争的主要策划者及参加者永野修身、岛田繁太郎、木户幸一、铃木贞一、佐藤贤了、冈敬纯。

6. 太平洋战争期间在菲律宾、缅甸各地实施残酷暴行的主犯木村兵太郎、武藤章。

7. 积极推动侵略阴谋的老牌外交家重光葵、东乡茂德、松冈洋右，以及积极勾结德意轴心国家组织反共军事同盟的大岛浩、白鸟敏夫。

8. 疯狂鼓吹法西斯主义和对外侵略政策的理论宣传家和煽动家大川周明、桥本欣五郎。

把二十八名被告分为以上八类并不是绝对准确的，因为在这些人的长期活动中，他们的所作所为是很复杂的、多种多样的，并不限于一格。上述划分只是就他们长期的复杂的活动中最突出的重点而作出的。同时，从这八类的分法之中，我们也可以看出：检察处之所以把他们列为第一批起诉的对象绝不是偶然的，而是因为他们在全部日本对外侵略战争中不但是主要的人物，而且是有代表性的人物。[①]

① 苏联派到远东国际法庭的陪席检察官高隆斯基（苏联科学院通讯院士）在1947年3月27日关于“日本首要战犯的审判”的一次讲演中把东京被告战犯们分为（转下页）

当然，这二十八名战犯的代表性并不是完全的，可能还有不少在这八个方面或其他方面有代表性的战犯不曾被包罗进去。不过照原来国际检察处的设想，这只是起诉的第一案，其他重要战犯将来在第二案，甚至第三、第四案中还是要起诉的。这是当时国际检察处以冠冕堂皇的声明所郑重保证的。但是，后来事情的发展却证明完全不是这样。由于美国包庇日本反动势力的倾向越来越露骨，在远东国际法庭审讯第一案的过程中，国际检察处便把绝大部分在押的日本甲级战犯都个别地或分批地擅自释放了。在远东国际法庭对第一案宣判不久，国际检察处把巢鸭监狱所剩余的唯一的一批甲级战犯索性也全部释放了。至此，起诉的对象便完全消失了，远东国际法庭已经无事可做、无案可审了，结果只有无形解散。这时，"归心似箭"的法官们也乐得早日解除任务，买棹言旋。这种虎头蛇尾的做法曾引起过日本群众的非议和不满。他们问道：同样是甲级战犯，罪恶相差不远，何以有些人便判处绞刑或终身禁锢，有些人却完全逍遥法外，不但没有受到法律制裁，而且连受审都不曾经过？

对日本群众的这个问题，要找到一个合乎逻辑的答复是很难的。因此，我们唯有承认：东京审判，正如纽伦堡审判一样，只能被认为是对战犯们的一种"象征性"的惩罚。

※　　※　　※　　※

以下是远东国际法庭受理的首先被控的二十八名甲级战犯的简历——按：各人的年龄系以 1946 年开始受审时计算；他们自

（接上页）五类，即：一、国务总理大臣；二、军事要人；三、外交要人；四、财政经济要人；五、日本帝国主义思想家。他把宫廷重臣木户幸一侯爵列于五类之外而独自成为一类。这虽不失为一种可行的分类法，但是它的毛病却是在各类战犯的数字上太不平衡。被告中可以列入"军事要人"一类的要占半数以上，而其他各类却只能有二三人或三四人。此外，把许多"军事要人"笼统地划为一类也不易表现他们各自的特征和罪责重点之所在。因此，我们不采取高隆斯基的分类法。

1928年至1945年(即本案控诉的犯罪时期)的经历是按照起诉书附件(戊)编录的:

荒木贞夫　七十岁,日本陆军士官学校及陆军大学毕业,曾任驻俄使馆武官,伯力特务机关长,宪兵司令官,参谋本部第一部部长,陆军大学校长,第六师团长等职。

荒木于1928年至1945年之间(即本案控诉的犯罪期间)曾担任下列各要职:陆军教育总监部总务局局长(1931年);犬养内阁及斋藤内阁之陆军大臣(亦称"陆相",1931年12月至1934年7月);晋升陆军大将(1933年);最高军事参议官(1934年至1936年);内阁对华顾问委员会顾问官(1937年);近卫内阁及平沼内阁之文部大臣(亦称"文相",即文化教育大臣,1938年5月至1939年8月);内阁顾问官(1940年至日本投降止)。

荒木一向被认为是法西斯军国主义分子的典型,富于侵略思想。由于1931年侵占中国东北四省有功,遂被封为男爵。他曾利用其影响压迫外务省,使日本退出国际联盟。自1932年"五一五事件"后,他和真崎参谋次长及林教育总监便逐渐形成了日本陆军之三大中心人物。[1] 1931年"三月事件"及"十月事件"发生时,

[1] 所谓"五一五事件"系指1932年国务总理大臣犬养毅被杀事件。"九一八事变"发生、日军侵占中国东北四省并建立"满洲国"之后,日本政府内部有两派不同的意见。一派主张与中国重开谈判,使局势暂时和缓一下;一派主张抓紧机会,继续扩大对中国的武力侵略。犬养是属于前一派的,荒木是属于后一派的。1931年底犬养奉命组阁,他原打算以阿部信行为陆军大臣,但是由于军部的压力和威胁,这个职位还是给荒木夺取了。荒木是得到"皇道派"法西斯军人的拥护的。于是,总理大臣与陆军大臣之间便时常发生争执。在1932年5月8日犬养于横滨发表反对军人干政、赞扬民主政治的演说之后,这个争执发展到了爆炸点。1932年5月15日,当犬养首相因患病正独自在官邸休养的时候,被闯进去的几个少壮军官给暗杀了。被告大川周明为这个暗杀提供了手枪。被告桥本欣五郎在他所著的《世界再造之道》一书中,承认他也与这次暗杀事件有关。

皇道派少壮军人及法西斯狂徒曾拟拥戴荒木、林、真崎三大将组织以荒木为首的军事独裁内阁，但未获成功。[①]

土肥原贤二　六十四岁，陆军士官学校及陆军大学毕业，多年浪迹中国，从事间谍颠覆活动，是中国人所最熟识的著名日本特务。他担任过步兵第三十联队队长，奉天特务机关长，步兵第九旅团长等职。

土肥原于1928年至1945年间，曾担任下列各要职：中国东北特务机关长（1931年9月，即“沈阳事变”* 发生时）；沈阳市长（1931年9月至10月，日军侵占时期）；供职关东军总司令部（1933年）；华北“自治政府”首席顾问；驻中国东北日本第五军军团长（1938年至1940年）；最高军事参议官（1940年至1943年）；陆军航空总监（1941年）；晋升陆军大将（1941年4月）；日本东部军总司令（1943年）；驻新加坡日本第七方面军总司令（1944年

① 所谓“三月事件”和“十月事件”系指1931年“九一八事变”发生前后在日本国内发生的两次未成功的“政变”。“三月事件”是被告桥本和大川所计划的。计划中的步骤是先由大川等发动并领导一个旨在对议会和政党表示不满的群众性的大示威，在示威中力图和警察发生冲突并使其扩大，从而造成一个恐怖混乱的局面，然后由陆军来宣布戒严，以便达到解散议会、建立军事独裁政权的目的。桥本把陆军演习用的三百个炸弹交给了大川，他们想用这些炸弹去引起群众的惊愕和混乱，加强真像一个暴动的外观。但是由于大川欢喜若狂、热心过火，他事先便把这个阴谋计划透露给当时的陆军大臣宇垣。宇垣这才看清了阴谋的全貌，他于是立刻运用了他的一切力量和影响把这个计划打消了。于是所谓“三月事件”在未发生以前便被阻止了。所谓“十月事件”，也是少壮军人企图发动的一次未成功的“政变”。这时“九一八事变”已经发生，有一些激烈的少壮军人不满于政府的顾虑太多，患得患失，而主张由日本陆军干脆占领和开发“满洲”全部，以便进一步侵略中国。但是，他们认为，要实行这一主张非先解散国会、取消政党而由军人组织军事独裁政权不可。他们的计划是要“用暗杀政府首脑的手段，来廓清思想上和政治上的气氛”。桥本和他的樱会是这个阴谋计划的中心。桥本自己供认：为了迅速树立以荒木为首的政府，他打算在1931年10月上旬便要实行这个计划。但是由于根本中佐的告密，这个阴谋未实行便被破坏了，为首者桥本等并且都遭到了逮捕。

* 即“九一八事变”。——整理者注

至 1945 年）；陆军教育总监（1945 年 4 月）。

土肥原是日本军人中最著名的“中国通”。他是曾任袁世凯顾问的坂西利八郎门下的杰出弟子。在 1931 年 9 月 18 日“沈阳事变”之前，他已经在中国呆过二十多年，能操一口流利的华语，结交了许多中国的军人、政客。他一贯从事间谍特务活动，为日本搜集秘密情报，并极力在当时的中国军阀之间挑拨离间，翻云覆雨。因此，在北洋军阀混战时代，几乎每一次的中国内战或政变（如直皖战争、两次直奉战争、张勋复辟等）都有此人插手其间。至于“皇姑屯事件”、“九一八事变”、“七七事变”、“满洲国”的成立等，那更是他精心策划的“杰作”。土肥原在 1931 年不过是一个陆军大佐，但是由于他侵略中国有功，到了 1941 年便晋升为陆军大将。这在日本是罕有前例的。土肥原与臭名远扬的板垣征四郎、矶谷廉介、冈村宁次是日本陆军士官学校第十六期同班毕业生，他们早已立志要毕生致力于侵华活动，妄图灭亡中国。[①] 四人之中，土肥原无疑地是最积极、最凶猛、阴谋最多、手段最毒的，他对中国人民犯下了无数令人发指的罪行。

桥本欣五郎　五十七岁，陆军士官学校及陆军大学毕业，曾任

① 这四个野心勃勃的侵华巨酋的姓名和罪行都是中国人民所耳熟能详的。他们的下场也不尽相同。土肥原和板垣是在远东国际法庭被控的两名被告，最后由法庭判处了他们绞死刑。矶谷因地位较低，未被国际检察处当作首要战犯向远东国际法庭起诉。他是 1946 年夏季盟军总部根据中国方面的要求把他押送到中国去受审的，不久便被判处了死刑。冈村是四人之中最“幸运”的一个。他不但未被判死刑而且得以逍遥法外。查冈村系日本最后一个中国派遣军总司令，以实行其穷凶极恶的“三光政策”而为中国人民所痛恨。在日本投降时，他奉命代表日本办理在华日军投降及遣返等善后事宜，遂与蒋记政府建立了较为密切的联系。因此，冈村形式上虽亦列名战犯，但是在蒋记政府逃迁台湾之前便被宣判无罪而释放了。这是 1949 年 1 月 26 日的事情。释放后不到五天工夫，他便连同二百六十名已经判决并在中国服刑的日本战犯被一艘美国军舰接到日本去了。冈村回到日本之后逍遥法外，继续从事敌视中国人民的活动。

驻俄使馆及驻土耳其使馆之武官。在土耳其时，他深敬土耳其总统凯末尔之为人。回国后遂模仿土国之国民运动，在日本纠合青年军官组织“樱会”，鼓吹“天皇归一”之法西斯国家体制。那时桥本不过是一个中佐军官，但是他的煽惑力却很大，在少壮军人之中追随者甚众。

桥本于1928年至1945年间的主要经历如下：供职于陆军参谋本部（1933年起）；自陆军现役中退休（1936年2月）；撰著“桥本欣五郎宣言”（1936年）；重入陆军现役（1937年）；南京大屠杀时指挥炮兵联队（1937年）；指挥炮击“瓢虫号”与“巴纳号”两舰之日本军队（1937年）；著作大量书籍，常在《太阳大日本》杂志及其他刊物上发表文章，并常作公开讲演，均系鼓吹侵略战争者；参加若干社会团体，其目的均在怂恿军人控制政府，促进侵略战争；策动若干阴谋，其目的在打倒他认为侵略野心不足之政客及官员；大政翼赞会创办人之一（1940年）；当选为众议院议员（1942年）。

桥本是一个极端法西斯型的国家主义者，一贯疯狂鼓吹大日本沙文主义及军事独裁政体。他和大川周明（另一法西斯狂徒）是1931年的“三月事件”及“十月事件”的主谋，妄图以军事政变推翻内阁，组织军人独裁政府。政变失败之后，他又纠合若干少壮军人成立法西斯色彩浓厚之“日本青年党”。1937年全面侵华战争爆发后，他率领日军转战于杭州湾、芜湖、松江、九江庐山各地，并疯狂地击沉了英美军舰，因而给日本制造了外交麻烦。[①]被调回

① 日军在1937年进攻南京时击沉了美国军舰“巴纳号”（Panay）、英国军舰“瓢虫号”（Ladybird），当时曾引起西方国家的震惊。日本军队此举原系有意试探美英等国的态度，并非偶然的意外。后来由于美英态度强硬，日本便软化了。它向它们表示了“深切的遗憾”和“真诚的歉意”，并且答应“赔偿一切损失”、“惩办肇事人员”以及“发布预防将来可能发生类似事件的必要命令”。这事件通过外交途径解决之后，为祸之首桥本欣五郎便奉命解除了现役军职，离开了中国战场，而返回日本去从事政治活动了。

国之后，桥本又把他的“日本青年党”改组为“赤诚会”，其后又以“赤诚会”参加统一的“大政翼赞会”新体制。在新体制中，桥本是一个重要角色，他担任着该会的常任总务，直至日本投降。

畑俊六　六十八岁，陆军士官学校及陆军大学毕业，是日本典型的法西斯军人，以鼓吹军器机械化闻名。在1904—1905年的日俄战争时，他任野炮第一联队中尉，于松树山战役中受伤，子弹穿入胸膛，故此人终身瘦弱，形似病夫。

畑于1928年至1945年间曾担任下列各要职：伪满时期在中国东北任日本驻军师团长（1933年）；日本陆军航空局长（1935年）；台湾军总司令（1936年至1937年）；陆军教育总监兼最高军事参议官（1937年8月）；晋升陆军大将（1937年2月）；华中派遣军总司令（1938年2月）；最高军事参议官（1939年1月）；阿部内阁陆军大臣（1939年8月至1940年1月）；第二次任华中派遣军总司令（1940年7月至1944年）；晋升陆军元帅，为元帅府成员（1944年6月）；陆军教育总监（1944年11月起至日本投降止）。

畑服务日本陆军四十余年，在日本军人中是一个具有现代战术头脑的杰出人物。在日本法西斯少壮军人强夺政权的阴谋和斗争中，他时常是参加者之一。畑在两度担任日本华中派遣军总司令时，转战于长江流域达四五年之久。对于日军在华中所犯的无数残酷暴行，他是负有直接责任的。

平沼骐一郎（前首相）　八十岁，东京帝国大学法科毕业。他是远东国际法庭审判的二十八名首要战犯中年龄最长、资格最老的。在1923年出任司法大臣、踏入政界之前，平沼多年以来一直在司法界服务，是一个职业法官，并于1911年担任过检察总长。1923年山本首相第二次组阁，平沼受任为司法大臣，这是平沼参加政治活动的第一步。从此以后，他便放弃了其司法官生涯而积极地投入政治运动，从一个先天的神道主义者逐步变成了日本法西斯的先锋和首领。日本最早的法西斯团体“国本社”便是平沼发起和主持的。

平沼于1928年至1945年间曾担任下列各要职：“国本社”社长（1926年至1936年，平沼实为该组织之创办人）；枢密院副议长（1930年至1936年）；枢密院议长（1936年至1939年）；国务总理大臣（1939年1月至8月）；近卫内阁国务大臣、副首相（1940年7月至1941年10月）；思想控制会委员（1941年8月）；枢密院议长（1945年）。

平沼后半生的政治活动之所以一帆风顺，完全是由于他的大日本主义和法西斯的思想主张能够迎合激进派少壮军人的心理，因而取得他们的信任和拥护。他同陆军中的荒木、真崎和海军中的加藤、末次等巨头密切勾结，互相支援，在日本政界中几乎是一个“不倒翁”。他利用他曾任司法官数十年的资望，在日本司法界中广泛地拉拢党羽，散播法西斯种子。平沼因为年事较高，在外表上看起来“道貌岸然”，颇有“淳厚长者”之风，实则非常深沉险诈，几乎每次日本政变背后都有他的阴影。

广田弘毅（前首相） 六十九岁，东京帝国大学法科政治系毕业。广田毕生服务于日本外交界，是一个法西斯色彩十分浓厚的老牌外交家。他在外务省服务数年之后，即晋升为驻荷兰公使，旋又调回外务省，任欧美局局长。

广田于1928年至1945年间曾担任下列各要职：驻苏联大使

（1930年）；斋藤内阁外务大臣（1933年9月至1934年7月）；冈田内阁外务大臣（1934年7月至1936年3月），国务总理大臣并一度兼任外务大臣（1936年3月至1937年2月）；近卫内阁外务大臣（1937年6月至1938年5月）；内阁顾问官（1940年）。

广田1936年任首相时曾勾结德国缔结德日防共协定，其倾向法西斯轴心之态度已昭然若揭。其后于任近卫内阁之外相时又成立德日意三国防共军事同盟，正式把日本的国策拖上了轴心勾结的路线。1937年起侵华战争之逐步扩大，终至不可收拾，近卫首相虽首当其罪，咎有应得，但身任外相的广田逢迎军阀，一味蛮干，实亦负有重大责任。同平沼一样，广田的政治资本也是善于以法西斯侵略思想和作风勾结反动军人，从而博得他们的欢心和爱戴。广田是极端黩武主义团体“玄洋社”的中坚分子，亦即被外间称为“黑龙会”的法西斯组织的重要角色。

星野直树　五十五岁，1917年于帝国大学毕业后即进入大藏省（财政部）供职多年，以理财手腕灵活、能力高强见重一时，被誉为日本财政界“后起之秀”。

星野于1928年至1945年间曾担任下列各要职：“满洲国”政府财务处总务局局长（1932年）；“满洲国”财政部总务司司长（1934年）；“满洲国”政府财政部次长（1936年）；“满洲国”国务院总务厅厅长（1936年12月）；“满洲国”总务长官（1938年7月）；[1] 近卫内阁企划院总裁，继任国务大臣（1940年7月至1941

① “满洲国”傀儡政府的官制，每部设部长（亦称“总长”，后改称“大臣”）一人，由一挂名之中国傀儡充任；设次长一人，由掌握实权之日本人充任。是故所谓“次长”事实上便是该部独揽大权之最高长官。这些日本次长每星期集会一次，会上的一切（转下页）

年 4 月）；东条内阁书记官长兼国务大臣（1941 年 10 月 16 日至 1944 年 7 月）；大藏省顾问官（1944 年 12 月）。[1]

星野到“满洲国”以前不过是日本大藏省的一个干练职员，但是他到了“满洲国”之后，便逐渐成了一个侵略能手。他勾结历届在满洲的菱刈、本庄、三宅、冈村、东条等日本关东军巨头，组织所谓“满洲友之会”，博得他们的信任和赏识，因而攫到了“满洲国”的财政大权，对中国东北人民实行残酷的经济剥削、掠夺和榨取，使东北的全部资源和人力尽为日本的侵略战争政策服务。在从事这种罪恶活动达八年之久以后，星野回到国内，担任近卫内阁和东条内阁中的要职，使日本一方面能持续其侵华战争，一方面能发动其对美英各国的太平洋大战。在日本人心目中，星野是东条的左右手之一。

板垣征四郎　六十二岁，仙台陆军幼年学校及陆军士官学校毕业，曾参加 1904—1905 年日俄战争。此后便供职于关东军，在中国东北长期从事罪恶活动。他和著名的“中国通”土肥原、冈村、矶谷等是士官学校同期毕业生，也是中国人民所最痛恨的日酋之一。

板垣于 1928 年至 1945 年间曾担任下列各职务：关东军陆军大佐（1929 年）；关东军副参谋长（1934 年）；日本驻华第五师团长（1937 年 3 月）；关东军参谋长（1936 年至 1937 年）；近卫内

（接上页）决议只是提交傀儡政府的“国务会议”一字不改地照案通过，付诸实施。“满洲国”的所谓“国务总理”，情形亦复如此。这个职位名义上由一名老朽昏庸的大汉奸（如郑孝胥、张景惠之流）担任，但是在国务院里设有“总务厅长”（或“总务长官”），事实上便是国务总理。他独揽“满洲国”的一切行政大权，大小汉奸对他都是奉命唯谨的。星野长期担任过这个职务，他对“满洲国”的种种罪恶措施当然要负很大一部分的责任。

阁及平沼内阁之陆军大臣兼内阁满洲事务局总裁（1938 年 6 月至 1939 年 8 月）；中国派遣军参谋长（1939 年 9 月）；朝鲜军总司令（1941 年 7 月至 1943 年）；最高军事参议官（1943 年）；驻新加坡日本第七方面军总司令（1945 年 4 月）。板垣于 1932 年晋升关东军少将，1937 年 5 月还曾供职于参谋本部，1941 年 7 月晋升陆军大将。

板垣 1929 年只是关东军的一个陆军大佐，到 1938 年便出任陆军大臣，1941 年更被擢为陆军大将，其晋升之速在日本是罕有先例的。其所以然者，无非是为了酬劳他侵略中国的“巨大功绩”。在任职关东军时代，板垣是日军侵占中国东北，强使其脱离中国和成立“满洲国”傀儡政权的主要策划者和执行者。据说他自己还一度梦想过要做“满洲国皇帝”。1937 年全面侵华战争发动之后，他又率领日军转战于山西、山东、苏北等地，对中国人民犯下了无数的残酷暴行。同土肥原一样，板垣的名字和罪迹在中国人民中是妇孺咸知的。在日本投降的时候，板垣正在新加坡任日本派遣军总司令。他是在远东国际法庭正式开审的前一天才被押解到东京的。

贺屋兴宣　五十八岁，是战时日本最突出的一个理财能手，有“财政魔术家”之称。

贺屋于 1928 年至 1945 年间曾担任下列各要职：大藏省（财政部）书记官长（1934 年）；近卫内阁大藏大臣（1937 年 6 月至 1938 年 5 月）；兴亚院顾问（1939 年）；华北开发株式会社总裁（1939 年至 1941 年）；东条内阁大藏大臣（1941 年至 1944 年 2 月）；大政翼赞会理事（1944 年）。

贺屋之所以能取得日本战时财政大权，也是由于他在政治主张上能够迎合法西斯军人的侵略政策和战争政策，从而得到他们的欢心和支持。在日本发动对外侵略战争的两个最重要的（全面侵华战争和太平洋大战）时期，贺屋都担任着藏相的职位，不啻是日本战时财政的总指挥。他控制着日本国内的金融、货币和对外贸易，动员了全国的财力资源，因而有力地支持了军阀们的侵略战争。在担任所谓“华北开发会社”总裁时期，他对中国资源还进行过直接的残酷掠夺和榨取。在日本投降前不久，日本政府妄图挽救濒于破产的金融，设立了一个“通货对策委员会”，由贺屋任委员长。这是贺屋在日本政府中担任的最后一个要职。但是由于日本经济日益恶化，通货膨胀急转直下，这个号称“魔术家”的“魔术”至此也就无能为力了。

木户幸一　五十八岁，系明治维新时元勋木户孝允之孙，世袭侯爵。木户曾毕业于东京帝国大学法科。在校时与绰号“花花公子”的近卫文麿交情最深，因为两人同自贵族出身而又志趣相投。在此后的长期政治生涯中，他们互相勾结、彼此支援，逐渐成了日本政界的两个显赫人物。木户在大学毕业后便投身政界，任农商省事务官、工务局课长、产业合理局部长等职。

木户于1928年至1945年间曾担任下列各要职：内大臣府书记官长（1930年）；近卫内阁文部（文化教育部）大臣（1937年）；近卫内阁厚生（实业、生产）大臣（1938年）；平沼内阁内务大臣（1939年）；内大臣（1940年至1945年）；日本天皇之首席机要顾问。木户还多次担任过“重臣会议”的主持人。

木户曾长期供职内大臣府，继又亲任内大臣多年。他对日本政界波涛起伏、风云变幻的影响是非常巨大的，因为内大臣不但是最亲近日本天皇的一个宠臣，而且是联系天皇与内阁的枢纽；每次内阁改组和首相更迭都要由他上奏天皇裁可的。[①] 木户任内大臣之初，正值近卫内阁改组，日本军人酝酿发动太平洋大战，并坚决要拥护东条英机上台。木户对此不但未加遏制，而且推波助澜，予以支持。说者谓东条“冒险内阁”的组成，木户的推荐实与有力。同近卫一样，木户也是贵族中被法西斯军阀所操纵而甘愿为其工具之一人。

木户爱作日记，数十年如一日。在日本投降后，他的这部巨帙的日记被盟军总部所搜获，旋即移交给了远东法庭，保管于档案室中。多年以来，木户一直是日本政府中的关键人物之一，因而他的日记对于法庭认清日本政治演变的内幕情况，例如侵略政策的逐步形成、侵略战争的逐步推进、历届内阁的人事更迭、军人派系的明争暗斗等，是非常有帮助的。诉讼双方也都从这部日记中尽量搜取有利于己方的材料而加以摘录，作为证件向法庭提出。不过有鉴于木户本身便是一个法西斯思想极浓而且富于封建贵族阶级偏见的人，法庭对他的日记的作证价值还不是完全无条件、无保留地肯定的。然而，尽管如此，木户日记还不失为关于日本近二十年来最高层政治、经济、军事、外交各方面的内幕活动和演变的最详

① “内大臣府”和“内大臣”（有时亦称“宫内大臣”）在战前日本政治上的地位是非常重要的。“内大臣府”不是内阁的一个附属机关，而是照料天皇和管理宫内的一切事务的最高机关；“内大臣”不是内阁的一名阁员，而是联系内阁和天皇的媒介人，同时又是天皇最亲信的政治顾问和助手。每次政府改组，内阁更迭，以及继任首相和各部的人选，都要通过他奏请天皇予以“裁可”，因此，他不但是日本政治中的一个关键人物，而且对各种改变内幕情况最为熟识，木户担任此职多年，他的私人日记当然不能不为法庭所重视。

细、最有系统而且比较准确的私人记载。[①]

木村兵太郎　五十八岁，陆军士官学校炮科及陆军大学毕业，曾任陆军师团部参谋，第一次世界大战后奉派随日军出征西伯利亚，旋任驻德武官。回国后，木村长期供职于参谋本部，并兼任陆军大学教官。

木村于 1928 年至 1945 年间曾担任下列各要职：关东军参谋长（1940 年）；近卫内阁及东条内阁之陆军次官（1941 年至 1944 年 2 月）；最高军事参议官（1943 年）；缅甸日军总司令（1944 年）；晋升陆军大将（1945 年）。

木村在任关东军参谋长以前是一个干练的职业军人。但是自从担任了关东军参谋长之后，特别是在两度担任陆军次官之后，他便成为日本法西斯军人侵略集团的一员，并且在其中占有重要的地位。在太平洋战争的后期，木村奉派驻扎缅甸，任日军总司令。对日军在缅甸的种种残酷暴行，他是负有直接责任的。这是他后来被远东国际法庭判处绞刑的主要原因之一。

木村于日本投降时仍停滞在缅甸，他是在远东国际法庭开庭的前夕才被押解到东京来受审的。

小矶国昭（前首相）　六十七岁，陆军士官学校及陆军大学毕

① 在巨帙的"木户日记"中，仅系有关各被告罪责的部分才被法庭涉讼双方所摘要录去，作为证据向法庭提出。检察方面所摘录的是不利于各被告的记载，辩护方面所摘录的是有利于各被告的记载。但这些记载只占日记中的很小一部分，而全部日记对于日本近二十年来政治外交的历史研究都有巨大的价值。故此，盟军总部便把它全部照相影印了一百份，这些影印本连同日记原本都已被运往华盛顿，由美国陆军部所独占，连一部影印的副本都不肯给予同它并肩作战的盟国，由此可见美国政府之专横自私。

业，曾参加1904—1905年日俄战争；随即奉派至中国东北，担任特务间谍工作；继供职参谋本部及参加军队工作，历任步兵第二联队大队长、第五十一联队队长等职，1926年晋升陆军少将，1931年晋升陆军中将。

小矶于1928年至1945年间曾担任下列各要职：陆军省军务局长（1930年）；犬养内阁陆军次官（1932年）；关东军参谋长（1932年至1934年）；朝鲜军总司令（1935年至1936年）；平沼内阁拓殖大臣（1939年）；米内内阁拓殖大臣（1940年）；朝鲜总督（1942年5月）；国务总理大臣（1944年7月至1945年4月）。小矶于1937年晋升为陆军大将。

小矶国昭和畑俊六系士官学校同期毕业生。他俩都是日本军人法西斯集团中的核心人物，同时又是在战略战术方面较具现代头脑的人物。小矶在1925年任参谋本部兵用地志班班长时即主张开凿下关与门司之间的地道，并且将他亲自设计的图案分送各有关方面征求同意，后来得到上级的批准。此项工程早已完工。小矶从那时起便大露头角，此后二十年里他在政治上扶摇直上，平步青云。但是到他继东条内阁而登上首相宝座的时候，日本的失败已经注定，无可挽救，因此他在任首相的九个月期间只是维持残局，毫无建树可言。

松井石根　六十九岁，陆军士官学校及陆军大学毕业，长期供职于参谋本部，继任关东军特务机关长及陆军第十一师团团长等职。松井在日本军人中亦有"中国通"之称号；为了替日本全面侵华作准备，他对中国地理形势特别是中国东南沿海各省的地理形势研究至深，了解至切。

松井于1928年至1945年间曾担任下列各要职：日内瓦军缩会议日本陆军全权代表（1931年）；最高军事参议官（1933年3月）；华中派遣军总司令（1937年10月至1938年2月）；内阁顾问官（1938年7月至1940年1月）；兴亚同盟顾问（1940年）；大政翼赞会大东亚事务部顾问（1943年）；大东亚开发株式会社总裁（1944年）。松井于1933年创办“大东亚社”，并晋升为陆军大将。

在日本法西斯军人集团中，松井最大的特点是，除了精通中国的地理形势之外，他一贯主张“大陆政策”（主张日本的侵略矛头应首先指向中国及亚洲大陆）并竭力鼓吹“大亚细亚主义”（即主张日本独霸亚细亚，不容欧美白种人染指）。1937年7月全面侵华战争爆发，日军在淞沪作战失利，三易主帅，最后改派松井为总司令。松井率领日军由杭州湾登陆，攻克上海，直扑南京。1937年12月南京沦陷后，松井纵容部下对中国平民实行肆无忌惮和不分皂白的屠杀、强奸、放火、抢劫种种罪行，持续达六个星期之久，被杀者达数十万人之多，造成史无前例的“南京大屠杀事件”。这一事件当时曾轰动全世界的舆论，遭到善良人类的谴责。日本政府有鉴于此，遂不得不将松井调遣回国。松井回国后对南京惨案佯表忏悔，并声言将事退隐，实则他的法西斯侵略活动迄未停止。[①] 松井对南京大

① 松井在法庭辩护时曾提出一张他在私邸设置的奉祀南京死亡将士祭坛的照片，企图借此证明他确有忏悔的诚意。他说：自从南京大屠杀事件发生以后，他回到日本便感到内疚神明，抱歉万分，于是决心退出政治，茹斋礼佛，并设有祭坛，朝夕礼拜。但是松井这些举动完全是虚伪的矫揉造作。他提出的那张所谓“祭坛”照片上显示着他在“祭坛”上设有两块牌位，一块写着“日本阵亡将士之灵位”，一块写着“中华阵亡将士之灵位”。松井把侵略者和被侵略者、杀人者和被杀者等量齐观，而且被祭祀的对象只是双方的将士，根本没有涉及被杀害的数十万中国人民，这是十分荒唐的。同时，松井的“退休”之说也是虚伪的。记录表明：他在1938年初奉调回国之后，还在内阁以及兴亚同盟、大政翼赞会等法西斯团体中担任过重要职务，1944年起更就任最富于侵略性的“大东亚开发株式会社”的总裁。

屠杀事件的罪责是他后来被远东国际法庭判处绞死刑的主要原因。

松冈洋右　六十六岁，生长于美国俄勒冈州。回日本后，供职于外交界，善操英语并工于逢迎，益以鼓吹侵略，遂博得法西斯军人之欢心而逐步跻身于外交显要之列。

松冈于1928年至1945年间曾担任下列各要职：出席国际联盟大会的日本首席代表（1933年）；南满铁路总裁（1935年至1939年）；内阁顾问官（1940年）；近卫内阁外交大臣（1940年7月至1941年7月）。松冈著有《昭和维新》（1938年）及其他书籍和论文，并常发表演说，鼓吹轴心同盟及侵略战争。

松冈是日本外交家中最狂妄之一人。他曾代表日本宣布退出国际联盟；极力鼓吹与德意法西斯国家勾结，组成轴心军事同盟。同苏联缔结中立条约更是他一生的"得意杰作"。未几，德军开始进攻苏联，近卫三次内阁最后倒台，而这位狂妄自大、不可一世的松冈洋右的政治生命也就从此宣告结束。那时他的肺病复发，长期养疴故里。被捕时，他已病入膏肓，受审不到四个月便与世长辞了。此后，他的名字便从被告名单中一笔勾销，因而法庭判决书中也就没有判处他的罪行。

南次郎　七十三岁，陆军士官学校骑兵科毕业，历任骑兵第三旅团长，驻华日军司令官，骑兵学校校长，士官学校校长，骑兵总监，陆军第十六师团长，参谋本部次长，1930年晋升陆军大将，为当时日本军人中资格最老者之一。

南于1928年至1945年间曾担任下列各要职：朝鲜军总司令（1929年）；若槻内阁陆军大臣（1931年4月至12月）；最高军事

参议官(1931年至1934年);关东军总司令(1934年至1936年);朝鲜总督(1936年至1942年);枢密院顾问官(1942年至1945年);大日本政治会总裁(1945年)。

南次郎同荒木贞夫一样,是一个老牌的法西斯军人的典型,富于神道观念及侵略思想。他们几乎成了日本少壮派军人崇拜的偶像。1931年"九一八事件"发生时,南正任陆军大臣。他非但不惩戒肇事军人,而且对他们百般庇护,欺蒙若槻首相及压制内阁同僚,不令事件和平解决而使战争扩大至东北四省全部。在日本侵占中国东北全境以及"满洲国"成立的过程中,南次郎的阴谋活动随处可见,其影响十分重大,作用极其恶劣。南次郎又曾任朝鲜总督多年,他在伪善的假面具之下,对朝鲜人民的剥削、奴役和镇压是无所不用其极的。他是朝鲜人民最痛恨的日本巨酋之一。

武藤章　五十五岁,陆军士官学校及陆军大学毕业。毕业后授陆军大尉,并奉派赴欧美考察,旋在德国学习陆军战术。归国后,供职于陆军省及参谋本部。

武藤于1928年至1945年间曾担任下列各职务:陆军大学教官(1930年至1932年);陆军省军务局高级职员(1935年至1936年);参谋本部课长(1937年);陆军省军务局长(1939年10月至1942年4月);武藤并曾在苏门答腊任日本第二警卫师团总指挥(1943年),在菲律宾任山下奉文大将统率的日本第十四方面军参谋长(1944年)。此外,武藤在1937年8月以后还先后供职于华中派遣军参谋部、关东军总司令部,为陆军大佐。

武藤是各被告中比较年轻的一个。他是日本法西斯军人中的"后起之秀",以精通战术及足智多谋著称。他的官阶虽不高,但实权却很大。他供职于陆军省军务局很久，并担任过该局局长数年。军务局系日本陆军省的一个中心枢纽，地位至为重要。在他任军务局长时，他对侵华战争之扩大，汪伪政权之成立，日德意轴心之勾结，日军之强占安南，日美交涉之破裂，以及太平洋大战之发动和对美英各国之宣战等，都作了重要的甚至可说是决定性的献策。在他指挥苏门答腊日本警卫军和在菲律宾任山下奉文大将参谋长的时候，他纵容并指使部下对当地人民犯下了无数的残酷暴行。[①] 他之所以后来被远东国际法庭判处绞刑，暴行罪责的严重程度是主要原因之一。

永野修身　六十七岁，海军耆宿，日本海军学校及海军大学毕业；1904—1905 年日俄战争时任海军特别陆战队中队长，以成功炮击旅顺港被誉为有指挥能力之军人；1920 年任日本驻美使馆海军武官及华盛顿军缩会议日方海军代表加藤大将之随员；回国后任军令部参谋及第三舰队司令官；其后又历任第一派遣海外舰队司令官及练习舰队司令官。

永野于 1928 年至 1945 年间曾任下列各要职：海军参谋次长（1930 年）；日内瓦海缩会议日本代表（1931 年）；最高军事参议官（1933 年）；伦敦海缩会议日本首席代表（1935 年）；广田内阁海军大臣（1936 年 3 月至 1937 年 2 月）；日本联合舰队总司令（1937 年）；（再任）最高军事参议官（1940 年）；海军参谋总长（1941 年 4 月至 1944 年 2 月）。永野于 1934 年晋升为海军大将，后来又晋升为海军元帅。

---

① 山下奉文大将系驻菲律宾日军总司令，他是在 1945 年被驻菲美国军事法庭判处绞刑的，同时被判处绞刑的还有本间雅晴。本间是在日本被捕，后来被引渡到菲律宾去受审的。

永野是日本资格最老的海军名将之一。他除了一般地参与了日本法西斯军人夺取政权及对华侵略的种种阴谋之外，特别是对偷袭珍珠港和发动太平洋大战要负重大责任。同当时的首相东条英机和联合舰队总司令山本五十六一样，他也是一个主张进攻珍珠港和对美、英等国作战最力的人。

永野在审讯过程中患病身死。自那时（1947 年 1 月 5 日）起，他的名字便从被告名单中取消了，因此远东国际法庭的判决书中也就没有对于他的判处。

冈敬纯　五十七岁，海军学校及海军大学毕业。第一次世界大战时曾率日舰对德作战，战后奉派赴土耳其考察，归国后长期供职于海军省及海军军令部。

冈于 1928 年至 1945 年间曾担任下列职务：海军省总务局及军务局课长（1938 年）；海军省总务局及军务局局长（1940 年 10 月至 1944 年 8 月）；小矶内阁海军次官（1944 年 7 月）；镇海（朝鲜）海军要港司令官（1944 年 9 月至 1945 年 6 月）。冈于 1942 年晋升为海军中将。

冈敬纯一生服务于日本海军，以有事务才能著称。他的官阶虽不甚高，但所居的职位却很重要，最能影响上级的决策。同武藤在日本陆军中所处的地位一样，冈在日本海军中也是一个举足轻重的关键人物。他长期供职于海军省军务局并担任过该局局长多年，而这些年代又正是日本的“多事之秋”，许多重大的军事决策，特别是以海军偷袭美国的珍珠港、发动太平洋海战和攻占西方国家在东南亚各属地等，都是在冈的任期内做出的，冈当然是这些侵略阴谋的参与者之一。据说，与东条、山本和永野不同，冈同他的上司岛田海军大臣对于日本海军在太平洋的种种冒险计划是主张要慎重考虑的，因而被当时的一般法西斯军人讥为“胆小”、“无能”。但是他的“胆小”、“无能”并没有阻止他们屈服于这些冒险计划，也没有阻止他们积极地执行这些冒险计划。因此，他对于这些计划仍是负有一定的责任的。

大川周明　六十一岁，日本法西斯文人中最狂妄的宣传家和煽动家。大川系东京帝国大学哲学科毕业，最初研究印度哲学，继则对殖民制度及殖民政策深感兴趣。1925 年撰有《特许殖民公司制度之研究》论文，得授法学博士学位。自那时起，大川即从事写作及讲演，鼓吹大日本主义、大亚细亚主义之类的法西斯学说，并组织“老壮会”、“犹存社”等法西斯型的神秘团体。1924 年大川与安冈正笃（金鸡学院院长）合作，创办《日之出》杂志，鼓吹打倒政党及特权阶级，联合对现状不满分子，形成右派中心势力，俾以武力夺取政权。

大川于 1928 年至 1945 年间的主要活动有：担任南满铁路东亚研究所所长（1926 年起）；参与策划“九一八事变”；撰写《日本文明史》（1935 年）及其他多种书籍和论文，并时常发表演说，一贯鼓吹侵略战争，鼓吹以暴力将白种人逐出亚洲。

大川是种族主义、沙文主义的疯狂宣传者及煽动者，惯于在政治上兴风作浪，其行径同狂妄军人桥本欣五郎至相类似。因此，他们两人在政治上的结合亦最密切。1931 年以失败告终的“三月事件”和“十月事件”是他两人策划并主持的。[①] 是年“九一八事变”

① 关于 1931 年“三月事件”和“十月事件”以及 1932 年“五一五事件”的详情，见本节“荒木贞夫”项下的两条脚注。

日军侵占沈阳的阴谋，他们两人也都有份。“九一八事变”成功之后，大川在次年（1932年）更创设另一法西斯团体（“神武会”），企图结合少壮军人，以暴力推翻内阁及议会，实行“昭和维新”。1932年5月15日刺杀犬养毅首相事件（即著名的“五一五事件”）也是大川在幕后策划并供给军火。以罪证确凿，大川被检举入狱，并被法院判处徒刑十五年，后减为四年。1937年大川出狱后，正值中日全面战争爆发，当时日本的空气更有利于大川的大亚细亚主义及法西斯主义的宣传。此时的大川不但是一个有名的社会人物，而且是首相近卫文麿的入幕之宾，誉者且称其为“近卫智囊团”的中坚分子。在战争的年代里，大川仍然狂妄地鼓吹他那一套日本型的法西斯主义的思想和理论。

大川平生写作甚多，其名著为：《日本文明史》《复兴亚细亚问题》《日本精神之研究》《日本及日本人之道》《日本二千六百年史》。这些书都是用大日本沙文主义的观点方法写的，其宣传意义甚大而学术价值却很小。

大川在日本投降以后，特别是近卫自杀以后，由于幻想破灭，刺激至深，因而神志恍惚，举止失常，现出了初期精神病的症候。法庭公审的第一天，大川在被告席中的座位适在东条的背后，散庭时他以手掌频击东条的秃头，并大声喊叫“我要杀死东条！我要杀死东条！”后经法庭指定医学专家验查，认为大川确患精神病，于是法庭决定并宣布对大川之审讯暂时停止。1948年11月法庭宣判时，大川仍在病中。大川既未经审讯，法庭当然无法判处他的罪刑。[①]

① 远东国际法庭对大川周明宣布的虽是“暂行停止审讯”并保留于他康复后由“本法庭或其他法庭予以审讯”的权利，但是在远东法庭宣判后不到两个月工夫（1948年12月24日），他便被盟军总部连同在押的最后一批甲级日本战犯一齐宣布释放出狱了。大川不但从此逍遥法外，而且后来曾当选为国会议员。说者咸谓这是对法律正义的嘲弄。

《中华现代学术名著丛书》已出书目

【第一辑　四十种】

马氏文通	马建忠
国故论衡	章太炎
王国维文学论著三种	王国维
吴梅词曲论著四种	吴　梅
中国中古文学史 汉魏六朝专家文研究	刘师培
中国文学批评史（上、下）	郭绍虞
甲骨文字释林	于省吾
中国俗文学史	郑振铎
汉语语音史	王　力
红楼梦辨	俞平伯
中国韵文史	龙榆生
汉魏六朝诗论丛	余冠英
台湾通史（上、下）	连　横
秦汉史	吕思勉
中国史学史	金毓黻
史学要论	李守常
中国通史简编（上、下）	范文澜
国史大纲（上、下）	钱　穆
中国史纲（一、二卷）	翦伯赞
春秋史	童书业
魏晋南北朝史论丛	唐长孺
明清社会经济史论文集	傅衣凌
西夏史稿	吴天墀
中国伦理学史（外一种）	蔡元培
新唯识论	熊十力
东西文化及其哲学	梁漱溟
科学与玄学	罗志希
中国艺术精神	徐复观
论逻辑经验主义	洪　谦
九朝律考	程树德
比较宪法	王世杰　钱端升
中国法律与中国社会	瞿同祖
中国民治论	鲍明钤
中国官僚政治研究	王亚南
通货新论	马寅初
中国经济思想史	唐庆增
中国厘金史	罗玉东
北平生活费之分析	陶孟和
论社会学中国化	吴文藻
第四种国家的出路	吴景超

【第二辑　三十种】

目录学发微　古书通例	余嘉锡

积微居小学金石论丛	杨树达
现代中国文学史 （外一种：明代文学）	钱基博
等韵源流	赵荫棠
诗言志辨　经典常谈	朱自清
话本小说概论（上、下）	胡士莹
司马迁之人格与风格 道教徒的诗人李白及其痛苦	李长之
明清史讲义（上、下）	孟　森
国史要义	柳诒徵
中国南洋交通史	冯承钧
通史新义	何炳松
魏晋清谈思想初论	贺昌群
中国救荒史	邓云特
认识论	张东荪
科学方法论　科学概论	王星拱
中国哲学史大纲	胡　适
知识论（上、下）	金岳霖
法相唯识学	太　虚
陈康：论希腊哲学	陈　康
康德的知识学	齐良骥
中国文化的展望	殷海光
中国道教史	傅勤家
监狱学	孙　雄
中国法制史概要	陈顾远
新政治学大纲	邓初民
财政学	何　廉　李　锐
中国之棉纺织业	方显廷
中国田制史	万国鼎
南洋华侨与闽粤社会	陈　达
文化人类学	林惠祥

【第三辑　三十五种】

中国小说史略 （外一种：汉文学史纲要）	鲁　迅
现代吴语的研究	赵元任
古典新义	闻一多
谈艺录	钱锺书
唐诗综论	林　庚
中古文学史论	王　瑶
中国近三百年学术史（新校本）	梁启超
通鉴胡注表微	陈　垣
隋唐制度渊源略论稿 唐代政治史述论稿	陈寅恪
中国古代社会研究	郭沫若
古史辨自序（上、下）	顾颉刚
安阳	李　济
绿营兵志	罗尔纲
东汉的豪族	杨联陞
佛道散论	蒙文通
中国哲学史（上、下）	冯友兰
艺境	宗白华
西方美学史（上、下）	朱光潜
近代唯心论简释	贺　麟
康德学述	郑　昕
历代刑法考（上、下）	沈家本
中国商事法	刘朗泉
中国近百年政治史	李剑农
中国政治思想史（上、下）	萧公权
中国国民所得（一九三三年） （外一种：国民所得概论）	巫宝三

中国棉纺织史稿 严中平
当代中国社会学 孙本文
乡土中国 生育制度 乡土重建 费孝通
滕固美术史论著三种 滕　固
中国古代服饰研究 沈从文
A GRAMMAR OF SPOKEN CHINESE Yuen Ren Chao
中国话的文法 赵元任
MODERN DEMOCRACY IN CHINA Mingchien Joshua Bau
中国民治主义 鲍明钤
THE GOVERNMENT AND POLITICS OF CHINA Ch'ien Tuan-sheng
中国的政府与政治 钱端升
THE POST-WAR INDUSTRIALIZATION OF CHINA, INDUSTRIAL CAPITAL IN CHINA H.D.Fong
战后中国之工业化 中国之工业资本 方显廷
LAW AND SOCIETY IN TRADITIONAL CHINA T'ung-Tsu Ch' ü
中国法律与中国社会 瞿同祖

【第四辑　三十种】

中国旧小说考证 胡　适
文心雕龙札记 黄　侃
卢前曲学论著三种 卢　前
孟姜女故事研究及其他 顾颉刚
中国目录学史 姚名达
校雠学 向宗鲁
唐五代西北方音 罗常培
中国文法要略 吕叔湘
清史探微 郑天挺
中国文化史（上、下） 陈登原
中国文化与中国的兵 雷海宗
佛学研究十八篇（校点本） 梁启超
中国景教 朱谦之
德国古典美学 蒋孔阳
神学四讲 赵紫宸
法律哲学导论 居　正
民国司法志 汪楫宝
国际法大纲 周鲠生
罗马法原论（上、下） 周　枏
马克思的政治思想 吴恩裕
欧美各国现行宪法析要 龚　钺
经济史：历史观与方法论 吴承明
从古典经济学派到马克思 陈岱孙
中国历史上的基本经济区 冀朝鼎
中国教育改造 陶行知
平民教育与乡村建设运动 晏阳初
中国教育制度沿革史 郭秉文
COTTON INDUSTRY AND TRADE IN CHINA H. D. Fong
中国之棉纺织业 方显廷
KEY ECONOMIC AREAS IN CHINESE HISTORY Ch'ao-ting Chi
中国历史上的基本经济区 冀朝鼎
THE CHINESE SYSTEM OF PUBLIC EDUCATION Ping Wen Kuo
中国教育制度沿革史 郭秉文

【第五辑　三十种】

词史 刘毓盘

元白诗笺证稿	陈寅恪
上古音研究	李方桂
从诗到曲（上、下）	郑　骞
训诂学概论	齐佩瑢
唐代进士行卷与文学 古诗考索	程千帆
南朝文学与北朝文学研究	曹道衡
先秦政治思想史	梁启超
中国史学通论	朱希祖
隋唐史	岑仲勉
中国地理学史（先秦至明代）	王成组
中国妇女生活史	陈东原
基督教与中国文化	吴雷川
中国天主教传教史概论	徐宗泽
道教史	许地山
论道	金岳霖
文化与人生	贺　麟
寄簃文存	沈家本
中国婚姻史	陈顾远
中国法律在东亚诸国之影响	杨鸿烈
孔门理财学	陈焕章
上海工业化研究	刘大钧
乡村建设理论	梁漱溟
中国经济原论	王亚南
金翼	林耀华
幼稚园教材研究　幼稚教育新论	张雪门
近代中国留学史 近代中国教育思想史	舒新城
THE ECONOMIC PRINCIPLES OF CONFUCIUS AND HIS SCHOOL	Chen Huan-chang
孔门理财学	陈焕章
THE GROWTH AND INDUSTRIALIZATION OF SHANGHAI	D. K. Lieu
上海工业化研究	刘大钧
THE FINANCING OF PUBLIC EDUCATION IN CHINA	Ronald Yu Soong Cheng
中国教育财政之改进	陈友松

【第六辑　四十种】

齐如山国剧论丛	齐如山
先秦文学 中国文学史讲义	游国恩
中国文学批评史（全二册）	罗根泽
中国文学发展史（全二卷）	刘大杰
宋元明讲唱文学	叶德均
晚照楼论文集	马茂元
汉书窥管	杨树达
欧化东渐史	张星烺
西域史地考古论集	黄文弼
中国疆域沿革史	顾颉刚　史念海
先秦诸子系年	钱　穆
古器物中的古代文化制度	徐中舒
中国社会之史的分析 （外一种：婚姻与家族）	陶希圣
唐代长安与西域文明	向　达
古代神话与民族	丁　山
小屯、龙山与仰韶	梁思永
中国史纲	张荫麟
岳飞传	邓广铭
胡惟庸党案考	吴　晗
等不等观杂录	杨文会
欧阳竟无内外学	欧阳竟无
中国佛教史	蒋维乔

大岛浩　六十一岁，陆军士官学校及陆军大学毕业，历任驻德大使馆辅佐武官、驻澳大利亚使馆武官、野战炮兵第十联队长等职。

大岛于 1928 年至 1945 年间曾担任下列各职务：日本驻德大使馆武官（1936 年）；日本驻德大使（1938 年 10 月至 1939 年 10 月）；再度任驻德大使（1941 年 2 月至 1945 年 5 月德国投降）。

大岛是日本法西斯军人中具有外交家头脑之一人。他长期供职于驻德使馆，并两度任驻德大使。他对希特勒的雄心和纳粹德国的成就异常崇拜，对他们侵略计划的成功满怀信心。因此，他极力主张勾结轴心国家，使能相互支持，分宰世界。1936 年德日反共条约的签订和 1940 年三国军事同盟的确立，大岛多年的活动是起了重要作用的。同驻意大使白鸟敏夫一样，大岛在日本人心目中是一个鼓吹轴心勾结的中心人物。

大岛任驻德大使一直到德国投降。德国投降后，大岛为盟军所逮捕，不久便被押解送回日本。他是 1945 年 12 月 6 日盟军总部最后一次逮捕令所指名要逮捕的九名甲级战犯之一，是自动前往东京巢鸭监狱报到的。

佐藤贤了　五十二岁，陆军士官学校及陆军大学毕业，毕业后担任陆军省整备局职员，继任华南派遣军幕僚及中国派遣军副参谋长等职，并曾奉派供职驻美使馆武官处多年，对美国政治、经济、军事、外交各方面颇具了解，在陆军省内有“美国通”之称。

佐藤于 1928 年至 1945 年间曾担任下列职务：陆军大学教官（1935 年）；企划院成员（1937 年至 1938 年）；陆军省军务局课长（1941 年 2 月至 1942 年 4 月）；陆军省军务局局长（1942 年 4 月至 1944 年 12 月）。佐藤于 1941 年 10 月晋升为陆军少将，1945

年 3 月晋升为陆军中将。

佐藤在日本陆军中官阶虽不甚高，但是由于他足智多谋、勇于任事，颇能博得上级长官的欢心和信任。1938 年他便被派作军部代表，向日本国会说明总动员法案，并威胁议员们必须通过。他在东条内阁时期曾两度任职于陆军省中最重要的机关军务局，并任该局局长两年半之久，对于东条内阁的各项侵略冒险阴谋和作战计划莫不参与策划，而截断安南北部的交通线及以后强占安南的计划都是佐藤的“杰作”。

重光葵　六十岁，东京帝国大学法科毕业，以外交官考试第一名的成绩被录取到外务省供职。其后历任驻德使馆及驻英使馆秘书，外务省参事、条约局课长，驻华使馆一等秘书等职。

重光于 1928 年至 1945 年间担任下列各要职：驻华公使（1931 年）；斋藤内阁及冈田内阁之外务省次官（1933 年至 1936 年）；驻苏大使（1936 年 11 月至 1938 年 11 月）；驻英大使（1938 年至 1941 年 6 月）；驻南京汪精卫傀儡政府大使（1941 年 12 月至 1943 年 4 月）；东条内阁外务大臣（1943 年 4 月至 1944 年 7 月）；小矶内阁外务大臣兼大东亚省大臣（1944 年 7 月至 1945 年 4 月）。

日本投降时东久迩宫内阁组成，重光复被任为外务大臣。1945 年 9 月 2 日在密苏里号军舰上举行投降签字仪式时，重光为日方两代表之一，代表日本天皇及政府，另一日方代表系代表日本大本营之梅津美治郎。

重光原系一职业外交家，以才识过人而崭露头角。在狂风暴雨般的年代中，他原不失为一个比较稳重的外交工作者。但自日本全面侵华战争特别是太平洋战争爆发以后，重光担任了东条内阁外务大臣，便完全同军阀打成了一片，成了日本侵略阴谋的一个重要的参加者和策划者。1932 年 1 月 28 日上海战争爆发时，重光正任驻华公使。是年 4 月 29 日重光出席上海日本军民庆祝天长节的集会时被一朝鲜爱国志士以炸弹相投，炸去了他一条大腿（侵沪日军最高统帅白川海军大将在会上被炸身亡）。从此以后，重光步行便经常要靠腋下的两根木柱支持，既不雅观，又不方便。谑者说这是被侵略者给侵略者打上的“反侵略的烙印”。

岛田繁太郎　六十四岁，与海军名宿山本五十六元帅及盐泽幸一大将同期毕业于日本海军学校。毕业后，历任驻意使馆海军武官，海军大学教官，第七潜艇舰队司令，第三舰队及第一舰队参谋长等职。

岛田于 1928 年至 1945 年间曾担任下列各要职：联合舰队参谋长（1930 年）；海军军令部次长（1935 年至 1937 年）；第二舰队司令（1937 年 12 月）；中国海舰队司令（1940 年 5 月）；东条内阁海军大臣（1941 年 10 月）；最高军事参议官（1944 年）；海军军令部总长（1944 年 2 月至 7 月）。岛田于 1940 年晋升为海军大将。

岛田长期以来在日本海军中身居高位，他不但熟知日本法西斯军人的一切侵略阴谋和行动，而且是一个有力的参加者。东条内阁发动太平洋大战时，他正任海军大臣，当然要负连带责任。但是在日本人方面却有一种传说，说岛田对于偷袭珍珠港和对美作战素持反对态度，他至少是主张慎重的，而岛田在法庭上的辩护也一直沿着这条路线进行。然而这种辩护是徒劳的。不论岛田主观上曾经一度有过什么想法，以他在太平洋战争中所长期担任的极为重要的职务来说，岛田绝不可能不被认为是这次侵略阴谋中的参加者，犹如他在对中国的历次侵略阴谋中一样。

白鸟敏夫　六十岁，东京帝国大学毕业，进外务省后曾被派任职于日本驻华、驻英、驻美、驻德等国使馆，继而奉调回国任外务省情报局局长。

白鸟于 1928 年至 1945 年间曾担任下列职务：外务省情报局局长（1930 年）；驻瑞典、挪威、丹麦、芬兰公使（1936 年）；驻意大利大使（1939 年）；外务省顾问官（1940 年）；大政翼赞会政治会理事。白鸟曾在《现代日本》杂志上撰有论文，指出以发动世界大战来建立“亚洲新秩序”之必要（1941 年 4 月 16 日）。

白鸟是日本外交界一个比较年轻的人物，以善操英语及鼓吹勾结德意、对英美采强硬外交等主张见重一时。白鸟为一极端的沙文主义者，早年即与法西斯煽动家大川周明有所勾结，鼓吹联合轴心国家，继续侵略中国，反对英美及苏联。1931 年“沈阳事变”发生时白鸟正任外务省情报局局长，他在宣传中对中国极尽恶毒诬蔑之能事。其后借军部之力，坚持主张日本退出国际联盟，并提倡所谓“亚细亚门罗主义”及“日本皇道精神”。在驻意大使任内和担任松冈外相顾问官时期，他都曾竭尽全力去促成德日意三轴心国反共军事同盟的缔结，认为非如此不能建立“世界新秩序”。当时日本舆论界称松冈洋右、大岛浩和白鸟敏夫为“轴心外交三男子”，绝非偶然。

铃木贞一　五十九岁，陆军士官学校及陆军大学毕业。毕业后供职参谋本部，历任部员及新闻班长等职。

铃木于 1928 年至 1945 年曾担任下列各职务：陆军省军务局

课员（1931年）；内阁调查局官员（1935年）；陆军第十四联队长（1936年）；兴亚院政务处处长（1938年12月至1941年4月）；兴亚院代理总裁（1940年）；近卫内阁及东条内阁之内阁企划院总裁兼无任所国务大臣（1941年4月至1943年10月）[①]；内阁顾问官（1943年11月至1944年9月）；大政翼赞会理事（1944年）。

铃木在日本法西斯军阀群里也是一个"后起之秀"。以资历论，他不但比荒木贞夫、南次郎、畑俊六、松井石根、小矶国昭等人差得很远，就是比起东条英机、板垣征四郎、梅津美治郎、土肥原贤二等人来也还是"后进"。他在陆军将领中的资历只是同武藤章、佐藤贤了等人不相上下。但是由于铃木热衷于政治活动，并富于谋略、善用权术，因此他在政治上的升调比他们都快，官职也爬得最高。1931年"九一八事变"发生时，他不过是参谋本部的一个普通职员，但是由于他坚决主张日本退出国际联盟，遂博得军部领导人的赏识。在1937年日本发动全面侵华战争之后，铃木便大显身手，在策划侵华的中心机构兴亚院担任要职，并一度代理总裁。[②]在1941年太平洋战争发动前后，他在近卫首相及东条首相任内担任国务大臣兼企划院总裁，对动员全国人力财力和加强军需生产去支持侵略战争做出了出色的贡献。无疑地，铃木此时早

① 所谓"无任所国务大臣"（minister without portfolio）是不主管或领导政府任何一部的国务大臣，故又称"不管部国务大臣"或简称"国务大臣"。他是内阁阁员之一，参加一切内阁会议和决策。就政治地位来说，他和其他管部的阁员是完全平等的。

② 日本政府的"兴亚院"在远东法庭英文文件上的译名系"China Affairs Board"——"中国事务院"。这个不顾字义而专论实质的译法是可取的。因为，日本政府的所谓"兴亚院"名义上看来似乎是旨在振兴亚洲，实际上它完全是一个策划侵略中国的专门机构。它的业务主要是计划对中国的经济侵略，即怎样对中国财富资源和人力物力实行残酷无情的掠夺和剥削，去支持日本的"大东亚圣战"。（"兴亚院"在远东法庭文件上的另一个译名是"Asia Development Board"。——整理者注）

已成了日本军人侵略集团中的一个要员。

东乡茂德　六十五岁，东京帝国大学文科毕业，连应五次外交官考试始获录取，但这并不能证明东乡的资质鲁钝。考试及格后，东乡即进入外交界工作，历任外务省欧美局第一课课长、驻美大使馆一等秘书、驻德大使馆参事官、外务省欧美局局长等职。

东乡于1928年至1945年间曾担任下列各要职：驻德大使（1937年10月）；驻苏大使（1938年10月）；东条内阁之外务大臣兼拓殖大臣（1941年10月至1942年3月）；铃木内阁之外务大臣兼大东亚省大臣（1945年4月）。

东乡在日本外交家中原是态度比较温和，手段比较稳重的一个。在任驻苏大使的时候，他曾任劳任怨致力于使“诺门罕事件”和日苏渔业问题获得解决。但是他在东条内阁中担任了外相，而太平洋战争正是这个时期发动的，因此他对日本进攻美英各国是负有连带责任的，犹如他对东条内阁坚持继续和扩大对华侵略应负连带责任一样。并且，在日军即将进攻珍珠港的那种箭在弦上、间不容发的时候，东乡还用欺诈手段扣压了美国罗斯福总统亲致日本天皇作最后呼吁的电报，故意使事态发展到不可挽救的地步。这充分证明：东乡除了应负连带责任之外，他个人在主观上也是赞成这个阴谋的，并且是阴谋的主要策划者之一。至于他任职不久便因与东条意见不合而愤然辞职，长时间退出政治舞台，以及在日本崩溃前夕曾出任铃木内阁的外相，主张媾和，并曾向苏联呼吁，请求居间调停——这种种以后发生的事实，绝不能用来洗刷东乡对自己以往的行为所应负的责任。

东乡之妻是一德国妇女。在两年左右的共八百一十八次的公开庭审中，这位妇人无间风雨，每庭必到，端坐于二楼日本人旁听席中的一个固定座位，用耳机倾听审讯的进行，并不时遥睇其夫，目遇时则相对做一会心的苦笑。这事给人们的印象很深，一时传为美谈。

东条英机（前首相）　六十三岁，陆军士官学校及陆军大学毕业，毕业后长期任职于陆军省、参谋本部及关东军司令部。他是法西斯军人侵略集团中最激进的一个，也是其领导人之一。

东条于 1928 年至 1945 年间曾担任下列各职务：参谋本部第一课课长（1931 年至 1932 年）；陆军递信（交通）学校调查课课长（1932 年）；关东军宪兵司令（1935 年）；关东军参谋长（1937 年）；近卫内阁之陆军次官（1938 年 5 月至 12 月）；陆军航空总监（1938 年至 1939 年）；近卫内阁之陆军大臣（1940 年 7 月至 1941 年 12 月）；国务总理大臣兼陆军大臣（1941 年 12 月 2 日至 1944 年 7 月），在此一期间内并一度兼任内务大臣、军需大臣、参谋总长等职。东条于 1940 年 10 月晋升为陆军大将。

东条在远东国际法庭被告二十八名主要日本战犯中是最突出的一个，西方报刊常把东京审判称为“对东条及其他二十七名日本主要战犯的审判”。这是因为东条不但一贯参与对华侵略的种种阴谋，而且是发动太平洋大战的主谋和祸首。日本偷袭珍珠港，对美宣战，以及此后对英、法、荷、澳等西方国家一系列的猛烈进攻和残酷暴行大都是在东条首相任内实行的，因此他便成了西方国家最痛恨的对象，被它们认为是日本侵略集团中最凶恶的首领。其实，以资历论，东条在法西斯陆军军人中比起荒木贞夫、南次郎，甚至畑俊六、小矶国昭、松井石根等还只能算是一个“后进”。但是，比起这些人来，东条在性格上无疑是更富于侵略性和冒险性的，对于执行侵略阴谋是最坚决、最大胆的。在同僚中，东条素有“剃刀”之称，盖其思想之尖锐和行动之敏捷有非常人所能及者。在太平洋冒险失败、日本濒于崩溃之际，东条不但被迫下野，退出政治舞台，而且成了日本人民所痛恨的目标。在日本投降不久，东条于行将就捕之际所表演的那幕“自杀不遂”的滑稽剧被揭露以后，他更遭到日本人民的唾弃和嘲骂。

东条是后来被远东法庭判处绞刑的七名被告战犯之一，也是被判处绞刑的两名日本首相之一，另一名是广田弘毅。

梅津美治郎 六十五岁，陆军士官学校及陆军大学毕业，毕业后奉派赴欧洲各国考察军事，归国后历任陆军省军务局课长，步兵第一旅团长等职。

梅津于 1928 年至 1945 年间曾担任下列各要职：陆军省总务局局长（1931 年）；华北日本驻屯军司令官（1934 年至 1936 年）；广田内阁、林内阁、近卫内阁之陆军次官（1936 年 3 月至 1938 年 5 月）；关东军总司令兼驻“满洲国”大使（1939 年至 1944 年）；参谋总长（1944 年 7 月起至 1945 年日本投降止）。梅津于 1940 年晋升为陆军大将。

梅津是日本法西斯军人中资望很高、能力很强的一个，在日本历次的侵略阴谋中，他经常是一个中坚分子。在当时的日本人心目中，梅津被称为“陆军之宝”。在他担任华北日本驻屯军司令官的时期，为了实现日本在占领东北之后进一步吞食中国的侵略政策，他曾千方百计地勾结华北军人，鼓吹“华北自治”，企图使华北脱离中国而建立在日本操纵下的傀儡政权。1935 年签订的那个臭名远扬的“何（应钦）梅（津）协定”便是梅津对当时辱国丧权的中国政府利诱威胁的结果之一。[①] 梅津于 1938 年还曾一度率领日军在华北作战，对中国人民犯下了不少的残酷暴行。在他担任关东军总司令兼驻伪满大使的那五年，正是日本对外侵略战争发展的高潮时期，梅津用尽了一切残酷手段掠夺、榨取中国东北的财富资源和人民血汗，以供日本维持其罪恶战争之用。由于这种种原因，梅津美治郎的恶名和罪行也是中国人民所家喻户晓的。

梅津出任他最后的也是最重要的一个公职（参谋总长）的时候，日本已经是穷途末路、奄奄待毙了。不到一年工夫，它便宣布了无条件投降。在密苏里号军舰上举行投降仪式的时候，梅津是代表日本大本营在投降书上正式签字的两个日本代表之一，另一个是代表日本天皇及日本政府的重光葵。

由于梅津和重光是日本投降代表，在盟军总部看来，似乎不无微劳可念，理应有所"照顾"。因此，对他们二人的逮捕是迟延到起诉前夕方才执行的，不像其他的甲级战犯一样，在起诉好几个月以前便关进了监狱。

——以上是在远东国际法庭受审的二十八名日本甲级战犯的简单履历。正如前面所指出过的，在漫长的审判过程中，两名被告（松冈洋右和永野修身）患病身死；另一名（大川周明）得了精神病，暂时中止受审。因此，在 1946 年 5 月法庭开审时被告原是二十八名，但是到了法庭宣判的时候，它判处的被告只是二十五名而不是二十八名。

---

① "何梅协定"是日本粗暴地干涉中国内政和分裂中国主权的一个典型文件。它规定了中国中央政府的军队必须全部从河北省撤退；取消河北省国民党党部，不准它有任何活动；并禁止河北省境内的一切反日行为。这个协定只是为了解决一个所谓"河北事件"的问题而签订的，而当时日本人在华北制造的"事件"是不胜枚举的。单就这个"协定"的内容来看，便可以明了日本对中国主权的侵犯和中国政府对日本的屈从达到了什么样的程度！

四、中美英苏等十一国对日本主要战犯的起诉书

（一）起诉书的呈递和接受

"起诉"在任何讼案中都是极重要的步骤，它是当事人一方（原告）所采取的第一个步骤。只有在起诉书呈递给法院并为法院所接受之后，讼案才算成立，法庭的审讯程序才能开始。

关于刑事案件中起诉行为的性质，在法理学上有两种说法，在司法实践中也有两种做法。一说，起诉必须经过法院的"批准"方为有效，因而它应该被认为是法院审讯程序的一部分。在实践中，英美法院对于较严重的刑事案件一般都必须经过"大陪审团"的初步审理，亦即所谓"预审"，去决定起诉是否能够成立，然后法院根据"大陪审团"的这个决定去决定它是否受理起诉。[①] 因此，许多人认为受理起诉应该被视为是法院"批准"起诉，从而构成法院审讯程序的一部分。另一种说法是：法院对于在它管辖权范围内的起诉只是单纯地接受或受理，并不需要经过初步审查或预审的

① "大陪审团"（grand jury）是英美法系中的一个古老的制度。与通常由十二个公民所组成的一般的"陪审团"（或称"小陪审团"）不同，它是由十二个至二十四个公民所组成，因此有"大陪审团"之称。在某些刑事案件中，法院在进行实质审理之前，必须召集一个由当地公正不偏的公民所组成的"大陪审团"，把该案提交给它进行"预审"。在"预审"中，大陪审团有权接受证据并听取证人及当事人之陈述，最后决定该案是否有相当证据，是否可以作为一个讼案成立。他们的意见和决定应由首席陪审员（foreman）以书面陈述（presentment）向法院提出。然后法院根据这个书面陈述去决定它对该案是否进行审理。这个制度在英美法系的国家里，大体上仍然保持着，只是由于各国以后的立法不同，大陪审团的适用范围、职权、组织等略有差别而已。

程序。因此，起诉应该被视为是当事人一方（原告、检方）的行为，与法庭审讯程序无关。在实践中，“大陆系”法院一般都没有“大陪审团”或预审的制度，它对当事人的起诉纯粹是“接受”。至于起诉以前的一切侦讯、调查，及录取口供等工作，那都只能算是检察方面的起诉准备工作，与法庭程序无关。

关于远东国际军事法庭检察处的起诉的性质如何，人们也有不同的看法。例如苏联法学家拉金斯基和罗森布立特便坚决认为它是法庭的行为，而不是原告一方（检方）的行为，因为它曾经过法庭的“批准”。①

拉金斯基和罗森布立特的看法是错误的，因为它与事实不相符合。远东法庭接受起诉的事实经过是这样的：②

1946 年 4 月 29 日下午四时，远东国际法庭全体十一位法官聚集在法官会议室里，列席的只有书记官长华尔布里奇和主管登记的书记官德尔。

未几，检察长季南走了进来。就坐后，他开始发言说：“由检察长及各盟国检察官签署的起诉书的原本在我这里。我现在要把这份起诉书交给德尔书记官。”

庭长威勃问道：“你打算把它登记归档吗？”

季南答称：“我现在就把它提出来。”

庭长说：“这是起诉书原本。如果在开审时被告要求宣读的话，它将被当庭宣读。”

在这几句对话之后和检察长行将离去之际，庭长最后又对季南

① 拉金斯基、罗森布立特合著：《日本首要战犯的国际审判》（中译本，世界知识出版社）第 91—92 页。

② 见《远东国际军事法庭审判记录》（1946 年 4 月 29 日），第 18—19 页。

说："我们命令你现在就把起诉书和宪章的副本提交每一被告。"①

季南检察长于聆悉并点首示意后，便离开了会议室，庭长立即宣布散会。

这个起诉书呈递的整个过程所耗的时间不到十分钟。法官们事前既没有阅读过起诉书的本文，更谈不上审查、讨论。这样一个再简单不过的程序怎能说成是法庭对起诉书的"批准"行为？从理论上说，法庭的任何行为必须经过法官会议的集体讨论，并作出决议。远东国际法庭对检察处的起诉书完全没有采取这些步骤，它只是单纯地"接受"了这份起诉书和命令书记官把它登记归档而已。

由此可见，像拉金斯基和罗森布立特所坚持的检察处的起诉书是经过远东法庭"批准的"说法，非但在理论上讲不通，而且也与事实不符合。

事实上，法庭对起诉书内容之庞杂烦琐和缺乏逻辑上的严谨性自始便是不满意的。例如起诉书内控诉被告们的罪状有五十五项之多，但是后来经过法庭的简化、压缩之后，在判决书里保存下来的只是十项，五分之四以上都被法庭删除了。这是后话，此处不必多谈。我们之所以在此处提到一下，只是作为起诉书并不是经过法庭"批准的"的观点的一个旁证而已。

（二）起诉书的形式和前言

国际检察处递送给远东法庭的起诉书开端写的是："呈远东

① 庭长对检察长的这句话是根据《远东国际军事法庭宪章》说的。宪章第九条（甲）款规定"……应送达每一被告以起诉书（包括任何修改）及本法庭宪章之副本各一份，副本所用文字应为被告所了解者，并应尽早送达，俾被告有充分时间作辩护之准备"。

国际军事法庭第一号起诉书。”用“第一号”这样的字样无疑地表示国际检察处当时的设想是：在第一号起诉书中被控的二十八名战犯审判结束之后，将有第二号、第三号……起诉书的提出。但是，事实上，正如我们所一再指出的，由于美国庇护日本战犯的政策日益明显，所谓第二号、第三号……起诉书都成了泡影，根本没有出现。

起诉书的第一号标题是这样写的：

美国、中国、英国、苏联、澳大利亚、加拿大、法国、荷兰、新西兰、印度、菲律宾。

控　告

荒木贞夫……（按：共二十八名，次序依照其姓氏的英文字母先后排列，此处从略）。

从起诉书的这个标题看来，提起诉讼的原告无疑地是对日作战的十一个主要同盟国，而不是国际检察处或盟军总部。但是按照《远东国际军事法庭宪章》的规定，检察长却负有对被告起诉的全责。[1]这两者之间，乍看起来，似乎是有矛盾的。既然十一国列名原告，就不应该规定由检察长负起诉之责。既然要检察长负起诉之责，就不应该用十一国的名义作为起诉的原告。这种看法不是完全没有道理的。一个比较合理的折中的解释是：有鉴于这个案件的空前重大，起诉必须以十一国国家的名义为之，而检察长所负的所谓起诉责任只是在技术上支持起诉的责任。检察长只能被

① 阅《远东国际军事法庭宪章》第八条（甲）款。

视为代表原告而处在诉讼进程中的一个首席律师，而真正的原告却应该是十一个同盟国家。法庭称检察长为“检方首席律师”，或“检方主任律师”，理由或许就在这里。

关于起诉书的内容，法庭宪章的规定是十分简单的。它只要求“起诉书对于每一被控诉之罪行应有清晰、精确及充分之说明”，此外别无其他的要求。[①]

国际检察处代表十一国所撰拟并向远东法庭提出的起诉书，大体说来，还算是能够满足宪章的要求的，虽然其中也有不少的而且是严重的缺点。

起诉书控告被告们的罪状共为五十五项。在分别呈述这些罪状之前，它有一个简短的“前言”，扼要地说明了一下日本帝国主义统治集团犯罪活动的政治意义和特征。“前言”写道：

在本起诉书中所提及之年月间（按：指自1928年1月1日至1945年9月2日），日本的对内和对外政策是由一个犯罪的军国主义的集团所控制及指使，这些政策乃造成严重的世界混乱、历次侵略战争，并使各国爱好和平人民的利益，以及日本人民自身的利益均遭受极大损害之原因。一种自称日本民族比亚洲各民族甚至比世界各民族都优越的危险思想一贯有系统地毒化了日本人民的意识。日本已存在的各种代议机构都被用为广泛侵略之工具，而一类似希特勒德国设立的纳粹党和意大利设立的法西斯党的政党体制旋被采用。日本经济财政资源大部分都被为军事目的而征用，日本人民的福

① 阅《远东国际军事法庭宪章》第九条（甲）款。

利大受损害。

在这些被告之间成立了一个阴谋，参加这个阴谋的还有其他侵略国家，即纳粹德国和法西斯意大利之统治者。这个阴谋的主要目的在于取得这些侵略国家对世界其他部分的控制和剥削，并且为此目的而犯下了或鼓励他人犯下了本宪章所称的破坏和平罪、战争犯罪和违反人道罪，从而威胁并损害着人类的尊严和自由的基本原则。

为了实施和完成这个阴谋计划，被告们利用他们的权力、他们的官职以及他们的个人声望和影响，企图并实际策划、准备、发动并执行了对美国、中国、英国、苏联、澳大利亚、加拿大、法国、荷兰、新西兰、印度、菲律宾以及其他爱好和平各国人民的侵略战争，并破坏国际法以及神圣条约所规定的义务和保证。为了进一步促成这个计划，被告们图谋并实行了破坏公认的战争法规和惯例的各种行为：谋杀、残害和虐待战争俘虏、被拘平民以及海上人员，不给他们足够的饮食、宿舍、衣着、医药及其他照顾，强迫他们在非人道条件下劳动，并使他们横遭侮辱；榨取战败各国的人力和经济资源以供日本之用；掠夺公私财产；以没有军事需要的任何理由，肆意毁坏城市乡村；对于沦陷区无辜平民实行大规模的屠杀、强奸、抢劫、绑架、残害及其他种种野蛮暴行；对日本政府人员和机关实行陆海军人的控制及操纵；用建立大政翼赞会、实行民族扩张主义的教育、散布战争宣传以及严格控制新闻及广播的方法，对公众舆论作侵略战争的心理准备；在战败各国中成立傀儡政府；同德国和意大利缔结军事同盟，借以增强实行日本扩张计划的军事力量。

起诉书前言最后一段是这样写的：

因此，上述各国，根据1945年7月26日波茨坦公告，1945年9月2日日本投降书和1946年1月19日盟国最高统帅部所颁布并于1946年4月26日修正过的本法庭宪章，经由下面签名的赋有代表其各自政府参加对首要战犯们进行侦查和起诉的全权代表，兹对上开全体被告人犯，就下列所指范围，即破坏和平罪、战争犯罪、违反人道罪，并就法庭宪章中曾加以定义的各种罪行的共同计划或阴谋，提起控诉。据此，上述各国提出下列各罪状中所指名的各犯作为本案的被告。

（三）对被告们控诉的五十五项罪状

继“前言”之后，起诉书便提出了对被告们控诉的罪状共五十五项，其中有些是对全体被告提出的，有些是对一部分被告提出的。这是起诉书的主要部分。这五十五项罪状又分为三大类；第一类是“破坏和平罪”（亦即侵略罪）；第二类是“杀人罪”；第三类是“其他普通战争罪及违反人道罪”。兹分述如下：

第一类　破坏和平罪（罪状第一至第三十六）

罪状一　全体被告，在1928年1月1日起至1945年9月2日期间内，曾以领导者、组织者、教唆者或同谋者之资格，参加制定或执行一个共同计划或阴谋，因而他们对于自身及任何人在执行这个计划中的一切行为均应负责。这个计划或阴谋的目的系在取得日本对东亚、太平洋、印度洋以及两洋附近各国和洋内各岛之海陆军及政治经济的控制地位。为达此目的，他们阴谋单独地或联合其他国家进行经宣战或未经宣战的侵略战争及违反国际法、条约、协定和保证之战争，以对付任何反对此项目的之国家。

罪状二　全体被告，在……期间内，曾以……之资格，参加制定或执行一个共同计划或阴谋，……。这个计划或阴谋的目的系在用直接攫夺或设立傀儡政权的方法，取得对中国辽宁、吉林、黑龙江及热河各省之陆海军及政治经济的控制地位。为达此目的，他们阴谋进行侵略战争及……之战争，以对付中国。（按：加"……"处系重复罪状一中之词句，因而从略；以下同此。）

罪状三　全体被告，在……期间内，曾以……之资格，参加制定或执行一个共同计划或阴谋，……。这个计划或阴谋的目的系在用直接攫夺或设立傀儡政权的方法，取得对中国全部之陆海军及政治经济的控制地位。为达此目的，他们阴谋进行侵略战争及……之战争，以对付中国。

罪状四　全体被告，在……期间内，曾以……之资格，参加制定或执行一个共同计划或阴谋，……。这个计划或阴谋的目的系在取得东亚、太平洋、印度洋及其附近各国之海陆军及政治经济的控制地位。为达此目的，他们阴谋进行侵略战争及……之战争，以对付美国、英联邦（包括大不列颠及北爱尔兰联合王国、澳大利亚、加拿大、新西兰、南非、印度、缅甸、马来西亚以及英帝国在国际联盟中没有代表出席的其他部分领土）、法国、荷兰、中国、葡萄牙、泰国（暹罗）、菲律宾、苏联和任何反对他们的国家。

罪状五　全体被告，在……期间内，曾以……之资格，参加制定或执行一个共同计划或阴谋，……。这个计划或阴谋的目的系在使德、意、日三国取得全世界之陆海军及政治经济的控制地位，三国并将各在其自己范围内拥有特殊的控制地位，日本的范围将包括东亚、太平洋、印度洋以及两洋附近各国及其中各岛屿。为达此目的，他们阴谋伙同德意两国互相支援，进行侵略战争及……之战争，以对付妨碍他们达此目的的国家，特别是美国、英国、法国、荷兰、中国、葡萄牙、泰国（暹罗）、菲律宾及苏联。

——以上五项（1—5）系对全体被告共同阴谋进行侵略战争的控诉。

罪状六　全体被告，在……期间内，曾计划及准备对中国进行侵略战争及……之战争。

罪状七　全体被告，在……期间内，曾计划及准备对美国进行侵略战争及……之战争。

罪状八　全体被告，在……期间内，曾计划及准备对大不列颠及北爱尔兰联合王国以及在本起诉书各罪中未单独列举之英联邦的其他部分进行侵略战争及……之战争。

罪状九　全体被告，在……期间内，曾计划及准备对澳大利亚进行侵略战争及……之战争。

罪状十　全体被告，在……期间内，曾计划及准备对新西兰进行侵略战争及……之战争。

罪状十一　全体被告，在……期间内，曾计划及准备对加拿大进行侵略战争及……之战争。

罪状十二　全体被告，在……期间内，曾计划及准备对印度进行侵略战争及……之战争。

罪状十三　全体被告，在……期间内，曾计划及准备对菲律宾进行侵略战争及……之战争。

罪状十四　全体被告，在……期间内，曾计划及准备对荷兰进行侵略战争及……之战争。

罪状十五　全体被告，在……期间内，曾计划及准备对法国进行侵略战争及……之战争。

罪状十六　全体被告，在……期间内，曾计划及准备对泰国（暹罗）进行侵略战争及……之战争。

罪状十七　全体被告，在……期间内，曾计划及准备对苏联进行侵略战争及……之战争。

——以上十二项（6—17）系对全体被告计划及准备侵略战争的控诉。

罪状十八　被告荒木、土肥原、桥本、平沼、板垣、小矶、南、大川、重光、东条、梅津，在1931年9月18日或其前后，曾对中国（按：指东北四省）发动侵略战争及违反国际法、条约、协定和保证之战争。

罪状十九　被告荒木、土肥原、桥本、畑、平沼、广田、星野、板垣、贺屋、木户、松井、武藤、铃木、东条、梅津，在1937年7月7日或其前后，曾对中国（按：指中国全部）发动侵略战争及……之战争。（按：加"……"处系重复罪状十八中之词句，因而从略；以下同此。）

罪状二十　被告土肥原、平沼、广田、星野、贺屋、木户、木村、武藤、永野、冈、大岛、佐藤、岛田、铃木、东乡、东条，在1941年12月7日或其前后，曾对美国发动侵略战争及……之战争。

罪状二十一　罪状二十中列名之各被告，在1941年12月7日或其前后，曾对菲律宾发动侵略战争及……之战争。

罪状二十二　罪状二十中列名之各被告，在1941年12月7日或其前后，曾对英联邦发动侵略战争及……之战争。

罪状二十三　被告荒木、土肥原、平沼、广田、星野、板垣、木户、松冈、武藤、永野、重光、东条，在1940年9月22日或其前后，曾对法国发动侵略战争及……之战争。

罪状二十四　罪状二十中列名之各被告，在1941年12月7日或其前后，曾对泰国发动侵略战争及……之战争。

罪状二十五　被告荒木、土肥原、畑、平沼、广田、星野、板垣、木户、松冈、松井、重光、铃木、东乡，在1938年7月及8月中，曾进攻苏联哈桑湖地区，发动对苏联之侵略战争及……之战争。

罪状二十六　被告荒木、土肥原、畑、平沼、板垣、木户、小矶、松冈、松井、武藤、铃木、东乡、东条、梅津，在1939年夏季曾进攻蒙古人民共和国之喀金戈尔地带，发动对蒙古之侵略战争及……之战争。

——以上九项（18—26）系对部分被告发动侵略战争的控诉。

罪状二十七　全体被告，在1931年9月18日至1945年9月2日期间内，曾对中国实行侵略战争及违反国际法、条约、协定和保证之战争。[①]

罪状二十八　全体被告，在1937年7月7日至1945年9月2日期间内，曾对中国实行侵略战争及……之战争。（按：加"……"处系重复罪状二十七中之词句，因而从略；以下同此。）[②]

---

① 自本项（罪状二十七）起至罪状三十六止，控告的是被告们对各盟国实行（实际进行）了（waged）侵略战争。在此以前的各项罪状（罪状第一项至第二十六项）系控告他们共同计划或阴谋实行侵略战争，以及他们对各盟国策划和准备了（planned and prepared）侵略战争和发动了（initiated）侵略战争。起诉书中把侵略战争的步骤分得如此琐细是否明智，在本章第五节（起诉书的特点和缺点）中将有详细的讨论，此处不赘。

② 本项罪状的措词几乎与前项（罪状第二十七项）完全相同，所不同的只是犯罪开始的日期。前项的犯罪日期系从1931年9月18日（即"沈阳事变"）算起，至1945年9月2日（日本投降）为止。而本项的犯罪日期系从1937年7月7日（即"卢沟桥事变"）算起，至1945年9月2日为止。按照逻辑或普通常识讲，从1931年9月18日开始的对中国的侵略必然包括从1937年7月7日开始的对中国的侵略在内。因此，本项罪状作为一项独立的罪状提出，非但是不必要的，而且是重复的，容易造成混乱。起诉书内容之重床叠架，画蛇添足，以及缺乏逻辑上的严谨性，于此可见一斑。

罪状二十九　全体被告，在 1941 年 12 月 7 日至 1945 年 9 月 2 日期间内，曾对美国实行侵略战争及……之战争。

罪状三十　全体被告，在 1941 年 12 月 7 日至 1945 年 9 月 2 日期间内，曾对菲律宾实行侵略战争及……之战争。

罪状三十一　全体被告，在 1941 年 12 月 7 日至 1945 年 9 月 2 日期间内，曾对英联邦实行侵略战争及……之战争。

罪状三十二　全体被告，在 1941 年 12 月 7 日至 1945 年 9 月 2 日期间内，曾对荷兰实行侵略战争及……之战争。

罪状三十三　被告荒木、土肥原、平沼、广田、星野、板垣、木户、松冈、武藤、永野、重光、东条，在 1940 年 9 月 22 日及以后，曾对法国实行侵略战争及……之战争。

罪状三十四　全体被告，在 1941 年 12 月 7 日至 1945 年 9 月 2 日期间内，曾对泰国实行侵略战争及……之战争。

罪状三十五　罪状二十五中列名之各被告，在 1938 年夏季，曾对苏联实行侵略战争及……之战争。

罪状三十六　罪状二十六中列名之各被告，在 1939 年夏季，曾对蒙古人民共和国及苏联实行侵略战争及……之战争。①

——以上十项（27—36）系对全体被告或部分被告实行侵略战争的控诉。连同前面对被告们共同阴谋（五项）、计划准备（十二项）和发动（九项）侵略战争的控诉，共计三十六项，构成起诉书内第一类“破坏和平罪”的全部内容。

① 起诉书缺乏逻辑上的严谨性在本项控诉中亦有所表现。所谓“蒙古人民共和国”原系中国领土的一部分。1924 年 6 月它虽在苏联的扶植下片面地宣布了“独立”，但中国正式承认其独立却是 1946 年在当地举行了“公民投票”之后。因此，从严格的法理上说，1939 年对外蒙古的侵略不能称为对“蒙古人民共和国”的侵略。据说，关于这一点，中国陪席检察官当时曾提醒检察长注意，但检察长认为名义问题无关宏旨，无理地拒绝修改。

第二类　杀人罪（罪状第三十七至第五十二）

杀人罪原为普通战争犯罪之一种，但在本起诉书内却特别把它剔出，列为独立的一类，其用意可能是要引起法庭及人们的非常注意和重视。被告们被控的此类罪行共为十六项（罪状三十七至五十二），兹分述如下：

罪状三十七　被告土肥原、平沼、广田、星野、贺屋、木户、木村、武藤、永野、冈、大岛、佐藤、岛田、铃木、东乡、东条，在1940年6月1日至1941年12月8日期间内，曾以领导者、组织者、教唆者或同谋者之资格，参加制定或执行一个共同计划或阴谋，因而他们对于自身及任何人在执行这个计划中的一切行为均应负责。这个计划或阴谋的目的系在以对美国、菲律宾、英联邦、荷兰及泰国发动非法的武装冲突并非法地命令、驱使及准许攻击这些国家的领土、船只及飞机的方法，去杀害和谋杀这些国家武装部队的成员和被攻击地点的平民，而这些国家与日本原系处于和平状态的。

这种攻击之所以非法，是由于它违反了1907年10月18日签订的海牙第三公约第一条关于战争开始的规定。本罪状中列名的每一被告对于违反或藐视该公约的行为和后果都负有责任。

罪状三十八　被告土肥原、平沼、广田、星野、贺屋、木户、木村、松冈、武藤、永野、冈、大岛、佐藤、岛田、铃木、东乡、东条，在……期间内，曾以……之资格，参加制定一个共同计划或阴谋，……。这个计划或阴谋的目的系在以……的方法，去杀害和谋杀这些国家武装部队的成员和被攻击地点的平民。（按：加“……”处系重复罪状三十七中之词句，因而从略；以下同此。）

这种攻击之所以非法，是由于它违反了1908年11月30日美日两国关于远东政策的换文（第二条及第三条），1921年12月13

日英、法、日、美签订的《关于太平洋区岛屿属地及领地的条约》（第一条），以及1928年8月27日英、美、日、德、法、比、波、捷等十五国所签订并为世界大多数国家（四十八国）所加入的《巴黎非战公约》，亦称《凯洛格—白理安公约》（第一条及第二条）。本罪状中列名的每一被告对于违反或藐视这些条约或其中任何条款的行为和后果都负有责任。①

罪状三十九　罪状三十八中列名之各被告，在罪状三十七及三十八所述之情形下，曾命令、驱使及准许日本武装部队于1941年12月7日上午7时55分（珍珠港时间）攻击那时同日本尚保持和平关系的美国之夏威夷领土珍珠港的船只，非法杀害季德海军上将和其他美国海陆军人员约四千人，以及姓名和确数现在尚未查明之平民若干人。

罪状四十　罪状三十八中列名之各被告，在罪状三十七及三十八所述之情形下，曾命令、驱使及准许日本武装部队于1941年12月8日上午0时25分（新加坡时间）攻击那时同日本尚保持和平关系之英联邦的吉兰丹哥打巴鲁之领土及飞机，非法杀害姓名和确数现在尚未查明之英联邦武装部队成员若干人。

罪状四十一　罪状三十八中列名之各被告，在罪状三十七及三十八所述之情形下，曾命令、驱使及准许日本武装部队于1941年12月8日上午8时（香港时间）攻击那时同日本尚保持和平关系之英联邦香港的领土、船只及飞机，非法杀害姓名和确数现在尚

① 本项罪状所控告的犯罪内容实质几乎与前一项（罪状第三十七项）所控告的相同。不相同之处只是两项中所指责的被告们所违反的条约不同和本项中列名的被告多了一名松冈洋右而已。（另外，第三十八项中没有前一项第一段末尾的"而这些国家与日本原系处于和平状态的"字样。——整理者注）

未查明之英联邦武装部队成员若干人。

罪状四十二　罪状三十八中列名之各被告，在罪状三十七及三十八所述之情形下，曾命令、驱使及准许日本武装部队于1941年12月8日上午3时（上海时间）攻击那时同日本尚保持和平关系之英联邦的停泊在上海的船只“海燕号”，非法杀害姓名现在尚未查明之英联邦海军成员三名。

罪状四十三　罪状三十八中列名之各被告，在罪状三十七及三十八所述之情形下，曾命令、驱使及准许日本武装部队于1941年12月8日上午10时（马尼拉时间）攻击那时同日本尚保持和平关系之菲律宾的领土达佛，非法杀害姓名和确数现在尚未查明之美国武装部队成员及菲律宾武装部队成员和菲律宾平民若干人。

罪状四十四　全体被告及其他人等多名，在1931年9月18日至1945年9月2日期间内，曾以领导者、组织者、教唆者或同谋者之资格，参加制定或执行一个共同计划或阴谋，因而他们对于自身及任何人在执行这个计划中的一切行为均应负责。这个计划或阴谋的目的系在图谋和准许大规模地在陆地或海上屠杀敌国的战争俘虏、放下武器的军人、占领区内的平民以及被击毁船只的船员，妄图以这种残酷手段取得他们当时正在或将要进行的非法战争之胜利。

罪状四十五　被告荒木、桥本、畑、平沼、广田、板垣、贺屋、木户、松井、武藤、铃木、梅津，在1937年12月12日及以后，曾违反罪状三十八中所提到的条约款项，非法命令、驱使及准许日本武装部队攻击南京市并实行违反国际法之屠杀，非法杀害数以万计之中国平民及已解除武装的中国军人，其姓名及确数现在尚未查明。

罪状四十六 罪状四十五中列名之各被告，在 1938 年 10 月 21 日及以后，曾……非法命令、驱使及准许日本武装部队攻击广州市并……非法杀害姓名及确数现在尚未查明之中国平民及已解除武装之中国军人，为数甚多。（按：加“……”处系重复罪状四十五中之词句，因而从略；以下同此。）

罪状四十七 罪状四十五中列名之各被告，在 1938 年 10 月 27 日前后，曾……非法命令、驱使及准许日本武装部队攻击汉口市并……非法杀害姓名及确数现在尚未查明之中国平民及已解除武装之中国军人，为数甚多。

罪状四十八 被告畑、木户、小矶、佐藤、重光、东条及梅津，在 1944 年 6 月 18 日前后，曾……非法命令、驱使及准许日本武装部队攻击长沙市并……非法杀害姓名及确数现在尚未查明之中国平民及已解除武装之军人，数以万计。

罪状四十九 罪状四十八中所列名之各被告，在 1944 年 8 月 8 日前后，曾……非法命令、驱使及准许日本武装部队攻击湖南省之衡阳市并……非法杀害姓名及确数现在尚未查明之中国平民及已解除武装之军人，为数甚多。

罪状五十 罪状四十八中列名之各被告，在 1944 年 11 月 10 日前后，曾……非法命令、驱使及准许日本武装部队攻击广西省之桂林及柳州二市并……非法杀害姓名及确数现在尚未查明之中国平民及已解除武装之中国军人，为数甚多。

罪状五十一 被告荒木、土肥原、畑、平沼、板垣、木户、小矶、松井、松冈、武藤、铃木、东乡、东条、梅津，曾命令、驱使及准许日本武装部队于 1939 年夏季攻击当时尚与日本保持和平关系之蒙古及苏联的领土哈金戈尔河地区，并非法杀害姓名及确数现在尚未查明之蒙古及苏联武装部队成员若干人。

罪状五十二　被告荒木、土肥原、畑、平沼、广田、星野、板垣、木户、松井、松冈、重光、铃木、东条，曾命令、驱使及准许日本武装部队于1938年7月及8月间攻击当时尚与日本保持和平关系之苏联的领土哈桑湖地区，并非法杀害姓名及确数现在尚未查明之苏联武装部队成员若干人。

——以上十六项（37—52）系对全体被告计划阴谋屠杀和对部分被告在攻占某些城市时命令、指使及纵容日军大规模地屠杀当地和平居民和已解除武装的军人的控诉，这些罪状构成起诉书中第二类罪行（杀人罪）的全部内容。

第三类　其他普通战争罪及违反人道罪（罪状第五十三至第五十五）

罪状五十三　被告土肥原、畑、星野、板垣、贺屋、木户、木村、小矶、武藤、永野、冈、大岛、佐藤、重光、岛田、铃木、东乡、东条、梅津及其他人等多名，在1941年12月7日至1945年9月2日期间，曾以领导者、组织者、教唆者或同谋者之资格，参加制定或执行一个共同计划或阴谋，因而他们对于自身及任何人在执行这个计划中的一切行为均应负责。这个计划或阴谋的目的系命令、授权及准许日本每一战区之海陆军司令官、日本陆军省之官员、日本领土或占领区内的战俘及平民集中营和劳役队之管理人员、日本军警及民警，以及这些人员的下属，去经常地和不断地对美国、英联邦、法国、荷兰、菲律宾、中国、葡萄牙和苏联之武装部队以及对当时处于日军权力下的数以万计的各该国之战俘和平民，采取违反本起诉书附件所列各公约、保证及习惯所规定的战争法例之行动，并使日本政府对这种违法行动避免采取适当的步骤予以制止。

关于中国方面，上述共同计划或阴谋系在1931年9月18日开始；除上列各被告外，被告荒木、桥本、平沼、广田、松井、松冈及南亦应负责。

罪状五十四　被告土肥原、畑、星野、板垣、贺屋、木户、木村、小矶、武藤、永野、冈、大岛、佐藤、重光、岛田、铃木、东乡、东条、梅津，在1941年12月7日至1945年9月2日期间，曾命令、授权及准许罪状五十三中所列的各项人员从事该罪状中所述的各种违法行为，因而犯有违反战争法之罪行。

关于中国方面，此项命令、授权及准许系在1931年9月18日开始；除上列各被告外，被告荒木、桥本、平沼、广田、松井、松冈及南亦应负责。

罪状五十五　被告土肥原、畑、星野、板垣、贺屋、木户、木村、小矶、武藤、永野、冈、大岛、佐藤、重光、岛田、铃木、东乡、东条、梅津，在1941年12月7日至1945年9月2日期间，由于他们各自所任的官职关系，对美国、英联邦、法国、荷兰、菲律宾、中国、葡萄牙和苏联之武装部队以及对当时处于日军权力下的数以万计的各该国之战俘和平民原应负责确保各项公约、保证、战争法规和惯例之适用，但是他们却故意藐视自己的法律责任，不采取遵守它们或防止它们被破坏的适当步骤，因而他们犯有违反战争法之罪行。

关于中国方面，此项犯罪行为系在1931年9月18日开始；除上列各被告外，被告荒木、桥本、平沼、广田、松井、松冈及南亦应负责。

——以上三项（53—55）系对部分被告共同计划或阴谋违反战争法规之控诉，以及对他们通过积极行为（命令、授权或准许）或消极行为（藐视自己的法律责任，不加制止）致使其部下得以肆意从事违反战争法规之行为的控诉。这三项罪状构成起诉书中第三类罪行（“其他普通战争罪及违反人道罪”）的全部内容。事实上这三项控诉都是关于杀人罪以外的普通战争罪行的控诉而不是关于法庭宪章中所规定的违反人道罪的控诉。可以说，单纯的独立的对被告们违反人道罪的控诉，在东京起诉书里是不存在的。东京起诉书控告项目之乱杂及不平衡，于此可见一斑。对于起诉书的批评，我们将于“起诉书的特点和缺点”一节中详加论述，此处姑不多赘。

（四）起诉书的五个“附件”的内容概要

起诉书除在正文中列举了对被告们控诉的五十五项罪状之外，在正文之后还有五个“附件”，作为说明及充实各项控诉罪状的重要参考资料。

附件（甲）是检察处用以支持其对被告们第一类（即破坏和平罪或侵略罪）各项罪状的控诉之主要事实细节的综合说明。这个附件共分十节：1. 对满洲（中国东北部）的军事侵略；2. 对中国其他部分（中国全部）的军事侵略；3. 对中国及“大东亚”的经济侵略；4. 腐蚀及胁迫中国及其他占领区的方法；5. 一般的战争准备；6. 日本政策和战争舆论的组成；7. 日、德、意三国的勾结，对法属印度支那及泰国的侵略；8. 对苏联的侵略；9. 对美国、菲律宾，及英联邦诸国的侵略；10. 对荷兰及葡萄牙的侵略。在这十节的每一节里，检察处都简单扼要地叙述了日本侵略的事实经过，每节字数不多，自二三百字至六七百字不等。

附件（乙）列举了二十个日本侵略者所违反的条约名称及其

有关条款。这些条约是：1. 1899 年 7 月 29 日签订的和平解决国际争端的海牙公约（其中的第一条及第二条）；2. 1907 年 10 月 18 日签订的和平解决国际争端的海牙公约（其中的第一条及第二条）；3. 1907 年 10 月 18 日签订的关于战争开始的海牙第三公约（其中的第一条）；4. 1908 年 11 月 30 日美日关于远东政策的换文；5. 1912 年 1 月 23 日及 1913 年 7 月 9 日关于扑灭鸦片毒品的海牙公约及最后议定书；6. 1919 年 6 月 28 日签订的《对德和约》，亦即所谓《凡尔赛和约》（特别是《国际联盟盟约》中的第十、十二、十三、十五、二十二、二十三条）；7. 1920 年 12 月 17 日国际联盟根据凡尔赛和约制定的"委托管理条款"（其中的第三条及第四条）；8. 1921 年 12 月 13 日英、法、日、美四国签订的关于太平洋区岛屿属地及领地的条约（其中的第一条）；9. 1922 年 2 月 4 日代表英国政府以及日本和上述四国条约其他签字国致荷兰政府的同文照会；10. 1922 年 2 月 6 日代表英国政府以及日本和上述四国条约其他签字国致葡萄牙政府的同文照会；11. 1922 年 2 月 6 日中、美、英、法、日、比、意、荷、葡在华盛顿签订的所谓《九国公约》，亦称《华盛顿条约》（其中的第一、二、三、四、七条）；12. 1922 年 2 月 11 日在华盛顿签订的日美条约（其中的第二条）；13. 1928 年 8 月 27 日美、德、英、法、比、日、波、捷等十五国所签订的，以后为世界大多数国家（四十八国）所加入的《巴黎非战公约》，亦称《凯洛格—白理安公约》（其中的第一条及第二条）；14. 1929 年 6 月 27 日日本政府关于上项巴黎公约第一条的声明；15. 1925 年 2 月 19 日国联第二次鸦片会议上签订的公约，以及 1931 年 7 月 13 日在日内瓦签订的《麻醉毒品公约》；16. 1940 年 6 月 12 日日本与泰国签订的《赓续友好关系及相互尊重领土完整的条约》

（其中的第一条）；17. 1907 年 10 月 18 日在海牙签订的“陆地战争中中立国及其国民之权利义务公约”（其中的第一条及第二条）；18. 1905 年 9 月 5 日在朴次茅斯签订的《日俄和约》（其中的第二、三、四、七、九条）；19. 1925 年 1 月 20 日在北京签订的《日苏邦交之基本原则协定》（其中的第五条）；20. 1941 年 4 月 13 日日苏两国签订的《中立条约》（其中的第一条及第二条）。——以上这些条约都是经过日本政府郑重签订并批准的，对它当然具有绝对的拘束力，日本当权者原应严格遵守。但是，在起诉书所提到的期间内，这些条约的条款却被被告们肆无忌惮地违反和破坏了。

附件（丙）列举了十五项日本政府关于不侵略或不扩大侵略所作的声明或保证。在被告们当权的年代里，他们却自食其言，把这些声明或保证视若废纸。这些保证或声明是：1. 1931 年 9 月 25 日：日本在满洲没有领土的意图。2. 1931 年 11 月 25 日：日本向锦州进军的消息，毫不真实。3. 1931 年 12 月 22 日：日本承认中国（在满洲的）主权，并维持“门户开放”政策。4. 1933 年 1 月 5 日：日本在中国长城以南没有领土野心；5. 1934 年 4 月 25 日：日本丝毫无意于在中国寻求特殊利益，侵害中国之领土及行政之完整，或对他国在中国的真正贸易制造困难；6. 1937 年 8 月 15 日：日本对中国没有领土企图，并且将不遗余力地保障外人在华的权益；7.1937 年 9 月：日本对华北具有和平愿望，并无领土图谋；8.1939 年 2 月 17 日：日本对中国并无领土企图，它将不作超出军事需要范围的占领；9. 1939 年 8 月 26 日：关于在反共协定下加强同德意合作一事，日本已放弃任何进一步的谈判；10. 1940 年 4 月 15 日：对荷属东印度，日本愿意维持其现状；11. 1940 年 5 月 16 日：日本没有进攻荷属东印度的意图或计划；12. 1941 年 3 月 24 日：

日本在任何状况下都不会进攻美国、英国或荷属东印度；13. 1941 年 7 月 8 日：日本迄今并未考虑到对苏联作战的可能性；14. 1941 年 7 月 10 日：日本对法属越南没有采取行动的设想；15. 1941 年 12 月 5 日：日军在法属越南的调动仅是预防性的措施。

附件（丁）摘录了一些国际公约中关于作战行为的重要条款以及日本保证遵守这些条款的诺言。这个附件是用以支持对被告们的第三类罪状（普通战争罪及违反人道罪）的控诉的。附件中列举的有：1. 1907 年 10 月 18 日海牙第四公约的某些条款及海牙第十公约。此二公约参加者有包括日本在内的四十个国家，因而日本有遵守的义务。2. 1929 年 7 月 27 日在日内瓦签订的《关于战俘待遇的公约》。这个公约的参加者有四十七国之多，因而它是现行公认的和应该共守的国际法原则的有力证明。日本虽未批准这个公约，但由于它是公约原始签字国之一以及日本政府 1942 年 1 月 29 日给瑞士政府的照会中和 1942 年 1 月 30 日给阿根廷政府的照会中都承认准用该公约，因而该公约各条款对日本是有拘束力的。3. 1929 年 7 月 27 日在日内瓦签订的《改善陆战中伤者病者状态公约》，亦称《红十字公约》。这个公约有四十余国参加，日本乃其中之一；它在战争期间（1942 年 1 月 29 日及同年 2 月 13 日）并一再声明将"严格遵守"这个公约。——以上三个公约，由于它们是当时世界大多数国家所签订、批准和加入的，因而也就正确地体现和表达了当时的国际法原则。针对着这些公约的某些重要条款，本附件后一部分扼要地列举并叙述了十五类日军对公约肆无忌惮地违反和野蛮粗暴地破坏的种种行为。这些行为构成起诉书中控告被告们第三类罪行（普通战争罪和违反人道罪）的背景材料和大体轮廓。

附件（戊）分别记载着二十八名被告在1928年至1945年（即起诉书中控告的期间）各自在日本政府中担任的官职，借以表明他们个人在日本侵略战争期间所应负的责任。本章第三节"二十八名被告战犯的挑选及其简历"中对这些人的经历及官职已有比较详细的说明，此处遂不赘述。

一个简短的"前言"，五十五项罪状和五个"附件"，这便是国际检察处向远东国际军事法庭提出的控告日本二十八名首要战犯的起诉书的全部内容。以下要论述的是这个起诉书的特点与缺点。

五、起诉书的特点和缺点

东京国际检察处向远东国际军事法庭提出的控告日本主要战犯的起诉书之最大特点，同时也就是它的最大缺点，那就是：它对被告们控诉的罪状（共五十五项）编排得过分繁杂琐细，非但缺乏逻辑上的严谨性，有时还不免重床叠架，互相抵触，使一般人看了心缭眼花，难于理解。比起纽伦堡检察处对德国主要战犯的起诉书之纲举目张、简单明了来，这不能不说是东京起诉书的最大缺点。关于这个缺点，我们以后将有较详细的评述。

这里我们首先举出东京起诉书和纽伦堡起诉书的两个比较小的不同之处。

其一，在东京起诉书里，被控的被告都是在东京羁押的战犯，而且都曾亲自到庭受审，没有一个像纽伦堡被告中的鲍尔曼那样被缺席审判的。纽伦堡宪章和东京宪章对这一点虽都没有明文规定，既没有允许缺席审判的规定，也没有禁止缺席审判的规定，但是两个起诉书的做法却不相同。纽伦堡把一个不曾逮捕到案的战犯也列为起诉对象，因而造成了缺席审判的局面，而东京却没有这样做。在东京，被诉的战犯们自审讯第一天起便全体出席法庭受审。诚然，在日本投降后很长的时间里，被告武藤、佐藤、木村和板垣四人都因在海外各战场指挥作战而被同盟国加以逮捕，作为战争俘虏拘押。但是在远东国际法庭正式审讯开始之前，他们都被押解来到了东京。因此，东京法庭的被告（中途死亡或犯精神病者除外）在全部审讯过程中自始至终都是到庭受审的，而在纽伦堡法庭里，被告鲍尔曼一直到判决时为止却始终是以失踪闻，因而法庭不得不对他作出缺席判决。[①]

另一不同之处便是：纽伦堡起诉书除控告二十二名首要德国战犯之外，还要求法庭在审讯过程中审查若干重要的纳粹组织（团体、机关），判决并宣布它们为“犯罪组织”。东京起诉书则完全没有这样的要求，它没有把任何日本法西斯组织、团体或机关作为犯罪起诉的对象。这是两个起诉书的一个比较明显的区别。这个区别的产生并不是由于起诉书本身或者由于检察处见解的互异，而是由于两个法庭宪章的规定不同。

纽伦堡宪章第九条规定说：“在审判任何团体或组织的任何个别成员时，本法庭得宣告该个人所属的团体或组织（在同该个人可能判处罪刑的行为有关的情形下）为犯罪组织。”这是一个原则性

① 马丁·鲍尔曼（Martin Bormann）系由纽伦堡国际军事法庭判处罪刑的二十二名德国首要战犯之一。纽伦堡国际检察委员会向纽伦堡国际军事法庭控告的德国首要战犯原为二十四名。嗣以罗伯特·列在监狱中自杀及哥斯达夫·克虏伯因患精神病被暂免受审，故在1946年9月30日宣判时被判罪刑者为二十二人。鲍尔曼在审讯过程中始终逃亡在外，未能逮捕归案。但法庭并未对他停止审讯（他的辩护是由法庭指定的律师代理进行的），法庭并以“缺席审判”判处了他绞刑。此人下落迄今不明。据1964年12月25日美国出版的《时代周刊》（Time）的揣测，此人可能尚在人间，过着逃亡的生活。

的规定。根据这个原则，法庭经检察处的申诉，有权宣布任何牵涉到被告们犯罪行为的团体或组织为一犯罪的团体或犯罪的组织。

关于宣告的程序，组伦堡宪章第九条继续规定说："本法庭于收到起诉书后，如认为适当，应发出如下之公告：公告内称检察方面拟请求法庭作出上述之宣告（即请求法庭宣告某团体或组织为犯罪的团体或组织）。该组织的任何成员有权申请法庭准予就该组织之犯罪性质问题向本法庭陈述意见。法庭对于此项申请有准许或拒绝之权。申请如被准许，本法庭得指示该项申请以何种方式提出及如何陈述。"

关于宣告的性质，纽伦堡宪章更进一步规定其为决定性的宣告，在以后对该组织的任何成员的任何刑事诉讼中都不能提出异议，使其发生动摇。纽伦堡宪章第十条明白写道："在某一团体或组织经本法庭宣告为犯罪组织的情形下，任何宪章签订国的国内主管机关均有权将参加该组织的个人作为该团体或组织的成员交付其国内的、军事的或占领当局的法庭审判。在这种情形下，该团体或组织的犯罪性质应认为已经确定，而不能有所疑问。"

由此可见，在纽伦堡，检察处控诉的不仅是戈林等二十二名德国首要战犯，还有若干纳粹德国负责策划和执行侵略的团体、组织或机关，例如纳粹党的领导团、德国内阁、参谋本部、国防军最高统帅部、党卫军、突击队、秘密警察队等。[①]

① 在纽伦堡判决书中，组织、团体或机关被宣告为"犯罪"者为：纳粹党的领导团（Leadership corps of the Nazi Party），秘密警察队以及保安勤处（Gestapo and SD.），党卫军（SS.），突击队（SA.）；被宣告为非犯罪者为：德国内阁（Reich Cabinet），参谋本部（General Staff），国防军最高统帅部（High Command）。苏联法官对此有不同意见。他认为德国内阁、参谋本部和国防军最高统帅部亦应被宣告为犯罪的组织或团体。他个人的不同意见虽未在宣判时当庭公开宣读，却附录在判决书的后面作为少数意见予以公布。阅《国际军事法庭审判德国首要战犯判决书》中译本（世界知识出版社）第250—262页。

但是，在东京，检察处却完全没有这样的任务，也没有这样的权力，因为宪章并没有授权给它这样做。因此，东京的起诉书中所控告的纯粹是被告们个人，并不控告他们所主持或参加的那些法西斯黩武主义的团体或组织，而法庭的任务也只是判定被告们个人的罪刑；它没有权力也没有被要求宣布任何团体或组织为“犯罪团体”。[①]

以上所述是东京起诉书和纽伦堡起诉书两个不同之处，即东京起诉书中没有控告缺席的被告和没有控告犯罪的组织。

在纽伦堡，检察处控告被告们的罪状只有下列四项：一、参加侵略战争的共同计划或阴谋；二、参加侵略战争的实行；三、犯有违反普通战争法例的罪行；四、犯有违反人道的罪行。这样纲举目张、简单明了的安排，不但检察方面提供证据时比较切实易行，而且法庭判处罪刑时也容易针对要害。[②]

可是，东京起诉书却罗列被告们的罪状达五十五项之多，而这五十五项之间又矛盾迭出，缺乏严谨的逻辑性。这就难免不在人们的头脑中产生混乱的感觉。

举例来说，杀人罪本是普通战争罪行之一种，在法庭宪章列举的三大类罪行中并不是单独的一类。但是起诉书里却把它独立地

① 远东国际军事法庭虽然没有权力也没有被要求宣告任何组织或集团为“犯罪组织”或“犯罪团体”，但是在审判过程中，法庭却审查和研究了某些日本法西斯黩武主义的、鼓吹侵略战争的组织和团体，例如黑龙会、樱会、国本社、大日本青年党、日本政治会、大政翼赞会等。关于这些组织或团体的宗旨、组织、活动，以及个别被告同它们的关系，检察方面也提供了不少的材料。不过法庭这种审查和研究的目的不是为了要判定或宣告它们为犯罪组织或犯罪团体，而是为了要查明被告们在这些犯罪性的组织或团体中所起的作用、担任的角色，以及他们如何利用这种组织或团体去进行他们的犯罪活动。

② 参阅《国际军事法庭审判德国首要战犯判决书》中译本（世界知识出版社）；第139—144页关于戈林的判决，可以作为一个例子。

列为一类，控告罪状达十六项（37—52）之多。这在逻辑上不但不符合宪章的规定，而且使侵略罪以外的其他两大类罪状（普通战争罪及违反人道罪）在内容数量方面失去了平衡。这两大类的罪状总共只有三项（53—55）。诚然，大规模的和某种性质的屠杀有时也可以作为违反人道罪去控诉，但是起诉书里并没有这样，而是无区别地把一切杀人罪行统统归为一类。

又如起诉书控告被告们"破坏和平罪"（侵略罪）一类的罪状有三十六项之多，几占全部罪状三分之二；它把进行侵略战争的步骤分得非常琐细：共同阴谋侵略战争占五项（1—5）；对个别国家计划和准备侵略战争占十二项（6—17）；对个别国家发动侵略战争占九项（18—26）；对个别国家实行或实际进行侵略战争占十项（27—36）。诚然，东京检察处的原意不外乎是：侵略既是被告们最重大的罪行，把它们对各个盟国实行侵略的步骤分门别类、不厌其详地列举出来似乎是很细致周密、很骇人听闻的。但是，他们不知道这样做非但增加将来提供证据去支持这许多项控诉的实际困难，而且在理论上和逻辑上也有些说不过去。比方说，第一项罪状控诉的是被告们参加拟订一个庞大的、野心勃勃的称霸亚洲及太平洋地区和瓜分全世界的整个计划或阴谋，也就是一个总的全面的共同计划或阴谋，而第二项、第三项、第四项及第五项控诉的却是对某些个别国家的侵略计划或阴谋。按照整个包括部分或全体包括个别的原则，后四项似乎都是多余的。又如自第六项起至第十七项止都是控诉被告们对个别国家计划和准备侵略战争，自第十八项起至第二十六项止都是控诉被告们对个别国家发动侵略战争，而自第二十七项起至第三十六项止却是控诉被告们对个别国家实行侵略战争，亦即实际从事武装进攻。这样琐细的分法是不很合理的，因为实行战争必然会包括计划、准备和发动等步骤。在侵略战争中尤其是如此。历史上没有不经过计划、准备和发动的侵略战争。起诉书既控诉了被告们从事侵略的共同阴谋，又控诉了他们曾对各国实际进行了战争（即武装进攻），而同时又把对各国进行战争前的计划、准备和发动等步骤列为许多项目来控诉，这就未免“重床叠架”或“画蛇添足”，逻辑上是说不通的，也是违反常识的。因此，起诉书中自第六项至第十七项（计划、准备侵略）以及自第十八项至第二十六项（发动侵略）的控诉，显然都是没有必要的。只要保存第二十七项至第三十六项（实际从事侵略战争）便够了。

即使就自第二十七项至第三十六项共十项关于实行侵略战争的控诉而言，其中也有三项是不合逻辑的，没有必要的。例如第二十七项罪状中控诉的是被告们对中国实行侵略战争，时间从1931年9月18日起至1945年9月2日止（共14年），而第二十八项罪状中控诉的依然是被告们对中国实行侵略战争，所不同的只是在本项中的时间系“从1937年7月7日起”，其他措辞完全一样。照逻辑常识说来，1931年9月18日起对中国的侵略战争必然包括1937年7月7日起对中国的侵略战争在内。把它列为两项是毫无必要的，也是不合逻辑的。又如罪状第二十九项中控诉的是被告们对美国进行侵略战争，而罪状第三十项中控诉的是被告们对菲律宾进行侵略战争，时间都是从1941年12月7日起至1945年9月2日日本投降止。日本投降以前，菲律宾并未正式独立，它还是美国的一部分。起诉书把它列为两项起诉也是不合逻辑的。再如罪状第三十四项中控诉的是被告们对泰国（暹罗）进行侵略战争。泰国在整个第二次世界大战期间都是站在日本一方的，扮演着一个帮凶小丑的角色。控诉日本对泰国进行侵略非但逻辑上说不过去，而且是与事实不符的。[①]

从以上看来，东京起诉书里控诉被告们的五十五项罪状，其中绝大部分是不必要的。这在起草起诉书的检察处方面说来，或许自认为是别具匠心，不厌求详。但是其结果反而是白费心机，劳而无功。从逻辑上所要求的严谨性来说，这个起诉书的缺点确实是严重的。

远东法庭对于起诉书列举的这样庞杂的五十五项罪状，深感难以应付。在审判过程中，检察处提供的证据并不能充分支持每一项罪状的控诉。虽然总的来说，他们提供的证据还算是丰富的，但是要把所有的证据分别开来去一一针对这五十五项中的每一项控诉却是很困难的。

随着审讯进程的发展，法庭愈来愈感到这个困难的压力。可是这个起诉书既经法庭"接受"了，在审讯中途自不便命令检察处去修改。唯一的好办法便是由法庭自己把这五十五项庞杂琐细的控诉尽量地简化一下，压缩一番，使它虽不能做到像纽伦堡起诉书只有四项那样简单明了，但是也不至于像原来那样过分地复杂难解。

经过长期的考虑和探讨，法官们内部便决定了把这五十五项罪状大大地删削一下，删除了四十五项，使它缩减为十项。法官们认为，这样大刀阔斧地删削一番，实际上并不会影响审判的质量。

① 泰国在太平洋战争发生之后，立即与日本缔结《日泰同盟条约》。该约系 1941 年 12 月 21 日订于曼谷，同日生效。条约第二条规定："遇有日本或泰国同一个或几个第三国发生武装冲突，泰国或日本应立即站在另一方的一边作为其盟国并用它所有一切政治、经济和军事方法向其提供援助。"第四条规定："日本和泰国在共同进行作战的情况下相互保证，除非获得完全共同的协议，绝不缔结停战或媾和。"在日本投降以前，日泰始终是同盟关系，直到 1945 年 9 月 11 日，日本正式投降以后，泰国才照会日本以"该条约与世界和平状况不相符合"为理由，通知废除。见《国际条约集（1934—1944）》（世界知识出版社）第 341—342 页。

法庭对待起诉书的这个打算，起初只是法官们内部的决定，他们自己把它作为审判被告们罪刑的标准或尺度，在审判过程中并未打算对外宣布。

但是，最后在判决书中，法庭却把五十五项控诉削减为十项控诉的办法公开宣布了，并且用委婉的词句说明了为什么法庭认为那被删除的四十五项控诉没有必要存在。

现在我们且把法庭在判决书里保存下来的十项罪状的重点列举如下：①

1. 第一项罪状——控告全体被告总的共同阴谋，其目的系通过对各国发动侵略战争，并串通其他野心国家，使日本对东亚、太平洋、印度洋及其附近各国取得支配地位。

2. 第二十七项罪状——控告全体被告曾参与对中国实行侵略战争。

3. 第二十九项罪状——控告全体被告曾参与对美国实行侵略战争。

4. 第三十一项罪状——控告全体被告曾参与对英联邦各国（包括英国、澳大利亚、加拿大、新西兰）及其他英联邦领土和属地实行侵略战争。

5. 第三十二项罪状——控告全体被告曾参与对荷兰实行侵略战争。

6. 第三十三项罪状——控告荒木、土肥原、平沼、广田、星野、板垣、木户、松冈、武藤、永野、重光、东条十二名被告曾参与对法

① 这十项罪状的全文见本章第四节。由于它们是法庭承认和保存下来的仅有的项目，在审讯及判决中具有重大作用，因此我们不惮重复，把它们的内容要点分别列举于此。

国实行侵略战争。

7. 第三十五项罪状——控告荒木、土肥原、畑、平沼、广田、星野、板垣、木户、松冈、松井、重光、铃木、东乡十三名被告曾参与对苏联实行侵略战争。

8. 第三十六项罪状——控告荒木、土肥原、畑、平沼、板垣、木户、小矶、松冈、松井、武藤、铃木、东乡、东条、梅津十四名被告曾参与对蒙古及苏联实行侵略战争。

9. 第五十四项罪状——控告土肥原、畑、星野、板垣、贺屋、木户、木村、小矶、武藤、永野、冈、大岛、佐藤、重光、岛田、铃木、东乡、东条、梅津十九人在1941年太平洋战争发动后曾命令、授权及准许每一战区之海陆军司令官、陆军省官员、日本领土或占领区内战俘及平民集中营管理人员、日本军警及民警，以及他们的下属，从事对同盟国的部队、大量战俘及平民作出违反国际条约与国际法所规定的种种暴行。关于中国方面，此项犯罪应自1931年沈阳事变算起；被告除上列各人外，尚有荒木、桥本、平沼、广田、松井、松冈及南七名。

10. 第五十五项罪状——控告土肥原、畑、星野、板垣、贺屋、木户、木村、小矶、武藤、永野、冈、大岛、佐藤、重光、岛田、铃木、东乡、东条、梅津十九人在1941年太平洋战争发动后曾对同盟国的部队、大量战俘及平民故意藐视国际条约及战争法规之规定，不采取他们职务上所应采取之措施，以确保这些条约和法规之被遵守，因而犯有违反战争法罪行。关于中国方面，此项犯罪应自1931年沈阳事变算起；被告除上述各人外，尚有荒木、桥本、平沼、广田、松井、松冈及南七名。

——以上十项罪状是法庭就起诉书中五十五项罪状进行缜密

选择之后而保存下来的。这十项中有八项系关于破坏和平罪（侵略罪），仅其余两项系关于普通战争罪（违反战争法规罪）及违反人道罪。事实上，这最后两项控诉的都是违反战争法规的罪行，一项（第五十四项）是被告们在职务上的积极行为，即命令、授权或准许部下去犯下违反战争法规之罪行，另一项（第五十五项）是被告们在职务上的消极行为或不行为，即他们职责上原应有所作为，以确保战争法规之被遵守，但他们却故意藐视这种责任或义务，放任或纵容部下去犯违反战争法规之罪行而不采取任何适当的步骤或措施去加以制止或预防。至于违反人道罪，起诉书中既未列为专项，法庭也不能自出心裁，把它当作一项独立的罪名加以考虑。因此，东京宪章虽授予法庭以审判违反人道罪之权力，但实际上法庭并没有行使这种权力，因为检察处并未就此种罪行对被告们作出任何明显的或专项的控诉，虽然在他们提证及辩论的时候亦常使用"违反人道"的字句指责被告们。

法庭认为：关于被告们的普通战争罪行，仅仅保留第五十四项（积极行为）和第五十五项（消极行为或不行为）便足够了。至于在起诉书中列为"杀人罪"的十六项控诉（37—52项），法庭认为全都可以包括在这两项之中，没有单独分别列举人名、地名及日期的必要。相反，那样列举还有"挂一漏万"的危险，同时在提证方面也会发生极大的困难。

关于破坏和平罪（侵略罪）的控诉，起诉书中原列举了三十六项之多，经法庭压缩之后，仅仅保存了八项：第一项系日本侵略的总的共同计划或阴谋，第二十七项、第二十九项、第三十一项、第三十二项、第三十三项、第三十五项及第三十六项（共七项）系实行或实际执行对中国、美国、英联邦、荷兰、法国、苏联及蒙古的侵略战争。法庭认为有这八项，便可以概括起诉书中关于侵略罪的三十六项控诉而无所遗漏。因为，总的计划或阴谋必然包括部分的或个别的计划或阴谋，而实行战争（即实际从事作战）必然要经过策划、准备及发动的步骤。把对某一国作战的每一步骤都作为一个单独的项目去控诉，不但造成逻辑上的混乱，而且在提供证据方面，也有莫大的困难。因此，法庭认为关于被告们的侵略罪行，有这八项便足够了，其他二十八项都没有被考虑的必要。

起诉书中所列举的五十五项罪状，经过这样精简之后，便只剩下了十项。法庭在审讯过程的各阶段中都是以这十项控诉为基础或根据的。在正式判处各被告罪刑时也是以这十项控诉为标准或尺度的。正如我们上面所指出的，这虽比纽伦堡法庭以简简单单的四项控诉来判处各被告罪刑的办法复杂，但比以原起诉书中所罗列的那许许多多的罪状项目去判定各被告的罪刑却简单多了。

必须再度指出：虽然法庭在审讯时，甚至刚一开始便对起诉书中所罗列的罪状项目之庞杂、烦琐和不严谨具有反感，并有意要把它们压缩一下以保证审讯的顺利进行，但是压缩成为十项的决定却是在最后判决书中才宣布的。在判决书中，法庭对于那被淘汰的四十五项罪状都作了交代，说明了它们之所以被淘汰的理由。[①]为了避免伤害检察处的尊严，法庭的说明都是以非常慎重缓和的语调作出的。它并未直接指责起诉书控诉项目的庞杂烦琐，或明言其不合逻辑。事实上，庞杂烦琐和缺乏逻辑上的严谨性确实是东京起诉书最大的缺点。这是毋庸讳言的。

① 关于法庭把起诉书中五十五项罪状精简为十项以及那多余的四十五项被删除的详细理由，见《远东国际军事法庭判决书》，张效林译（五十年代出版社）第18—21页。

第四章　远东国际军事法庭的审讯程序

一、法庭宪章中关于审讯进程的基本规定

远东国际军事法庭的审讯程序（亦即一般所谓“诉讼程序”）是相当复杂、烦琐的。审讯之所以旷日持久，审讯程序的复杂烦琐不能不说是重要原因之一。

关于法庭审讯程序的内容，除法庭宪章中有些基本的规定以外，法庭自己制定的“程序规则”中还有许多补充的规定。在本节里，我们只打算概述一下宪章中关于审讯分阶段进行的规定，也就是关于审讯进行各步骤的规定。至于证件的提供和采纳，证人的出庭作证和受讯，以及有关诉讼程序的其他规定，将留待下面数节中再述。

宪章第十五条，标题为“审讯程序之进行”，其规定如下：

> 审讯将循如下程序进行：
>
> （甲）起诉书应于开庭时予以宣读，除非全体被告皆主张放弃听取此项宣读。[①]

① 按照远东法庭为补充宪章而自行制定的“程序规则”第一条（甲）项的规定，起诉书副本应于庭上公开宣读的十四天以前送达各被告，副本并应译成被告所了解之文字（即日本文）。

（乙）法庭将讯问每一被告是否承认本人“有罪”抑或“无罪”。

（丙）检察方及每一被告（如有辩护人者仅由其辩护人代表）均得对本案作一简括之开始陈述。

（丁）检察及被告辩护双方均可各自提出证据；但证据之是否被采纳应由法庭决定之。

（戊）检察方及每一被告（如有辩护人者仅由其辩护人代表）均可诘问任何证人及任何提供证据之被告。

（己）被告（如有辩护人者仅由其辩护人代表）可向法庭陈述意见。

（庚）检察方可向法庭陈述意见。

（辛）法庭将作出判决及科刑，并宣布之。

依照宪章这一条的规定，审讯进行从起诉书宣读起至判决书宣布止是分为上述八个步骤的。

远东国际法庭所采用的这种审讯步骤，与纽伦堡国际法庭所采用的颇相类似，其最大的不同便是：在纽伦堡，每一被告皆有权作最后陈述，亦即致“终讼词”，而在东京则有权作最后陈述者为检察官，而非各被告。换言之，结束全部诉讼辩论过程的最后发言者在东京是检察方面，而在纽伦堡则为被告方面。除这一点之外，两个法庭宪章中规定的诉讼进程的步骤，实质上几乎是一样的。[①]

远东国际法庭在实际审讯中大体上都是依照宪章规定的步骤进行的，但在细节上也略有变通。它的全部审讯的实际过程是由

① 参阅《纽伦堡国际军事法庭宪章》第二十四条。

下列各阶段构成的：

1. 检察方面宣读起诉书。

2. 法庭讯问每一被告是否承认自己有罪。①

3. 检察长致"始讼词"。②

4. 检察方面提出证据（证件、证人）。

（这是一个冗长、烦琐的阶段，曾耗时六个月有余。检方证据分为若干部分提出。在每部分提出之前，先由一个陪席或助理检察官作一总的引言，说明检方在这部分中打算证明些什么事情和打算提供些什么证件和证人。在提出证件时，被告辩护方面有权提出抗议。在证人陈述后，被告辩护方面有权对他执行反诘。）

5. 被告辩护方面提出证据（证件、证人）。

（这也是一个同样冗长、烦琐的阶段，耗时在十个月以上。辩护证据系针对并反击被告们被控的罪状和检方所提出的证据的。它也是分为若干部分提出的。在开始之际，由一名辩护律师作一全盘概括的说明。在每一部分证据提出之前，再由一名辩护律师作一总的引言，说明辩护方面在这部分中打算反证些什么事情和打算提供些什么证件和证人。在提出证件时，检察方面有权提出抗议。在证人陈述后，检察方面有权对他执行反诘。）

---

① 这个步骤在英美法系中称为"arraignment"（控告，责问），是刑事诉讼案中一个最初而且最重要的步骤。在被告听取检察官宣读起诉书之后，法庭将问他是否认罪。倘使他答以"认罪"或"有罪"（guilty），那他便算是放弃辩护的权利。此时法庭便可中止诉讼程序，而依照起诉书所举的罪状径行判决。倘使他答以"不认罪"或"无罪"（not guilty），则诉讼可照正常程序按步进行。在远东法庭受审的所有二十八名被告，当时全都是以"不认罪"或"无罪"作答的。

② "始讼词"英文为"opening statement"，日本人称之为"劈头陈述"。在始讼词中，检察官就起诉主旨及要点作一概括式的引言说明。

6. 检察方面驳复辩护方面所提出的证据（在此阶段，检方仍可针对辩护证据提出新的证据，作为驳复证据）。

7. 辩护方面反驳检察方面的驳复证据（在此阶段，辩护方面仍可提出新的证据，但以针对检察方面在上一阶段所提出之驳复证据为限）。

8. 检察方面作总结发言。

9. 辩护方面作总结发言。

10. 检察长致“终讼词”。

11. 法庭作出判决并宣读之。

由以上看来，法庭实际进行审讯的过程基本上是符合法庭宪章的规定的，虽然为了审讯便捷起见它与宪章规定有时也有细微的出入。记得在检察长致“终讼词”之后，被告辩护律师曾经请求法庭予以最后答辩的机会，法庭以违反宪章规定和没有必要为理由而断然拒绝了。可见，法庭在最大可能的限度里是恪守宪章规定的。

但是，由于宪章系英美法系的人员所起草，而法庭多数成员又是习惯于英美法程序的，所以在整个审判过程中，实际上法庭的诉讼程序始终未能摆脱英美法系的影响。例如，宪章第十二条“审讯之进行”中虽规定了“本法庭应：（甲）将审讯工作严格地限制于迅速审理控诉中所提出的各项问题”及“（乙）采取严厉措施以防止任何足以引起不合理拖延审讯之行为，并排除一切与本案无关之问题及陈述”，然而，在实际上，法庭并未大刀阔斧地这样办，而在很大程度上是听任辩护律师们（主要系美国律师）无休止地在英美法系的复杂烦琐的习惯程序规则中钻空子。这种现象特别表现于下面两节要讲到的“证件的提出及采纳”和“证人的出庭及受讯”两个方面。正如大家所知道的，英美法系的证据法则是世界各法系中最复杂、最烦琐，而且最形式主义的一种法则。

二、作证文件的提出及采纳的程序

（一）作证文件的种类和性质

由于远东国际军事法庭采用的是“证据主义”，即法庭的最后判决必须根据法庭已经正式采纳了的证据而作出，因此，诉讼双方最重要的事情便是用全力去搜集有利于己方的证据向法庭尽量提出，并促使其采纳。这无论是对检察官方面或者被告辩护律师方面说来，都是一件最主要的工作，也是最繁重、最艰巨的任务。

在整个的审讯过程中，法庭耗于听取和采纳证据（包括证件和证人）的时间几乎占全部审讯时间的三分之二，共约十六个月之久。诉讼双方的一些最激烈的争辩也是在听取证据阶段发生的。

证据一般可以分为两种：证件和证人，亦即中国所谓“物证”和“人证”。

关于证人的提供、出庭作证及受讯的复杂程序，将留待下节说明。本节所要论述的是远东法庭在作证文件（简称“证件”或“文件”）之提出和采纳的程序中所采取的一些措施和遵守的一些规则。在全部审讯过程中，法庭采纳了双方提出的证件达四千三百余件之多（经提出而被拒绝接受者不计算在内）。这在世界司法史上是打破纪录的。

关于证件的提出及采纳，法庭宪章第十三条“证据”中有如下的规定：

（甲）证据之采纳　本法庭不受技术性采证规则之拘束。本法庭将尽最大可能采取并适用便捷而不拘泥于技术性的程序，并得采用本法庭认为有作证价值之任何证据。被告之一切自供或陈述，均得采用。

（乙）证据之关联性　本法庭得命令在提出任何证据之前，将该项证据之性质先行陈明，以便决定其是否存在关联性。

（丙）各种可采纳之特定证据　下列各种特定证据得予采纳，但上述一般原则之应用范围并不因此而受任何限制：

（1）任何文件，凡经本法庭认为系由任何政府所属之任何官吏、公署、机关或军事人员签字或发布者，不问其保密等级如何，对其出处或签署亦不必有所证明。

（2）报告书，凡经本法庭认为系由国际红十字会或其会员所签发者，或系由任一医师、医务人员、调查员、情报员或法庭认为对报告内容熟悉之人所签发者。

（3）证人经宣誓提出之书面供词，各种证词，或任何经签字之陈述书。

（4）日记、信札或其他文件，包括经宣誓或未经宣誓之陈述，经本法庭认为含有与所控罪行有关之资料者。

（5）如文件之原本不能立即提出，得采纳其副本或其他足以证明该文件内容之间接证据。

（丁）司法上的认定　本法庭对于众所周知之事实，以及任何国家之政府公文与报告和任何联合国家之军事法庭或其他机关之诉讼程序、笔录或判决，皆无须证明。

（戊）笔录、证件与文件　审讯之速记记录以及提交本法庭采用之各种证件与文件，均应送交本法庭书记官长登记归档，从而构成法庭卷宗之一部分。

这一条文的内容全是关系证件的采纳。（甲）、（乙）两项是规定法庭采证的规则要力求简单化，避免英美法系传统的形式主义。然而尽管有此规定，法庭在实际审讯中仍然容许了诉讼双方在采证问题上提出的许多诡辩和形式主义的东西，从而浪费了法庭不少的时间。

条文（丁）项（法庭之认定）是规定承认众所熟知、无须证明之事实的作证价值。这是一般诉讼程序法中都有的。

条文（戊）项是规定证件的采纳及登记、归档的手续。

条文（丙）项是一项最重要的并且关系证件实质的规定。它规定了哪些证件将被采纳以及在什么方式下提出将被采纳。依照此项规定，法庭采纳作证的书面文件，除证人的书面陈述之外，[1] 大概不外乎下列各种：

1. 政府公文或国家机关及官吏（包括军事人员）所签字或发布的任何文件；

2. 红十字会及其会员的报告书，以及个别人员如医生、调查员及其他知悉报告书所述事实之人员的报告；

3. 法庭认为与案情有关之私人日记、信札或其他任何文件；

4. 以上各种文件的副本（但需证明原件不能提供之原因）。

---

① 关于证人（包括出庭的和不出庭的证人）的书面陈述或书面证词（亦即所谓“宣誓书”）的如何处理，本章第三节将有详细的说明。

在法庭全部审讯过程中所接受的双方提出的共四千三百多件的书面证件之中，摘自政府机关公文档案的证件所占比重最大，而且最为法庭所重视。这种公文档案有的是同盟国政府的，有的是日本政府的。前面已经指出过，占领军从日本政府埋藏的档案库中所攫获的全部日本秘密档案都置放在法庭大厦三楼档案室中，检察和辩护双方都可以自由地在那里去尽量挖掘对于自己有利的材料，作为书面证据向法庭提出。① 至于各同盟国政府的公文档案，由于它们多属于起诉的国家，检察方面要搜集和提供当然比较方便。况且各主要同盟国都派遣有自己的陪席和助理检察官在检察处工作，这些人对于如何利用自己国家的政府档案和机关文件当然更是熟识。但是，在理论上，被告辩护方面对此也享有平等的权利，而法庭有义务帮助他们行使这种权利。因为，宪章第三章“对被告之公平审判”第九条“公平审判之程序”（戊）项“辩护证据之提出”中有如下的规定：“被告得以书面申请本法庭传唤证人及调阅文件。该项申请书应载明其所设想该证人或文件之所在地址，并应说明需由该证人或文件予以证明之事实，以及此等事实与辩护之关系。如本法庭准许此项申请，则应依情况之需要予以协助，俾获得此项证据之提出。”由于有以上的规定，被告辩护方面要从同盟国的政府公文或机关档案中取得证件的大门还是敞开的。在他们履行了合理申请手续之后，法庭有义务在这方面予以协助，犹如法庭有义务协助他们传唤证人或取得其他的作证文件一样。②

① 参阅本书第二章第六节。

② 同盟各国政府对于辩护律师们向它们谋取有利于被告的证据的态度，颇不相同。有些政府对于此事是敷衍的、冷淡的，甚至不合作。有些政府却比较热心。特别是美国政府，它对被告战犯们谋取有利辩护证据的企图几乎做到了“有求必应”的地步。不但美国政府机关的档案常被辩护律师所利用，而且还有个别的美国显要人物（如国务卿马歇尔、前驻日大使格鲁之辈）特地向法庭提供了有利于被告战犯们的书面证言。

在法庭接受的证件之中，除了政府公文和机关档案（包括机关首长或负责人签署的任何文书）之外，红十字会或其会员团体的报告书和有关的个别人员（医师、情报员、调查员等）的报告，也是重要的一种。在审理被告们的暴行罪（即宪章所称的“普通战争罪行”及“违反人道罪”）的时候，检方提出的这种证件特别多。

法庭也接受了双方提出的与案件有关的私人日记的摘录、信札和其他的私人文件。私人日记中最重要的是前面提过的木户幸一的一部连续写了十几年的巨帙日记（即所谓“木户日记”，共十八册），和西园寺公望口述、由原田笔记的回忆录（即所谓“西园寺—原田回忆录”）。这两部书对于起诉期间日本国策的逐步演变以及被告们在当时日本政治舞台上的活动情况记载颇详，诉讼双方都曾尽量从中摘录于己方有利的材料，作为证件提出。至于私人信札或其他私人文件，双方提出的不多。伪满溥仪致被告南次郎的一封乞援的长信是其中最突出的一件，它的真伪问题曾在法庭引起轩然大波。这事以后还有机会提到，此处姑不多述。

以上各类作证文件，诉讼双方向法庭提出时必须尽最大可能将原件提出，登记归档。倘使由于实际困难不能提出原件，在法庭听取了说明不能提供原件的理由并认为满意之后，也可以接受文件的副本，即抄录的或影印的复制本。盟国政府或机关的许多重要文件都是以这种副本或复制本的形式提出的。

除了被提出来作证的“文件”（即以文字写作而成的书面材料，documents）之外，法庭宪章并未规定可以接受其他实物，如电影、照片、杀人凶器之类的东西，作为证据。然而，事实上，法庭曾经利用宪章中“本法庭不受技术性采证规则之拘束”的条款，也接受过非“文件”的证据。例如，检察方面为了说明日本准备侵略战争的情况和被告荒木贞夫（军阀典型）在备战中所起的领导作用，曾经提出过一部名为《非常时之日本》（亦称《日本的生命线》）的影片作证。法庭接受了这部影片，并命令将它在审判大厅当众公开放映。那时全体出庭的人士都在黑暗中屏息观看了这部充分暴露日本侵略野心的影片，直至映毕为止。① 在审理日军暴行的阶段，检察方面曾提出一部名为《明朗生活之俘虏》的电影作证，借以证明日方的虚伪欺骗宣传。该片亦经法庭作为证件接受，并曾在法庭公开放映过。又如，在审理日军对澳大利亚战俘的暴行阶段，检察方面提出过一些俘虏营悲惨生活的照片（俘虏们背着日军偷偷地摄取的）作为证件。这些照片被法庭接受了。此外，南京大屠杀的主犯、被告松井石根为了要证明他事后有真诚忏悔的意愿，曾经由他的辩护律师提出一张在他家庭住宅里设置的一座祭坛的照片，说祭坛系用南京雨花台（日军杀人最多的地方）的土壤奠基的，坛上设有"中华阵亡将士之灵位"，松井内疚神明，朝夕诵经叩拜，为死者祈祷祝福。② 这张莫名其妙、毫无价值的照片竟也被法庭接受了。所幸在决定判处松井绞刑的时候，没有一位法官曾经提议过要考虑这样一件"证据"。

但是，除了极其个别的情况以外，法庭所接受的几乎全部是以文字作成的书面证件。宪章中不用"物证"或"证物"，而用"作证

---

① 在那部影片中，有日本天皇出现的镜头。因此，被告荒木贞夫是日特着大礼服到庭观看放映，以表忠荩。可见此人之冥顽固执。按：法庭对被告衣着采取放任主义，并未规定他们必着囚衣。在审讯期间，被告们虽都羁押在巢鸭监狱，然而他们出庭时的衣着却是形形色色、多种多样的，其中以着西式便服及旧式日本军便服者为多，着纯粹日本和服及木屐者则向未见有。

② 这张祭坛照片上显出了松井设置的两块牌位：一块是"中华阵亡将士之灵位"，一块是"日本阵亡将士之灵位"。松井把侵略者和被侵略者不分皂白地同样供奉，洵属荒谬可笑之至！

文件”或“文件”字样，大体是符合实际情况的。

以上所述系远东国际法庭所接受的作证文件的种类和性质。以下要谈的是作证文件向法庭提出的步骤和接受的手续。

（二）作证文件的提出及接受的步骤和手续

诉讼双方中的任何一方在公开庭讯中向法庭提出一个作证文件之前必须首先履行下面三道手续：[①]

第一，将文件全部译成英文或日文；如原件系英文的必须译成日文，系日文的必须译成英文；如原件系第三国文字（如中文、俄文、德文、法文）的则必须译成英文和日文。倘使提出作证的只是文件中的一部分，则应在原件上将该有关部分清楚标明，并译成英文、日文。

第二，文件译成之后，提证的一方必须把它印制（打印、铅印、油印或影印）成副本。这种副本通常需要一百五十份之多。

第三，在向法庭公审庭上正式提出该文件二十四小时以前，将副本若干份送达对方（如提出者系检察方面，副本应送达被告辩护律师；如提出者系辩护方面，副本应送达检察官）以及法庭语言科主任。

副本必须于距开庭二十四小时以前送达对方的用意，是为了使对方事先有充分时间，不但可以审查翻译上有无歪曲或错误，致陷己方于不利，而且可以考虑和研究是否在公开庭上提出时表示抗议，申请法庭拒绝接受，以及如果申请，用什么理由去申请。这

① 阅《远东国际军事法庭程序规则》第六条。

是诉讼一方在接到对方即将提出的文件副本后最紧张、最费脑筋的工作，也是双方“斗智”的焦点之一。至于必须于二十四小时以前送达法庭语言科主任的用意，是为了使语言科有充分时间审核文件翻译上有无错误；如果有的话，他可以建议提证的一方自动声明改正，或者申请法庭公开宣布该项改正。

由此看来，一个作证的文件在未向公开庭讯提出以前，诉讼双方以及法庭语言科在翻译、印制、考虑、研究和审核方面都有许多辛苦而紧张的工作要做。要知道，法庭在整个审讯过程中接受的这种文件为数在四千三百件以上（被拒绝的还不计算在内），东京审判在这些方面所消耗的人力物力之大是可想而知的！

在一个文件完成了上述的三个步骤之后，提供的一方便可以自己给它编一个号码。例如“检察文件第……号”或“辩护文件第……号”。编号之后，在公开庭审的适当阶段中，亦即审理的问题到了用得着这个证件的时候，便可向法庭正式提出，其手续如下：

首先，提证一方的代表，检察官或辩护律师，站到法官席前的发言台上，只说一句：我现在提出作证检察文件第……号（或辩护文件第……号）。有的时候他还加上几句关于文件内容和它与本案之关系的说明。但在大多数情况下，这是不必要的。因为，正如前面所指出过的，在每方提证的每一阶段之初都有一个总的引言或介绍，说明在这一部分提证中当事人打算提出些什么证据，证明些什么事实。因此，在个别证件提出的时候，除非有特别的情况，提证人只要说上述的一句话就够了。

在提证人上述发言之后，如果全场沉默无声，这就表示对方没有异议或抗议，文件翻译上也没有问题。庭长稍候片刻，旋即宣布：法庭接受了（或采纳了）这件证据。继之便是登记官高声宣布："检察（或辩护）文件第……号已被接受，并编为法庭文件第……号。"法庭文件的号码是按照法庭接受的时间先后依次编定的；它是统一的，没有检察文件和辩护文件之分。

在登记官作了上述宣布之后，提证人便可开始宣读证件的内容。读毕，证件被正式列入卷宗，归档保存。同时，他所宣读的部分也被速记和录音记载下来，成为法庭记录的一部分。

这是一方提出的一个作证文件成为法庭接受的一件证据最简单、最顺利的情况。但是在另外许多场合，情形却要比这复杂得多。兹列举几种可能性如下：

一种可能性是：在提证人发言要求接受他所提的文件作为证据之后，法庭语言科主任或代表立即起来指摘文件翻译上有某种错误或缺点，要求法庭准许对它作某些修改。由于语言科是法庭自己的一个机构，它的要求经常是得到法庭的批准的。除非文件翻译上有重大的缺点或显著的错误，语言科并不亟于作出这种要求，它并不热心于"吹毛求疵"，像当事人一方对待对方所提的作证文件一样。因此，这种可能性是不大的，在整个审讯过程中只发生过几次这样的情形。

另一种可能性是：在提证人发言要求接受他所提的文件作为证据之后，对方的代表（检察官或被告辩护律师）立即起来表示异议或抗议，并要求法庭采取相应的行为。他们的要求不外乎下列三种：

1. 由于发现了对方所提的作证文件翻译上有错误或缺点，要求法庭命令在文件译文上作某些修改。遇有这种情况，法庭经常是把要求交给法庭常设的由三人组成的"语言仲裁委员会"（亦称

“语言仲裁小组”）去研究。[①] 法庭根据他们研究的结果，然后作出接受或拒绝此项要求的裁决，并当庭宣布之。

2. 由于发现了对方所提的作证文件形式上有缺点或可疑之处（如文件不是由有权的机关所颁发、印章或签字有缺陷、日期或地点有疑问等），要求法庭拒绝接受或命令提证人自动撤回加以补救。法庭对于这类要求，为了不使审讯无限期地拖延，通常是援用宪章第十三条（甲）项的规定，断然地加以拒绝。[②] 但是如果对方指出所提文件完全是伪造的或冒充的，而不仅是指出形式上有某种或某些缺陷，则法庭必须认真处理。例如，辩护方面提出前伪满皇帝溥仪致日本陆相南次郎的一件信札，而检察方面指出它是伪造的，请求法庭拒绝接受。这时法庭便不能断然、轻易地拒绝检察方面的请求，因为它指摘的并不是文件的普通的形式上的缺陷而是涉及文件根本真伪和有无的问题。[③]

3. 认为对方所提出的文件对本案没有关联性或重要性，因而提出抗议并要求法庭拒绝接受。这是诉讼双方最经常提出的抗议和要求，被告辩护律师特别喜欢用这个办法去制造纠纷，借以拖延审讯的进行。

---

① 语言仲裁委员会的三位成员在开庭时必须全体到庭，端坐在委员席上，不能片刻离人，以便随时解决公开庭讯中发生的语文翻译上的纠纷。这个委员会是法庭语言问题的权威机构，它作出的决定是最后的、不能推翻的。参阅本书第二章第六节。

② 宪章第十三条（甲）项规定“法庭有权采用它认为有作证价值之任何证据”。这原系一项非常宽大的规定，授予法庭极大的斟酌权力。法庭有的时候坚决利用了这项规定；但是，由于受了英美法系形式主义的采证规则的影响，有的时候它又坚决拒绝利用这项规定。在共约十六个月听取诉讼双方举证的过程中，法庭在这件事上的态度始终是摇摆不定、自相矛盾的。

③ 远东法庭对这件事的处理办法系交由一个专家小组去作字迹鉴定。前北京大学国文教授张凤举，由于中国法官之推荐，曾被邀为小组成员之一。但是，由于专家们的鉴定意见彼此有很大的抵触，法庭对此事遂未认真追究，便以不了而了之。

由于一个文件对本案是否有关联或是否重要是一个牵涉到文件实质和内容的问题，其解决是比较复杂、困难的，绝不像上面所述的两种问题（翻译上的错误问题和形式上的缺陷问题）那样简单容易。

首先，对一方文件提出抗议的对方发言人（检察官或被告律师）在声明抗议及请求法庭拒绝接受之后，紧接着便须说明他的理由，即为什么这个文件对本案不重要或无关联。这个说明必须扼要、简短、有力，过分冗长拖拉的说明容易引起法官们的厌恶，以致可能作出不利于己方的裁定。因此，诉讼一方在法庭规定的二十四小时以前接到对方即将提出的作证文件时，他们匆匆忙忙而聚精会神地研究的便是：对这个文件是否要提出抗议；如果抗议，用什么理由去抗议；以及怎样说明才能使抗议动听、有力。这是诉讼双方“斗智”的焦点之一。在这件事上，任何一方对于对方所提出的作证文件都是采取吹毛求疵、锱铢必较的态度的。

在抗议者发言之后，原提证人还可以发言驳斥抗议的理由，坚持要求法庭采纳这个作证文件。照理论上说，抗议人还可以要求再度发言，原提证人也可以要求再度驳斥，如是循环往复，以至无穷。然而事实上，法庭在听取了双方一二次发言之后，便会加以制止。那时庭长便会宣称：“我们已经听够了。现在是我们作出裁定的时候了。”

法庭作出裁定的方法也是经过一番由繁到简的演变过程的。[①]

在审讯的最初期间，法庭每遇到一方抗议另一方提出的证件并要求拒绝接受的场合，在听取双方发言和辩论之后，庭长便宣布

① 参阅本书第二章第三节。

暂时休庭,法官们退到会议室中去讨论一番,作出决定后再回法庭宣布。这样,前后至少要消耗二十分钟,甚至半小时以上。法官们早已感觉这是小题大做,劳而无功。

随着审讯的进展,这种抗议和要求愈来愈频繁,愈来愈令人厌倦。特别是被告方面的辩护律师们看准了这是拖延审判最好的办法之一,于是对于检方所提的证件,总是要尽量钻空子,挖空心思地去找这种或那种理由向法庭提出抗议和请求拒绝接受。

为了对付当事人的延宕政策,法庭在开审不久便采纳了一个新的办法,那便是:对于这类抗议和要求不休庭举行会议讨论,而就在庭上当场投票解决,除非庭长认为问题特别重要,或者有某一位法官向庭长表示要举行会议。

投票的办法很简单。每一位法官桌上都置有一本小拍纸簿,在庭长制止了双方发言之后,法官们便在簿上写下自己的意见,即接受抗议或反对抗议,然后把它扯下,传递给庭长。庭长计算一下正反的票数,然后即以多数的意见作为法庭的裁定,并立即当众宣布。如果裁定系拒绝抗议,则登记官照例高声宣布该证件已被采纳并编为法庭文件第……号,随之提证人便开始宣读文件的内容。如果裁定系接受抗议,则提证人必须撤回其文件,自动退出发言台。

法庭这个作出裁定的新办法当然节省了很多审讯的时间。但是辩护律师们对于抗议对方文件的兴趣并没有减少。因为,他们明白:裁定的手续虽然简化了,但是提出抗议的说明以及对方的答辩,加上双方发言的口头翻译,却还可以拖延相当多的时间。因此,他们在全部审讯过程中对于这件事始终孜孜不倦,乐此不疲。

以上所述系一个作证文件从准备(翻译、印制副本并送达各有关方面）到被接受的全过程。诚然，大部分作证文件从提出到被接受是未经过抗议、争辩和裁定的过程的。但是，考虑到法庭接受的这种证件为数达四千三百余件之多，哪怕其中只有十分之一（事实上还不止十分之一）要经过这种抗议、争辩和裁定，法庭所消耗在这件事上的时间已经是很可观了。

此外，还有许多文件（估计也在十分之一以上）是在一方提出之后，经过对方抗议和双方争论，最后由法庭裁定而被拒绝接受的。这些文件当然不算在法庭接受了的那四千三百余件之列，但是它们在被拒绝的过程中依然消耗了法庭不少的时间。

由以上看来，作证文件的提出和采纳确实是诉讼双方的以及法庭的一件相当繁重紧张的工作，它在整个审讯过程中所占用的时间比例是很大的。

三、证人出庭作证及受讯的程序

（一）证人的传唤及出庭前的守则

从上节所述，我们可以看出：在远东国际军事法庭里，作证文件提出及采纳的程序是相当复杂、烦琐的；诉讼双方在这件事上的斗争是非常激烈、紧张的。但是更复杂、更烦琐的是法庭关于证人出庭作证及受讯的程序，诉讼双方在这件事上的斗争无疑是最激烈、最紧张的。考虑到在全部审讯过程中法庭接受了双方提供出庭作证的证人达四百一十九名之众，这件事所耗费的审讯时间无疑是最多的。[①]

远东国际法庭的宪章和程序规则关于证人的规定比较简单，仅有下列几项：

宪章第九条“公平审判之程序”（丁）项规定被告有权诘问证人（“被告有权由其本人或由其辩护人……进行辩护，包括诘问任何证人之权，但应受法庭所决定之合理限制”）；（戊）项规定法庭应协助被告传唤证人（“被告得以书面申请本法庭传唤证人……该项申请书应载明其所设想该证人……之所在地址，并应说明需由该证人……予以证明之事实，以及此等事实与辩护之关系。如本法庭准许此项申请，则应依情况之需要予以协助，俾获得此项证据之提出”）。

宪章第十一条“法庭之权力”（甲）项规定法庭有权“传唤证人，召其到庭提供证言，并讯问之”；（丁）项规定法庭有权“命令每一证人进行宣誓、保证或作出依其本国习惯证人应作之声明，并执行宣誓”。

法庭的程序规则第四条系关于“证人”的规定，其中（甲）项规定“每一证人在向本法庭提供证言之前，应依其本籍习惯，先行宣誓，或作出保证或声明”；（乙）项规定“证人非提供证言时，未经本法庭之许可不得到庭。倘实际需要其到庭时，庭长应指令证人于提供证言之前不得彼此交谈”。

---

① 在419名出庭证人之中，检察方面提供的（即所谓“检察证人”）为109名，被告方面提供的（即所谓“辩护证人”）为310名。证人出庭作证程序消耗公审时间最多。例如，前伪满皇帝溥仪的作证及受诘便占用了八整天的工夫。其他较重要的证人，如号称“日本通”的美国专家黎伯特，来自东南亚的英军上校魏尔德，来自美国的海军上将理查逊，前日本陆军少将田中隆吉，卢沟桥事变时的北平市长秦德纯，宛平专员兼县长王冷斋等，他们每个人也都占用了法庭好几天的工夫。

以上几项关于证人的规定，只提到法庭对于证人的控制以及被告辩护方面对于传唤及诘问证人的权利，并没有对整个的证人作证及受讯程序作出详细的规定。远东法庭关于证人出庭作证及受讯的程序是按照一般法庭的习惯规则，特别是英美法系法庭的习惯规则进行的。如众周知，英美法系在这方面的习惯规则是各个法系中最烦琐、最复杂，而且最形式主义的。虽然法庭宪章中明白规定了“本法庭不受技术性采证规则之拘束。本法庭将尽最大可能采取并适用便捷而不拘泥于技术性的程序，并得采用本法庭认为有作证价值之任何证据”［第十三条（甲）项］，但是，事实上，无论在证件问题上或证人问题上，远东法庭的审讯程序大体上仍然是依照英美法系的习惯规则，只是在一些过分烦琐的地方有些变通而已。

※　　※　　※　　※

让我们先讲远东法庭关于证人的传唤和他出庭前应守的一些“清规戒律”。

首先，在审讯每个阶段或每个部分开始之前，诉讼双方必须把他们在本阶段或本部分中所拟邀请出庭的证人的名单及理由送呈法庭，由法庭予以审查和批准。对被批准出庭的证人，法庭向他发出传票或通知书，说明在审讯某一阶段中和大约什么日期需要他出庭作证。法庭对于批准名单是比较宽大的，很少有拒绝的事情。为了表示公平审判起见，法庭对于被告方面的要求是特别照顾的；对于不十分愿意为被告作证或对为被告作证有所顾虑的人，法庭还常施以说服或压力。当然，法庭不能强迫一个不愿作证的人来出庭作证。

被告所提供的证人绝大多数是日本人，他们都身处日本，且多半住在东京。这种证人大都能掌握出庭日期，他们的交通、住宿、招待等问题不会很大，在东京等候的时间也不会很长。一般说来，他们的招待、照顾和费用都是由被告辩护方面自己负责的，实际上是由日本政府开支的。

至于检察方面所提供的证人，其来源是比较复杂的：有的是住在东京或日本其他地方的日本人，有的是被羁押在东京巢鸭监狱中的日本战犯，有的是在东京盟军总部工作的美国人，有的是在各同盟国驻日代表团供职的同盟国人，有的却是从海外特别邀请或传唤来到东京作证的外国人。对于前面所举的四种人，招待和等候的问题不大，甚至不存在这种问题。但是对最后一种人，即专程来日作证的证人，这种问题是经常存在的。

除非有特殊情况，这种证人一般都是由法庭通知盟军总部负责招待和照管的。他们的来往旅费、交通工具，以及报到以后在东京的饮食住宿等都是由法庭通知盟军总部负责安排和开支的。此外，在东京逗留期间，每人每天还可得到零用费美金一元。这是一般的规定。但也有个别证人愿意自动放弃这种招待和照管的。例如来自盟国的高级官员或知名人士，他们大都是由该国的驻日代表团招待。

此外，还有极其个别的证人，他们是从某盟国监狱中传唤而来的，在东京看管的责任当然仍由该国的驻日代表团负担，因为在作证以后，他还是要被押解返回该国的。例如前伪满皇帝是从苏联伯力监狱里传唤来的，在东京出庭作证时期是由苏联驻日代表团看管的，作证完毕仍旧由他们押解回伯力。

关于证人在东京的招待和照管问题还比较简单。更困难的是证人等候出庭的问题。

由于东京法庭审讯的过程迂回曲折，枝节横生，各阶段、各步骤的进行速度事先是无法精确估计的。因此，需要某一证人出庭作证的日期也就无法精确肯定。这对长期居住在日本特别是住在东京的证人，关系不大；但对那些远涉重洋从海外专程来到日本作证的盟国人士，困难却不小。有些人来到日本等候多日，无所事事，而出庭作证又渺茫无期，于是产生了不耐烦的情绪。还有些人在国内的工作很重要，不能久离，因而对久滞东京感觉不安。对这两种人，法庭除了安慰说服之外，一般是允许他们暂时归国，日后重来，如果他们坚决要求这样做的话。此外，还有一种变通办法，便是允许他们提前作证，即在审讯还没有到达需要他们作证的阶段上，让他们出庭提供证言并接受讯诘。由于这种变通办法妨碍有顺序的审讯太甚，容易造成紊乱，法庭是不轻易允许采用的。唯一大规模地采用过这种变通办法的一次是对来自中国的为1937年底南京大屠杀事件作证的一批中外证人。他们是由检察处提供的。其中有军官、商人、教授、牧师和慈善团体的负责人。这些人被通知来到东京的时候，法庭的审讯距日军占领南京的内容还差得很远。他们等候多日之后，纷纷要求回中国去。检察处有鉴于此，便向法庭提出了一个特别要求，要求破例让这批人提前出庭作证。法庭批准了这个要求。于是这批人便依次登上证人台，接受检察官的直讯和被告律师们的反诘，经过许多天工夫才全部完毕。

※ ※ ※ ※

出庭法庭作证的证人分为两种：一种是由检察方面提供或要求传唤的，一般称为“检察证人”（Prosecution Witness）；一种是被告辩护律师们提供或要求传唤的，一般称为“辩护证人”（Defence Witness）。按照英美法系的惯例，这个区别是很严格的，也是很重要的。

按照英美法系的惯例，诉讼一方提供的证人，无论他是“检察证人”或是“辩护证人”，在向法庭取得证人的身份之后，便不能同诉讼另一方的当事人或其代理人有任何交往或接触。譬如，某甲是检察方面提供或要求传唤出庭的“检察证人”，在他有了这种证人身份之后，便不能同被告当事人或其辩护律师或任何代理人有任何往来或接触。即使这种往来或接触仅仅系社交性或礼节性的，亦在严禁之列。反之，如果他是一个“辩护证人”，他便不能同检察官或检方任何代理人有所往来或接触。

这是一条很严格的习惯规则。因此，诉讼双方，检察官和辩护律师，都要竭力避免同对方证人的往来或接触。如果他不去避免这种往来，或者甚至主动去接触对方证人的话，一经告发，他便犯有“勾结证人”（tempt the witness）的罪嫌。[①] 在这种情况之下，法庭可能决定给他以停止出庭资格的处分。对于被“勾结”的证人，法庭也可以决定停止他作证的资格或宣布他的证言无效。

证人在出庭作证之前，除了应该避免同对方有任何接触之外，还有一条戒律是要遵守的，那便是：除非获有法庭的特别许可，他不能擅自出席法庭去观察或旁听。[②] 这也是一条稀奇古怪的规则。它原来的用意无非是避免证人“摸”到法庭审讯的“底”，从而在轮到他作证的时候便可能变得不那么“天真”，不那么“老实”。其实，这是主观主义的想法，并没有多大的实际效用。因为，他虽不出庭去观察，但通过同邀请他出庭的当事人的接触，他是很容易洞

① 参阅本书第三章第二节的第五条脚注。

② 阅《远东国际军事法庭程序规则》第四条（乙）项。

悉审讯的真相的。事实上，在作证之前，他同邀请他的当事人（检察官或被告辩护律师）接触十分频繁，来往十分密切；他在作证时应持的观点立场、应作的证言，以及如何对付对方的反诘等，都是事先“协商”好了的，甚至是由当事人“导演”的。法庭对这种事情非但不加禁止，而且认为是理所当然。但是对于无关宏旨的旁听观审却严加禁止，以为这样做便可使证人作证时“天真”一些，“老实”一些，少受一些“外界影响”。这是多么不合理的一项规则。它几乎是把证人当作“雇佣兵”一样看待：只许听从雇主的指挥，而不能有任何通敌的行为。在审讯期间，远东国际法庭对诉讼双方和一切证人始终坚持执行着这样一项不合理的规则。

把证人比喻为“雇佣兵”当然不是完全恰当的。但是它却可以说明证人在远东国际法庭以及一般英美法系法庭上的某些特点。除了上述的证人不得与对方有任何接触之外，还有另外一个特点，那便是：一方的证人，在不同时期，可以转变为对方的证人，犹如二十世纪三十年代西班牙内战中的某些雇佣兵时而为共和军作战攻打国民军，时而为国民军作战攻打共和军一样。在远东国际法庭的证人中也有过几次这样的现象。例如，证人田中隆吉（前日本陆军少将）曾出庭作证多次，他时而以“检察证人”资格出现，证明一些不利于被告的事实，时而以“辩护证人”资格出现，证明一些有利于被告的事实。又如，证人松村（前日本陆军少将）亦曾作为“检察证人”出庭作证，证明被告梅津参加并主持过对苏“侵略”计划，稍后又以“辩护证人”的姿态出现，证明梅津对苏怀有“友好”感情。

远东法庭对于这种“朝秦暮楚”的做法并不禁止。它禁止的只是证人在取得作为诉讼一方证人的身份起直到为该方作证完毕为止，这一段期间内他同对方当事人或代理人不能有任何接触。至于在替一方作证的任务解除之后再“投效”到另一方去作证，那是完全容许的。

此外，还有一项规则是远东法庭审讯中所奉行的，那便是：证人出庭作证必须出于自愿，必须经过他本人的同意。在审讯中发生过这样一件怪事：辩护律师把一个名叫波多野的日本人莫名其妙地带到法庭，说他将为被告出庭作证。但是波多野说他并未同意出庭为被告作证。这事使辩护律师大感狼狈。庭长立即命令把波多野送走，并责备被告律师说：你们不能违背证人自己的意愿而强迫他出庭作证。①

以上系关于证人出庭作证以前的一些规定和他在此期间应守的一些“清规戒律”。以下要讲的便是证人出庭和受讯的一些主要的步骤和应守的规则。

（二）证人的宣誓、保证或声明

诉讼一方（检察官或被告律师）在审讯轮到他提证的阶段，在说明了他打算借助于某个证人证实某件或某些事实之后，便可请求法庭立即传唤该证人出庭。对此，法庭照例是表示同意的。

在司仪官从证人休息室中把该证人引入法庭、登上证人台之后，第一件事就是举行宣誓。依照美英法系的制度，证人宣誓是极端重要的。一切证人的证言都必须经过宣誓加以确认。倘使证人拒绝宣誓就将使他的证言无效，法庭就不能把他的证言作为证据

① 见《远东国际军事法庭审判记录》（1947年4月29日），第21062、21063页。

采用。但在证人声明宣誓是违反他的宗教信仰或者声明他根本不信仰任何宗教的情况下，也可以有例外。在这种场合，宣誓得以郑重作出的“保证”或“声明”来替代。

远东国际法庭关于证人宣誓所采用的方式比较灵活，不拘一格。由于法庭系国际性的，出庭证人的国籍多不相同，因此法庭对于证人宣誓的要求并不像英美法庭那样呆板，而只要求它能符合证人本国法律习惯的规定就行了。法庭宪章第十一条（丁）项规定法庭有权“命令每一证人宣誓、保证或作出依其本国习惯证人应作之声明……”；法庭程序规则第四条（甲）项规定“每一证人在向本法庭提供证言之前，应依其本籍习惯，先行宣誓，或作出保证或声明”。

由此可见，证人在远东法庭宣誓的方式是多种多样的。如果他是英国人或美国人，他可以按照一般英美法院的方式宣誓，由司仪官执行。司仪官和证人各举右手，司仪官每读一句誓词，证人便跟着朗读一句，最后还来一句“上帝其助我！”如果证人不是英美法系国家的人，他可以按照自己的国内法，在一张事先准备好的书面保证或声明上签名、盖章或打指印。书面保证或声明的内容无非是说些他将“本诸天良，从实陈述，如有违背，甘受制裁……”一类的话。签盖完毕，他便将这张书面保证或声明递交司仪官。至此，宣誓手续便算完成。继之便是证人实际作证阶段的进行：首先是“直讯”（“原讯”或“顺讯”），其次是“反诘”或“反讯”，最后可能还有“再直讯”和“再反诘”——这些阶段都是依照英美法系一般法院的惯例而规定的。正如大家所知道的，英美法院对于证人作证的程序规则是再复杂、再烦琐不过的了。因此，不难想象，一个证人出席远东法庭作证并不是一件轻松愉快的事情，而可能是一件相当艰苦紧张的工作。有的证人要经过三个或四个阶段的严峻考验，受上好些天（甚至一星期以上）的辛酸折磨，才能退出证人坐席。在远东法庭两年的公开庭审中，它所耗费于四百余名出庭证人的时间估计必在一半以上，可能接近五分之三。

（三）证人作证及受讯的四个阶段

现在让我们扼要地讲述一下证人出庭作证及受讯的四个阶段，即“直讯”（或“原讯”、“顺讯”）、“反诘”（或“反讯”）、“再直讯”（或“再顺讯”）和“再反诘”（或“再反讯”）。必须指出：出席远东法庭的四百余名证人并非每个人都经过四个阶段，有许多证人只经过一个或两个阶段便退出了证人坐席。但是由于法庭规定讯问证人可以有上述四个阶段，而事实上有不少的证人是经过了这四个阶段的，因此我们便不能不把这四个阶段中每一阶段的性质和意义，以及诉讼双方和证人在此阶段中应守的一些“清规戒律”，约略地加以说明。同时，这种说明还可以使人们进一步了解远东法庭作证程序之复杂烦琐。法庭审讯之所以旷日持久，这不能不说是最重大的原因之一。

第一阶段　直讯

“直讯”（direct examination）又称主讯（examination in chief），意思是说这是对证人直接或主要的讯问。有人把它译称为“原讯”，意思是说这是对证人原始的讯问，以后接踵而至的反诘、再直讯、再反诘等步骤都是以它为出发点的。也有人把它译称为“顺讯”，意思是说它是顺着提证一方的要求或需要而进行的。

直讯无疑是讯问一个证人最主要的阶段，因为要证人证明的一切有关案件的事情，他的所见所闻，以及他的意见、感想，都要在这一讯问中全部讲出来。

在所谓“大陆法系”国家的法庭里，直讯（直接讯问）一般是由法官执行的，由法官发问，证人作答，诉讼双方在原则上必须通过法官才能向证人发问。

“英美法系”则不然。直讯不是由法官执行，而是由提供证人的一方的代理人执行的。如果证人是检察方面提供的“检察证人”，直讯便由检察官担任执行人。如果是被告方面提供的“辩护证人”，直讯则由辩护律师担任执行人。远东国际法庭采用的是英美法系的这种制度。

在远东国际法庭里，一个证人被带到证人席上并履行了宣誓或类似宣誓的手续之后，对他的直讯便立即开始。

直讯执行人对证人的直讯通常都是由讯问他的姓名、年龄、籍贯和履历开始，然后再逐渐问到案情本身。证人对执行人所提出的各个问题的答复，都载入法庭记录，这种记录便构成该证人的证言中最主要的部分，也就是证言的中心。以后的反诘，再直讯，再反诘，都是围绕这个中心进行的。

由于证人系直讯执行人一方所提供的，他们两者之间的态度当然是友好的，感情是融洽的。因此，他们之间在庭上的一问一答通常是非常顺利而流畅的。事实上，这些问答都是经过协商，事先编排妥当的。执行人一方是居于“导演者”的地位，他几乎可以把需要从证人那里得到的东西都从这些问答中得到。一个执行直讯的检察官或辩护律师的技术能力如何，就表现在这里。一个干练的检察官或律师每每能够用少数的问题把对对方最不利的证言集中有力地从证人口中掏出来。一个庸碌的检察官或律师则可能发出一大堆问题，兜上好些个圈子，而仍旧得不到要领，击不中要害，不但使听讼者感到烦腻，而且时常给对方以提出抗议的机会并遭到法庭的申斥。

直讯中的一问一答虽然大都是事先经过证人和执行人协商和编排的，但是在直讯中他们也有一定的规则是必须遵守的。这些规则大都是脱胎于一般英美法院的传统习惯，在远东法庭的宪章或程序规则中并没有明文规定。

第一，在直讯执行者和证人之间的问答，必须限制于与法庭审判范围有关的事实，这就是说，必须与案情有直接关系。超出这个范围，法庭便可加以制止，而对方也可以“与案情无关联性”或者以“对案情无重要性”为理由，请求法庭命令执行人撤销其问题或命令证人停止答复。法庭对这样的请求必须当场作出裁定。

第二，证人在作答时必须完全依靠自己的记忆，非经法庭许可，不得携带书面文件、笔记簿、日记本或任何字纸作为作证参考。这条规则的用意是根据这样一个假定：靠记忆说出来的话是比较真实可靠的，参考书面文字作证容易弄假作弊。因此，除非证人事先声明有必要并经法庭的许可，证人作证时是不能参阅任何书面文字的。①

---

① 前伪满皇帝溥仪在法庭作证时曾偷看他自己手中所持的一本小笔记簿。被告辩护律师发觉后，立即申请庭上加以制止，并命其将簿子缴交庭上审阅。溥仪抗称：“我这簿子上写的是中国字。”庭长说：“不打紧，我们同事中有一位精通中文的中国法官，他准能辨认你写的是些什么东西。”经呈缴后，中国法官发现那本破旧不堪的小簿子上写的只不过是十几个极其普通的日期，如“余之生日——1906……”，“余第一次登基——1909……”，“辛亥革命——1911……”，“第一次世界大战开始——1914……”，“第一次世界大战结束——1918”，等等。揣测溥仪携带这本小笔记簿的用意，原不过是为了帮助自己的记忆，以免临时慌乱中易于忘忽，殊不料竟因此触犯禁例，引起了一场小小的风波。

第三，证人作答时不能陈述他从“传闻”得来的事实。在英美法系里，反对“传闻证据”的规则是十分严格的。[1]用英国大法学家寇克（Coke）的话说，一个证人“可以陈述他五官所感受的事实。他应当陈述眼睛见过的，耳朵听过的，舌头尝过的，鼻子嗅过的或皮肤触过的事物，但他却不可陈述他从第三人那里听说是有过的东西”。在英美法院里，这条规则是绝对的。要采纳“从第三人那里听说是有过的东西”，必须传唤那个第三人自己到庭来作证，而不能由别的证人口中陈述出来。在审讯初期，远东法庭也曾试行严格采用过这条规则。但是，由于事实上的困难，在1946年9月以后，它便放松了。因此，在远东法庭里，在相当合理的限度内，证人是可以陈述“传闻”的事实的。至于这种“传闻”的证据价值如何，法官们自可作出他们自己不同的判断。当然，对于完全“道听途说”的无稽谣言，法庭是不接受的。

第四，直讯执行人不可询问证人超出他知识能力所能答复的事实或意见，证人也不应答复这类的问题，否则法庭便会自动地加以制止，而对方也会提出抗议，要求法庭加以制止，例如，对一个中国士兵或日本士兵，你不能问他在中日战争时期，中国抗战的军队总共是多少，或者日本派遣侵华的军队总共是多少，因为这是超出他的知识能力范围所能作答的问题。但是对一个当时中国的或日本的陆军部长、参谋部长或高级负责军官，这样的问题是可以提的。虽然问题涉及个人的估计或意见，但以这些人所处的地位和他们的知识能力说来，他们是有资格答复这样的问题的。至于他

---

① “传闻证据”，英文为hearsay evidence，意思是说证人所陈述的事实不是由他自己直接经历的，而是听见他人嘴里说出来的。这种“道听途说”的证据是英美法院所一贯拒绝接受的。

的答复的证据价值如何，那是另外一回事，应由法庭作出判断。按照英美法系传统的严格规则，除了法庭为了作出某项鉴定或估计而特别传唤的所谓“专家证人”（expert witness）之外，一般证人在作证时只能陈述他所亲历目睹和熟知的事实，而不能表示他自己的意见、估计或看法。但是远东国际法庭并没有严格地采用这项规则，它允许证人在它认为该证人知识能力可及的范围内表示自己的意见或看法，或作出自己的估计。

此外，还有英美法系证据法中的一项重要规则是远东国际法庭所没有严格遵守的，那便是在讯问证人中不允许提“引导性”或“提示性”的问题。[①] 所谓“引导性”或“提示性”的问题即是在问题的本身便包含有引导或提示证人如何作答的因素。英美法院对这类问题是严格禁止的，因为它可能迷惑证人，影响他作证时的独立思考和自由意志。远东国际法庭在审讯最初期也曾试行遵守过这项规则，但是稍后便发现了运用这项规则实际上有巨大困难，它将使审讯无限期地拖延下去，因而法庭由逐渐放松以至终于放弃

① “引导性”或“提示性”的问题，英文为leading question，意思是说：在提出的问题本身中便有“引导”或“提示”证人如何作答的因素，因而限制了或影响了他作答的自由。例如，对证人突然提出这样一个问题：“你看见某甲是用刀还是用枪杀死某乙的？”这个问题将被认为是引导性或提示性的问题。因为在这种情形之下，证人除了答复“用枪”或“用刀”之外，没有其他自己选择的余地。讯问执行人应该向证人先问：“你是否看见某甲杀死某乙？”若然，再问他看见是用什么方法杀死的。这样，问题便顺理成章，没有引导性或提示性之嫌，而证人答复的自由也不会受到问题的影响或限制。其次，英美法院的这项呆板规则并没有十分道理。因为，尽管问题有引导性或提示性，证人仍可答复“我并未看见某甲杀死某乙”，或者“某甲杀死某乙不是用刀，也不是用枪，而是用……”。除非证人是愚蠢或头脑过分简单，他作答的自由是不会受到多大的影响或限制的。但是，由于英美法院采用的是陪审制度，这条禁律多少还是可以理解的。因为，陪审员大都是普通居民，脑筋比较单纯，容易被这样一类的问题弄得心缭眼花，思想紊乱，而粗枝大叶的证人也容易堕入这类问题的圈套或陷阱。远东国际法庭既未采用陪审制度，根本没有陪审员的设置，关于事实问题和法律问题的一切判断都是法官们自己作出。在这种情形之下，自无严格执行这项禁例的必要。

了这项规则。有鉴于远东国际法庭并没有采用陪审制度，放弃这项规则的危险是不大的。从审判记录中，我们可以明显地看出法庭在这件事上的态度前后是不一致的。

以上所述，是进行直讯时直讯执行人和证人应守的规则。此外，不言而喻，证人当然有义务答复法庭自己向他所提出的问题。任何法官如欲澄清某项事实，都可以通过庭长向证人提出任何问题。但是，事实上，法庭向证人直接提出自己问题的事情是非常稀少的。在直讯中，犹如在其他审讯阶段中一样，法庭的态度是超然的，它的主要任务除了就全案作出最后判决之外，始终只是就诉讼双方的争执、抗议、申请等作出不偏不倚的裁定。

※　　※　　※　　※

由于证人向法庭所提供的证言都是通过一问一答的方式作出的，他的全部证言便是由他对所有问题的答复综合而构成的。这种问答方式是一般英美法院所采用的。它的好处是：在答复个别的特定的问题时，证人的陈述可能比较具体、真实，而且在对方的严密监视和不断干扰之下，他的态度可能比较慎重、严谨，至少不能信口开河，胡说乱道。但是，这也只是形式主义的看法。因为，正如前面所指出的，这些问答的内容实质大都是直讯执行人和证人双方事先"编排"好了的。

用问答方式提取证言的办法，除了使证言支离破碎，不易突出重点之外，其最大的坏处便是过分浪费时间。一个证人的陈述，如果让他"一气呵成"地说下去，可能只需要一小时的工夫；但是，如果用问答的方式，加上对方的不断"干扰"，语言翻译的费事，便可能需要五个小时，甚至更多的工夫。两者的差别是极大的。经验证明：以问答方式取证，它所耗费的时间是十分惊人的。

远东国际军事法庭在审讯最初期间对证人的直讯完全是采用问答方式。但是，不到两三个月的工夫，法庭便发现了采用这种方式进行直讯将使法庭的审讯无限期地拖延下去，永无休止。特别是考虑到审讯的案情之庞大复杂，以及出庭作证的人数将达数百名之多，法庭遂更痛感有立即改弦更张、变换办法之必要。日本证人及律师说话的冗长、啰嗦，也是促使法庭对直讯要及早采取变通办法的有力原因之一。

经过法官会议的几次讨论，并征得诉讼双方的同意，法庭根据宪章赋予它采用任何非技术性的便捷审理程序的权力，在 1946 年 6 月 18 日宣布：今后对证人的直讯将不采用问答的方式而改用宣读证言的方式，即证人把他要向法庭提供的全部证言事先作成书面，并由检察方面或辩护方面（视他是由哪一方提供的而异）翻译成法庭通用的文字（即英文、日文），在开庭之前送交对方，以便使对方有时间研究是否有抗议或异议提出和如何进行反诘。等到开庭之时，证人被引到证人席上并举行了宣誓之后，提供证人的一方的代表（亦即执行直讯的检察官或被告律师）便把这个文件给证人辨认，并问他："这是否是你向法庭提供的证言书？"在证人答"是"之后，再问他"你是否认为书中的内容正确无误？"在证人再一次答"是"之后，该代表便立即申请法庭采纳。法庭表示同意后，登记官便高声宣布接受，并给它编上法庭作证文件的号码。登记官宣布毕，直讯执行人便开始替证人宣读这个书面证词，读完为止。翻译文字的宣读也同时在译意风中进行。这样，时间上便节省得多了。

倘使对方对书面内容有所抗议或异议，它必须于法庭表示采纳之前向法庭提出，并申述理由。在这种情况下，必须等待法庭作出裁定之后，登记和宣读方可开始。

直讯执行人替证人读完了书面证言，直讯程序便算结束。如果他还有要向证人询问的问题，可以作为补充问题向证人口头提出。但这种情况是少有的。即使有问题也只是极少数，因为书面的内容是事前经过执行人同证人详细“协商”的，不至于有太多的“未尽之意”。

直讯改用宣读书面证言的方式来进行，是远东军事法庭审讯程序的一大革命。它为法庭节省的时间之多是不可估量的。倘使法庭对数以百计的证人始终拘泥于英美法系的陈规，坚持直讯必须采用一问一答的方式，像审讯最初期那样，那么人们不难想象：东京审讯必会大大拖延，月复一月，年复一年，而审判结束更是遥遥无期了。在远东法庭采取的加速审讯的各种措施之中，这个对直讯方式的变更无疑是最重要的，也是最明智的一个。

第二阶段　反诘

反诘（cross examination）亦称“反讯”，也是证人出庭作证过程中的一个重要阶段，但不是每个证人所必经的阶段。有的证人在直讯完结之后，对方表示不愿对他进行反诘，那么他便可立即退席，他的作证任务此时便算全部完成。

对方之所以放弃对证人的反诘，原因很多，大致不外乎：一、证人陈述的事实十分简单明确，无懈可击，无隙可乘；二、证人的立场坚定，态度强硬，而所陈述的证言又合情合理，估计不容易从他口中捞到什么有利于己方的东西；三、证人陈述的事实无关宏旨，且证据价值很小，估计法庭必不重视，因而没有对他进行反诘之必要。例如，被告辩护律师曾提供过许多被告们当年的同事、战友或僚属来出庭作证，说某某被告一贯秉性忠厚，对人友爱，从未有过残暴行为，或者说某某被告酷爱和平，一贯热心国际友好合作，绝无侵略他国的意图或野心等。对这一类的辩护证人，对方（检察官）大都放弃反诘，借以表示轻视或蔑视之意。

除了上述几种情况之外，证人多半是逃避不了对方的反诘的。估计在远东国际法庭亲自到庭作过证的四百多名证人之中，约有半数是受过反诘的。

反诘是由提供证人的对方代表或律师执行的。对检方提供的“检察证人”，执行反诘的是被告辩护律师。对被告方面提供的“辩护证人”，执行反诘的是检察处代表，亦即检察官，包括检察长、各国陪席检察官和助理检察官。在这里必须指出：对一个“辩护证人”，执行反诘的只能是一名检察官，因为检察处是一个统一的整体；但是对一个“检察证人”，执行反诘的却可以是一名或多名辩护律师，因为辩护律师们不是一个整体而是各自代表不同的被告的不同利益的。因此，如果某个证人的证言攻击了或牵涉到好几名被告，则这几名被告每人都可以有一名辩护律师对他进行反诘。例如，伪满皇帝溥仪在直讯的证言中集中地攻击了被告板垣和土肥原，同时也说了南次郎、星野、贺屋等被告许多坏话。在反诘阶段中，这些被告们的辩护律师便依次挺身而出，提出无数的问题，继续不断地向他进行反击，弄得证人疲惫不堪，费了整整八天工夫，始得“下台”。其他许多证人，如秦德纯、魏尔德（Wilde）、黎伯特（Liebert）、巴兰亭（Ballantine）、田中隆吉等，都是经过好几天反诘的折磨才得“脱身”的。

首先，反诘的目的主要是以向证人提问题的方法，使证人在直讯中所作的证言显得不确切，不真实，或者前后矛盾，不合情理，甚至是胡言乱语，伪造虚构的。这样，便可以抵消或减少证言的作证价值。其次，便是以提问题的方法攻击证人的信用或人格，使法庭对他的证言之可靠性发生动摇或怀疑。最后，便是以提出某些新的问题（即在直讯中未曾接触到的问题）的方法，企图从证人的答复中捞些有利于己方的材料。

以上是执行反诘的一方所企图达成的三项目的。一个执行反诘的检察官或辩护律师之能力是否高强，便要以他在这三方面所能取得的成就如何为断。反诘是诉讼双方斗争的焦点所在，反诘执行人必须绞脑竭思，全力以赴，他对证人和他的证言要无孔不入，无隙不乘，无所不用其极。①

在证人方面，反诘对他也是最紧张的，甚至是痛苦的。在直讯阶段，讯问他的是“自己人”，态度亲切友好，问答大都是事先协商过的。在反诘阶段，讯问他的是“敌人”，态度是不友好的，所提的问题时常出乎意料，突如其来，有时竟是稀奇古怪，不伦不类的。

① 在远东军事法庭里，英国陪席检察官科明斯-卡尔一向被认为是一个执行反诘最卓越的能手。他提出的问题非但尖锐、扼要，而且富于破坏性，常能击中证人的要害。被告证人和被告律师对他畏惧最深。美国辩护律师则大都是庸碌之辈，学识浅薄。有的假装神气，在法庭上张牙舞爪，但是腹中却空洞无物，发言时常闹笑话，有的则愚蠢不堪，在反诘证人时常常遭到庭长的严厉申诉。例如，日本证人前田曾为检方作证，证明日本军阀利用过各种手段控制当时日本青年的教育和思想，使其服从于日本军国主义的侵略政策和战争政策。美国辩护律师克莱曼在执行反诘时竟向证人问道：“请你告诉我，难道在小学课程里不教授日本语文吗？”庭长斥道：“真是没有道理！难道在日本学校里能不教授日本语文吗？”并命令证人不必答复。克莱曼在略加申辩后，又向证人说：“好，那我就改提下面一个问题：学生们上不上算术课呢？”庭长厉声斥道：“你真是岂有此理！这是一个严肃的案件。你是站在远东国际军事法庭面前，而这个法庭是在审判前日本帝国领导分子对人类犯下的滔天罪行。”庭长再度命令证人不必答复。克莱曼再度作了一番强辩之后，又向证人问道：“……在这些学校里有音乐、书法、图画、日本历史、手工等课目吗？”庭长被这些愚蠢的问题所激怒，几乎说不出话来，他只简单地对证人说：“证人，你不必回答这种问题。”克莱曼连接碰了三个钉子之后，才感到自讨无趣，于是收拾了他的公文包，无精打采地向法庭说：“我再也没有问题了。”克莱曼律师的这次滑稽表演虽然是特别突出的一个事例，但是人们也可以从此看出那些捣乱成性的美国辩护律师们实际上是智能很低劣的人。参阅 1946 年 8 月 2 日的《远东国际军事法庭审判记录》及本书第二章第五节。

因此，证人在作答时必须聚精会神，提高警惕，勿授予对方以可乘之机。这是对证人的智能的一种严酷的考验，也可说是一种精神上的折磨。英国法学家哈理士把对证人的反诘比喻为对死人的剖解。他写道：这有些像法医学上的剖解，所不同者只是证人是活的，他对折磨行为是非常敏感的。[①]

※　※　※　※

在反诘阶段中对证人提问的范围问题在远东国际法庭里一直是一个有争执的问题，而法庭的态度最初也是举棋不定，矛盾迭见的。严格地照道理讲，对证人反诘应该限制于他在直讯中所提供过的证言，亦即他叙述过的事实或表示过的意见。倘使不加限制，什么问题都可以向证人讯问，反诘将成为一场海阔天空、永无休止的舌战，证人亦必被弄得心缭眼花，穷于应付。但是法庭在审讯最初期便是这样办的。它仿照英国法例，对反诘中提问的范围采取了极端宽大的态度。除了与案情完全无关或十分无聊的问题之外，它对反诘执行人向证人提出的任何问题几乎全不加以制止。这样，便鼓励了反诘执行人提出许多新的、证人在直讯中完全没有涉及的问题，其目的是想从证人对这些新问题的答复中捞点于己方有利的东西，以供以后辩论和总结之用。

实践证明，这种办法并不是好办法。它的最大缺点便是节外生枝，造成混乱，而且浪费时间太多。早在1946年6月25日，检察处便申请法庭予以改变，但是遭到了庭长的擅自拒绝。[②]

庭长的擅自拒绝引起了一部分法官们的不满。他们认为，为了

① 《律师界的经验》，第38页。引自拉金斯基与罗森布立特合著《日本首要战犯的国际审判》，第123页。

② 见《远东国际军事法庭审判记录》第1358页。

避免审讯无限期拖延，对反诘的范围非加严格的限制不可。几经法官们之间的磋商和辩论，不久便在法官会议上通过了一个决议，该决议并于 1946 年 7 月 25 日在庭上公开宣布了。[①]

决议宣布："法庭决定，从今以后，将使一切反诘都限制在直讯时所提到过的主要问题上。"这就是说，在反诘时向证人提出的问题，必须是证人在直讯阶段所作证言中曾经提到过的问题，亦即他在直讯中陈述过的事实或表示过的意见。非但如此，这些问题还必须是主要问题，即与案情有直接或重要关系，而不是无关宏旨的枝节问题。

反诘的范围这样确定之后，那种海阔天空、漫无限制地向证人提问的现象便有所减少了。诚然，什么是主要问题，什么是非主要问题，并没有一个绝对的界限。但是有了这个标准以后，法庭便可随时指令证人不必答复反诘执行人的某些问题。如果执行人坚持继续向证人提不相干的问题，法庭且可对他进行谴责，甚至停止他的反诘权利。同时，有了这个标准，提供证人的一方（亦即执行直讯的一方）对反诘中提出的非主要或不相干的问题可以随时抗议，并申请法庭命令反诘执行人自行撤销或命令证人拒绝答复。[②]

自从法庭宣布限制反诘范围以后，反诘虽仍是证人作证程序中诉讼双方斗争最集中、最紧张、最激烈的一个阶段，但是它所耗费的时间却大大地缩短了。从加速审讯的观点看来，法庭采取的这个措施不能不算是一个具有重大意义的"革命性"措施。

---

① 见《远东国际军事法庭审判记录》第 2512 页。

② 在执行反诘时，反诘执行人立于发言台前，频频向端坐在证人席上的证人发问。提供证人一方的代表（一般都是原来那个直讯执行人，但亦可换一人）则坐在反诘执行人的近旁。反诘执行人发问不当时，他可以随时立即走到发言台前，向庭上提出抗议或申请。在这种场合，他的地位仿佛就像证人的"保护人"或"卫士"。

在这里必须指出：反诘虽必须限于证人在直讯中所提到的主要问题，但是有一个例外，那便是对证人的信用或人格的攻击。在远东国际法庭的宪章、程序规则或法官会议决议中并没有明文允许这种攻击，但是事实上法庭拘于英美法系的习惯成见，对这种问题每每采取宽大容忍的态度，虽然这种问题对证人的证言并没有直接关系，更不是证言中“所提到的主要问题”。

对证人的信用或人格的攻击显然是超出了法庭规定的反诘范围，但是在东京审讯的反诘阶段中，反诘执行人时常提出这类的问题，而法庭并未加以制止。例如：前日本陆军少将田中隆吉为检方出庭作证时，美国辩护律师在反诘中询问他说：“你患过精神病吗？”又问他说：“检察方面是否答应过你，如果你作出有利于他们的证言，他们便会给你以不可侵犯的权利和不把你当作战犯来追诉？”又如，检察证人浩特在受反诘时，美国辩护律师向他问道：“你在参加这一诉讼时期，得到了什么报酬呢？”这个律师并解释说：“根据我们美国的经验，我们知道，没有比指出证人获得了物质利益更能损害证人信誉的方式了。”再如，在前伪满皇帝溥仪出庭为检方作证多日，临到终结的时候，日本辩护律师在反诘中最后提出这样一个问题：“你知不知道，中国政府已把你列名为头号叛徒而加以通缉？”

这类例子并不是个别或少数的。远东法庭虽没有特别鼓励对证人信誉和人格的攻击，但是它对这类完全超出直讯范围的问题并没有采取有效的方法加以取缔。正如上面所指出的，这无疑是受了英美法院传统习惯的影响，因为在英美法院里，反诘阶段中对证人是可以进行人身攻击，借以破坏他的人格和信誉的。这样做无非为的是要减低证言的证据价值和法庭对证人的信任。

远东国际法庭的反诘阶段还有一个特点，那便是：反诘执行人不但可以提出自己的作证文件作为反诘证人之用，而且在用毕之后可以立即请求法庭采纳为正式的证件，由登记官编号归档。例如，日本辩护律师在反诘证人溥仪时提出了一封溥仪写给被告南次郎（当时的日本陆军大臣）娓娓乞援的函札，企图反驳溥仪在直讯中的这种说法："满洲国"的成立完全是由日本军阀一手包办的，他本人绝对处于被动、失去自由的地位，丝毫未表示过意见。这封信曾被辩护律师立即当作作证文件正式向法庭提出并经法庭接受登记归档，虽然它的真伪问题在法庭内外都引起了轩然大波。

在远东法庭正式接受并登记归档了的四千三百多份书面证件之中，不小的一部分（估计有数百件之多）是在反诘证人的过程中提出的。

※　※　※　※

按照英美法系的理论，反诘在作证程序中是特别重要的。一个证人的证言如果不经过反诘的考验，它的证据价值是非常微弱的。假使一个证人在直讯中是信口雌黄、胡说乱道，在反诘阶段必定会被对方驳得体无完肤，弄得焦头烂额。反之，如果证人在直讯中说的都是亲历目睹、有凭有据的真实情况，那么，在反诘中他便会理直气壮，满怀信心，对对方的诘问必能从容对付，对答如流，不予对方以任何可乘之隙。正如俗话所说，"真金不怕火炼"。在审讯南京大屠杀事件时出席法庭作证的中国人和西方人，几乎全是这一类的证人。他们的证言真实，态度坚定，在反诘中那些被告的日本和美国辩护律师虽然绞尽脑汁，千方百计地想出许许多多稀奇古怪的问题向证人提出，但都经他们一一予以有力的回击，弄得那些律师们自感无趣，啼笑皆非，结果只有偃旗息鼓，知难而退。

反诘作为一种考验证言的制度，在理论上是无可厚非的。但是，在实践中，它却是一种十分浪费时力的事情。特别是像远东国际法庭所审理的这样庞大复杂的案件，出庭的证人数以百计，坚持实行这种制度的结果当然需要消耗大量时间、人力，使审判旷日持久。这是任何人都可以想象得到的。

由于反诘不能像直讯那样用书面去代替，它不是而且不可能是经过双方事先商妥的。因此，它必须用一问一答和有问必答的口头问答的方式去进行。这些问答在公审庭上又必须立即进行口头翻译（日译英、英译日，如证人操第三种语言，还必须同时译成英语及日语）。这样，它所耗费的庭审时间便是问答本身的两倍以上。再加上问题提出后检察官与辩护律师之间对于“问题是否超出证言范围”时常发生争辩，以及法庭必须就双方争辩作出裁决，这一切都是非常消耗时间的事情。例如，前南京政府国防部次长秦德纯出庭作证时，他在直讯阶段的书面证言宣读不过一二小时，而在反诘阶段中辩护律师们同他斗了四天多。又如，伪满皇帝溥仪出庭作证总共是八天，而耗于被告律师们轮流反诘的时间便占了七天有余。估计在远东国际军事法庭近两年的公开庭讯中，耗于反诘数以百计的证人的时间加起来可能占全部审讯时间的三分之一以上，乃至接近二分之一。

第三阶段　再直讯

再直讯（re-direct examination，亦称“复讯”）是再一次对证人的直讯。同首次直讯一样，再直讯也是由提供证人的一方的代表（检察官或辩护律师）执行的。一般说来，这个任务都是由原直讯执行人担任的。

再直讯不是必要的或非有不可的，犹如反诘一样。当证人受直讯完毕，对方可以表示放弃反诘的权利，这时证人作证的任务便告终结。当证人受对方反诘完毕，执行直讯的一方也可以表示放弃再直讯的权利，这时证人的作证任务也就宣告终结。

但是，如果执行直讯的一方表示有对证人进行再直讯之必要，他是有权这样做的，法庭不能加以拒绝。

再直讯的范围是有严格限制的。在再直讯中，执行人只能就对方在反诘中所涉及的事项向证人提出问题，要求他加以确认或澄清。超出这个范围的任何问题，法庭必将制止，而对方亦可抗议。

但是，如果执行人认为在再直讯中有必要请证人说明某项新事实（即在原直讯中及反诘中都未曾涉及的问题），他在事先取得法庭的特许之后，也可向证人提出询问。不过这种情况是少见的。因为，再直讯的主要目的只是要澄清一些在直讯中已经提到而在反诘中被搞模糊了的旧问题，而不是要引进任何新的问题。因此，除非有十分的必要，法庭是不允许这种要求的。

第四阶段　再反诘

再反诘（re-cross examination，亦称“再反讯”）也不是必要或不可少的。在证人被再直讯之后，对方可以表示放弃执行再反诘的权利而让法庭宣布证人的作证任务终结。但是他也可以不这样做。

再反诘是由执行反诘的一方执行。一般都是由原来执行反诘的那个检察官或辩护律师执行的。

再反诘的范围是受着严格的限制的。在再反诘中，执行人只能就证人由于法庭的特许在再直讯中陈述的新的事实或意见所引起的问题提出询问，要求澄清。除此之外，他不能提出任何其他问题。如果证人在再直讯中没有作出涉及任何新问题的陈述，那么，执行再反诘将是徒然的。

※ ※ ※ ※

以上所述是一个出席远东国际军事法庭作证的证人所可能经过的四个阶段，以及有关方面在这些阶段中所应守的规则。

不言而喻，第一阶段是每个证人都要经过的。第二阶段是很多证人要经过的。经过第三阶段的却是少数。至于四个阶段全部经过的则是少数中之少数。估计在总共四百一十九名出庭证人之中，① 经历过“全部旅程”的也只不过二三十人而已。

在这四个阶段之中，第一和第二阶段无疑是最重要的。第一阶段是全部程序的基础，固不待言。第二阶段却最紧张，它是最尖锐的斗争焦点所在。对证人来说，它是最无情的折磨。对法庭来说，它不但是最能消耗时间的部分，而且是最易引起纠纷的场合，因为它随时可以发生语言翻译上的争执以及发问范围上的争执，而对这些争执法庭随时都要准备立即作出裁定。

对旁听群众和新闻报道者来说，听取证人作证当然比枯读作证文件或静听诉讼双方的法理辩论有趣得多。特别是当那些“特别人物”，如前伪满皇帝溥仪、“卢沟桥事变”时北平市长秦德纯、

① 在这419名出庭证人之中，有东条英机、荒木贞夫等十六名被告。他们在远东法庭都是以“证人”资格登台受讯的。按照法庭宪章第九条（丁）项的规定，被告可以为自己辩护，也可以由律师替他辩护，但二者不可兼得。远东法庭的全体被告既然都聘有律师替他们辩护，他们便不能为自己辩护。因此，他们（指东条、荒木等十六人）的登台受讯都是以“证人”的姿态出现的。根据证人出庭作证必须出于自愿的原则，被告中便有九名拒绝了登台作证。这九名被告是：平沼骐一郎、广田弘毅、土肥原贤二、梅津美治郎、木村兵太郎、佐藤贤了，重光葵、星野直树、畑俊六。他们虽然每天到庭，但只默默地端坐在被告席上，始终没有在法庭上发过一次言。有人说，这九名被告是比较狡猾的，因为他们不愿“弄巧成拙”或“引火烧身”。

宛平县长王冷斋、密勒氏评论主笔鲍威尔、美国海军上将理查逊、英军上校魏尔德、绰号“军人怪物”的田中隆吉，以及那些曾经“不可一世”的被告东条英机、小矶国昭、荒木贞夫、木户幸一、南次郎、岛田繁太郎、板垣征四郎、桥本欣五郎、松井石根等人登台作证的时候，不但旁听席上非常拥挤，而且新闻报道也十分活跃。据说一张入场券在黑市上有时竟能卖到数百乃至千余日元之多。在漫长的东京审讯期间，世界新闻通讯连篇累牍地报道的大都是证人出庭及受诘的热闹情况。至于对法庭的作证文件的提出和双方法理辩论的情况，新闻记者们不甚感兴趣，报道也不多。

证人作证及受讯程序在远东国际军事法庭审讯过程中消耗的时间最多。估计它大约占去了全部公开庭讯时间的 50% 以上，其中大部分（约 70% 至 90%）是用于反诘阶段（即第二阶段）。

四、不出庭证人的宣誓书及被告的侦讯口供

远东国际军事法庭在全部审讯过程中接受或采纳的诉讼双方所提供的作证文件共为四千三百三十六件，其中检察方面提供的是二千七百三十四件，辩护方面提供的是一千六百零二件。

它在全部审讯过程中传唤出庭作证的证人共为四百一十九名，其中检察方面提供的所谓“检察证人”为一百零九名，辩护方面提供的所谓“辩护证人”为三百一十名。这些人不但都曾亲自出庭在直讯中作过口头的或书面的陈述，而且很多都经过对方的反诘，有的还经过了再直讯和再反诘的考验。他们的证言应该被法庭采纳为证据，那是没有问题的。

但是，除此之外，还有一种证人，他们有的由于身体健康或业务工作等的关系临时不能来到法庭，有的甚至根本没有来到法庭的打算。但是他们却愿意为检察方面或辩护方面向法庭提供一种书面证言，以代替他们出席法庭作口头陈述。这种书面证言和一般书面作证文件不同，它必须在法院里或有司法官在场的情况下，经过郑重宣誓之后作出，作出后并由证人签名或盖章。这种郑重作出的书面证言在英美法院里叫做“宣誓书”（affidavit），意思是说它的内容的诚实和准确是由证人以誓言来保证的，如果其中有虚伪欺诈的情事，证人便要受到违背誓言的严重处罚。

按照《远东国际军事法庭宪章》第十三条（丙）项第三款的规定，法庭得采纳“证人经宣誓提出之书面供词，各种证词，或任何经签字之陈述书”。这项规定是很宽大的，郑重作出的“宣誓书”形式的书面证词被法庭采纳应该是毫无问题。但是，由于许多法官，特别是庭长，对于宣誓书抱有英美法系的传统偏见，以及辩护律师的激烈反对，这个问题竟在法官们之间引起了争议，拖延了多日始获解决。

按照英美法院的旧传统，一般证人的证言必须在公审庭上作出，并且要经过对方的反诘（如果对方认为有反诘的必要），证言方才会被法庭采用。因此，提供证人的一方必须保证法庭能够传唤该证人亲自到庭受讯，否则他便丧失证人的资格，用书面证言是不能替代亲自出庭的。

对这项传统规则，英美法院原也允许有若干例外，但是这些例外的范围是严格限制的。例如：作出书面证言的证人原来保证可以出庭接受反诘，但是在此期间，他却死亡了或者得了重病不能出庭。在这种情形之下，法庭可能采纳他的书面证言。[①] 又如，书面证言确实系在法官在场的情况下所取得，并经该法官亲自签字证明；或者系在诉讼另一方（即对方）的当事人或其代表律师出席的情况下所作出，并且保证证人在将来必要时愿意出庭受诘——对这类的书面证言，法庭才考虑接受。除此之外，法庭对于任何书面证言都是采取歧视态度的。这是英美法院的一种根深蒂固的偏见，原因便是他们过分重视反诘的作用，认为不能接受反诘的证人的证言，其价值是可疑的。

其实，这项英美法院传统旧规，在两次世界大战时早已被打破。1940 年英国颁布的“诉讼规则”已明白地允许起诉人利用证人的书面陈述作为证据。在美国军事法庭里，书面证言已被广泛地采用着。但是远东国际军事法庭的若干英美派法官仍旧摆脱不了这种陈旧的偏见，因此引起了英美派与非英美派法官之间的一场激烈的争论。争论的结果，胜利当然属于非英美派，因为他们有宪章条文中不可争辩的根据。宪章第十三条不但一般地规定了“本法庭不受技术性采证规则之拘束……将尽最大可能采取并适用便捷而不拘泥于技术性的程序，并得采用本法庭认为有作证价值之任何证据”，而且在该条（丙）项第三款中还明白规定了法庭

① 对患有重病或因其他原因不能出庭的证人，法庭的简便办法通常是派遣一名“受命法官”带着书记官、速记员等几个工作人员以及诉讼双方的代表律师到他的居住地点去举行一种小型的审讯。日本人称之为“临床审讯”。这种审讯的仪式同公开庭审相似，只是“具体而微”而已。证人由提供的一方执行直讯，对方认为必要时可以执行反诘，法官当然也有权向他发问。这种“临床审讯”的记录都转入法庭审判记录之中，作为法庭正式记录的一部分，这种简便办法是一般法院（包括英美法院）所常采用的，纽伦堡国际军事法庭曾经采用过多次。但在远东国际军事法庭的整个审讯期间，它只被采用过一次，那便是对重病证人石原莞尔的讯问，是由新西兰籍法官诺斯克罗夫特主持的。参阅《远东国际军事法庭审判记录》（1947 年 4 月 4 日），第 19384—19390 页。

得采纳“证人经宣誓提出之书面供词”（按：即“宣誓书”）。

这个问题在法官们之间虽然解决了，但是在公开庭审中，美国辩护律师还是喋喋不休地坚决表示反对，于是在庭上又引起了庭长和美国律师之间的一场论战。事情的经过是这样：

1946 年 7 月 3 日，公开庭审开始不到两个月时光，检察方面由澳大利亚陪席检察官曼斯菲尔德代表向法庭提出在太平洋战场各地亲历目睹日军野蛮暴行的证人的书面证言（“宣誓书”）的摘要若干件，要求法庭采作证据。他向法庭解释说：“写这种宣誓书的人极大多数是散居在各个国家里，我们并不打算传唤他们到庭，而只希望依照宪章第十三条（丙）项第三款的程序要他们向法庭提出宣誓书。”

曼斯菲尔德解释刚完，美国辩护律师罗根便跑上发言席，抓住发言器，大声表示抗议。他说：“不传唤这些证人出庭而采用他们的书面证言作为证据，这是同久已确定的盎格鲁-撒克逊国家关于‘不可剥夺的反诘权利’的法律相抵触的。”

庭长威勃当即驳斥他说：“是的，这诚然是通常的规则，但是我们既不受证据法规范的拘束，也不受通常的审判程序的拘束。我们在自己的工作中所应遵守的只是法庭的宪章，而法庭的宪章中是不包含这一规则的。”

庭长当场作出这样的裁定是事先得到多数法官们的同意的。因为，正如上面所指出的，这个问题在法官会议上已经讨论过多次，并且作出过决定。庭长心中当然有数，所以他敢于立即给罗根以后击。在罗根心有未甘，仍表异议时，庭长正颜厉色地向他宣称：“对于我们的任何裁决……没有任何一个法院或政府有权加以重新审查。”

虽然如此，但曼斯菲尔德代表检方提出的关于日军暴行的大量的宣誓书，由于技术上的原因，并没有在那次庭审中被接受。法庭第一次正式采纳不到庭、不受反诘的证人的书面证词，亦即宣誓书，是在 1946 年 8 月 29 日。[①] 自此以后，诉讼双方都曾陆续向法庭提出过许多这类的宣誓书，以代替证人出庭作证。直到审讯终结时，这种证人的宣誓书总数竟达七百七十五件之多。

这七百七十五件宣誓书是法庭总共接受的四千三百三十六件作证文件的一部分。每件都按接受时间的先后编有一个统一的号码，接受的程序也完全和本章第二节所述的一般作证文件的接受程序相同。

在这里，值得一提的便是庭长威勃对这件事的真正态度。由于威勃（澳大利亚人）毕竟是一个有着很深的英美法系教养的老法官，他当然不能完全摆脱英美法院的传统偏见，而敌视或轻视未经反诘的证人的证言便是这种偏见之一。但是，由于他是代表法庭的发言人，而法庭宪章和法官会议的决议又明白地允许采纳这种证言，于是，他在公开庭审中又不能不义正辞严地维护这种证言的被接受，甚至不能不对反对者声色俱厉地加以斥责。然而，在内心中，他对这种不出庭证人的宣誓书的证据价值如何是抱有很大的怀疑的。因此，他在接受这种证据的时候，总喜欢加上一句“我们接受它，不管它的价值如何”，或者“它是在通常条件下被接受的”，意思也就是说它的作证价值大小有待将来评议。庭长这种多余的语句正足以表示他无可奈何的心情，但是他的这种说法在法律上并没

① 关于法庭在公开庭上宣布采纳证人“宣誓书”（affidavit）的经过详情，可参阅 1946 年 7 月 3 日及同年 8 月 29 日的《远东国际军事法庭审判记录》。

有多大的缺点，因此，法官同事们也不便提出抗议或批评。

最后，关于宣誓书，还有一点必须指出的，便是它同其他作证文件的区别。在被远东法庭采为证据的数以千计的文件中，有的是政府机关或社会团体的档案、卷宗，有的是官吏或职员的报告函电，有的是私人的日记、信札、回忆录或其他著述，种类甚多，不限一格。但是这些文件却有一个共同特点：它们都是早已存在的文件，而不是专为远东法庭的这次审判而特别作出的，因而它们的客观性是比较强的。客观性比较强，作证的价值当然也就比较大。宣誓书则不然。宣誓书系作者应诉讼一方之邀请，为了该方的利益而专门作出的证言，交由该方代表向法庭提出，以代替他的出庭陈述。虽然它有证人的宣誓和其他仪式的保证，但是它的内容很难避免掺杂有主观偏见和私人感情的成分。通常由对方以猛烈反诘去考验证人证言的办法，在这里又不能使用。因此，在一般法官的心目中，特别是在承认“反诘为不可剥夺的神圣权利”的英美派法官的心目中，不出庭证人的宣誓书的作证价值是不很大的，绝不能与其他作证文件或出庭受讯证人的证言等量齐观。庭长对宣誓书始终怀有抵触情绪，其原因亦在于此。

以上所述系宣誓书的制作条件，它被法庭采用的经过，以及它的作证价值。下面要谈的是另一种文件，即被告战犯们的侦讯口供。

※　　※　　※　　※

在第三章第二节“国际检察处对战犯们的调查工作及起诉准备”中，曾经指出过：在盟军总部对日本主要战犯进行了四次逮捕之后，被羁押在巢鸭监狱的日本甲级战犯已达百余名之多。对这许多战犯，国际检察处（早已被指定为未来的国际审判的起诉机关）在1945年底进行过一次普遍的初步的调查。到了1946年1月19日法庭宪章颁布和2月14日法官名单发表之后，国际检察处的侦查工作便更加紧张，因为他们知道法庭不久将要成立，而日本甲级战犯的审判工作不久也将开始了。这时他们的侦查对象不是一般在押的甲级战犯，而是从这些战犯中特别挑选出来的二十余名作为第一案起诉的被告。他们那时确曾集中全力对这些预定的被告进行很细致、深入的调查侦讯，有的战犯被侦讯达五六次之多，录取的侦讯口供达数十页。

在远东国际军事法庭被控的二十八名甲级战犯中，除板垣征四郎、木村兵太郎、重光葵和梅津美治郎四人之外，每个人都有检察处根据他们在长期侦讯中的口供而作出的一份记录。板垣征四郎和木村兵太郎是由于在海外作战（板垣在新加坡，木村在缅甸），日本投降时被当地军事当局拘捕，直至远东法庭开始举行公审方被押解到庭，因此检察处来不及对他们执行侦讯，录取口供。重光和梅津则系由于特种的考虑，检察处在起诉的前夕方才决定把他俩列名被告，因而也来不及对他们进行侦讯。① 除此四人之外，国际检察处对其他二十四名被告都分别作有一份侦讯报告，亦即检察官对他进行侦讯时双方口头问答的逐字逐句的文字记录。这二十四份侦讯报告或口供记录应该怎样使用？它们是否可以当作作证文件而要求法庭予以采纳？这个问题在讼诉双方之间曾引起过很大的争辩。

---

① 被告自确定为诉讼案件中的被告之时起，即被认为与检察处是壁垒森严的敌对双方。除在公开庭审外，彼此不得有所接触。他们的身份同在起诉前羁押监狱时迥然不同。这是英美法系的一种特殊制度，而为远东法庭所采用。板垣、木村、重光、梅津四人起诉前既未入狱，起诉后始到庭受审，这时他们与检察处处于对立的地位，检察处便不能对他们进行侦讯和录取口供（参阅本书第三章第二节）。

在审讯的过程中，检察处曾经企图向法庭提出这种侦讯口供记录，并请求采纳为法庭作证文件。被告辩护律师方面立即表示坚决反对，其理由是：一、这种口供记录并未经被告本人签字，作成后也未曾念给被告本人听过，使其有审查和更正的机会；二、这种记录纯系检察处单方面的行为，侦讯时并没有法庭人员或辩护律师在场；三、这种侦讯只对一部分被告进行过，而不是对全体被告都进行过的（指对板垣等四人没有作过这种侦讯），因而把它们提出作证对这些被告不是公平合理、平等对待的。由于侦讯记录有上述缺点，所以辩护方面坚决要求法庭拒绝作为证件接受。

这个问题在法官们之间也引起了一场争议。非英美派的法官大都认为可以接受，因为宪章明白规定了“本法庭不受技术性采证规则之拘束……不拘泥于技术性的程序，并得采用本法庭认为有作证价值之任何证据”。[①] 被告们的侦讯口供记录既是检察方面经过长期的辛勤努力所作出，自不能视为没有作证的任何价值。英美派法官则不然。他们大都怀有英美法系证据法则技术性的偏见，认为这种侦讯记录既不合乎一般“宣誓书”的规格条件，又不是在被告们有充分“保障”下作出的，因而无条件地采纳为证是不适宜的。

法官们争论的结果是决定采用一种多少带折中性的办法，即：一、对每一被告的侦讯口供记录不能作为一个整体向法庭提出要求采纳为作证文件；二、如果被告出庭作证，他可以自愿承认这份记录的整个内容正确，因而使它成为他的证言的一部分；三、倘使被告出庭作证但不愿承认该份记录的全部内容，则检察官在对他执行口头反诘时可以尽量利用记录中的材料，迫使他承认，否则他

① 《远东国际军事法庭宪章》第十三条（甲）项。

必自陷于矛盾、狼狈的处境。这是法庭最后作出的处理这种被告口供记录的办法。

但是被告出庭作证与否是完全由他自己决定的。因为，法庭虽有权批准诉讼双方所提的证人名单并协助双方传唤证人，但是它却无权强迫任何证人到庭作证。以前提到过的波多野事件，便是一个例子。[①]

被告既不为自己辩护而发言（他们都是由辩护律师替他们辩护），而一部分被告（土肥原、广田、平沼、梅津、重光、木村、佐藤、畑、星野九人）又拒绝登台作证，他们在法庭整个审讯期间每日只是端坐在被告席中，始终未发一言，从而检察官对他们也就没有进行反诘的任何机会，更谈不到利用他们的侦讯口供作为反诘的材料。说者谓这些被告是比较狡猾的，因为他们知道自己的问题复杂，而在侦讯期间又承认得太多，倘使登台作证，可能被检察官无孔不入、咄咄逼人的反诘弄得焦头烂额，狼狈不堪。因此，他们宁愿销声敛迹，保持沉默。对这些人，检察处几乎是没有法子利用他们的口供记录的。

至于那些自愿以“辩护证人”资格登台作证的十六名被告（东条英机、小矶国昭、荒木贞夫、板垣征四郎、南次郎、武藤章、冈敬纯、岛田繁太郎、大岛浩、白鸟敏夫、东乡茂德、贺屋兴宣、铃木贞一、桥本欣五郎、木户幸一、松井石根），他们有的是想借此表白一番，企图洗刷或减轻自己的罪责，有的是想借此出风头，为自己的罪行宣扬一下，美化一番，把自己说成仿佛是个“民族英雄”的样子。东条英机便是后一种人中最突出的一个。他曾自愿登台作证，

① 参阅本章第三节（一）目。

在他代替直讯答问的书面证言的前面还偷偷地、恬不知耻地加上一页封皮，写着“此乃一历史文件也”的字样。当法庭发现了他这个“阴谋”之后，庭长立即加以讽刺和申斥。

对那些自愿登台作证的被告们，检察处是毫不放松的。在对他们进行反诘时，检察官必然会逼使他们承认他们以前在侦讯期中所供的口供，至少是其中某些主要事实。如果他们企图抵赖或者企图用新的说法代替旧的说法，则检察官可以指责其前后矛盾，自相抵触，因而使他们陷于不利的地位。

由上所述，可见检察处在侦讯期间所作的口供记录对多数被告还是利用过的，虽然对少数被告它几乎完全用不上。遗憾的是：建立此项侦讯记录原本是检察处在起诉前的一项主要准备工作，为此投入了大量人力物力，但是由于形式上的缺点（如未向被告们宣读、未经他们签字等），致使法庭未能整个地把它们当作作证文件而予以接受。正如我们一再指出过的，远东国际军事法庭采用的是“证据主义”，是故凡是没有被法庭正式接受过的文件或未在审判记录中登载过的证言，将来在诉讼双方的总结中和辩论中，以及在法庭的最后判决中，都是不能援用的。

五、对法庭审讯程序的批评

远东国际军事法庭的审判之所以旷日持久，审讯程序之复杂烦琐无疑是一个最大的原因。

法庭宪章本身关于审讯程序的规定，无论在精神实质上还是在具体条款中都存在着相当大的矛盾。

一方面，它要求对日本首要战犯们作出“迅速”的审判。因此，在宪章第十二条（“审讯之进行”）中便规定了“本法庭应：（甲）将审讯工作严格地限制于迅速审理控诉中所提出的各项问题；（乙）采取严厉措施以防止任何足以引起不合理拖延审讯之行为，并排除一切与本案无关之问题及陈述”。第十三条（“证据”）中规定了“本法庭不受技术性采证规则之拘束。本法庭将尽最大可能采取并适用便捷而不拘泥于技术性的程序，并得采用本法庭认为有作证价值之任何证据”。这些条款的目的无疑都是为了要加速审讯的进行。

但是，另一方面，为了要使审判符合“公平”起见，法庭宪章又规定了许多复杂烦琐的规章制度，从而又阻碍着审讯的迅速进行。这些规章制度并非一般公平审判所要求的，或必需的，而是英美法系所特有的。例如宪章第十五条所规定的审讯进行之步骤，以及讯问和反诘证人各阶段的细腻的划分等，都是极端烦琐的一些英美法系传统的规章制度。

由于法庭宪章和程序规则都是英美法系的专家所起草，而法庭成员中多数又是受英美法系教养出身，因此，非但在法庭审理程序的条文规定上，而且在实际执行中，英美程序法的影响始终有形地或无形地支配着远东法庭的全部审讯过程。正如我们一再指出过的：英美法系的程序规则是世界各法系中最复杂、最烦琐的，它里面掺杂着形式主义、主观主义和许许多多的历史残迹。

由上所述，可见远东法庭的审讯程序始终贯穿着一个大矛盾。这个矛盾也可以说是目的和方法之间的矛盾。一方面，宪章授权给法庭便宜行事，以达到迅速审判的目的；另一方面，法庭所采用的许多规章制度，以及英美派法官们对程序问题的习惯偏见，又在达成这个目的的道路上设置了许多障碍物和绊脚石。

诚然，为了解决或缩小这个矛盾，法庭在审讯过程中也曾采取过某些措施。举例来说，对出庭证人的直讯不用口头问答方式而改用宣读证人书面证言的方式便是最突出的一个。另外一个重大措施便是限制反诘中对证人的诘问，使其必须针对证人在直讯证言中所提出的主要问题而不能超出这个范围。法庭能在审讯最初期便及早采取了这两个措施，不能不说是一种非常明智的举动。对远东法庭的审讯程序说来，它们确实是富于"革命性"的变革。考虑到出席法庭的证人有四百余人之多，不难想象：如果法庭没有及早进行这两项变革，长夜漫漫的东京审判的过程可能还要拖长半年乃至一年之久。

但是，法庭为达成"迅速审判"的目的而采取的措施还是远远不够的。在审讯程序上，它并没有充分行使法庭宪章第十二条及第十三条所赋予它便宜行事的广泛权力。

时过境迁，现在我们不妨客观地回顾一下远东法庭在审讯程序中的某些缺点。假使这些缺点及早得到纠正，东京审判所耗的时间必可相当地缩短，而它的政治影响反而可以大大地增强。

首先，必须指出，审讯程序对被告辩护方面是过分宽大的，甚至可说是宽大无边的。诚然，为了使审讯公平合理，被告的辩护权利是应该尊重的。但是对于滥用这种权利的事情，法庭应该事先防止或及时制止，而不应遇事迁就，任其发展。然而法庭在这方面做得是十分不够的。例如，宪章规定每一被告有权自行选任其辩护人，但并没有规定每一被告可以拥有几个辩护人和是否可以拥有不同国籍的辩护人。在实践中，法庭竟批准每一被告得拥有美国辩护律师一名，而日本律师的名额更漫无限制，有的被告如岛田繁太郎的辩护律师竟达八名之多，一般被告每人也有五名或五名以上。在每名被告的周围几乎都有一个小小的辩护集团，而这些小集团凑拢起来又形成一个声势浩大、人数众多的大集体。在公审庭上这众多的律师们喧宾夺主，诡计百出；他们尽量利用法庭的宽大，想尽一切办法拖延审讯的进行。特别是美国辩护律师，他们经常利用英美法系程序规则上的枝节问题，不断地同法庭纠缠，浪费法庭审讯的时间。有些美国律师如布莱克尼之流，在法庭的表现十分恶劣，张牙舞爪，肆无忌惮，动辄诋毁苏联，甚至诋毁他自己的祖国。他们幻想当时苏美紧张关系可能会酿成第三次世界大战，因而他们认为只要能够使东京审讯尽量地拖延下去，远东法庭或将不免有无形解散之一日。

对被告辩护律师的这种捣乱和拖延行为，法庭并没有经常采取强硬的措施或有力的办法去对付。诚然，法庭也根据宪章赋予它的权力，停止过两名美国律师的出庭资格，从而使辩护律师们的嚣张行径稍有收敛。[①] 但是，总的说来，法庭在这方面的措施还远远赶不上形势的实际需要。为了要维持“公平审判”的表象，它对被告律师们随时随地作出的旨在拖延审讯的无数捣乱行为大都没有及时制止，甚至对于他们利用法庭作讲坛宣扬被告们的谬论和诬蔑同盟国家的荒唐行为也没有予以制裁。这是法庭对被告过分宽大的一面的表现。

法庭对于被告过分宽大的另一方面的表现是：被告可以根本不登台受审。按照宪章的规定，被告如聘有律师代为辩护，他自己

① 远东国际法庭曾根据宪章第十二条（丙）项之规定，先后停止过美国辩护律师施密士和肯宁汉二人的出庭资格。关于这二人停职的原因和经过，参阅本书第二章第五节。

便不能出庭辩护。[①] 这项规定，表面看来好像是限制被告的辩护权，实则是给被告以逃避亲自直接受审的机会。诚然，他们可以以“辩护证人”的资格出庭作证，但是作证与否是完全根据自愿的原则，而且证言的范围也是有限的。因此，狡黠的被告们便根本不登记作证，使法庭和检察官同他们没有任何直接的接触或交锋。就是对于那些自愿登台作证的被告们，法庭的讯问和检察官的反诘也只能限于他们在直讯中提供的主要问题，而不能对他们的全部罪行作彻底的、有系统的追究或盘问。

被告可以拒绝在法庭发言的规则原来也是根据英美法系里一条由来已久的传统原则，即所谓被告有权不“自入于罪”的原则。[②] 依照这个原则，任何刑事被告有权拒绝答复任何可以使他自己陷入犯罪地位的问题。因此，这也就给了他在审讯中完全拒绝发言的权利。这项规则的用意原在保护被告，使他在受审时不致因为自己的无知、胆怯或疏忽，或者由于法庭和检方的威胁压迫，而作出不利于自己的招认。刑事被告既有权完全拒绝发言，那种“严刑逼供”和“屈打成招”的野蛮现象从理论上讲当然就不会发生。

这项保护被告不致“自入于罪”的规则是英美法系所特有的，在世界许多其他国家中并不存在。它并不真正符合于“公平审判”的原则。适用于普通的简单的国内刑事案件犹有可说，但是把它适用到像远东国际军事法庭所审理的这样庞大复杂的国际案件，

① 《远东国际军事法庭宪章》第九条（丁）项。

② 这条原则英文称为rule against self-incrimination，即刑事被告有权在法庭上拒绝作任何可以使他自己陷于有罪嫌疑（即所谓“自入于罪”）的供认或发言。因此，在审讯中，他完全可以拒绝回答检方向他提出的任何问题。这是英美法系向来用以保障人权的非常重要的一项规则。美国并把这项规则列入宪法修正案中，认为它是公民的神圣不可侵犯的权利之一。

那是十分不相宜的。有些情况非直接审问被告便不易弄清楚，或者要弄清楚也是事倍功半。至于对被告们威胁压迫，那在远东法庭是不可想象的。然而，远东法庭竟采用了这样一项英美法系的陈旧原则，使它的“迅速而公平”地进行审判的理想受到了损害。这除了盲目适用英美法制和表示对被告们无比宽大之外，我们很难找到别的解释。

※　　※　　※　　※

除了对被告过分宽大之外，法庭审讯程序的第二个缺点是对出庭证人名单没有进行过严格认真的审查。诚然，邀请什么证人出庭作证是由诉讼双方自行决定，开具名单后请求法庭核准并予以传唤的。但是按照法庭宪章的规定，在核准证人名单时，法庭应该命令当事人除指明证人所在地址外同时说明需要他出庭证明之事实以及此等事实与本案审讯的关系。[①] 法庭如果在这些方面有所不满，它是完全有权拒绝传唤某些证人的。然而事实上，法庭并没有这样做。它对诉讼当事人申请传唤证人一事几乎是采取“有求必应”、“来者不拒”的态度，从来很少进行过严格认真的审查，更少有过拒绝核准的情事。因此，在审讯过程中，证人川流不息出庭作证便成了法庭的一个最突出的现象，消耗的时间也最多。总计检察方面所提供的所谓“检察证人”（109 名）和被告方面所提供的所谓“辩护证人”（310 名）总数竟达 419 名之多，这在世界司法史上是打破纪录的。

在这里，值得注意的是，远东法庭接受出庭的“辩护证人”的数目几乎等于“检察证人”的三倍。这可能也是法庭对被告辩护方

---

① 《远东国际军事法庭宪章》第九条（戊）项。

面过分宽大的一种表现。但是，最不幸的是，在这数额浩大的辩护证人之中，真正有作证价值的却不多，其中大多数人的证言都无关宏旨，还有很大一部分是莫名其妙和毫不相干的。这些人大都是被告们的亲友僚属，他们被辩护律师们提名来到法庭无非是为了要替被告们说些好话，实际上他们对案情的关键问题一无所知，在对付检方的反诘时，他们不是瞠目结舌，便是胡诌一通。这种证人的证言是完全没有价值的。法庭在判决书中最后也不得不承认："就法庭的经验说，辩护方面的大部分证人，没有敢于面对难题的打算。他们拿冗长模棱的遁词来对待困难，那只有引起不信任而已。"[①]

假使法庭在当事人申请传唤证人的时候，把申请书上所载的项目（如证人与被告的关系、他的资格和经历、他所能证明的事实以及这种事实与本案的关系等）逐项予以严格认真的审查，它不难发现辩护证人中至少有三分之一甚至半数是可以拒绝批准的。倘若法庭那样做了的话，不但审讯可以节省大量时间，而且可以避免法庭以后在证据评价问题上的许多不必要的困难和混乱，同时还可使法庭威信、审判质量和政治影响有所提高。

遗憾的是法庭并没有这样做。它在审查和批准证人名单问题上始终采取了形式主义和放任主义的态度。这不能不算是法庭审讯程序中的一个重大缺点。

※　　※　　※　　※

法庭审讯程序的第三个缺点是没有充分利用"受命法官"的"庭外审讯"（日本人称之为"临床审讯"）制度。

---

① 《远东国际军事法庭判决书》，张效林译（五十年代出版社）第一部第一章，第9—10页。

按照法庭宪章的规定，法庭有权“任命官员执行法庭所指定之任何任务，包括代表法庭在庭外采录证据之任务”。[1] 这种派遣官员在庭外录证的办法在许多国家的司法制度中都是有的。通常是由法庭派一名法官，即所谓“受命法官”，带着书记官、记录员等几名法庭工作人员以及诉讼双方的代表到证人所在地或法庭指定的任何其他地点去举行。这样便可以节省整个法庭公开庭审的时间。“庭外审讯”的仪式和排场当然要比法庭正式庭审简单得多，但是实际上它同样可以达到讯诘证人和录取证言的目的。

在纽伦堡国际军事法庭对德国首要战犯的审讯中，这种由受命法官在庭外录证的办法曾经使用过多次，因而为法庭的正式庭审节约了不少时间。纽伦堡审讯之所以能在约十个月内迅速地结束，这也未尝不是一个小小的原因。遗憾的是在远东国际军事法庭的整个审讯过程中，这种宪章明文允许的简便办法只在 1947 年间采用过一次。那次还是对一个抱病沉重、不能动弹的证人（前日本中将石原莞尔）才采用的，审讯的地点是山形县酒田市石原的故乡。

除了对石原一人之外，对其他四百多名出庭证人的讯诘都是在东京法庭的正式公开庭中举行的。

前面已经指出过，在出席远东法庭的数百名证人里，特别是在那数额占四分之三的“辩护证人”里，大多数人的证言是无关宏旨的，还有很大一部分是莫名其妙和毫不相干的。法庭对这些人的出席既未行使过拒绝批准的权力，那么，如果对他们，哪怕是对其中的一部分人采用了受命法官庭外录证的简便办法，法庭公开庭审的时间也可得到大量的节省。但是法庭完全没有这样办。这也

① 《远东国际军事法庭宪章》第十一条（戊）项。

不能不算是它在审讯程序上的一个缺点。

※　※　※　※

远东国际军事法庭在审讯程序上的另一个缺点是对证人执行反诘的人数太多，漫无限制。

对证人的反诘是审讯程序中最耗费时力的一个项目。反诘不能像直讯一样用书面替代，而必须用口头问答的方式进行。对反诘执行人和证人之间的一问一答必须在公开庭上当即作出口头翻译。这就非常耽误时间，而且时常引起翻译是否正确问题上的争论，需要法庭的语文小组予以仲裁。此外，关于反诘的范围，例如向证人提出的某一问题是否与他的主要证言有关联，也常引起双方的争辩，需要法庭作出裁定方能解决。由此可见，反诘确实是法庭一切审讯程序中最能消耗时间和最易引起纠纷的一项。

既然如此，法庭对于反诘原应根据宪章赋予它的权力多想办法加以限制。但是，由于法庭英美多数派法官对于反诘的效用具有过分的迷信和对于"公平审判"的意义具有不切实际的理解，法庭对于反诘程序，除了作出过一次决议，规定在反诘中对证人的发问必须不超出他在直讯中所提到的主要问题之外，并没有采取过任何限制的措施。在审讯庭上对违反上述决议的行为也很少及时制止或严厉制裁。

不仅如此，法庭对于执行反诘的人数还不加限制，因而一个证人在经过直讯之后可能受到对方好几个律师和好几次的反诘。这是一项很不合理的措施。它不但使证人受到"轮流轰炸"的折磨，弄得头昏脑涨，疲惫不堪，而且容易枝节横生，产生混乱，使证言中的主要问题反而弄得模棱难辨。至于多数的冗长的反诘造成了大量审讯时间的浪费，那就更不待言了。

诚然，对于所谓“辩护证人”，检察处在绝大多数的情况下都是只派一名检察官对他执行反诘，所有要向他提出的问题都是由这一位检察官“统筹统办”的。只有在特殊的情况下，才有另一位检察官向他再提出一些补充问题。在法庭全部审讯过程中，这种情况是极端稀少的。

但是对于所谓“检察证人”，情况却完全不是这样。在证人经过直讯之后，被告的辩护律师（包括美国律师和日本律师）每个人都有权对他执行反诘。这样，便造成很大的混乱和重复。不但证人遭受不必要的折磨，而且白白地浪费了不少审讯的光阴。例如前伪满皇帝溥仪出庭为检方作证时，直讯不过半天，而反诘便花了七天有余，执行反诘的被告辩护律师达七八人之多。对证人秦德纯、黎伯特、魏尔德、理查逊、田中隆吉等许多人的反诘，情况亦复类似。不难设想：假使对溥仪的反诘是由一名辩护律师统一集中地去执行，反诘的时间将至少节省一半，甚至三分之二，而且反诘的质量还可以提高。

由于法庭对执行反诘的人数没有限制，对于检方提供的证人，被告辩护律师们便会以这种或那种的借口，接二连三地对他进行“疲劳轰炸”。虽然他们提出的问题常常是重复的或者是毫无意义的，并且时常遭到检方的抗议和法庭的制止或申斥，但是，尽管如此，他们浪费法庭时间和拖延审讯进行的目的已经达到了，至少部分地达到了。

远东法庭的宪章虽保证每一被告或其辩护人均可诘问任何证人，[①] 但并不等于说被告们诘问证人的权利是不能限制的。法庭完

① 《远东国际军事法庭宪章》第十五条（戊）项。

全有权在它制定的程序规则中，在以法庭命令形式宣布的决议中，规定对诉讼任何一方所提供的任何证人，只许由另一方的一名代表（一名检察官或一名辩护律师）执行反诘。一切要向该证人质询的问题都由这名代表收集整理，集中统一地向他提出。这样，对诉讼双方既保持了待遇平等的原则，又可使法庭节省大量时间，还可防止由于反诘重复而造成的累赘和混乱。但是法庭并没有这样做。这不能不说是它在审讯程序上的又一缺点。

以上所述是远东国际军事法庭审讯程序中的几个比较重大、突出的缺点。至于审讯程序细节上那些比较微小的缺点，姑不具论。

这些缺点之所以产生，正如我们在前面所指出的，主要是受了英美法系传统的程序规则的影响。法庭宪章中虽规定了要对被告们作出“迅速”的审判和处罚，并且“将尽最大可能采取并适用便捷而不拘泥于技术性的程序”，但是，在关于审讯程序的条文里，宪章又自相矛盾地采用了一些英美法系所特有的复杂烦琐的制度和规则。在实际执行中，这些制度和规则更进一步染上英美法系的色彩，因为远东法庭的成员大多数系属于英美法系或受过英美法系的教育，他们对于解释和运用这些制度和规则当然不能脱离英美法系传统的成见。这就是远东法庭的审讯根本无法迅速、便捷、利落、干脆的原因所在；这也就是东京审判之所以长夜漫漫，拖延了两年半之久的原因所在。

附录一

远东国际军事法庭宪章*

第一章　法庭之组织

第一条　法庭之设立　为求远东主要战争罪犯之公正与迅速的审判及处罚，兹设立远东国际军事法庭。本法庭之固定地址定于东京。

第二条　成员　本法庭应有六人以上十一人以下之法官，由盟军最高统帅就日本投降书各签字国、印度及菲律宾共和国所提之人选名单中任命之。

第三条　职员与书记官

（甲）庭长　盟军最高统帅应就法官中指派一人为本法庭庭长。

（乙）书记官室

（1）本法庭之书记官室由盟军最高统帅所任命之书记官长及必要之助理书记官、事务员、翻译员及其他人员组成之。

（2）书记官长应组织及指挥书记官室工作。

---

*　本宪章系 1946 年 1 月 19 日盟军最高统帅部公布，1946 年 4 月 26 日修正。其英文名称为"Charter of the International Military Tribunal for the Far East"。此处的译文原为《远东国际军事法庭》一书附录，今次只在个别地方作了少许修正。——整理者注

（3）书记官长负责接受送致本法庭之一切文书，保管本法庭之记录，供给本法庭及各法官以一切事务工作上所必需之服务，并执行本法庭所指定之其他职务。

第四条　开庭与法定人数，表决，及缺席

（甲）开庭与法定人数　法官有六人出席时，始得正式开庭。全体法官过半数之出席，始构成法定人数。

（乙）表决　本法庭一切之裁定与判决，包括定罪与科刑在内，应由出席法庭之法官以多数表决之。遇正反双方票数相等时，庭长之投票有决定效力。

（丙）缺席　法庭法官如在某一期间内缺席而以后又能出席时，只要他不在公开庭上声明他因为对于在其缺席期间所进行之诉讼工作缺乏充分了解而认为自己不合格，则他仍可参加以后之一切诉讼程序。

第二章　管辖权及一般规定

第五条　对于人与罪之管辖权　本法庭有权审判及惩罚被控以个人身份或团体成员身份犯有各种罪行包括破坏和平罪之远东战争罪犯。

下列行为，或其中任何一项，均构成犯罪行为，本法庭有管辖之权，犯罪者个人并应单独负其责任：

（甲）破坏和平罪　指策划、准备、发动或实行一种经宣战或不经宣战之侵略战争，或违反国际法、条约、协定或保证之战争，或参与上述任何罪行之共同计划或阴谋。

（乙）普通战争罪　指违反战争法规或战争惯例之犯罪行为。

（丙）违反人道罪　指战争发生前或战争进行中之杀害、灭种、奴役、强迫迁徙以及其他不人道行为，或基于政治上或种族上之理由而进行旨在实现或有关本法庭管辖范围内任何罪行的迫害行为，不论这种行为是否违反行为地国家的国内法。凡参与制定或执行旨在完成上述任何罪行之共同计划或阴谋之领导者、组织者、教唆者与共谋者，对于任何人为实现此种计划而作出之一切行为，均应负责。

第六条　被告之责任　被告在任何时期所曾任之官职，以及被告系遵从其政府或上级长官之命令而行动之事实，均不足以免除其被控所犯任何罪行之责任。但如法庭认为符合公正审判之需要时，此种情况于刑罚之减轻上得加以考虑。

第七条　程序规则　本法庭有权制定及修改符合本宪章基本规定之诉讼程序规则。

第八条　检察官

（甲）检察长　盟军最高统帅指派之检察长对属于本法庭管辖权内之战争罪犯的控告负调查及起诉之责，并对最高统帅予以适当的法律协助。

（乙）陪席检察官　任何曾与日本处于战争状态之联合国家得指派陪席检察官一人，以协助检察长。

第三章　对被告之公平审判

第九条　公平审判之程序　为保证予被告以公平审判起见，

下列诉讼程序应予遵守：

（甲）起诉书　起诉书对于每一被控诉之罪行应有清晰、精确及充分之说明。应送达每一被告以起诉书（包括任何修改）及本法庭宪章之副本各一份，副本所用文字应为被告所了解者，并应尽早送达，俾被告有充分时间作辩护之准备。

（乙）语言文字　审讯及有关的各种诉讼程序应以英语及被告本国语言为之。遇有需要时及被请求时，各种文件应备译本。

（丙）被告之辩护人　每一被告皆有权自行选任其辩护人，但本法庭得随时拒绝此等辩护人。被告应将其辩护人之姓名呈报本法庭书记官长登记。如被告无人代其辩护并在本法庭开庭时声请代为指定时，则本法庭将为其指定辩护人。遇无此项申请时，倘本法庭认为在实现公平审判上有指定辩护人之必要，仍得为被告指定其辩护人。

（丁）辩护证据　被告有权由其本人或由其辩护人（但不得同时由两者）进行辩护，包括诘问任何证人之权，但应受法庭所决定之合理限制。

（戊）辩护证据之提出　被告得以书面申请本法庭传唤证人及调阅文件。该项申请书应载明其所设想该证人或文件之所在地址，并应说明需由该证人或文件予以证明之事实，以及此等事实与辩护之关系。如本法庭准许此项申请，则应依情况之需要予以协助，俾获得此项证据之提出。

第十条　审讯前之申请与动议　在审讯开始以前向法庭提出之一切动议、申请及其他要求均应以书面为之，交由书记官长登记，送呈法庭处理。

第四章　法庭之权力与审讯之进行

第十一条　法庭之权力　本法庭有权：

（甲）传唤证人，召其到庭提供证言，并讯问之；

（乙）审讯每一被告，并于其拒绝答复任何问题时，准许对其拒绝行为作出评判；

（丙）命令提供可资利用作为证据之文件及其他材料；

（丁）命令每一证人进行宣誓、保证或作出依其本国习惯证人应作之声明，并执行宣誓；

（戊）任命官员执行法庭所指定之任何任务，包括代表法庭在庭外采录证据之任务。

第十二条　审讯之进行　本法庭应：

（甲）将审讯工作严格地限制于迅速审理控诉中所提出的各项问题；

（乙）采取严厉措施以防止任何足以引起不合理拖延审讯之行为，并排除一切与本案无关之问题及陈述；

（丙）规定办法以维持审讯时之秩序，对于藐法行为采取断然处分，科以适当的刑罚，包括禁止任何被告或其辩护律师一部分或全部参与审讯程序之权利，但不应因此而影响对被控罪状之判决；

（丁）就任何个别被告之精神状态及体力情形，决定其应否到庭受审。

第十三条　证据

（甲）证据之采纳　本法庭不受技术性采证规则之拘束。本法庭将尽最大可能采取并适用便捷而不拘泥于技术性的程序，并得采用本法庭认为有作证价值之任何证据。被告之一切自供或陈述，均得采用。

（乙）证据之关联性　本法庭得命令在提出任何证据之前，将该项证据之性质先行陈明，以便决定其是否存在关联性。

（丙）各种可采纳之特定证据　下列各种特定证据得予采纳，但上述一般原则之应用范围并不因此而受任何限制：

（1）任何文件，凡经本法庭认为系由任何政府所属之任何官吏、公署、机关或军事人员签字或发布者，不问其保密等级如何，对其出处或签署亦不必有所证明。

（2）报告书，凡经本法庭认为系由国际红十字会或其会员所签发者，或系由任一医师、医务人员、调查员、情报员或法庭认为对报告内容熟悉之人所签发者。

（3）证人经宣誓提出之书面供词，各种证词，或任何经签字之陈述书。

（4）日记、信札或其他文件，包括经宣誓或未经宣誓之陈述，经本法庭认为含有与所控罪行有关之资料者。

（5）如文件之原本不能立即提出，得采纳其副本或其他足以证明该文件内容之间接证据。

（丁）司法上的认定　本法庭对于众所周知之事实，以及任何国家之政府公文与报告和任何联合国家之军事法庭或其他机关之诉讼程序、笔录或判决，皆无须证明。

（戊）笔录、证件与文书　审讯之速记记录以及提交本法庭采用之各种证件与文件，均应送交本法庭书记官长登记归档，从而构成法庭卷宗之一部分。

第十四条　审讯地址　第一次审讯将于日本东京举行，而以后之任何审讯将于本法庭决定之地址举行之。

第十五条　审讯程序之进行　审讯将循如下程序进行：

（甲）起诉书应于开庭时予以宣读，除非全体被告皆主张放弃听取此项宣读。

（乙）法庭将讯问每一被告是否承认本人"有罪"抑或"无罪"。

（丙）检察方及每一被告（如有辩护人者仅由其辩护人代表）均得对本案作一简括之开始陈述。

（丁）检察及被告辩护双方均可各自提出证据；但证据之是否被采纳应由法庭决定之。

（戊）检察方及每一被告（如有辩护人者仅由其辩护人代表）均可诘问任何证人及任何提供证据之被告。

（己）被告（如有辩护人者仅由其辩护人代表）可向法庭陈述意见。

（庚）检察方可向法庭陈述意见。

（辛）法庭将作出判决及科刑，并宣布之。

第五章　判决与刑罚

第十六条　刑罚　本法庭对被告为有罪之判决者，有权处以死刑或处以本法庭认为适当之其他刑罚。

第十七条　判决与复核　判决应于法庭内公开宣布，并应说明其所根据之理由。审判记录应径送盟军最高统帅核办。判处刑罚将依照盟军最高统帅之命令执行之。盟军最高统帅对判处刑罚得随时减轻或予以某种变更，但不得加重之。

附录二

远东国际军事法庭程序规则*

远东国际军事法庭（以下简称法庭）系依1946年1月19日盟军最高统帅颁布之特别公告与同日颁布之本法庭宪章以及该宪章之修正案而设立，兹根据宪章第七条之规定，制定本法庭程序规则，于1946年4月25日公布之。

第一条　对被告之通知

（甲）每一在押之被告，应于本法庭开始接受证据十四日以前收到下列各件副本，副本并应译成被告所了解之文字：

（1）起诉书；

（2）本法庭宪章；

（3）起诉书所附之任何其他文件。

（乙）对于不在押之被告，应将起诉书之事实通知之，并应通知该被告有接受（甲）项所列各种文件之权利；通知之方式及方法由本法庭规定之。

（丙）审讯时，任何被告仅得由一名律师为之辩述；但经法庭特许者，不在此限。

* 本程序规则公布于1946年4月25日。此处的译文原为《远东国际军事法庭》一书附录，今次基本未作改动。——整理者注

第二条　增加文件之送达

（甲）在法庭开始听取证据以前，如检察长就起诉书提出修正或增添时，应即将修正或增加部分连同附带文件提呈法庭，并应将其译成被告所了解之文字之副本，于最短期内送交在押之被告；对于不在押被告之通知，适用第一条（乙）项之通知方式。

（乙）被告如向法庭书记官长申请，而检察长可以办到时，应即将起诉书内所提及之各文件，译成被告所了解之文字，交予该被告；但如不能依此办理时，应即准许被告查看该项文件之副本。

第三条　审判时秩序之维持

根据宪章第十二条之规定及该条所规定之处罚，本法庭经由其庭长，执行维持审判时之秩序。被告或任何他人如不遵守及不尊重本法庭之指示或尊严时，得被禁止参与庭审。

第四条　证人

（甲）每一证人在向本法庭提供证言之前，应依其本籍习惯，先行宣誓，或作出保证或声明。

（乙）证人非提供证言时，未经本法庭之许可不得到庭。倘实际需要其到庭时，庭长应指令证人于提供证言之前不得彼此交谈。

第五条　法庭开始采证以前之各种申请与动议及审讯中之裁定

（甲）在法庭正式开庭听取证据以前，向法庭提出之一切申请、动议或其他请求，应由书记官长按不同情形通知检察长，或通知有关之被告（或其辩护律师）。如无异议提出，庭长即可代表法庭作适当之裁定。如有异议提出，庭长可召集法官特别会议，以解决所发生之问题。

（乙）法庭就其在审讯时所发生之一切问题（包括证据之采纳，休庭，及其他动议等问题）由庭长代表宣示裁定。于必要时，法庭并得在裁定前宣告退庭或休庭，或采取法庭认为适当之其他措施。

第六条　笔录、证件及文件

（甲）诉讼进行中之一切口头陈述，均应备载笔录。所有证件应妥加标志，并依次编号。法庭如认为为公平审判及公众知晓起见宜有翻译，得命令将法庭卷宗及开庭笔录之一部分译成日文。

（乙）凡是检察方面或辩护方面准备采用为证据之每一文件副本，皆应尽可能于此项文件提出作证二十四小时以前，视不同情形分别送达有关之被告或其辩护人或检察方面，并应送达本法庭书记官室语言翻译部主任；每一此项副本并应将检察官或被告所拟依据之部分清楚标明，如原系英文者，应即将标明之部分译成日文，其原系日文者，应即译成英文，译文应随同副本一并送达。如原文并非英文或日文时，将全文或该有关部分之英文或日文译本送达检察官或有关之被告或其辩护律师及语言科主任，即可达成本项规定之目的。

（丙）在审讯中，如检察官、任何被告或其辩护律师接获或知悉另有增加之文件而拟予提出采用，应立即通知对方，并尽速将该文件之副本送达对方。

（丁）所有证件、诉讼笔录、提存或提示法庭之其他文件以及一切官方法令与文书等，经任何政府或法庭正式申请并经本法庭允许后，得由书记官长签具证明，并于适当时以副本或抄本送交该申请之政府或法庭。

（戊）检察官或被告提作证据之文件原本，如经证明：

（1）因其具有历史价值或其他理由，日本投降书签字国中之某一国或事先征得投降书全体签字国同意之任何其他一国，愿将该文件原本自法庭卷宗内调回保存；

（2）不致因此而予审判工作重大损害——则法庭应准将书记官长签认之该文件影印本换入卷宗，而将该文件原本交予申请国。

第七条　印章

（甲）法庭应置备印章。凡传票、证明书及庭长随时指令之其他文件，均应加盖法庭印章。

（乙）法庭印章应交由书记官长保管，其式样由庭长核定之。

第八条　宣誓与声明之格式

（甲）法庭书记官长及书记官室全体职员，以及各法官随带之秘书、记录员、翻译员及其他随员，均应依照下开格式签具声明书提存法庭："余（姓名及职位）绝不泄露余在远东国际军事法庭职务上获悉之任何事情，但对法庭之法官或有权知悉此等事情之人除外。"

（乙）法庭之正式记录员及翻译员，于开始执行职务前，均应依照下开格式举行宣誓或声明：

（1）记录员誓词（日籍记录员不适用）：

"余誓必忠诚执行本法庭记录员之职务，谨誓。上帝其助我！"

（2）记录员声明（日籍记录员不适用）：

"余必忠诚执行本法庭记录员之职务，谨此声明。"

（3）翻译员誓词（日籍翻译员不适用）：

"余在现在审讯之案件中誓必诚实翻译，谨誓。上帝其助我！"

（4）翻译员声明（日籍翻译员不适用）：

"余在现在审讯之案件中必诚实翻译，谨此声明。"

（5）日籍记录员誓词：

"余誓秉天良，忠诚执行本法庭记录员之职务，谨誓。"

（6）日籍翻译员誓词：

"余誓秉天良，在现在审讯之案件中诚实翻译，谨誓。"

第九条　修改权与增补权

本规则中任何规定之解释不应妨碍本法庭为求公正而迅速审判起见而随时以一般规则或对个别事件之特别命令，以法庭认为公平之方式及通告程序，变更、修改或补充本规则。

程序规则的修正与补充

远东国际军事法庭程序规则经法庭于1946年4月25日（那时法庭尚未开审）制定公布之后，在漫长的审讯期间内，由于实际的需要，曾经法官会议通过并以庭令公布了下列几次的修正和补充：

一、1946年5月20日庭令修改第六条（乙）项

修改内容为：将该条（乙）项分为两目。该项原有规定作为第（1）目；另增一目，即第（2）目，其内容如下：

（2）一切拟在法庭庭讯中提出之口头陈述与案情说明，其副本必须于在庭讯中提出二十四小时以前送交本法庭书记官室语言科主管人员。每一此项副本应视不同情况附具英文译本或日文译本。

二、1947年1月8日庭令修改第六条（乙）项（1）目

修改内容为：将第六条（乙）项（1）目中最后一句"如原文并非

英文或日文时，将全文或该有关部分之英文或日文译本送达……”中之“英文或日文译本”字样改为“英文及日文译本”字样。

三、1947年1月8日庭令批准被告请求不适用程序规则第六条（乙）项（1）目中关于提供作证文件的部分规定

批准内容为：对于被告不拟全部提供作证文件原文副本，第六条（乙）项（1）目之规定得免予适用，但必须遵守下列条件：1. 在向本法庭庭审中提出作证七天以前，此项文件原本（并清楚标明被告所拟依据之部分）必须送交本法庭书记官；2. 被告所拟依据之部分应有译本事先送达检察官知照；3. 倘检察官认为除此之外尚有其他增加部分应有译文时，则可请求法庭命令被告提供此项增加部分之译本。

法庭的这一特别指令并未修改程序规则的条文，而只是部分地限制某一条文实际适用的范围。

四、1947年2月24日庭令宣布关于更正法庭记录上的错误的办法

庭令内容为：有关各方面如发现本法庭开庭记录上有错误而欲加以更正的，应以书面作成备忘录方式送呈本法庭庭长核办。

备忘录应载明：1. 错误出现在记录上的哪一页哪一行；2. 记录上现在的写法；3. 建议更正后的写法；4. 建议更正的理由。

此项备忘录除送呈庭长一份外，并须送致下列诸人各一份：1. 检察长；2. 被告辩护团主席；3. 本法庭首席记录员。

上列各人于接到上项备忘录后，如有异议，应于四十八小时以内向庭长提出。逾此期限，庭长应即作出准许或不准许更正之决定。

倘建议中之更正系属于语言翻译上之争执问题，则应交由本法庭语言仲裁委员会（Language Arbitration Board）解决。如委员会决定采纳建议中的更正，该项决定应于开庭时当众宣布。

——此一庭令并未修改或增加程序规则的任何条文，而只是提供一个更好地实行第六条（甲）项的具体办法。

五、1947 年 3 月 13 日庭令宣布批准检察及辩护双方协议达成的关于询问证人的办法

办法内容共分六项，如下：

（甲）除非本法庭特别许可，在辩护方面作一般陈述的阶段中对被告所提供出庭作证的每一证人，被告全体只能推定辩护律师一名向他作“主要的直接询问”（direct examination in chief）。此外，任何个别被告的辩护律师亦可请求对证人作补充的“直接询问”，但其询问范围只能限于与该被告个人特别有关之事项或问题而为主要的直接询问所未曾涉及者。在作此种询问之前，辩护律师必须首先向法庭声明他对证人要作的将系“直接询问”。

（乙）在对每一证人的所有“直接询问”作完之后，如果任何被告认为在答复直接询问的证言中有对他个人不利之处，则他的辩护律师可以请求对该证人作“横面质询”（cross examination）。在证人答复这种横面质询的时候，如果任何其他被告发现有对他不利的证言，则该被告的辩护律师亦可请求对该证人作横面质询。

在作此种质询之前，辩护律师必须首先向法庭声明他对证人要作的将系“横面质询”。

（丙）在所有辩护律师对证人的直接询问和横面质询完全终结之后，检察方面应即开始对该证人作全面的横面质询。此项询问仅能由一名检察官为之，但经法庭特别允许时不在此限。

（丁）在检察方面对证人的横面质询完毕以后，如果任何被告发现在证人答复此项质询时含有新的对他不利的证言，则该被告的辩护律师可以请求对证人进行一次或再一次横面质询。

（戊）在辩护和检察双方对某一证人的直接询问和横面质询全部完毕之后，被告方面如认为有必要，可向该证人进行一般的“再度直接询问”（re-direct examination）。此项“再度直接询问”，除非经法庭特别许可，只能由辩护律师一名为之。但任何个别被告之辩护律师对于证言中特别有关该被告之事项或问题而为一般的“再度直接询问”所未涉及或未澄清者，亦可请求对证人作个别的、有限度的“再度直接询问”。

（己）对于某一证人的证言是否对于某一个别被告不利的问题应由本法庭裁定之。

——以上的各项办法原则上亦可比照适用于检方所提供出庭作证的证人。

——此一庭令并未修改或变更本法庭的程序规则的任何条文，只是规定一个对证人进行询问的具体的实施办法而已。这个办法是根据法庭在约十个月审讯实践中的经验教训，由检察和被告双方协议同意，并经法官会议批准公布的。

附录三

十一国法官简介*

——盟军最高统帅部民事情报教育处发布

1946 年 10 月 23 日

庭长威廉·弗辣德·威勃爵士(澳大利亚法官)

威廉·弗辣德·威勃爵士(Sir William Flood Webb)1887 年 1 月 21 日生于澳大利亚昆士兰省不列士巴恩。他曾毕业于天主教会小学中学及昆士兰大学。

1913 年他加入了昆士兰律师公会;1915 年任公众辩护士;1916 年任官方律师及公家监护员(Curator);1917 年至 1922 年任皇家律师;1922 年至 1925 年任助理司法总监,总辩护律师(Solicitor General for the State);1925 年,他担任了昆士兰仲裁法院法官兼院长;1940 年,他被任命为昆士兰法院院长;1946 年 4 月,他被任命为澳大利亚最高法院法官。

---

* 本简介由盟军最高统帅部民事情报教育处于 1946 年 10 月 23 日发布。此处的译文原为《远东国际军事法庭》一书附录,今次基本未作改动。请注意有些译名与当前通用的译名(例如韦伯、贝尔纳、勒林、帕尔、哈拉尼利亚等)略有区别。——整理者注

在 1919 年及 1924 年，威廉爵士曾因办理向枢密院上诉而两度访英。自 1926 年至 1942 年他兼任中央甘蔗价格董事会主席，自 1942 年起兼任澳大利亚工业关系理事会理事长。

他曾担任过 1925 年调查特物士顿铁路惨案的皇家委员会主席，1936 年调查运输事故的皇家委员会主席，1938 年调查造糖工业事故的皇家委员会主席。1943 年他被任命为澳大利亚日军罪行调查委员会主席，在 1944 年他曾以此身份又访问过一次英国。

1942 年他被封为爵士。1946 年 1 月，他被麦克阿瑟将军任命为远东国际军事法庭庭长。

克莱墨尔将军（美国法官）

密朗·西·克莱墨尔（Myron C. Cramer）1881 年 11 月 6 日生于康奈提坎特州波特兰城。1904 年他毕业于威士廉大学，获学士学位；1907 年毕业于哈佛大学法科，获法学士学位。1943 年，他接受了威士廉大学赠予的名誉法学博士学位。

克莱墨尔将军一向在纽约市及华盛顿州塔康玛市执行律师业务，直到 1916 年他参加华盛顿国民警卫队开拔至墨西哥边疆执行任务为止。第一次世界大战时，他在法国服役，并获得中校军衔。1920 年他开始参加正规军队，并在军法总监部任少校军职。

在两次世界大战的岁月里，克莱墨尔一直在华盛顿军法总监部担任下列职务：第三组及第四组军法监，美国陆军学校法律助教，菲律宾事务司军法监。在 1941 年 12 月 1 日，即美国参加第二次世界大战的几天以前，克莱墨尔少将被任为陆军军法总监，这是美国陆军部一个最高的司法职位。

在军法总监的任期内，克莱墨尔将军是创设陆军中所谓“恢复制度”最得力的人物。这个制度的目的是在使被处罚不名誉革职的军人能够回到军中服役并在服役期满后获得名誉的退休。在美国律师公会的帮助下，他还使得军法总监部的法律援助处积极行动起来，在世界各地普遍设置法律援助官员，以便随时给当地的美国驻军及其家属提供法律上的意见和帮助。

在整个第二次世界大战时期担任了陆军军法总监之后，克莱墨尔将军于 1945 年 11 月 30 日宣告退出现役军职。陆军部长曾为他在军法总监部合同处处长任内的成就颁给了他一个“勤劳勋章”，并为他在军法总监任内的成就颁给了他一个“卓绝服务勋章”。

1946 年 7 月 10 日克莱墨尔将军在退休中被召担任远东国际军事法庭现在的职务。（按：原任美国法官是马萨诸塞州最高法院院长希金士。但在远东国际法庭开庭不到两个月时光，希金士便因故辞职返国，遗缺遂由美国政府派遣克莱墨尔将军接替。）

梅汝璈（中国法官）

梅汝璈（Mei Ju-ao）1904 年生于中国江西省南昌县。1924 年从北京清华学校毕业后，赴美游学。1926 年他以最优等生的成绩毕业于斯丹福大学，获得文科学士学位，并被选入“怀·白塔·卡帕”荣誉学会。1926 年夏至 1928 年冬，梅汝璈在芝加哥大学法学院攻读法律，并获得法学博士学位。

梅汝璈离美后曾在欧洲各国及苏联作广泛之游历旅行。归国后，他首先任教于国立山西大学，1930 年任教天津南开大学。1931 年至 1933 年梅汝璈担任国立武汉大学英美法教授。1933 年秋梅汝璈被任命为中国国民政府内政部参事兼行政诉愿委员会委员。1934 年冬，梅汝璈被任命为中国立法院立法委员。

在立法委员任内，梅汝璈担任该院涉外立法委员会主任委员及外交委员会代理委员长，同时并在中央政治学校主持英美法专门讲座，在中山文化教育馆担任编译部主任及《时事类编》半月刊主编。从 1943 年至 1946 年，梅汝璈并兼任国防最高委员会专门委员。《中国走向宪治》和《中国战时立法》是梅法官写的两本英文著作，它们受到研究远东问题的西方人士的广泛欢迎。

派特里克勋爵（英国法官）

派特里克勋爵（Lord Patrick）生于 1889 年 12 月 25 日。他的中学和大学教育都是在苏格兰格拉斯哥接受的。

1909 年派特里克获得文科硕士学位，1912 年获得法学学士学位。1913 年他加入了苏格兰律师公会，执行业务。第一次世界大战时，他参加了英国皇家飞行队及皇家空军部队。

自 1933 年起，派特里克勋爵任皇家大律师，1937 年至 1939 年并担任全国律师公会主席。自 1939 年 5 月起，派特里克勋爵改任苏格兰最高法院法官。

柴扬诺夫将军（苏联法官）

伊凡·密切叶维支·柴扬诺夫（Ivan Micheyevich Zaryanov）1894年11月26日生于维牙特加州斯罗波得斯柯伊区罗金斯卡亚村。从1908年起读了两年书以后，直到1912年，他一直在农村工作。从1912年到1915年，他在斯罗波得斯柯伊区担任土地局司书。

1915年1月，柴扬诺夫被征入伍，在沙皇陆军中当一名士兵。从1918年到1920年，他在维牙特加军区充当军法委员。

1920年2月，柴扬诺夫被派遣前往前线，并被任命为第二十九步兵旅军事法庭庭长。自那时起直至今日，他一直担任着军法官职务。

1927年，柴扬诺夫毕业于在塔什干市的中亚细亚公立大学法科。1930年，他在伏龙芝城开办的军官学校高级班毕业。

1931年，柴扬诺夫进了红色法律教授养成所；1934年毕业。同年，他当选为苏联最高法院成员，并被任命为苏联最高法院军事庭法官。从那时起，他一直是该庭的成员之一。

1941年，他奉派担任前线一个战场的军事法庭庭长；从1942年到1945年，他兼任了红军军法学校校长。

作为一个法官，他参加过1935年及1938年对托洛茨基派和布哈林派的审判。

苏联政府曾颁发给柴扬诺夫下列勋章和奖章：列宁勋章、红旗勋章、红星勋章、红军二十年服务奖章、保卫莫斯科奖章、对德作战胜利奖章。

麦克杜哥（加拿大法官）

爱德华·司徒瓦特·麦克杜哥（Edward Stuart McDougall）1886年9月25日生于加拿大蒙特利尔城，祖先是苏格兰人。他毕业于蒙特利尔中学和麦克基尔大学，并于1907年在该大学获得文学学士学位，1913年获得法学学士学位。

在学业完成之后，麦克杜哥服役于帕特立西雅公主轻步兵团。从1915年5月到1918年11月，他随军转战于法兰西国土，并获得少校军衔。

1928年麦克杜哥被任命为皇家大律师。1942年他被任命为刑事上诉庭普夷士尼法官。在1941年和1943年，他还兼任过劳工纠纷皇室调查委员会委员。

麦克杜哥是《魁北克矿业法》一书的作者。

柏奈尔（法国法官）

亨利·柏奈尔（Henri Bernard）1899年10月8日生于法国阿耳。

他毕业于埃克斯的圣心大学之后，在1917年2月7日便开始自愿参加法国陆军。在三年服役期间，有十八个月他参加了在意大利、松姆、安纳及阿登前线的战斗。

战争结束后，柏奈尔在埃克斯大学攻读法律，并获得法科学位。此后五年，他从事贸易工作。1931年1月1日，柏奈尔开始在殖民行政机关服务。他在1931年结婚，并在大喀尔生了一个儿子。

在他参加殖民行政工作期间，他曾经到过下列各地：多哥、塞内加尔、法属几内亚和中刚果。

第二次世界大战爆发后，柏奈尔应召重服军役，并于 1940 年 8 月 28 日参加戴高乐将军的自由法国的战斗部队。他曾担任在希腊泽维尔的各军事法庭的检察长，旋又随自由法国部队在近东作战。战后，柏奈尔任职于巴黎第一军事法庭，最后担任法国驻奥地利占领军工作。他是离开他在奥地利的工作岗位而奉派到远东国际军事法庭来的。

罗林（荷兰法官）

B. V. A. 罗林（B. V. A. Röling）1906 年 12 月 26 日生于荷兰顿波叙。他是在荷兰尼米根和乌特莱希大学以及德国纽伦堡大学受法律教育的。

1933 年罗林在乌特莱希大学获得法学博士学位，并于同年在该大学担任刑事学讲师。

1941 年罗林被任命为密德尔堡法院法官，1945 年改任乌特莱希法院法官并兼任乌特莱希大学刑法教授。

诺斯克罗夫特（新西兰法官）

艾里玛·哈卫·诺斯克罗夫特（Erima Harvey Northcroft）1884 年 12 月 2 日生于新西兰荷基提卡。他是在荷基提卡中学、威林顿大学和奥克兰大学院（新西兰大学）受教育的。

1907 年诺斯克罗夫特被新西兰最高法院核准为出庭该院的辩护律师；从 1907 年到 1923 年，他在汉密顿执行律师业务；从 1923 年到 1935 年在奥克兰执行律师业务；1935 年，诺斯克罗夫特被任命为新西兰最高法院法官。

1911 年诺斯克罗夫特担任过新西兰炮兵野战军的守土军官。在第一次世界大战期间，他获得中校军衔，并得到政府公报表扬和“卓越服务勋章”。

第一次世界大战后，他曾任炮兵野战军守卫旅司令官，旋改任新西兰陆军军法副总监。他曾被授予“殖民地辅助部队军官奖章”。后来，他被提升为新西兰陆军军法总监，并授予上校军衔。1935 年，他在奉派为最高法院法官之后，便退出现役军职，列入后备军官名单。

第二次世界大战爆发后，诺斯克罗夫特在 1940 年被征重服现役，并被任命为新西兰南部军区炮兵指挥官。1941 年，他被调任为基督教堂立土顿炮台地区的炮台司令官。1942 年 5 月他辞去了现行军职，被列入退休军人名单。

巴尔（印度法官）

拉达宾诺德·巴尔（Radhabinod Pal）1888 年 1 月生于孟加拉省拉第亚区内地的一个小村庄。由于三岁时便丧失了父亲，他幼年的教育完全系依靠慈善施舍；他母亲替人家工作，以维持家庭生活。

不久，巴尔获得了政府助学金，因而在 1907 年他毕业于加尔各答大学，并在数学课程方面获得优异奖。1908 年巴尔在这个大学继续攻读，并获得数学硕士学位。巴尔旋在里本法科大学学习法律，1909 年毕业。

毕业之后，巴尔在印度联合省（阿拉哈巴）总会计事务所担任一名司书，但在 1911 年 6 月他参加律师考试及格之后便辞去了这项职务。

1911 年 7 月巴尔在孟加拉省密棉辛格的午前学院担任数学教师，同时还加入了当地的律师公会作为一名辩护士。他这样担任双重职务一直到 1920 年他获得加尔各答大学的法学硕士学位。1921 年 5 月，他辞去了上述双重职务去参加高等法院作为一个辩护士。

1923 年巴尔被任为加尔各答大学法学院讲师；1924 年并获得该校的法学博士学位。

1937 年巴尔加入国际法协会；同年他被邀出席在海牙举行的比较法国际会议。在那次会议中，他被选为主席团团员，并且担任了法律哲学组的总报告人。

1940 年巴尔被任为加尔各答高等法院法官。1946 年 4 月 27 日，他被派遣前来担任远东国际军事法庭现在的职务。

巴尔法官是下列各书的作者，这些书在印度被公认为是标准著作:《英属印度的时效法》《英属印度的所得税法》《长子继承法》《印度法律哲学》。

哈那尼拉（菲律宾法官）

德尔芬·哈那尼拉（Delfin Jaranilla）1883 年 12 月 14 日生

于伊罗依洛省之阿帕茨镇。在阿帕茨镇立和伊罗依洛省立中学毕业之后，哈那尼拉考取了官费留学，得以赴美深造。他在美国进过圣安娜高级中学、田纳西州州立大学，并于 1907 年在华盛顿特区乔治城大学法科毕业，获得法学学士学位。

回到菲律宾之后，哈那尼拉担任过下列司法职务：法院书记官、翻译官、检察官、第一司法区和第七司法区初级法院的助理法官。

1925 年 9 月 1 日哈那尼拉被任为菲律宾总检察官。在伍德、海顿、史汀生、德维斯、基尔摩和罗斯福任菲律宾总督期内，他始终是担任着这个职务，直到 1932 年美国胡佛总统任命他为菲律宾最高法院法官为止。但是由于该院法官名额那时自 15 名减为 11 名，他实际上并未能到任视事。

在 1940 年哈那尼拉被授予上校军衔之后，便被任为菲律宾军法总监。第二次世界大战爆发后，他于 1941 年 12 月 19 日被召参加美国军队，并随美国远东空军部队驻扎巴丹，直至 1942 年 4 月 11 日巴丹沦陷为止。

1945 年 2 月 27 日菲律宾临时政府重新建立，哈那尼拉被任命为司法部部长。这个职务他一直担任到 1945 年 6 月 6 日他被任命为菲律宾最高法院法官为止。作为一个资历最深的法官，他在该院院长依法应当回避的时候执行代理院长的职务。

从 1926 年起到第二次世界大战爆发，哈那尼拉并在菲律宾大学及马尼拉大学兼任法律教授。

附　　文

东京审判日记四则*

1946年5月3日　星期五

今天是远东国际军事法庭正式开演的第一天，也就是我参加客串的这出富于历史性的戏剧的开锣第一幕。

我回忆起三个月前在重庆接着政府派命的那段故事的经过。因为缺乏司法经验和不愿离开正要复员还乡的家庭，我接着政府派令的次日便上了辞呈，并将派令送外交部转缴行政院。但是不到几天，外交部当局便找了孙院长写信给我关劝，而孙院长本人也竭力怂恿我接受这个使命。记得有一次谈话的时候，他说：这是千载难逢的机会，不但有价值有趣味，而且可以历史留名。试想：半年以前，我们想得到有扬眉吐气的今天吗？去年今日，独山、都匀正在沦陷，连重庆都人心惶惶，那又是何等景象？我说：国家兴

---

* 梅汝璈先生原本有写日记的习惯，“文革”中他的日记大都散失，仅存的一小部分是从1946年3月20日他抵达东京开始，到5月13日法庭开庭后数日为止。全文首次由江西教育出版社出版，后收入上海交通大学出版社出版的《梅汝璈东京审判文稿》和《东京审判亲历记》中。此处所选的是开庭当日及其后某几天的记录，希望能为《远东国际军事法庭》补充开庭之初的一些场景及梅法官的感受和心情。请注意其中的译名为作者初到东京写日记时所用，与后来写书时及当前通用的译名略有区别，例如此处的“卫勃”即《远东国际军事法庭》中的“威勃”，而现在通用的译名是“韦伯”。——整理者注

亡，变幻莫测，这简直是和演戏一样。孙院长说世界本来就是一座舞台，历史也不过是一串戏剧。既是戏剧，你就不妨在这一出里担任一角。

真的，我已经担任一角了，而且我们这出戏马上就要开演了。

法院开庭规定时间是十点半钟，为了避免交通拥挤和恐怕临时召开法官会议，我九点半钟就由饭店乘车到法院去。沿途经过倒看不出什么，不过快到陆军省的附近，行人车辆都比往日多起来了，走近法院门口，警卫比往常森严多了。进了大门，看见在广场上排列了许多车辆，其中一辆紧闭的救护室的大卡车据说就是今天大早装载二十六个战犯来的，他们八点半钟已经从大森（Sugamo）监狱押解到了。（还有两个是从南洋今天上午方才押解到东京。）

我进了法院依然是到自己办公室里。老麦先我而到，他过来谈论了几分钟。十点过了不久，朱公亮将军和我派往陪迎的罗秘书一同到了。谈了几分钟，我请罗秘书方秘书引他到“贵宾席”里去坐下，我自己便穿上法衣到会议厅里和同事们谈天，这时九位同事几乎全到了。还有英国的屋莱特爵士（Lord Wright——他是特意赶到日本来观察的，他也观察过纽伦堡的国际审判。他年纪很大，是当今国际法的权威），他也在场陪我们谈天。

十点半到了，总指挥来报告说那两个从暹罗（Siam）押解板垣征四郎和木村兵太郎的飞机今晨已经到了厚木机场，载这两个犯人的车子正在向东京疾驰，不久即可到法院。

我们听了这个消息很是高兴，决定命总指挥向观众报告延期半小时开庭，免得改日再为那个犯人再要重新“表演”一次。

十一点已经过了十分，他俩还没到，电话过问机场说方才动身二十分钟，至少要一个钟头才得到。我们为免使观众失望起见，决定马上开庭，下午续开时再读起诉书。

法官们入场顺序和座次早已没有问题，今天到院的时候庭长已有书面通知，除庭长领首外，行列和坐席都以美中英苏加法荷纽印菲为顺序。我们鱼贯而行，我是介于美英之间，到了门口，总指挥口喊“静！”（Silence！）我们进门时，他又高喊“全体起立！”（All rise！）我们依次步上审判台，各人站在自己的大高椅后面，全都站齐了方才坐下。我们几个人坐定了之后，总指挥才喊“坐下！”（Be seated！）在场的检察官、职员，以及全体观众才落座。

因为法庭很大，走廊很长，台子又高，法官人数又多，穿着法衣在身上行动又缓，所以这一小小节目便占了近十分钟。这时最紧张，全场电光四射，就同在太阳里的广场上一样，摄影机、照相机不断地扫射。

庭长卫勃爵士开始读他预备好的开幕词，继之以翻译，因为照宪章，这个审判的一切都要用两种文字进行的。

在读庭长开幕词的时候，我仔细用目光扫射了一下法庭的情形。

在法官台的下一层坐的是法院秘书长、干事长、书记官和各法官的秘书。方秘书坐在靠右手的第三个位子。

面对着法官台和秘书座，是检察官席，季南检察长坐中间，中英苏澳加法荷纽印菲各国的陪席检察官依次围着一张长方桌子坐着。检察官席之左右也是两张大长方桌，一张坐的是被告律师，一张坐的是法院记录和翻译人员。发言放大器置于检察官席和被告律师席之间。

在这三张大方桌之后，面对着法官台的便是犯人坐席，是一个比地面高出数尺的长方形的台子。二十六个战犯分为两行都端正地坐在那里。因为电光太强，摄影机骚扰太甚，而且法官们的举动又在万目炯炯的监视之下，我对这一大批犯人并没有个人对照认识的余暇，虽然每个法官座上都摆了一张很清楚的犯人照片，而且这照片是依照他们的座次排列的。我只注意到坐在中央的东条，和肥圆圆脸的土肥原。在东条后面坐的是大川周明，他装有神经病，时时作想骚扰的样子，美国宪兵在他后面制止，有时还要用力把他抱住。他已有书面请求检验他的精神和身体状态。他是二十六名中表演得最滑稽和最引人注意的一个。其余各人都是板着面孔，佯作镇静，尤其是东条，简直一动不动，和石膏塑的人一般。

我虽不暇多事辨认这二十六个家伙，但是他们面对着我的这一群，使我内心发生无限的愤恨，无限的感触。这些人都是侵华老手，毒害了中国几十年，我数百万数千万同胞曾死于他们的手中，所以我的愤恨便是同胞的愤恨。我今天能高居审判台上来惩罚这些元凶巨憝，都是我千百万同胞的血肉换来的，我应该警惕！我应该郑重！

法庭的右方是两层的楼，楼下完全为新闻记者和摄影师所占，盟国的和日本的各分一半，共四五百人。他们是今天工作最忙的一群。楼上是旁听的观众，也是盟国人和日本人各占一半，界限分明。不消说旁听席都是挤得满满的，但是秩序极好，因为没有票的根本不得进来，今天进来的大都有些门路，要算幸运的了。据说旁听票一星期前就定空了。

法庭的左方也是两层楼，但地位较小，大约仅能坐一二百人。这些座位是“贵宾席”。今天贵宾席上坐的都是盟国在东京的一等要人，尤其是美国陆海空军的高级军官。我国只有朱公亮将军一人，由我派的罗秘书招待。他是和第八军军长，麦帅底下的第一红人艾其勃格（Eichelberger）将军并肩而坐，颇引人注目。麦帅自己并没有到场，据说是欢迎到远东来调查粮食恐慌的美前总统胡佛先生去了。

庭长开幕词译毕之后，季南检察长请求介绍各国的陪席检察官。明思兄是最先被介绍的一人，菲律宾的洛贝兹（Lopez）殿后。

其次，法院的记录官和美籍日籍的翻译人员宣誓，由总指挥Van Meter米达监誓。

这些节目完毕，庭长宣布休庭，等下午二时半其他两个犯人到齐，再正式朗诵起诉书。

总指挥大声命令全体观众肃立，我们鱼贯而退。大家到会议室休息片刻，回饭店午餐。

饭后午睡了约一小时，两点半前我赶到法院。开庭的仪式和上午一样，观众依旧是很拥挤。在犯人台上，多坐了两个人——那便是今天上午专机从暹罗解到的板垣征四郎和木村兵太郎。板垣是侵华头目，这名字对我很熟，我得多盯他几眼。

不过今天是开庭的头一天，事事物物都仿佛很新奇，我也顾不得多辨认对面的一群犯人。但是我看见那一群家伙就不免义愤填胸，好像同胞的愤恨都要在我一个人的胸口内发泄似的！好在时间还早，这不过是一个开端，这些元凶巨憝既在法律的掌握之中，他们必定逃不出正义和公道的严厉制裁。

今天下午的节目很简单，只是由总指挥Van Meter米达和代理书记长德尔（Dell）轮流朗诵起诉书而已。每读完“诉因”（count）一个，便要来一次翻译。用两种文字，这是不可避免的麻烦。我希望由美运来的八百副耳机到了之后，这麻烦可以减至最低限度。

花了两小时，才读完22个诉因，庭长宣告休庭，明天九时半再开。在宣布休庭的时候，那装疯的大川着到东条头上打了两下，并声称“我要杀死东条”，引得哄堂大笑。

我们退出后便到会议室，一面喝咖啡，一面讨论大川的问题，结果是通过允许他的申请，把他还押大森监狱，由法院指定两个医生检验他的神经和身体状态，看他是否适宜于到庭受审。

这议案一通过，大家急忙散去。这是辛苦一日的完结！

我因为明天中国飞机返沪，回饭店后赶紧整理信件和包扎送赠婉如的一包东西。

七时半我乘车到代表团，亲自交给李济之兄。话别了约十分钟，我赶了回来吃饭。饭毕已经是九点了。老麦他们邀看电影，人太疲乏未及终场而出。打拳，洗澡，睡时已近十二点了。

今天是机器真正开动的一天，我希望一切从此急转直下，不再延宕。想到这里，我感觉说不出的愉快！

1946年5月4日　星期六

今天是远东国际军事法院开庭的第二天。晨起打开《星条报》和《日本时报》一看，满页都是登载着法院昨天开庭的新闻和各色各样的照片——法官的，战犯的，法警的，最显目的是一张占半页报纸的法院全景摄影，在新闻报道里大川敲了东条两下头是最受描写的一个节目。

今天是九时半开庭，我九时便到了法院，和同事们在会议室谈了半小时的天。

开庭的仪式完全和昨天一样，旁听席仍旧是客满。我们缓步走上审判台，坐定之后，庭长命令书记官长代理继续读起诉书，从第廿三诉因起，每读完一段，便翻译一段，听了不免使人烦腻。

在朗诵的漫长过程中，我今天特别注意辨认各战犯的形容和表情。我把他们的姓名、照片、座位对照来看了几遍。他们的名字和面目都引起我许多回忆和愤恨，尤其是那坐在前排顶右端，面团团的土肥原。他强作镇静，有时蠕动得很厉害，露出不安的形情。东条依然是死板板地像泥塑的一样。荒木这七十岁的老家伙（他尝唱十万竹刀灭俄的谬论，荒谬绝伦！），他的银白色八字胡须长得芜长，绝不似以前照片上的那样整齐。这老家伙眼睛老是睁着，嘴唇蠢动作欲语状，看来很有点倔强的样子。其余的虽然姓名都曾煊赫一时，但是他们此时此地的形容都平凡庸碌得很。怪不得星条报今天描写战犯形态的一段是以“不像当年一个强大帝国的统治者之一群人”。真的，这群家伙今日确实丝毫没有当年的威风和豪气。他们平淡得好像你在东京或上海任何公共汽车里可以碰见的一车搭客一样。最可怜的是那曾在国际间翻云覆雨红极一时的松冈洋右。他在九一八后代表日本退出国联，侮辱中国为地理上的名词；他曾制造三国防共协定，他又手创苏日中立条约，还在莫斯科车站与史大林元帅拥抱过，接吻过。这小子今天面黄肌瘦，形容憔悴，脸上横胡子之外，又是直胡子（英文报说He had a moustache and a beard），其实他的胡须根本就是芜杂一团，未加修整。其次便是南京大屠杀的总凶手松井石根。我的天，这简直是一个驯服得像绵羊似的可怜虫。英文报上说这位当年杀人如麻的大将很像一个失了业或欠薪已久的银行小书记。这话再恰当没有！看见松井大将使我想起《日出》里的那个小职员来。

这一群犯人外表看来实在和中国人没有多大差别。本来，中日同种同文，理应共存共荣。但是这些家伙，以及他们的前辈，偏要高唱民族优越的谬论，来毒害其国民，使他们夜郎自大目中无人，妄想吞灭中国，席卷东亚，乃至于征服世界。这些不度德不量力的家伙陷害日本国家民族于如此空前的浩劫。他们不仅是中国的仇敌，世界的仇敌，而且也是日本人民的仇敌。我们看见他们的尴尬面孔，我内心里一面固且是燃着民族的怒火，另一面却又不免感到同种的悲哀。我希望我这次参加这出历史剧的努力，能有贡献于创造世界各民族真正互尊互谅共存共荣的新原则！

朗诵起诉书到了十点半，庭长宣告休息一刻钟，我们退到会议室，每人吃了一杯咖啡。

十点三刻继续开庭。松冈的律师说松冈身体太坏要求准予退庭。老卫问："有无马上晕倒的危险？"律师答："有！"但是老卫仍未允其所请，说这问题须下次休息时间里由法官会议决定。

在继续朗诵和翻译之际，我除注视犯人之外，同时也在数着多少个诉因是关系中国的。我发现在五十五个诉因（即count）之中，有十二个是完全关系中国的，有三个是与中国有密切关系的。我们的证据资料并不多，将来检察处是否能够充分证实这些诉因？想到这样，我不免有点杞忧。

十一时半起诉书朗诵算是完毕，五十五个诉因都用两种语言念完了。但这只是主文，而主文只占全起诉书三分之一，附录占三分之二。

至此，大家都有点感觉干燥不耐。庭长问被告律师是否同意免去附录的公开朗诵。被告律师请求以十分钟工夫大家磋商后再答复。结果是同意免去。这使大家都松了一口气，否则两种文字念起来恐怕至少非再要六七小时不可。

约十一时半庭长宣布休庭，下星期一九时半再开。

退出法庭后在酒吧间大家谈了一会儿天。我回饭店午膳。因为这两天神经太紧张，身体也有点疲乏，我午睡起来已经四点多了。

乘车兜了半小时的风，呼吸点新鲜空气，顺便到中国联参处看看这几天的中国电讯。胡佛将去中国调查粮食恐慌，马歇尔仍在不懈地调解国共，争取和平，国民大会宣布延期，而国民政府却正式规定了五月五号为还都纪念日。

回饭店休息片刻便接到公亮将军的电话，请我早点到中国菜馆天华楼去吃饭。我七时到达，同桌的除明思、淡如、公亮自己外，还有一位美国运输司令班德上校和他带的两位方由上海抵日的石小姐、祁小姐（医生）。

晚饭吃过了，大家兴致很高，除明思外，大家全体到帝国饭店音乐厅去跳舞。中国小姐到帝国饭店跳舞，这是战后破天荒第一次（战前我不知道），颇引注意。十时日本歌舞班表演西洋歌舞，比上星期进步。日人虽善模仿，但终不免画虎类狗之感。十二时舞散，大家分手。我回房洗澡，睡觉时又是一点多了。昨今两天不能不算新颖而富于刺激的二日。

1946年5月6日　星期一

今日是很紧张的一天。法院九点半钟开庭，观众依然挤满了所有的旁听座，不过“贵宾席”上似乎没有前两次的人多，我国朱将军因为参加胡佛前总统阅兵典礼也没有来列席。

开庭第一件事便是由检察长向庭上介绍新抵东京的印度陪席检察官曼朗先生（Menon）。其次便是被告律师代表清濑一郎博士（Dr. Kiyose，他是东条的律师）唱名一一介绍各犯人所聘的辩护士。这些人看来似很平凡，据说都是东京的第一流律师，其中并有东京帝大法科学长和明治大学的校长在内。

清濑是个日本人中的中等身材，年纪大约六十上下，须发都已灰白，不修边幅，看来好像个老学究的样子。他发言总带笑，表示卑谦和善的形气；声音虽不洪亮，但经今天那个英语很好的青年翻译起来，却句句都很有力，他是今天最出风头的一个。

他要求发言，说他要攻击（challenge）审判台上的法官，同时对远东国际法院的管辖权（jurisdiction）之范围也有异议。

这时法官们和观众都有点紧张了。他从容不迫地提出卫勃爵士不配任庭长和法官的四大理由（并未加充实，只有指摘卫勃爵士曾任澳洲战罪委员会主席，签署过一个关于日军在新几亚暴行的调查报告，这一点是实在的）。这时老卫很感烦闷不耐。季南也到播音机前发了一二次言。但是清濑依然不为所动。

老卫声明这事关系他个人，愿听同事们开会议决，开会时他决意回避，结果容再当庭报告，旋即宣告休庭十五分钟。

我们八个人（老卫不在内）退到会议室，大家神经都很紧张，尤其是清濑似乎说过他对每个法官都有攻击及异议。

讨论时大家都曾发言，很是热烈，但我不能宣布或泄露会议席上任何法官（我自己除外）的意见，因为这是违背誓约的。

我们在紧张的空气下，讨论所得的结果是：根据法院组织宪章第二条，法官们是由盟军最高统帅依照各国政府的推荐而任命的。既然如此，我们法官们自没有任何权力决定我们自己之中任何人之任免或回避。这事决定之后，我们请老卫来出席，把结果通知他。

约二十分钟，法院再开庭，仍由卫勃爵士主持，观众蠕动，交头接耳，似乎在期待什么。

老卫未发言之前，我们公推诺斯克罗夫特先说几句话，报告法官们审议的经过和结果。老诺简短声明之后，法庭照常进行。

今天最重要的节目到了，这便是犯人个别地对起诉书之控诉作"有罪"或"无罪"之声明！

首先被唤起立答复的是荒木贞夫，因为他的名字（Araki）是以A字起头。这个有点桀骜不驯的老家伙很不舒服的样子，口里叽叽咕咕说了好多句。我叫老卫赶快干涉他，老卫说：荒木，我们不要你演说，只要你说"有罪"或"无罪"。荒木仍旧不耐烦的样子，说："我活了七十岁，从未犯过对和平人类之罪，或任何被控的暴行。"

荒木过后，其余的都似流水般地说个"无罪"。有的说时忿忿然，像在操场上发口令一样，尤其那山下奉文的参谋长武藤章。

松冈洋右毕竟洋派一些，虽然他病得像要死的样子，他用并不很好的英语说了一句："Not guilty to all and every count."

东条是被唤的第二十六名。他最引人注意，站立时许多镜头都对着他。他很镇静很响亮地说了一句："对一切的诉因，我声明无罪。"

二十八名犯人（其中大川一人因未到场，暂行从缓）声诉完毕，法庭征求检察官和被告双方关于实际开审听取证据之日期的意见，双方颇有争辩。最后庭长经咨询同人意见之后，正式宣布：五月十三日（下星期一）为辩论并裁定法院管辖权问题之日期；六月三日（即四星期以后）为法院正式、实际开审，听取证据之日期。旋即宣告退庭，下星期一九时半再开。

回到饭店，中央日报驻东京特派员张仁仲先生在候，我们一同午餐，谈论了许多国内时事、日本政潮和今天开审的情形。

张君走后，我午睡了约两小时。起身后打拳，五时余到代表团去看中央社电讯和旧中国报纸。朱将军很高兴，因为中国代表团所反对的鸠山，今天已经被总部禁止不许组阁。一块要到口的肉不得不放弃了。而且这人颇有列为战犯的危险。

因为五月十号是我向立法院告假三月届满之日，我临走时拟了一个续假三月的电报，托公亮交代表团自己的电台发到南京去。

公亮同我到帝国来吃晚饭，饭后到派耳戏园看杂耍和电影，“将官特厢”里仍然只我们两个人。

十一时公亮回代表团去，我洗澡睡觉。

1946 年 5 月 13 日　星期一

今天九点半钟开庭，观众特别踊跃，尤其是日本人多，大概他们以为被告的动议（法院管辖权的问题）有很大的关系吧！孙立人将军来到参观，坐“贵宾席”，我仍旧是派罗秘书招待。淡如和立人的副官曾君亦到场。

最先是由被告律师代表清濑一郎就前天提出的书面申请加以发挥。这位老先生从容不迫，翻来覆去，加上说一段译一段，他一个人已经占了一小时半。说话虽多，但说来说去，并无比书面新颖之处。引经据典，不过仍旧是说明宪章规定处罚发动侵略战争和违反和平及人道之罪是超乎波茨坦宣言（Potsdam Declaration）范围之外，而且不是投降书的条件所许。他认为日本投降是有条件的。他这论点，据我看来，很不坚实。

庭长宣告休息十分钟。法庭复开时，季南开始答辩，他读他准备好的大文章。不到十分钟，老卫便干涉他，问他是否必需用这些修辞学上的大名词（rhetorical phrases）。季南颇怒，盛气答复。他仍继续念下去，引证史大林、罗斯福的名言时，老卫又故意干涉他，说他的演说太富火性（inflammatory）。季南又怒，仍强辩，法庭毕竟让他讲完了，但他已感很失面子了。我一再向老卫示意，不应干涉。我觉得老卫太意气用事了。或许他对季南根本有点不对劲。但这不是报复的场合。

十二时休庭，午后一时半再开。我赶忙回饭店午餐，假寐了十分钟，便又同方秘书到法院去了。

一点半实在不是一个好时间，尤其是对我；但是观众仍是满座。

季南介绍英国陪席检察官卡尔（Carr）就另一方面答辩。卡尔读论文似的把他的答辩书读了一遍，大约费了四五十分钟。材料比较具体充实。季南的是向世界的演说，卡尔的是向法庭提出的辩证。可惜卡氏诵读的技术不甚高明，英国accent口音听了讨厌，至少对我是如此（我这几天内心反英潮浪很高）。

休息十分钟，开始读卡尔答辩书的日译，我把黑眼镜戴上，几乎要打瞌睡了。读完，清濑又来反驳，这老头滔滔不绝但并无新颖之处。老卫除笑他不懂有条件无条件投降之区别之外，并未加以制止或干涉。

及至清濑要引用杜鲁门总统今年正月间的演说时，季南忍不住了，他坚决向庭上抗议。老卫似乎成见太深，竟不问抗议理由安在，而向季南说："刚才你引罗总统的话可以，何以现在引杜总统的话便不可以呢？"季南愈愤，他本是红脸红鼻，至此更红，几乎要发紫了。他愤然说："我引的是波茨坦会议以前的话，可以解释会议时大家对于战犯的了解。杜总统今年正月的演说，与本题有何关系？我不是要区别或歧视说话的是谁。"老卫自己理屈，故意向左问我，又向右问老希，是否应该接受季南的抗议。我坚决主张接受，老希亦然。于是他也只好停止清濑发言。

今天太紧张了，气炉开得又热，我衣裳穿得又多，几乎有点头晕了。好在马上便宣告散庭。

回饭店吃茶点，小睡。到合作社买点东西，预备带回去做赠品。

在法官桌子上同吃饭时，我很露骨地向老麦老罗老白老诺表示对老卫今天的态度不满。

公亮来，大家在立人房里谈天。九时我回房写两封信托立人带去。记日记。

东京审判备忘录一篇*

梅汝璈致韦伯庭长（1946 年 12 月 8 日）（译文）

保密，只供法官阅读

漫议判决书草稿

如果您记得，当本法庭在法官会议上决定驳回辩方攻击法庭管辖权的一切动议，并于次日在公开庭审中宣布这一决定的时候，我正好回到中国去了。不过，如果我没有记错的话，在我回国之前，我向您“登记”了自己的观点，即全力支持完全驳回那些动议。我相信，和我一起去上海的希金斯（Higgins）法官也是这样做的，

---

* 《远东国际军事法庭》里讲述过法官们的工作关系，撰写内部备忘录是法官之间除会议外的一个重要沟通方式。目前查找到的梅汝璈法官备忘录有四篇，原文为英文，中译文发表在《战争审判研究》丛刊第二辑。本篇针对韦伯庭长关于法庭管辖权问题所写的文件（韦伯庭长称之为“判决书”，尽管它只是一份早期草稿），从法理、文风到用语都提出温和却不失尖锐的批评，强调了东京法庭的独立性及其与纽伦堡法庭相媲美的宝贵贡献。庭审结束后由多数派法官撰写的正式《判决书》并没有引用或参考韦伯庭长的这份文件，这或许与梅法官的批评不无关系。——整理者注

因为我清楚地记得，当我们从上海的报纸上读到法庭在一个七分钟庭讯中正式宣布此决定时，我们两人是多么高兴啊。当时我们都感到非常满意，我们两人的信念与我们的大多数（也许是全体）博学的法官兄弟们是一致的。

从那时起，我一直毫不动摇地坚持自己最初的信念。事实上，我的这个信念在阅读了我们博学的兄弟们不时提交的备忘录，特别是在阅读了纽伦堡判决书之后更是进一步加深了。虽然我当时不觉得自己也有必要提交一份备忘录，但我的观点与多数法官们始终是一致的。我从来没有一刻以为《宪章》规定的本法庭管辖权应该受到挑战，也从不相信代表同盟国家的盟军最高统帅在通过《宪章》宣布“侵略战争是犯罪”的时候，他做出的是什么“越权”之举或任何违反已确立之国际法原则的事情。相反，我坚信《宪章》本质完好，它关于各种战争罪行的规定只不过是宣告了业已存在的法律原则，而不是创造新的法律原则。我从来不能同意相反的观点。而且，我相信由《宪章》所创建的本法庭必须完整遵守《宪章》，即遵守《宪章》的每一条款。有人说虽然我们是因《宪章》而成立，但我们仍然可以不顾或违反《宪章》而自行编写法庭的管辖权、界定法庭的权力，我认为这个论点是不合逻辑的。我一如既往地相信，本法庭的管辖权是由《宪章》清楚规定的，既不多也不少。

以上是我关于法庭管辖权问题的立场。既如此，我自然对正在草拟的判决书中为管辖权所作的辩护理由极感兴趣，也不无担忧。

我带着这样的兴趣和担忧，拜读了您在此前 11 月 29 日分发给我们的判决书草稿。

在比较仔细地读过这份草稿后，我希望您允许我对它提出一些初步想法和零散意见。

一、我的第一个感觉是，它太长也太复杂了。它基本上是拼凑起来的，主要由某些知名作者、通行著作和耳熟能详的案件中的冗长引语组成。它看起来更像是一篇学术研究报告或参引资料集成，而不像一个国际法庭的简明扼要且具权威性的判决书。

二、从自然法中引出的论点，在我个人看来言之有理，不过我完全明白，作为一种理论或概念的自然法是大有争议的，并且经历了很多阶段的转变。柏拉图或亚里士多德的自然法当然不同于中世纪神学家或卢梭及其追随者的自然法，而神学家或卢梭的自然法又与20世纪法学家的自然法大相径庭，后者试图恢复那些过时概念的活力并加以充分利用。甚至这些20世纪自然法学家之间也各有不同。假如我们说，像沙尔蒙（Charmont）或萨莱耶（Saleilles）这些法国拥护者的新兴自然法理论与例如施塔姆勒（Stammler）等德国新康德主义者的理论别无二致的话，那一定是十分荒谬的。更有甚者，虽然自然法概念似乎被较早时期的国际法倡导者接受并起到重要作用，但我非常怀疑它到了19世纪是否还被学者们一致承认。我不打算详细讨论这个问题，只需重复前面所说的：自然法理论的确是一个有争议的题目。

尽管有争议，但我感到自然法的根本和基础观念，以及与之相随的“自体罪恶”（mala in se）理论，仍然可以好好利用，作为支持法庭决定的一个论据。然而，用了大约20页、占关于管辖权问题整个判决几乎一半的篇幅去讨论自然法，以我之见是没有道理并且在重要性上不合比例的。我感到，整个讨论应该被压缩到几页之内，或者最好是几个段落之内；那些连篇累牍的引述，不管是古代、中世纪还是现代作者的著作，都可以完全删除或减少到最低程度。更何况，在判决书的短短篇幅中，这种引述绝对不可能包罗万象。我注意到其中明显没有提到东方的哲学家和作者。

三、我反对冗长而广泛的引语，这并非仅限于关于自然法的部分，而是适用于整个判决书草稿。请允许我列举其他几个类别并做一点更详细的说明。

1. 在我看来，对国际法上知名著作和作者的大段引述同样应该避免，否则会给人以卖弄学问的印象。我注意到，草稿中引用的真蒂利（Gentili）、瓦泰勒（Vattel）、格劳秀斯（Grotius）等权威学者的语录，很多都能在国际法的基础著作中找到。人们现在已经熟悉了其中包含的法律原则，而无须重读那些原始引语。

2. 对美国和英国法庭的著名案例，我认为应当尽量不做长篇引述，以免损害本法庭和本审判的国际特征。当然，我知道引用这些案例并非因为它们对本法庭有拘束力，而只是为了说明目前已被普遍接受的某些法律观点。尽管如此，对非英语国家的读者来说，如果不了解介绍那些案例的真正目的，便可能感觉有偏见而得到一个完全错误的印象。而且，像帕克特·哈巴纳（Paquete Habana）案和交易所案（The Exchange）这类案件中包含的国际法原则，如今已经获得几乎是全球性的认可。人们可以直接承认这些原则，而不必逐字逐句引用原始判例，甚至也不必知道这些判例的名称。

3. 更重要的是，我反对引述在世作家的著作，例如凯尔森（Kelsen）、赖特（Wright）、格卢克（Glueck）等，以及当代的期刊文章，例如《加利福尼亚法律评论》《哈佛法律评论》《美国律师协会期刊》等等。我很尊重这些渊博的学者和有名望的期刊，但是不认为这些作品应当在本法庭的判决书中占有一席之地。它们的长远价值仍需经受时间检验，同时我也不相信与本法庭十一位法官相比，这些作者具有更高的权威性。

4. 最后还有重要的一点：我也反对连篇累牍地引用纽伦堡判决书的文字。坦率地讲，我惊讶地看到从 32 页开始，几乎整篇都在复述纽伦堡判决书中的段落。举例如下：

第 32 页："纽伦堡法庭在判决书中谈到巴黎公约时指出：……"（接着是 34 行引文，最后结束于："我们怀着敬意赞同纽伦堡法庭对于法律的论述……"）。

第 34 页："纽伦堡法庭……采纳了美国最高法院在奎林案（Ex Parte Quirin）中的意见，如下……"（接着是 37 行引文）。

第 40 页（上部）："我们也同意纽伦堡的观点，……就此，纽伦堡法庭指出：……"（接着是 26 行引文）。

同页（底部）："关于普通战争罪，我们同意纽伦堡的判决……我们采纳该判决的如下推理：……"（接着是 8 行引文）。

第 42 页（上部）："在此，我们又一次采纳纽伦堡法庭的观点，其表述如下：……"（接着是 8 行引文）。

同页（中部）："关于反人道罪，同样，我们仍然采纳纽伦堡法庭的观点，其表述如下：……"（接着是 9 行引文）。

在长达十多页几乎是连续不断地复述纽伦堡判决书之后，这份判决书草稿突如其来地以短短五行自己的语言结束。

我感觉在这份判决书草稿中，最应该反对的就是这种连续不断的复述，而反对的主要理由并非像有人可能想象的那样，是因为担心它使本法庭看起来"不像样""懒惰"，给外人造成错误印象，以为本法庭是一个不太胜任甚至"管辖权层次较低"的法院。我反对的理由比这个更深，它关乎国际法的发展。

以我之见，东京审判像纽伦堡审判一样，也应该被视为“产生于这次世界大战中的最伟大事件”（借用杜鲁门总统的话说）。两个审判应该被看作是互相独立的，其结果也是分别达成的。当然，很容易想象，两个法庭可能就某些法律原则问题持有相同的观点并得到相同的结论。果真如此的话，那不是更好吗！因为那样的话，那些法律原则就会具有“双重基础”，而这个基础是由全世界有史以来所建立的两个最伟大的军事法庭分别而独立地维护的。因此，我坚信，为国际法发展之目的，为加强有关战争罪行的国际法原则之基础，我们绝不能盲目追随纽伦堡法庭，至少在表面上不应这样做。我认为，我们应当尽量避免逐字逐句复述纽伦堡审判书的内容，而是要尽一切可能用我们自己的语言来表述。

我承认，纽伦堡审判书包含了很好的法律原则和论断，但这些都是通过踏踏实实的法律推理而达成的。它们绝不是纽伦堡的“专利发明”。为什么我们就不能推导出相同的原则、宣布相同的论断，而无须连篇累牍地复述纽伦堡判决书呢？还要补充的是，早在纽伦堡判决书公布之前很久，我们博学的法官兄弟们就在一些备忘录里提出了同样的观点。

必须指出，我并不是说完全不应提及纽伦堡判决书。我认为偶尔参引纽伦堡判决书可能是有益的，而且或许是必要的。但是，一段段、一页页重复而不间断地复述，中间只是不时插入一些短语，例如“我们同意”“我们采纳”“在此，我们又一次同意”“同样，我们仍然采纳”，等等，这是我认为需要坚决反对的。

这部分说的是我反对各种各样长篇大论的引语，无论是来自学者、案例，还是纽伦堡判决书。这个问题就此打住。

四、至于判决书草稿的措辞、语言风格和论述方式，我很难发表什么意见或评论。英语不是我的母语，因而我无资格也无能力提出批评或建议。然而，我的感觉是，如果这份草稿将由本法庭向全世界正式公布，那么此处也像其他地方一样，尚有改进的余地。希望我们博学的美、英法官兄弟在这方面做出宝贵的贡献。

五、最后，我还有两点关于用词的随意评论——不是从语言风格的角度，而是涉及实质内容。

1. 草稿中一再使用“国际公法”（public international law）一词，我想这个“公”字是否可以去掉？因为我相信，当我们谈到“国际法”的时候，我们肯定是指“国际公法”。所谓“国际私法”这个词，如果我没有记错的话，曾被霍兰德（Holland）教授称为“粗鲁的复合词”，它在现实中并不是严格意义上的国际法。在当前的发展阶段，它的性质大体上还是属于国内法。

2.“多数”一词常常用在与本法庭的意见或决定相联系的地方，我考虑是否可以尽量不用它呢？我说不用这个词有几个理由。（1）这个词会误导读者，因为它意味着存在一个人数相当多的少数派，而我们这里不总是这种情况。它给人的印象是法庭肯定是分裂的。（2）按照我们的《宪章》，法庭多数成员就代表本法庭。既然这个多数规则是本法庭的工作条例，那我们在提到法庭的意见或决定时，就应该按常理理解为：这个意见或决定至少是代表了法官中的多数人。因此我们不必一再重复“多数”这个词。（3）不用这个词对少数派的权利也不会造成损害，因为提出异议的权利，可能还包括正式发表反对意见的权利，一向都是存在的。无论如何，这些权利与是否使用“多数”一词并无关系。

上述零散意见是我初步阅读判决书草稿后的一些印象和观察结果。我想到哪儿就写到哪儿，没有太关注逻辑顺序和遣词造句。

但我试图开诚布公，尽量坦率地表达自己的看法，因为我坚信，唯有通过法庭成员之间完全公开而详尽的讨论，法庭才能取得最完满的结果。同时，我也很希望听到其他兄弟们的反应和看法。我知道，在这个如此重要的问题上，没有一位法官会漠然处之、无动于衷的。

最后我想说明，对判决书草稿，我没有把它当作一份学术研究报告或参引资料集成来批评，我这样做仅仅是因为这份草稿将成为本法庭正式判决书的一部分。如此而言，我认为它在很多方面是有缺陷的。依我拙见，这份草稿即便不推倒重写，或许也需要彻底修改及删节，然后方可用作我们向全世界公布的决定。

注：此备忘录仅供庭长您及其他九位"亲爱的兄弟们"参考。

东京审判期间的函电九封*

1948年4月24日

南京外交部王部长钧鉴，接奉廿日来电，得悉行政院关于战犯个别责任问题之意见，自当参照办理。际兹全案结束在望，璈职责所在，自当竭其绵薄，为我国在此次空前国际法律正义斗争之胜利尽其最后之努力，惟目前判决书起草工作尚滞最初步阶段，现正分组进行，先就日本十七年来之侵略经过史实部分着手。全体法官评论会议，迄未举行，至于各被告之个人责任及刑度问题，恐须五月底起始能开始商讨，正式宣判殆六月底或七月初，间外传六星期或八星期宣判之说纯系报界臆测，不足凭信。知注谨闻。远东国际军事法庭法官梅汝璈卯敬（四月廿四日）

---

* 上海交通大学东京审判研究中心在台北查找到梅汝璈法官在东京审判期间与国民政府外交部的16封往来函电，收录在《梅汝璈东京审判文稿》一书中。此处选取了其中九封，都发自公开庭审结束后，即法官们撰写判决书、讨论定罪量刑及最后宣判的阶段，这正好属于《远东国际军事法庭》这部未完成著作没有涵盖的时间段，因而更加珍贵。从这些函电中，当年情势之复杂、斗争之艰辛可见一斑。——整理者注

1948 年 5 月 8 日

南京外交部，六日来电奉悉，立法院方面昨亦有电通知此间，惟拟判决书工作进行甚为迟缓，现仍滞初步阶段，即由各法官分工负责，指导法庭助理人员，根据证据及记录，就日本侵略战争之准备，及对各国实行侵略之经过史实，各部门草拟初稿。（璈所担任指导者为对华侵略部分，初草案业已完成。）俟各部门初稿收尽后，再由小组委员会审查。最后，方提全体法官会议商讨。此项商讨会议，至早殆须本月底始能开始举行。至于被告个人责任刑度问题，目前尚谈不到，须会同"史实"部分，全部草案审议后，始能开始讨论，为时当在六月中旬。综观目前工作实际情形及进行速度，佥料正式宣判至早殆在七月中旬。事虽可憾，然亦无可奈何。既承电召，璈决于日内返国一行。俾得参预立法院成立盛典，并报告请示一切。至于此间公务，事前当有妥善布置，决不至受任何影响。请准念。特此奉复，并希转知孙院长为幸。梅汝璈敬叩　五月八日

1948 年 6 月 1 日

南京外交部，（一）返任后即忙于整理"日本对华全面侵略事实确认之一部分"初稿，上周已提出于多数派法官会议，经审查顺利通过。稿约百五十页，对于日本侵我之目的，及其间是非曲直，均有明确翔实之叙述，及有利于我之论断，私衷颇引为慰。盖据此

不但易于异日厘定各被告侵我整个战局责任，抑且可使后世史家，永无牵强附会或颠倒黑白之余地。（二）十一位同人间，以法律基本主张及对判决书写法意见之歧异，撰拟全判决书之责，已由多数派完全负起。（多数派包括中、美、英、苏、加、纽、菲七人，庭长与吾人见解相差甚微，表示会后仍将参加。法荷两国亦有参加可能，独印度法官巴尔PAL，顽固守旧，个性极强，表示决不合作。渠正忙于撰写其长度将达千页之个人异议书。）刻正分工努力，合作精神甚佳。（三）多数派草案（即异日代表法庭之惟一判决书）业已完成审查者，计有（1）序论（2）对中国东北四省（满洲）侵略及（3）对华全面侵略三大部分。正在草拟未付审查者，尚有（4）日苏关系（5）全面侵略战之准备（6）太平洋战争之发动及扩大（7）日军暴行（即违反战时国际法规及人道之行为。我国此部分，最近证据至为脆弱，起诉书中，我国诉项虽占暴行项目中约半数之行动，但所提证据，则不足道。除南京屠杀外，其他汉口长沙广州衡阳桂林柳州等项下，证据几等于零。将来判决书上，对此数大诉项，如何交代，俾不致对检方及我国面子过分难堪，实为一极困难之问题，但在可能范围内，璈仍当竭力设法掩护之）。（四）大部分俟此七大部门之事实确认全部完成后，同人始能开始讨论及厘定各被告之个人责任，并投票决定其个别刑度。佥信个人责任部分责任较单简，或不致如事实确认部分耗时之多。（五）似此漫长之全部判决书，何时可以草审完毕，殊难预测，但决非短期间所能竣事，则可断言。是故正式宣判，为期殆尚辽远。（六）于此璈上周函郭兆钟兄转陈之事，更有提请严重考虑，并由部方迅电明确指示之必要。事已可憾，但部方若再不闻问，任其拖延，则其所造之形势及影响，必更恶劣。梅汝璈敬叩

1948年6月14日

南京外交部，远东国际法庭自两旬前，由多数派法官会议通过事实确认中第三部分对华侵略之经过，详四三五号电。以后三周以来，迄未举行任何会议。原应提出讨论之第四部分日苏关系，迄今仍滞小组审查中，原因为有若干问题同人以有对策主张不同，未能觅致协议，其中且有由起诉书错误而造成牵涉中苏外蒙之一重大问题，亦为僵持主因之一，容暇详陈。刻正加紧磋商，以期打破僵局。预计三星期内，该部分初稿或可提出，多数派会议通过，继之将为（五）全面侵略战之准备（六）太平洋战争之发动与扩大（七）日军在各地之暴行三大部分，俟此（五）（六）部分之事实确认完全脱稿，始能着手被告个别责任及刑度之讨论，并开始撰拟该部分之判词。须俟全部判词，篇幅殆在一千页以上，经多数派会议完全通过后始能作最后决定，然后交付翻译，定期宣判。似此迂缓进程究须若干时日，无法预测。按自闭庭迄今，已阅两月，而经多数派通过之初稿小部分，不及全案三分之一。纵使今后加强速度，顺利推进，不再陷僵局，恐至少亦尚需三个月之时光。上周检察长季南（惟一检方代表及负责人，辩论终结后早已回国）自美来日候判，嗣悉宣判遥遥无期，久持无益，已于前日起程返美。日来东京各报，多以九月以后宣判为标题而作种种之估计猜测，但同人则有鉴于以往之痛苦经验，对此咸不愿妄作任何预言，惟在私人谈话间，则莫不希望至迟今年九十月之交，确能完结此一空前浩大旷日持久之公案而已。（届时远东国际法庭即将正式撤销，实则不必要人员，早已遣散。目前法庭门可罗雀，景象萧条，每日到公者，仅多数派七位法官，及少数

助理人员而已。)全案拖延如此之久,殊出料外。事虽可憾,然亦无可如何。此非身历其境,殆不易了解,知注特闻。梅汝璈谨叩

1948 年 7 月 23 日

南京外交部第八十号电奉悉,所嘱之事,自当特别注意,并在可能范围内努力推动。惟拟判工作,进行迟缓,其主因实为案情庞大,卷宗浩多,以及十一国同人见解纷歧,常陷僵局,调协折冲,颇费时日。国内一部分人士,揣测美方故意宕延,殊属无稽之谈,与事实完全不符。刻下问题最多及僵持最久之日苏关系一章,已于上周经多数派会议修正通过。同人希望今后进度,稍可加速。惟判决书上部,即事实确认部分,尚余"全面侵略战之准备及实施"、"太平洋战事之发动与扩大"及"日军在各地违反战时国际法规之暴行"三大章,有待完成。至于判决书下部,即被告个别参预犯罪经过,其应负之责任,及应处之刑罚,则尚未着手。但同人认为上部事实经过,既已备极详尽,则下部个人责任,将可提纲挈领,从简描述,需时当可较短。惟综观全局,判决书草案之全部完成,尚非最近期间所能竣事。法官同人,大都归心似矢,尤以久离祖国之数位为甚。但势逼处此,莫可如何。我国人士对于东京裁判,关怀甚切,期待最殷,乃情理之常,璈至了解。但为璈个人影响所及,自当努力,促其加速,并当竭其心思才力,使我国在此国际法律正义斗争中,有所收获,而不致由于旷日持久之结果,反令国人大失所望。时至今日,璈对裁判之注意,尤重于裁判之速度。盖速结束固为吾人所希冀,而胜利则为吾人所必争。璈虽德薄能鲜,但职责所在,自必全力赴之,决不疏怠。

知关注念，特以奉告，余后续陈。梅汝璈敬叩（廿三日）

1948年8月20日

南京外交部王部长赐鉴，最近三周以来，远东国际法庭曾举行法官会议三次，评证拟判工作，均在积极加紧进行中，速度较前略感满意。判决书草案上部（事实确认部分），经多数派会议通过，并已交付翻译印刷者，已有五章，约六百面。正在审查中者，有一章。仍待撰拟者，尚有二章。预计全部约经三四星期即可完毕，继之将为判决书下部（即个人责任及刑事部分）之开始。佥料下部必较上部简单多多（上部事实部分，确极详尽，不啻一部翔实之二十年来远东关系史，或日本对外侵略史，就历史学术言，将为一不朽之贡献，有重大之价值），费时必较上部为少，殆需四星期至六星期。本此预测，判决书全部完成，大约尚需八星期至十星期之久。是故正式宣判，至早当在十月中旬或十月底。外传九月宣判之说，询属臆测，事无可能。知关注念，特以实告。又印度法官巴尔氏以妻病告假归国，大约十月返任，参加宣判。此君思想守旧，个性特强，专致力于其个人之异议书，所谓少数报告，长逾千页，始终不与多数派合作。同人曾决议任何少数意见书，仅收记录，概不宣读。谨附闻。梅汝璈叩

1948年11月10日

南京外交部王部长赐鉴，密。远东国际法庭自四日起开始宣

判。判决书长计千二百页，约二十余万言，对战前日军阀专政与备战，以及逐渐遂行侵略之经过，均有翔实之叙述与明快之论断。日军在各地之暴行，则另列专章（南京屠杀为该章中最特出之一节，占首要地位）。在叙述日本对外侵略事实经过之四百数十页中，"对华侵略"部分，为璈所亲自主稿，提出约二百五十页，占篇幅半数以上。对于十七年来交综复杂之中日关系，论列至详。是非曲直所在，将可大白于天下后世，私衷引为慰快。刻下判决书经庭长朗诵四日，已逾一半，大约十二日午后或十三日午前，即可完毕。（待续）梅汝璈

1948年11月11日

南京外交部，（续前电）继之将为最后节目，即各被告个别罪状及刑罚之宣布。此一节目，系日前由全体法官十一人经长久讨论，热烈争辩后，而以投票表决方式而定。其他部分，均系多数派主持，况经过复杂奇离，非片言可尽，且此际亦未便泄露。惟可告慰者，即侵我最著、国人切齿之元凶巨魁，已在从重发落之列。诸希心照，恕不多赘。又此次判决书，系由多数派中美英苏加纽菲七国法官所起草，璈虽对其中若干小节，不尽赞同，但俱与宏旨无关。为保持多数派之团结，及判决书之力量计，不拟提出个人异见。少数派中，正式提出异见书者，有印度法官，其他各人，刻尚无表示（荷法澳均有可缓）。惟个人异见书，仅由庭长宣布名称，准予登记归档，并不当庭宣读。余容续陈。梅汝璈谨叩

1948年11月16日

南京外交部部长王、次长刘叶，第760号电谅邀尊览。远东国际法庭业已宣判完毕，详情已见报端，兹不多赘。国内舆论，是否满意，非璈所知。然璈凭心自问，确已竭其最大努力，或堪告无罪于国人。至于时论之毁誉褒贬，非所计也。刻下法庭方面，正採逐渐结束办法，正式解散日期，尚未确定（一说为年底，一说为各犯行刑之后）。中国法官办公室方面，璈现正在积极清理，收拾各种文件档案，即办理一切未了事宜，大约本月底或下月初，即可竣事。知注特闻。惟本室工作人员二员，除杨秘书寿林已奉派任代表团临时专门委员，参加B级战犯审判外，罗秘书集谊（原为外交部现任人员，前年调派法庭服务，罗君战前曾任横滨副领事，驻日多年）早经呈准调派代表团侨务处服务。目前法庭结束在即，务恳转饬人事处，迅予明令发表，俾罗君即可前往报到办公，实为公便。梅汝璈谨叩

关于谷寿夫、松井石根和南京大屠杀事件*

一

读了《文史资料选辑》第十二辑所载唯真、宋希濂、王耀武、杜聿明等各位写的那几篇坦率描述南京保卫战内幕混乱和牺牲惨重情况的文章，使我感到无限的愤慨。由于蒋政权的腐化无能，缺乏斗志，以及守土有责者的贪生怕死、颟顸糊涂，致使我数十万军民尽作日寇刀下之鬼。痛定思痛，怎不叫人万分悲愤！

记得当年东京国际军事法庭审讯到南京大屠杀事件阶段的时候，被告日本战犯的辩护律师[①]诡辩说：占领初期，南京的遗尸遍

---

* 此文写于1961年，原载全国政协《文史资料选辑》第二十二辑。参照作者本人的补充和一位读者的评论，我们曾做过少量订正。这是新中国第一篇详细记述南京大屠杀并概要介绍东京审判的文章，在当年引起了很大的反响，在梅汝璈先生去世后出版的多种遗著中也予以收录。文章最后一段中的警示不断被人引用，关于深入研究相关历史的呼吁也终于得以实现。——整理者注

① 远东国际军事法庭的各被告战犯每人都至少有两名辩护律师：一为日本籍，一为美国籍。前一届和现在的日本国会众议院议长清濑一郎（极端反动的自由民主党人）便是被告前首相东条英机的日籍律师。由于法庭系采用所谓"国家律师制"，这些辩护律师在法庭上的权利义务和代表盟国（原告）的检察官是完全平等的（法庭称检察长为"首席检方律师"，称各国陪席及助理检察官均为"检方律师"）。为了开脱被告的罪责和拖延审判的进行，这些被告律师对于盘问、攻击检方提供的证人证件，以及驳辩、非难检方的论证主张等，都是无孔不入、无隙不乘、无所不用其极的。美国律师的气焰尤为嚣张，时常信口雌黄，节外生枝。远东法庭审讯之所以长夜漫漫，拖延了两载半［1946年5月至（转下页）

地全是中国人于撤退时互相火并残杀所致。那时各国法官同仁都认为这完全是胡说八道，是一件绝对不可想象的事情。读了这几篇文章，特别是宋希濂的那一篇，我们便知道他们的胡说确也有一部分（当然是极小的一部分）是符合事实的。当时南京既拥有一千艘以上的大小船只，倘使守土有责者能作一些有计划、有秩序的撤退安排，至少那十几万武装部队绝大部分是可以安全渡江的，何至于半数（三分之二）以上会死于互相火并、践踏和被日军当作水鸭或兔子打死？当然，我这样说丝毫也不意味着会减轻日军在南京任意屠杀我数十万无辜同胞的滔天罪恶。

南京大屠杀，正如宋希濂所说，“实为现代战史上破天荒之残暴记录”。它的残暴程度比起我国历史上著名的“扬州十日”“嘉定三屠”有过之无不及。但是，宋说：“据后来远东国际法庭对敌酋谷寿夫判决书调查证明：我军民被敌射杀火焚活埋者十九万人，此外零星屠杀的尸体经收埋者十五万余具，总计我惨死同胞三十多万人。”这却与事实不尽相符，有更正之必要。

诚然，说我南京同胞被日军杀害的人数在三十万以上，这是可以从远东国际法庭判决中推论出来的，但这并不是从远东国际法庭对谷寿夫的判决中推论出来的，远东国际法庭根本没有审判过谷寿夫，因为谷寿夫并不是列名“甲级战犯”而是列名“乙级战犯”。按照国际惯例，只有“甲级”战犯是由国际法庭审判，“乙级”“丙级”一般都是由直接受害国的国内法庭审判的（有时是由两个或两个以上的直接受害国所组织的混合法庭共同审判的，但

（接上页）1948年11月］之久，原因固多（如案情庞大、问题复杂、被告众多、语言翻译困难等），而被告律师们的“宕延战略”实亦重要原因之一。但自法庭毅然决然地开除了两名最捣乱的美国律师（肯宁汉和施密士）以后，情况便开始好转，审讯的进行因而也就比较顺利。

这种情形并不很多）。

谷寿夫是在1946年夏天从日本引渡到中国来判处的，记得那时南京国防部由于受到群众的强大压力，曾经请求东京盟军总部把谷寿夫押解到中国来受审。那时我到东京才两三个月；有一天，总部法务处处长卡本德忽然到帝国饭店我房间里来看我，问我对这个问题有什么个人意见，并且说明他担心的是中国法庭能否给谷寿夫一个“公平审判”，至少作出一个“公平审判”的样子。我当然是叫他尽管放心，并竭力怂恿他立即答应中国的要求。我说：“根据一般国际法原则和远东委员会处理日本战犯的决议，对于乙、丙级战犯，如经直接受害国（即暴行实施地国）要求，盟军总部是不能拒绝引渡的。”在这次谈话过了不久，听说谷寿夫便被押解到了中国，他是次年（1947年）三月间被判处死刑的。据卡本德后来同我几次谈话中透露，中国方面还如法炮制地向总部请求引渡过其他几个著名的乙级战犯，其中我能记忆姓名的似有酒井隆、柴山六郎、矶谷廉介，可能还有落合甚九郎（记不清楚）。这些人都是欠下中国人民大笔血债、被中国人民恨之入骨的日酋，他们的地位虽不太高，但是他们对中国人民所犯下的暴行是罄竹难书的。[1]

① 卡本德几次同我谈到中国要求引渡战犯的问题都是在1946年下半年；1947年开春以后，他就完全没有同我提起过这种事情，虽然我们时常见面。我在日本三年多一直是住在帝国饭店，总部的许多高级干部也都住在那里，而且那家饭店又是盟国人士的交际中心，因此在这三年中我同卡本德在饭店里经常不断地有碰头的机会。但是，从1947年起，他就故意避免同我谈论任何有关战犯的问题，因为美国政府这时已逐渐显露出了庇护日本战犯的倾向。同时，仰赖美国鼻息的蒋介石政权又正忙于内战，对引渡日本战犯自然无暇也不敢向总部再有什么要求。非但如此，在上海解放的前夕（1949年1月26日），蒋政府竟把穷凶极恶的“三光政策”的创造人冈村宁次都宣告无罪释放了，并且在释放后不到几天工夫便把他连同已经判决了的在中国狱中服刑的其他二百六十名日本战犯，一齐恭而敬之地用一艘美国专轮送到日本去了。据说此事也是卡本德出的主意，是通过麦克阿瑟向蒋介石直接提出的。蒋当然是惟命是从。记得该轮抵达横滨的那天［1949年2月初，那时我还在日本；法庭工作虽然早已结束，但是为了抗拒蒋政府要我就任政务委员兼（转下页）

二

南京大屠杀无疑地是第二次世界大战日军暴行中最突出的一件，它的残酷程度在整个第二次世界大战中或许仅次于纳粹德军在奥斯威辛对犹太人的大屠杀。[①] 但是奥斯威辛的大屠杀和南京的大屠杀在性质上和方法上都是不尽相同的。首先，奥斯威辛的屠杀是根据纳粹的种族仇视政策和希特勒政府的直接命令有计划、有系统的屠杀，并且是用一种方法（毒气）进行的；而南京大屠杀则系在长官的放任纵容下由日本兽军不分青红皂白、随心所欲地胡干乱干的。其次，在奥斯威辛那个遗臭万年的“杀人工厂”里，它是把所有的屠杀对象分批地、集体地送入毒气室用烈性毒气在几分或几秒钟内杀死的；而南京大屠杀则除了集体屠杀之外，大都是由日本兽军个别地或成群地随时实行的，在屠杀之前大都先加以侮辱、虐待、抢劫、殴打、玩弄或奸淫。德军的屠杀大都是单纯的屠杀，而日军的屠杀则是同强奸、抢劫、放火及其他暴行互相结合的，其屠杀的方法是五花八门、无奇不有的，狂虐残暴的程度是世界历史上所罕见的。这种屠杀的高潮在 1937 年 12 月 13 日兽军攻占南京后昼夜不停地持续了六个星期之久（见远东国际法庭判决书）。

（接上页）司法部长的任命，因而滞留东京半载有余］，卡本德竟然洋洋得意地向报界发表谈话，说：“为了这些日本人的安全，这个举动是适当的、必要的。因为，倘使这些人一旦落到中共部队的手中，他们被残杀的危险是很大的。”

① 关于奥斯威辛集中营的大屠杀以及纳粹德军在第二次世界大战中的其他种种暴行，请参阅鲁塞尔勋爵著的《卍字旗下的灾祸》（又名《纳粹战争罪行录》，中文译本是北京世界知识社出版的）。这本书在描述和分析方面都很全面、很科学，获得国际出版界很高的评价。遗憾的是，我们对于日寇的累累暴行连这样一本书，或者任何一本书，都没有出版过。这不能不引起我国出版工作者、历史工作者以及法律工作者的严重注意。

谷寿夫所率领的第六师团是最早攻陷南京城的日本部队，它是由中华门进城的。直到12月21日开拔去攻打芜湖为止，这个师团一直驻扎在中华门一带（包括雨花台在内）。这一时期是日军在南京暴行的最高峰（那时除匿庇于所谓“国际安全区”者外，日军几乎见到中国男子便杀；见到中国女子便奸，奸后再杀；见到房屋店铺便烧；见到金钱财物便抢）；而中华门一带又是日军杀人最多、暴行最烈的地区。因此，谷寿夫对南京大屠杀负有严重责任，他是死有余辜的。

同谷寿夫第六师团合攻南京城的还有中岛第十六师团、牛岛第十八师团、末松第一一四师团，共四个师团。这四个师团在占领初期都驻扎在南京，都曾野兽般地参加了那些无法无天的暴行。至于中岛、牛岛和末松三人的下落如何，是在战争后期战死了？还是在日本投降后自杀了？抑或是被其他盟国引渡去判处了？我不清楚（他们都不是“甲级战犯”，因而没有一个是在远东国际法庭受审的）。

※　※　※　※

统率这四个师团攻占南京城的是恶名昭彰的松井石根大将。[①]他是当时日本华中派遣军总司令官，也是攻打南京的最高统帅。对南京大屠杀事件，他无疑地负有直接的最高的责任。

松井石根，由于他的地位高、罪责大，故被列名于日本“甲级

① 自日俄战争以后，日本军制中便没有“元帅”之称号，是故“大将”便一直是军阶中最高的一级。直到1933年，日本政府加封继本庄繁之后任关东军司令官并兼任驻伪满洲国全权大使，又指挥关东军侵占了热河全省的武藤信义为男爵，同时把武藤的军阶由“大将”升为“元帅”，这就正式恢复了“元帅”的军阶。第二次世界大战期间，为了鼓励士气，奖励冒险，日本政府先后擢升寺内寿一、杉山元、畑俊六等人为陆军元帅，永野修身、山本五十六（此二人是偷袭珍珠港的主谋）等人为海军元帅。

战犯"之中。他是在远东国际军事法庭受审的二十八名日本首要战犯之一。这二十八名战犯都是法西斯日本的元凶巨魁，其中四人（东条、广田、平沼、小矶）曾任日本首相，其余的亦多曾任陆相、海相、外相，或重要战区的最高指挥官。这些战犯大都属于大臣、大将一级，是长期骑在日本人民头上的人物。他们对于日本侵略国策的制定和侵略战争的遂行是负有重大责任的。[①]

① 远东国际法庭1946年5月3日开始审讯的日本首要的二十八名甲级战犯是：荒木贞夫、土肥原贤二、桥本欣五郎、畑俊六、平沼骐一郎、广田弘毅、星野直树、板垣征四郎、贺屋兴宣、木户幸一、木村兵太郎、小矶国昭、松井石根、松冈洋右、南次郎、武藤章、永野修身、冈敬纯、大川周明、大岛浩、佐藤贤了、重光葵、岛田繁太郎、白鸟敏夫、铃木贞一、东乡茂德、东条英机、梅津美治郎。在漫长的审讯过程中，松冈洋右（前外相）和永野修身（前海相）病死狱中；大川周明得了神经病，亦中止审判。因此，在1948年11月宣判时仅有被告二十五名，其中判处绞死刑者为七人（东条、广田、松井、土肥原、板垣、武藤、木村）；判处有期徒刑者为二人（东乡，二十年；重光，七年）；其余十六人均为无期徒刑（日人称为"终身禁锢"）。按：列名日本"甲级战犯"者共有约七十名，均经逮捕羁押，准备交远东国际法庭审判，当时盟军总部的国际检察处（远东国际法庭的起诉机关）以案情过分庞大复杂，而一案审讯的被告亦不宜太多（那时欧洲纽伦堡国际法庭审讯的纳粹德国首要战犯仅二十二名），于是遂决定分为两批或三批向法庭起诉，由法庭作为两案或三案审理。第一案的这二十八名被告都是二十年来在日本政治上、军事上和外交上负首要责任的元凶巨魁。至于其余的那些金融实业界巨头、大财阀、大军火商（如岸信介、久原房之助、鲇川义介等），以及在政治、军事、外交上地位虽稍低但恶名昭著的那些寇酋（如西尾寿造、安藤纪三郎、儿玉誉士夫、青木一男、谷正之、天羽英二等），则拟留待将来第二案或第三案中起诉受审。但是，由于第一案的审理进程旷日持久，又由于美国的有意包庇，麦克阿瑟以盟军最高统帅的身份指示国际检察处（一个完全由美国人操纵的机关）以"罪证不足，免予起诉"为借口而把这余下的约四十名甲级战犯分为两批全部擅自释放了。第一批释放是在1947年秋天，共二十三名（臭名远扬的上一届日本首相岸信介，以及曾经两度来华访问过的久原房之助，都是这一批释放的）。第二批释放是在1948年年底，共十九名（参加日本国会议员访华代表团访问过中国的须磨弥吉郎是这一批释放的）。因此，到了远东法庭对第一案二十五名被告战犯的判决执行之后，日本所有的"甲级战犯"已经全部被释放得一干二净，再也没有人提起第二案、第三案的问题了。远东国际法庭既已无事可做，只有无形中归于消灭。那时各法官亦都归心似箭，纷纷离日返国（在十一位同人中，我系惟一的例外；由于前面说过的某种政治原因，我一直在日本逗留到1949年6月上旬）。奇怪的是：在远东委员会的决议或盟军总部的文告中，始终找不到任何明文规定法庭解散的日期或其结束的程序。远东国际法庭的无形消灭是美方擅释战犯的专横行为所造成的实际结果。

远东国际法庭经过两年半的审讯(开庭共八百一十八次,审讯记录达四万八千多页),是在1948年11月4日上午开始举行宣判庭的。那个一千二百一十八页的在篇幅长度上打破世界纪录的判决书便宣读了七天之久。宣布各被告的个别刑罚是在11月12日下午(最后一庭)举行的。对松井石根,远东国际法庭判处的是绞死刑。①

三

由于南京大屠杀是第二次世界大战中非常突出的事件,而被告松井石根对此事件又负有最高的直接责任,因此远东国际法庭对于这事件的审理是特别严肃认真的。据我的记忆所及,我们花了差不多三个星期的工夫专事听取来自中国、亲历目睹此事件的中外证人(人数在十名以上)的口头证言及检察和被告律师双方的对质辩难,接受了一百件以上的书面证词和有关文件,并鞫讯了松井。

由法庭的审讯中,我们可以看出日寇在南京的暴行确实是"现

① 松井石根在两年多的受审过程中一直装出一副懊丧、忏悔的可怜相。在最后一庭,宣布对他判处绞死刑时,他吓得面无人色,魂不附体,两足瘫软,不能自支,后由两名壮健宪兵用力挟持,始得拖步走出法庭。他的绞刑是和其他六名绞刑犯于1948年12月23日黎明执行的。在走上绞架的时候,他们都高呼了三声"天皇万岁!""大本营万岁!"这些元凶巨憝们的死硬顽固,有如此者!他们的尸体在火焚成灰之后,是用军舰在海上撒布的,任其随风飘去,使无踪迹可寻。据说这是第二次世界大战后对待被处死的国际战犯的一般办法,对被纽伦堡国际法庭处死的德国战犯也是照此办理的,其目的是为了避免复仇主义者抓到一点遗骸或骨灰之类的东西便大事铺张,给战犯们隆重安葬,立墓立碑,把他们扮成"殉国烈士"或"民族英雄"的模样。但是,同盟国的这种目的并不能完全达到。近日,日本的某些人花费了一千五百万日元在名古屋市为被处死的七名大战犯竖立了一块庞大的纪念碑,以"表扬"他们的"功绩"。主持这件事的,就是当年担任东条英机的辩护律师、现在担任日本国会众议院议长的自由民主党要人清濑一郎。

代战史上破天荒之残暴记录”。比起德军在奥斯威辛单纯用毒气的屠杀，日军的杀人方法是残酷绝伦、多种多样的，真可谓光怪陆离，无奇不有。

现在就将我所能记忆的、给我印象最深而使我永世难忘的一些暴行实例，以及远东法庭在审讯和判决中所确认的一些事实和论断，作一番最简单的挂一漏万的回忆和叙述。语云：“前事不忘，后事之师。”我相信，这样的回忆和叙述不是毫无意义的。

※　※　※　※

远东国际法庭判决书上说：“1937 年 12 月 13 日早晨，当日军进入市内时，完全没有遭遇到抵抗。”“日本兵完全像一群被放纵的野蛮人似地来污辱这个城市。”“南京市像被捕获的饵食似地落到了日本人的手中；该市不像是由有组织的战斗部队所占领的；战胜的日军捕捉他们的饵食，犯下了不胜计数的暴行。”“日军单独地或二三成群地在全市游荡，任意实行杀人、强奸、抢劫和放火，当时任何纪律也没有。许多日军喝得酩酊大醉，在街上漫步，对一点也未开罪他们的中国男女和小孩毫无理由地和不分皂白地予以屠杀，终至在大街小巷都遍地横陈被杀害者的尸体。”“中国人像兔子似的被猎取着，只要看见那个人一动就被枪杀。”“由于这种不分青红皂白的屠杀，在日方占领南京的最初两三天的工夫，至少有一万二千名非战斗员的中国男女和儿童被杀害了。”

法庭的语言是慎重的，估计是保守的。以上这些认定都是根据法庭认为确凿可靠的证言而写入判决书中的。然而，仅仅从以上的几句话里已经可以看出日军是怎样穷凶极恶、无法无天，以及我数十万呻吟于敌寇铁蹄下的南京无辜同胞的命运是何等悲惨！判决书上的这寥寥数语不啻是一幅活生生的“人间地狱写真图”。

四

日军除了个别地或小规模地对我南京居民随时随地任意杀戮之外，还对我同胞，特别是解除了武装的军警人员以及他们认为是可能参加过抗日活动和适合兵役年龄的我青壮年同胞，进行过若干次大规模的“集体屠杀”，而这些次的屠杀又是以最残酷、最卑鄙的方法实施的。例如，在 12 月 15 日（即占领的第三天），我已放下武器的军警人员三千余名，被集体解赴汉中门外用机枪密集扫射，均饮弹殒命，其负伤未死者亦与死者尸体同样遭受焚化。又如，在同月 16 日（即占领第四天），麕集于华侨招待所的男女难民五千多人，亦被日军集体押往中山码头，双手反绑，排列成行，用机枪射杀后，弃尸江中，使随波逐流，借图灭迹。这五千多人当中，仅白增荣、梁廷芳二人于中弹负伤后泅至对岸，得免于死，其中梁廷芳曾被邀出席远东国际法庭作证。他那令人毛骨悚然的证言犹历历如绘地深印在我的脑海之中。

日军在南京最大规模的集体屠杀，恐怕是在下关草鞋峡进行的那一次。那次屠杀是在 12 月 18 日（即占领的第六天）夜间举行的。当时日军将我从南京城内逃出而被拘囚于幕府山的男女老幼共五万七千四百一十八人，除少数已被日军饿死或打死者外，全部都以铅丝捆扎，驱集到下关草鞋峡，用机枪密集扫射，使饮弹毙命；其倒卧血泊中尚能呻吟挣扎者均遭乱刀砍戳；事后并将所有尸骸浇以煤油焚化，目的也是为了灭迹。

远东国际军事法庭曾经邀请过一个名叫伍长德的中国人出庭作证。伍长德是在大屠杀中身上被日军浇上了煤油而未被焚烧致死的惟一的一个幸存者，他那使人惊心动魄的证言同样在我的记忆里留下了不可磨灭的印象。梁廷芳和伍长德的证言得到了法庭的重视和很高的作证评价。

以上几次集体屠杀，虽然死者的尸体被投诸江中或焚为乌有，日寇自以为无罪迹可寻，但是在大量的证据面前，这些暴行已经是铁案如山、不容抵赖的了——在汉中门外、中山码头和下关草鞋峡，我国共有六万五千多无辜同胞被日军杀害，仅白增荣、梁廷芳、伍长德三人得以幸免。

在抗日战争胜利后，南京还发现了好几处“万人坑”“千人冢”，其中在灵谷寺旁的一处且有敌伪时期南京督办高逆冠吾为三千余无主孤魂所立的一块碑文。这些坑冢无疑地是日寇搞集体屠杀的罪证，可能是他们使用另一种方法（活埋）的有力证据。由法医们后来对从这些坑冢里挖掘的数千具尸骸的检验、鉴定报告可以推定：集体活埋确也是日军使用过的集体屠杀方法之一，而且使用过不止一次。

※　※　※　※

由上所述，可见日军对我南京同胞的集体屠杀是极端残酷野蛮的，而其方法又是多种多样的。他们对我南京居民的任意的、个别的或小规模的杀害同样地是用极端残酷野蛮的多种多样的方法实行的。花样之多，死事之惨，是世界历史上所罕见的。

除了随时随地、随心所欲地任意枪杀之外，日军对我无辜同胞还用尽了其他种种的杀人方法，例如：砍头、劈脑、切腹、挖心、水溺、火烧、割生殖器、砍去四肢、刺穿阴户或肛门等；举凡一个杀人狂患者所能想象得出的最残酷的杀人方法，他们几乎都施用了，而且在南京沦陷后持续六个星期之久的时间里，每天都要对我无辜同胞施用成千上万次，这确实是骇人听闻、史乏前例的残暴记录。

但是最残暴、最令人发指的还是日军为取乐而举行的“杀人比赛”。在这里，我只指出一桩“杀人比赛”中最突出的事例。这件事是在资格最老、声誉卓著的英文《日本广宣报》（*Japan Advertizer*）上登载并大事宣传过的。[①] 事情是这样的：

在南京被日军占领之后，有两个日军军官，在全城杀人如麻的空气中，忽然别出心裁地决定要进行一次“杀人比赛”的游戏，看谁用最短的时间能杀死最多的中国人。杀的方法是用刀劈，就像劈柴或我国南方儿童玩的“劈甘蔗”游戏一样。同意了比赛条件之后，这两个野兽便各自提着极其锋利的钢刀，分头走向大街小巷，遇到中国人不论男女老幼便是当头一刀，砍成两半。

在他们每个砍杀的人数都达到了一百的时候，他们便相约登上紫金山的高峰，面朝东方，举行了对日本天皇的“遥拜礼”和“报告式”，并为他们的“宝刀”庆功、祝捷。

在这以后，其中一名又添杀了五个中国人，另一名却添杀了六个。于是，后者便以接连杀了一百零六个中国人而被宣布为这场“杀人比赛游戏”的“胜利者”。

这种灭绝人性的滔天罪行，经《日本广宣报》披露之后，日本政府、日本大本营和日军司令长官非但不加谴责、制裁，反而认为它是“耀扬国威”“膺惩支那”的“光荣”举动。

是可忍，孰不可忍！对于日本帝国主义分子欠下我们的这样一些累累血债，我们怎能不告诫我们的子孙后代，永志勿忘，并经常保持警惕！

① 提姆伯莱（Timperley）著：《日军在华暴行纪实》（英文原著，无中文译本）。

五

日军在南京的滔天罪行，除了任意屠杀我国同胞之外，便是随时随地强奸我国妇女。其次数之多，情状之惨，也是打破世界纪录的。因此，在喧腾一时的世界舆论中，它时而被称为“南京屠杀事件”，时而被称为“南京强奸事件”。其实，对日军来说，强奸和杀人是分不开的，因为他们在强奸之后通常是把被奸的妇女（甚至连同她们的家属子女）一齐杀掉的。[①]

远东国际法庭的判决书上说：“强奸事件很多。不管是被害人或者是为了保护她的亲属，只要稍微有一点抗拒，经常便遭到杀害……在这类强奸中，还有许多变态的和淫虐狂的事例。许多妇女在强奸后被杀，还将她们的躯体加以斩断。”

法庭接受了无数的关于这类强奸及奸后杀戮的证据。例如，幼女丁小姑娘，经日军十三名轮奸后，因不胜狂虐，厉声呼救，当即被割去小腹致死。市民姚加隆携眷避难于斩龙桥，其妻被日军奸

① 奸后必杀几乎成了日军的一条行为规律。在国际检察处向远东法庭提出的无数证件里，其中有一件是日本军部发给战区司令长官的秘密命令，要他们禁止士兵们归国后谈论他们在中国的暴行。命令说：“兵士们把他们对中国士兵和平民的残酷行为谈出来是不对的。”其中引用了一般常谈的故事如下：某中队长关于强奸之事给过士兵们这样的指示：“为了避免引起太多的问题，或者是给以金钱，或者系事后将她们杀掉。”在贪吝成性、嗜财如命的日军，所谓“给以金钱”只是空话，“将她们杀掉”，才是指示的真意所在。命令中又说：“如果将参加过战争的军人一一加以调查，大概全都是杀人、抢劫、强奸的犯人。”“在战斗期间最喜欢的事情是抢劫，甚至有人因为长官见了也装作没有看见似的，所以竟尽情抢劫。”“在某某地方抓到了一家四口，把女儿当娼妓似地玩弄，因为父母要讨回女儿，所以把他们杀掉了。留下来的女儿一直在不断地被蹂躏着，到出发时又把她给杀了。”“在大约半年的战斗中，所能想象得起来的就是强奸和抢劫一类的事情。”“在战地中我军的抢劫是超出想象之外的。”……这是日本军部对日军暴行的“不打自招”。这个命令是禁止归国士兵谈论这些事情，它并不否认这些事情的客观存在。对于这样一个列为“最机密”的内部文件，远东国际法庭非常重视，给了它以很高的作证评价。

杀后，八岁幼儿及三岁幼女因在旁哀泣，均被用枪尖挑其肛门，投入火中，活活烧死。年近古稀的老妇谢善真在东岳庙中被日军奸后用刀刺杀，并以竹竿插穿其阴户，以资取乐。民妇陶汤氏在遭日军轮奸后，又被剖腹断肢，逐块投入火中焚烧。这类不胜枚举的残酷无匹的奸杀暴行，在南京被占领后差不多两个月的时光内（迟至 1938 年 2 月初旬，情况才开始好转），每天几乎都要发生几百件，乃至于上千件。

因此，远东国际法庭的认定是："在占领后的第一个月中，在南京市内发生了二万左右的强奸事件"；"全城内无论是幼年的少女或老年的妇人，多数都被奸污了"。

法庭的这个认定和数字估计完全是根据曾经向法庭提出过的那些确凿证据而慎重地作出的，绝对没有夸大的可能。其实，当时的实际情况还要比这坏得多。

六

有人说：日本军人笃信佛教，敬佛畏神，只要藏匿在庙庵中便能逃避灾祸。但是事实证明了这完全是无稽之谈。非但南京庙庵遭日军火焚者比比皆是，即和尚尼姑被杀、被奸以及奸后被杀者亦为数甚多，其命运的悲惨程度并不下于一般市民。例如，著名的和尚隆敬、隆慧，尼姑真行、灯高、灯元等都是在日军进城的第一天在庙庵中被杀掉的。此外，日军还常以杀辱僧人取乐，其方法是：日军于强奸或轮奸少女后，遇有过路的或能抓到的僧人，必令其续与行奸，有敢抗拒者，便被处宫刑（割去生殖器）而致死。

由此可见，所谓日本军人“敬佛畏神”之说纯系虚构；佛庙庵观实无丝毫安全之可言。

※　　※　　※　　※

非但佛庙庵观毫无安全之可言，即避难于国际难民收容委员会所设置之所谓“国际安全区”的我国同胞亦不能逃脱敌寇之魔爪。“安全区”事实上并不“安全”。

记得远东国际法庭审讯南京大屠杀事件时，曾传唤过几位当时实际负责安全区工作的人员出庭作证。据我的记忆，他们在宣誓后作了如下的证言，并提出了许多文件档案去支持这些证言。证言的要点如下：

在南京沦陷初期，日军曾一再闯入国际安全区，对该区所收容的难民普遍地进行了“甄别”和“鉴定”。凡是他们认为有抗日嫌疑的、当过兵的以及适合兵役年龄的我青壮年男同胞（极大多数是工人、学生、店员）都被逮捕，成批地捆绑去供集体屠杀，尸体被投入江中或予以火焚，以及被活埋于“万人坑”“千人冢”内。

在“安全区”存在的整个时期内（约两个月，至1938年2月初始办理结束），日军当局曾多次搜索该区难民，并迫令提供大量少女去“慰安所”（即妓院）“服务”，供日军蹂躏。

由此可见，所谓国际安全区，其所能保护者亦仅是一般老弱妇孺而已。[①] 就是这种人所得到的保护也不是绝对的，因为日军经常

① 在宋希濂的文章里说：七十二军军长孙元良的行为最为卑鄙可耻。他在“十二日下午五时到长官部开会出来后，就没有回部队，脱去军服，换上便服，跑到一家妓院拜鸨母做干娘，迁到难民区（即所谓‘国际安全区’）躲藏了一个多月，后以日军疏散难民，才混了出来”。在我看来，这不能不算是“奇迹”。因为，照负责安全区工作的人员在远东法庭作证时的说法，日寇对安全区所收容的难民曾一再进行过“甄别”和“鉴定”；凡稍有丈夫气概或适合兵役年龄的男子都被认为“有抗日嫌疑”而遭到逮捕，送去集体屠杀。孙元良之能苟全性命必定是由于他善于化装，装得像一个垂死的病夫、老者或残废人。否则，他是不可能逃脱日寇的魔掌而“创造”这样的“奇迹”的。

单独地或三三两两地于夜深人静时越围而入，或则不择老幼，摸索强奸；或则盗窃财物，囊满方去。

“安全区”既无铜墙铁壁，又无武装警卫，在那里服务的国际人士面对暴虐的日军亦只有低声下气、苦口婆心地去规劝排解或讨价还价，以期减少牺牲而已。[①]

在这里，我记得最清楚的是一位出庭作证的老年西洋牧师，他也曾是“安全区”的主要负责人之一。他说：在某一夜间，一个日本兵竟“光顾”他的住宅达三次之多，目的之一是想强奸匿避在他家中的小女学生，其次便是想窃盗一点财物。每次经他高声嚷斥之后，这个日本兵便抱头鼠窜而逃，但每次都要偷点值钱的东西走。为了满足他的贪财欲望，最后一次，这位老牧师索性故意让他在衣服口袋里扒去他仅有的六十元纸币。在得到了这份意外之财以后，这个日本兵便怀着满意和感激的心情，一溜烟似地从后门逃走了。

由此可见，号称纪律严明、天下无匹的“大日本皇军”，非但杀人、放火、奸淫、抢劫，无所不为，而且竟堕落到做小偷、扒手的地步！

① 据出席远东法庭作证的曾在国际安全区工作过的西方人士说，他们除了对日军进行规劝、排解和讨价还价之外，便是通过新闻记者向世界舆论宣传日军的暴行；同时，将这种种暴行作成“备忘录”，通过外交途径向日军当局每天提出两次抗议。但是日军当局从未理睬，亦不置复，依然任其部下肆虐如故。法庭曾讯问松井：看到过这些“备忘录”没有？松井答称：看到过。讯问他采取过什么行动？松井答称：我出过一张整饬军纪的布告，贴在某寺庙门口。问：你认为在浩大的南京城内，到处杀人如麻，每天成千成万的中国男女被屠杀、被强奸，你的这样一张布告会有什么效力吗？松井哑然，无言以对。继又供称：我还派了宪兵维持秩序。问：多少名宪兵？松井答：记不清，大约几十名。问：你认为在好几万日军到处疯狂地杀人、放火、强奸、抢劫的情况下，这样少数的宪兵能起制止作用吗？松井于沉思后低声答称：我想能够。于此，法庭遂传讯另一证人，这个证人根据亲历目睹的事实，证明全城总共只有宪兵十七名，而这十七名所谓“宪兵”非但不制止任何暴行，而且他们自己也参加了暴行，特别是抢劫财物或者从强盗士兵们手中来一次“再抢劫”。在这个证人面前，松井窘态毕露，无地自容；而法官们和旁听群众却弄清楚了最高统帅松井大将在南京所采取的“整饬军纪”的措施原来就是这么一回事！

远东国际法庭在审讯南京大屠杀事件的约二十天中，空气一直是严肃、沉重的，惟有在老牧师讲完这个故事之后，法官同人和旁听席中的大量群众（每庭旁听的日本人都在一千人以上）都不禁失笑，而被告席上的那些大战犯们（特别是松井石根）却面露难堪之色。

所谓“国际安全区”，甚至国际人士自己的住宅，其情况尚且是如此，那么整个南京城内其他大街小巷，中国人的生命财产被日本军队糟踏、侵害到什么地步，便更可想而知了。[1]

七

远东国际法庭在审理南京大屠杀事件时还接受了一个极端重要的作证文件。它是纳粹德国驻南京大使馆打给德国外交部的一个秘密电报。这个电报是德国投降后盟军搜查德国外交部机密档

① 本文主要是披露日军对我南京同胞所实施的形形色色、无奇不有的屠杀和强奸。这些行为是对我国人民生命的直接损害。至于由于日军放火、抢劫而造成的财产损害，本文不拟过多涉及。但这绝不意味着日军放火、抢劫之类的暴行不如其杀人、强奸的暴行严重、普遍。在这里，我只想引用远东国际法庭判决书上带有总结性的一段话：“日本兵向老百姓抢劫他们所想要的任何东西。据目睹者说：日本兵在街上唤住手无寸铁的平民，搜查他们的身体，如果搜不出任何值钱的东西，就将其枪杀。无数的住宅和商店被侵入和被抢劫。被抢劫的物资用卡车运走。在日本兵抢劫了店铺和仓库之后，经常是放一把火把它烧掉。最重要的商店栉比的太平路被火烧掉了，并且市内的商业区一块一块地、一个接着一个地被烧掉了。日本兵竟毫无一点理由地就把平民的住宅烧掉。这类的放火在数天以后，就像按照预定的计划似地继续了六个星期之久，因此，全城约三分之一都被烧毁了。”法庭的这一段概括性的描述完全是根据无数确凿可靠的证据而作出的，绝对没有任何夸大之可能。记得有一个证人还这样说过：就在松井大将骑着大马，在前呼后拥中耀武扬威地举行“入城式”和“慰灵祭”的那天，南京城内不但尸陈遍地、臭气熏天，而且还有十四个火头正在熊熊地燃烧着。但是这个侵略军统帅却视若无睹、无动于衷，没有采取过任何有效的行动加以制止，致令这种情况持续达六个星期之久！

案库时所发现的。法官同仁都非常重视这个电报，给了它很高的作证评价，因为它是来自法西斯阵营内部，是与日本同盟的兄弟国家所提供的。电报在概括地描述了日军在南京杀人如麻以及强奸、放火、抢劫的普遍情况之后，其最终结语是：

“犯罪的不是这个日本人，或者那个日本人，而是整个的日本皇军……它是一副正在开动的野兽机器。”

由于这副“野兽机器”在其操纵者即长官的纵容下高速度地和全马力地开动达六个星期之久，我南京同胞被残杀的数目无疑地是惊人巨大的！这是不言而喻的。但是这个数目究竟是多大？则缺乏精确的统计与核算，而各方的说法亦不甚一致。

远东国际法庭的判决书上写道：“在日军占领后最初六个星期内，南京及其附近被屠杀的平民和俘虏，总数达二十万人以上。这种估计并不夸张，这由掩埋队及其他团体所埋尸体达十五万五千人的事实就可以证明了。”（精确说来，由红卍字会掩埋的是四万三千零七十一人，由崇善堂收埋的是十一万二千二百六十六人，这些数字是由这两个团体的负责人各自根据该团体当时的记录和档案向远东法庭郑重提出的。）

远东国际法庭这个估计无疑地又是慎重的、保守的。但是，注意到日军灭迹伎俩的狡黠和多样化，法庭判决书中遂又郑重声明：“这个数字还没有将被日军所烧毁了的尸体，以及投入到长江或以其他方法处分的人们计算在内。”这一点是十分重要的。在我们前面所举三个事例之中，便有六万五千多具尸体被消灭了（计在汉中门外被枪毙的被俘军警三千余人的尸体均被焚化，在中山码头被射杀的难民五千余人的尸体均被投入江中，在下关草鞋峡被密集扫射杀死的平民五万七千四百余人的尸体亦均被焚化）。其他无迹可寻，或发现稍迟、来不及向法庭提出证据的，亦必不在少数。说这一类被害者必在十万人以上，是非常保守的。中国方面常说被灭迹的牺牲者达十九万人，也绝非故意夸大（在对谷寿夫案的判决书中便有这样的认定）。

此外，还须注意的是：远东国际法庭认定被杀者为"二十万人以上"，不但未包括尸体被日军消灭了的大量被害者在内，而且这个数字仅仅是"在日军占领后六个星期内"的被杀者的数字。这六个星期虽是日军的杀人高潮，但是在这六个星期以后，他们的杀人勾当并没有完全停止，只是大规模的、不分青红皂白的屠杀减少了，而个别的、零星的或小规模的屠杀却仍在经常地进行着，这一类的被屠杀者的数字并没有被包括在远东法庭所认定的那个数字之内。

※ ※ ※ ※

把以上所举的种种因素考虑在内，我们可以很肯定地估计：在日军占领时期，我南京无辜同胞被杀害的人数必定是在三十万至四十万之间，即三十五万人左右。这个估计绝非主观臆测，而是符合客观实际的，虽然谁也没有过也不可能有绝对精确的计算。同时，可以说，我们的这个估计同远东国际法庭的估计是丝毫没有矛盾或抵触之处的。

对这约三十五万冤魂，日本政府负有严重的责任。因为假使不是他们有意地默许和放任的话，在事件持续这样长久的一个时期里，它随时都可以被制止。从根本上讲，假使不是他们发动侵略战争的话，这类大屠杀和其他的一些暴行都不可能发生。因此，法庭认定：侵略是人类最大的罪行，是一切战争罪行的总和与根源。这个认定是完全正确的。

但是，南京大屠杀事件的最高的直接责任者还是敌酋松井石根，他是当时日本华中派遣军总司令官，又是攻占南京的最高统帅。只要他不故意纵容部下，南京大屠杀事件便不可能发生，即使发生，其规模亦必小得多得多，时间亦必短得多得多。因此，正如远东国际法庭所认定的，松井石根应该是南京大屠杀案的主犯和祸首。

对这样一个灭绝人性、不负责任的寇酋，远东国际法庭判处其绞死刑是完全符合正义要求之举。对中国人说来，也是一件差强人意的事情。当然，我们绝不能因为松井一人被判处了绞刑而忘却这桩中国历史上所罕见的浩劫。相反，我们以及我们的子孙后代都应该牢牢地记住日本侵略军的这桩滔天罪行，并从中吸取深刻的教训。

我不是复仇主义者。我无意于把日本帝国主义者欠下我们的血债写在日本人民的账上。但是，我相信，忘记过去的苦难可能招致未来的灾祸。我觉得，为了充实历史和教育人民，我国的历史工作者对于像轰动全世界的南京大屠杀一类的事件以及外寇在我国的其他残酷暴行，似乎还应该多做些调查研究和编写宣传的工作。[①] 政协文史研究委员会在这方面似乎也能够有所作为，至少可以把人们亲历目睹的敌寇暴行列为所收集的资料的选题之一。

---

① 据今年6月17日共同社东京电讯报道：日本最近已经出版了一部《原子弹灾害白皮书》。全书五十万字，洋洋大观。它是集合政治、经济、社会、物理、医学各方面的专家，经过相当长期的调查研究而后编写成功的。这本书对美军在广岛和长崎投掷两颗原子弹的暴行从各方面做了最全面的描述和最科学的分析，并且精确地肯定了一直未能肯定的两地遭到杀害的人数（计广岛二十万、长崎十二万、共三十二万）。日本学术界的这种调研精神是值得称道的，这部书的教育意义将是深远的。遗憾的是，像南京大屠杀这样骇人听闻、轰动全球、被杀人数比广岛和长崎的总和还多的暴行，我们只是在西洋人提姆伯莱的《日军在华暴行纪实》和施迈士的《南京战祸写真》（此二书均无中文译本）里看到了一些零星片断的、不完备、不全面的记载，我们自己则从未出版过这方面内容的书籍，根本没有像日本《原子弹灾害白皮书》或鲁塞尔勋爵《卐字旗下的灾祸》（《纳粹战争罪行录》）那样全面的、科学的、有综合、有分析的专著。在大兴调查研究之风的今天，我国学术界和出版界对于这个缺陷似不应不亟谋补救，亦不应以此类调研有困难、无急需或不愉快为理由而淡然置之。

梅汝璈著述要目*

范忠信　梅小璈集录

一、早年习作

1. “辟文风”，载《清华周刊》1922 年 10 月 7 日。

2. “清华学生之新觉悟”，载《清华周刊》1923 年 9 月 20 日。

3. “欢迎梁任公先生”，载《清华周刊》1923 年 10 月 5 日。

4. “改组董事会亟应讨论之问题：亟应讨论之问题为何”，载《清华周刊》1923 年 10 月 26 日。

5. “辟妄说”，载《清华周刊》1923 年 11 月 23 日。

6. “清华毕业同学与董事会改组”，载《清华周刊》1923 年 12 月 14 日。

7. “十年来之清华周刊：总论”，载《清华周刊》1924 年 3 月 1 日。

8. “清华周刊之新使命”，载《清华周刊》1924 年 3 月 1 日。

---

* 从这份很不完整的著述目录中，可以看出梅汝璈先生作为著名法学家的杰出贡献，尤其是在英美法、西方法学、宪法、刑法、国际法等方面。感谢“二十世纪中华法学文丛”编委会，特别是以范忠信教授为首的团队为收集编纂这些著述所做的艰巨而大量的工作。我们今次只做了少许更新。——整理者注

9. “寒假生活漫谈”，载《清华周刊》1924年3月7日。

10. “学生政治之危机及吾人今后应取之态度”，载《清华周刊》1924年4月4日。

11. “斯丹福大学之种种情形”，载《清华周刊》1925年5月1日。

二、学术论文

1. “盎格鲁-撒克逊法制之研究”，载《国立武汉大学社会科学季刊》第2卷第2期，1931年；又载《梅汝璈法学文集》，中国政法大学出版社2007年版。

2. “英国民事诉讼之新程序”，载《国立武汉大学社会科学季刊》第4卷第1期，1933年；又载《梅汝璈法学文集》，中国政法大学出版社2007年版。

3. “现代法学之趋势”（上、下），载《新时代》半月刊第2卷第3、4期合刊，1931年；又连载《法律评论》第9卷第19、20期，1932年；又载《新月》月刊第4卷第2期，1932年；又载《梅汝璈法学文集》，中国政法大学出版社2007年版。

4. “票据法之国际统一运动”，载《国立武汉大学社会科学季刊》第2卷第3期，1931年；又载《梅汝璈法学文集》，中国政法大学出版社2007年版。

5. “陪审制”，载《国立武汉大学社会科学季刊》第2卷第4期，1931年；又载《梅汝璈法学文集》，中国政法大学出版社2007年版，题为“陪审制的意义和特征”。

6. “关于‘五五宪草’的几个观察”，载《时事类编》第 53 期，1940 年；又载《梅汝璈法学文集》，中国政法大学出版社 2007 年版。

7. “拿破仑法典及其影响”，载《国立武汉大学社会科学季刊》第 3 卷第 3 期，1931 年；又载吴经熊、华懋生编《法学文选》，上海会文堂新记书局 1935 年版；又载《梅汝璈法学文集》，中国政法大学出版社 2007 年版。

8. “宪法初稿中‘宪法保障编’之批评”，载《时事月报》第 9 卷第 2 期，1933 年；又载《梅汝璈法学文集》，中国政法大学出版社 2007 年版。

9. “宪法草案初稿修正案评议”，载俞仲久、吴经熊编《宪法文选》，上海会文堂新记书局 1936 年版；又载《梅汝璈法学文集》，中国政法大学出版社 2007 年版。

10. “宪法初稿之总则与附则”，载《时事月报》第 10 卷第 4 期，1934 年；又载《梅汝璈法学文集》，中国政法大学出版社 2007 年版。

11. “China and the Rule of Law”，载美国《太平洋月刊》（*The Pacific Affairs*）1931 年 10 月号；又载《国立武汉大学社会科学季刊》第 3 卷第 1 期，1932 年，题为“中国旧制下之法治”；又载天津《国闻周报》1932 年 11 月 7 日，题为“中国与法治”；又连载《东方文化》第 2 卷第 1 期和第 2、3 期合刊，题为“礼治与法治”；又载吴经熊、华懋生编《法学文选》，上海会文堂新记书局 1935 年版；又载《梅汝璈法学文集》，中国政法大学出版社 2007 年版。

12. “关于英美法课程的教本与参考书之商榷——介绍几本浅

近的法律参考书”，载《图书评论》第1卷第4期，1932年；又载《梅汝璈法学文集》，中国政法大学出版社2007年版。

13.“苏俄革命法院之历史及组织”，载《国立武汉大学社会科学季刊》第3卷第4期，1932年；又载《梅汝璈法学文集》，中国政法大学出版社2007年版。

14.“破产法草案各问题之检讨”，载《国立武汉大学社会科学季刊》第5卷第4期，1934年；又载《梅汝璈法学文集》，中国政法大学出版社2007年版。

15.“新破产法草案之特征与理论”，载《中华法学杂志》第6卷第1期，1935年；又载《梅汝璈法学文集》，中国政法大学出版社2007年版。

16.“谈谈新破产法草案”，载《半月评论》第1卷第9期，1935年；又载《梅汝璈法学文集》，中国政法大学出版社2007年版。

17.“中国破产法草案之我见”，连载《法令周刊》第252、253期，1935年；又载《梅汝璈法学文集》，中国政法大学出版社2007年版。

18.“对于刑法修正案初稿之意见”，载《中华法学杂志》第4卷第9、10期合刊，1934年；又载《梅汝璈法学文集》，中国政法大学出版社2007年版。

19.“刑法修正案中八大要点评述”，载《法令周刊》第235期，1935年；又载《梅汝璈法学文集》，中国政法大学出版社2007年版。

20.“评刑法修正案初稿”，载《时代公论》二周年纪念号，1935年。

21.“训政与约法”，载《政治月刊》第2卷第4期，1935年。

22.“国际法与侵略战争”，载《新建设》第3卷第1期，1950年；又载《梅汝璈法学文集》，中国政法大学出版社2007年版。

23.“制定侵略定义的斗争——一个历史的回顾”，载《政法研究》1956年2月号；又载《梅汝璈法学文集》，中国政法大学出版社2007年版。

24.“提高国际法学工作者的警惕——答林欣先生论国际法中的世界主义思想”，载《政法研究》1956年2月号；又载《梅汝璈法学文集》，中国政法大学出版社2007年版。

25.“战争罪行的新概念——总结第二次世界大战后关于战争罪行的国际法原则的一些主要变化和发展”，载《学术月刊》1957年7月号；又载《梅汝璈法学文集》，中国政法大学出版社2007年版。

26.“远东国际军事法庭审理南京大屠杀事件之经过”，载全国政协文史资料委员会编《中华文史资料文库》第5卷，中国文史出版社1996年版。

27.“关于谷寿夫、松井石根和南京大屠杀事件”，载全国政协文史资料委员会编《文史资料选辑》第22辑，中华书局1962年版；又载梅汝璈著《远东国际军事法庭》，法律出版社1988年初版、2005年再版；又载《梅汝璈法学文集》，中国政法大学出版社2007年版；又载《梅汝璈东京审判文稿》，上海交通大学出版社2013年版。

28.“关于‘南京大屠杀事件’的几点补正”，载全国政协文史资料委员会编《文史资料选辑》第34辑，中华书局1963年版。

29. “远东国际军事法庭”，载《梅汝璈东京审判文稿》，上海交通大学出版社2013年版；又载《东京审判亲历记》，上海交通大学出版社2016年版。

三、图书评介

1. 评介《行政法》，载《国立武汉大学社会科学季刊》第2卷第2期，1931年。

2. 评介《奥士丁之主权及法律学说》，载《国立武汉大学社会科学季刊》第3卷第2期，1932年。

3. 评介《普通法之简史》，载《国立武汉大学社会科学季刊》第3卷第4期，1932年。

4. 评介《自然法理念的复兴》，载《国立武汉大学社会科学季刊》第4卷第1期，1933年。

5. 评介《英国法律年鉴1931》，载《国立武汉大学社会科学季刊》第4卷第2期，1933年。

6. 评介《英国法律及其背景》，载《国立武汉大学社会科学季刊》第4卷第3期，1933年。

7. 评介《世界法院1921～1934》，载《外交评论》第4卷第3期，1935年。

8. 评介《法律在国际社会中的功用》，载《外交评论》第6卷第5期，1936年。

9. 评介《法律与社会科学》，载《中山文化教育馆季刊》第3卷第3期，秋季号，1936年。

10. 评介《中华民国外交史》，载《出版界》第1卷第8、9期合刊，正中书局专号，1944年。

四、时政评论及其他

1. “国联、意大利及将来”，载《时事类编》第4卷第1期，1936年。

2. “西北殖边的可能性”，载《时事类编》第4卷第1期，1936年。

3. “国联处理意阿争执之经过”，载《时事类编》第4卷第2期，1936年。

4. “德国政治势力之扩充”，载《时事类编》第4卷第6期，1936年。

5. “一九三六年新海军协定”，载《时事类编》第4卷第17期，1936年。

6. “告日本人民书”，载日本《朝日新闻》1948年12月2日。

7. “东京审判日记”，载《梅汝璈东京审判文稿》，上海交通大学出版社2013年版；又载《东京审判亲历记》，上海交通大学出版社2016年版。

8. “东京审判期间的部分函电”，载《梅汝璈东京审判文稿》，上海交通大学出版社2013年版。

9. “梅汝璈法官东京审判期间的备忘录四篇”，载《战争审判研究》第二辑，2023年9月。

五、单行著作

1.《远东国际军事法庭》,法律出版社 1988 年初版,2005 年再版。

2.《梅汝璈法学文集》,中国政法大学出版社 2007 年版。

3.《东京大审判:远东国际军事法庭中国法官梅汝璈日记》,江西教育出版社 2005 年版。

4.《梅汝璈东京审判文稿》,上海交通大学出版社 2013 年版。

5.《东京审判亲历记》,上海交通大学出版社 2016 年版。

6.《现代法学》,新月书店 1932 年版。

7.《最近法律学》(出版机构、时间不详)

8.《法律哲学概论》(出版机构、时间不详)

9.《中国战时立法》(英文专著),约 1939 年在美国出版。

10.《中国人民走向宪治》(英文专著),约 1946 年在美国出版。

纪念我们的父亲*

梅小侃　梅小璈

梅汝璈先生的著作得以重新出版，确实值得庆幸。它无疑将促进对东京审判的深入研究，帮助读者了解一段重要的历史，同时也表达着我们对敬爱的父亲——梅汝璈法官的恒久怀念。

一

先父梅汝璈，字亚轩，1904 年 11 月 7 日出生在江西省南昌市朱姑桥梅村。与湖广江浙相比，江西新风迟开。然而，我们的祖父，一位头脑清醒、识见高超的开明士绅，毅然将长子——即父亲——送进了彼时彼地尚不多见且不受推崇的新式学校——江西省模范小学。1916 年，父亲 12 岁，在祖父的坚决支持下考取了设在北京的清华学校。

父亲远离家乡，毫无背景，当时连官话（普通话）都讲不好。对他而言，求学清华遇到的困难着实不小。半军事化的作息制度

---

* 本文为笔者 2013 年为上海交通大学出版社出版的《梅汝璈东京审判文稿》所撰“代前言”。

必须严格遵守，西式体育锻炼必须积极参加，任何一门功课都不能马虎，否则便有留级甚至被开除的危险。不少外籍教师用英语授课，多数同学都具备一定的英语基础，而父亲听不懂英语，几乎无法听课。怎么办？他决心从头学起，迎头赶上。

那时，每当晨曦初露，清华园内的荷花池畔，在“水木清华”匾额下，便会出现两个少年的身影。他们口中念念有词，时而一问一答，时而各自吟诵，由生涩而流利，由简单而复杂。这便是父亲和我们的叔祖——只比父亲大 4 岁、同期从江西老家考入清华学校的梅旸春——在一起补习英语。叔侄二人起早贪黑，英语水平迅速提高。扫除了语言障碍，其他课程的学习得到了促进。八年之中，梅氏叔侄以优异的学业成绩，令老师和同学刮目相看。梅旸春后来成为著名的工程师，主持过南京长江大桥等重要桥梁的设计和施工。

升入高年级以后，父亲视野日益开阔，兴趣逐渐广泛。他担任过清华校刊的主编，还与施滉、冀朝鼎、徐永煐等同学一起组织过名叫“超桃”的进步团体。施滉、冀朝鼎、徐永煐均为中国共产党早期党员。施滉英年遇难，冀朝鼎、徐永煐长期从事革命工作，在 20 世纪 50 ～ 60 年代曾担任重要领导职务。

1924 年，父亲赴美国留学。他先后就读于斯坦福大学和芝加哥大学，于 1928 年底获得芝加哥大学法学博士学位。身居海外，他始终关注着祖国的命运。为响应国民革命军“打倒北洋军阀”的北伐行动，他与先后赴美的施滉、冀朝鼎、徐永煐等同学发起成立“中山主义研究会”，在留学生乃至更大范围中积极宣传革命主张。

1929 年，在欧洲游历伦敦、巴黎、柏林、莫斯科之后，他回到了阔别将近五年的父母之邦。

二

从学成归国到“二战”结束后出任国际法庭法官，大约十六年间，父亲先后任教于山西大学、南开大学、武汉大学，讲授民法概论、刑法概论、英美法、国际法、政治学等课程，还在复旦大学、中央政治学校以及司法部法官训练所兼职授课。从 1934 年起，他成为国民政府立法院委员，参与若干立法工作，并曾代理立法院外交委员会委员长。他还兼任中山文化教育馆副主任和《时事类编》（半月刊）主编，撰写、翻译、编辑了大量法学、外交和国际政治方面的文章。

父亲这一时期的著述，内容涉及英美法、大陆法、中西法学思想、中国宪法和刑法等领域，多数发表在专业刊物和各大学学报上，如《盎格鲁-撒克逊法制之研究》《拿破仑法典及其影响》《苏俄革命法院之历史及组织》《现代法学的历史、派别与趋势》《中国旧制下之法治》《宪法初稿中“宪法保障编”之批评》《对于刑法修正案初稿之意见》，等等。视野开阔，论题宽广，道器并重，成果丰硕，是其学术研究的特点。正是长期的教学、调研、阅读和写作，奠定了他在法学理论和法律实务两方面的坚实基础，客观上为日后执法东京做了充分准备。

基于法律学者的眼光，父亲明确指出，国民党“一党专政”的政治体制，“党权是高于一切，政府只须本乎党义做事，对党负责，无须与人民缔约，对人民负责。换句话说，就是党对人民只有权利，没有义务”（《训政与约法》）。针对法律被当成权势者的工具、法治精神无法光大的现实，父亲尖锐地发问：“现在摧残人民

自由和剥削人民权利的，是真正的法律，抑或是法律以外的‘官力’‘武力’和‘暴力’？”（《宪法草案初稿修正案评议》）

另外，可能是根据教学实践中的观察，父亲对当时的法律教育持激烈的批评态度。法学、法律本来是严肃的，“然在中国则法律变成一种最浅薄而最无聊的货物”，越来越多的所谓法律教学实际上是“鬼混”，主办混学费，学员混文凭，导致“社会上总把法律当作一种‘混饭吃’或‘打把戏’的工具技能，而不把它当作一种学术或科学看待。中国法治之所以不能昌明，法律事业之所以被人蔑视，原因虽多，而法律教育之腐败，实为其中主要者之一”（《关于英美法课程的教本与参考书之商榷》）。

以上所举，管窥而已，虽不能彰父亲法学观点之万一，但在今天也许仍具启发意义。[①]

彼时的中国，山河破碎，民生多艰。父亲本为一介书生，想到年事渐高的父母和诸多亲友正为躲避日本侵略者的追击颠沛流离，想到中国军民正在前线浴血奋战，想到敌占区同胞正在侵略者的铁蹄下痛苦挣扎，又看到某些政府官员大发国难财，“前方吃紧，后方紧吃”，他的心情就像山城重庆上空的浓雾一般阴郁、灰暗。与此同时，马寅初先生对战时经济的精辟分析，《新华日报》《大公报》发表的一篇篇闪烁着真知灼见的评论文章，都给他留下了深刻印象。尽管现实世界的状况极其严峻，然而，作为中国法学家，父亲心中公平正义的理想绝不会泯灭，所需要的，只是时机。

① 引文均见《梅汝璈法学文集》，中国政法大学出版社 2007 年版。

三

中国人民和全世界爱好和平的人民一起，经过惨烈抗争，付出了高昂的代价，终于赢得了反法西斯战争的胜利。战争结束以后，国际社会在德国纽伦堡和日本东京设立军事法庭，德、日两国的重要战争责任者分别在这两个法庭上受到审判。1946 年 2 月，盟军最高统帅部根据各同盟国政府的提名，任命了远东国际军事法庭（“东京法庭”）的九名法官（后增加到十一名）。经有关人士推荐，父亲受命代表中国，坐上了庄严的审判席。

从 1946 年 3 月到 1948 年底，父亲在近三年东京法庭法官任期内的业绩和生活，被宣传较多者，盖有“同胞赠剑”“座次折冲”“力主死刑”“临海明誓”等“桥段”。在父亲所撰《远东国际军事法庭》（未完成稿）第二章中，他较为详细地介绍了开庭前发生的法官座次之争，并揭示了这场争执对维护国家利益和民族尊严的意义。至于量刑问题上的激烈争辩，从东京审判期间父亲发回国内的部分函电中可见端倪（“经长久讨论，热烈争辩……况经过复杂奇离，非片言可尽，且此际亦未便泄露”云云）。十分可惜的是，由于“文革”，父亲未能完成《远东国际军事法庭》一书的写作，后人已无法详细知晓当时法官们宣誓保密的量刑讨论情况。

父亲在此期间所写的日记，能找到的只有从他起程奔赴东京到开庭后数日的近五十则。他一向有写日记的习惯。在这近五十天的日记后面，他写了一行字——“（1946 年 5 月）14 日起见另册”。“另册”经“文革”已杳无踪影。仅从上述篇幅不大的日记中，我们也可以部分地感受到他当时的心境。他受过系统的法学训练，明了英美法系中法官和检察官的严格分工，熟悉无罪推定、控辩平等、法官中立、有利被告等诉讼原则。看到向哲濬检察官为收集证据、草拟起诉书昼夜奔忙，他不但不能施以援手，还得注意避嫌，向别人解释法官和检察官之间的工作关系，这让他感慨不已。

实际上，东京法庭既是法律场合，又是政治、外交场合，不能将它等同于普通法庭。各国利益诉求不同，世界格局发生变化，都不可能不影响东京法庭的审判。同时，这里也存在着类似“实体正义”与“程序正义”那样的纠葛。无论是“法官倾向”问题，还是“死刑存废”问题，教科书阐述的一般原则和学术讨论中出现的某些观点，不宜作为评判情况特殊的东京审判之标准。

对日本社会的观察与思考，对祖国命运的担忧与祝福，是父亲在东京法庭从事审判工作的同时从未停止过的。他敏锐地看到，战后日本经济的状况并不像他们宣传的那样糟糕，他们有可能在“装穷装苦”。就精神面貌和健康水平而言，日本民众比中国民众强。他在日记中写道：“我真奇怪为什么麦帅总部还天天替日人叫粮食恐慌，为他们无微不至地打算，这样的战败国也可算是‘天之骄子’式的战败国了。比起我们多劫多难的战胜国，我们真不能不自叹弗如！”（1946 年 5 月 2 日）“然而宽大之外，我们应该警惕！……我最关切的是他（麦克阿瑟）统治日本的政策是否有损于我祖国的利益或妨碍我祖国的发展——这个问题今天一直盘旋着在我脑筋里。”（1946 年 4 月 12 日）

尽管父亲受的是西方教育，中国知识分子传统的家国情怀在他心中仍然根深蒂固。“处身外国的人，对自己国家不争气最感痛苦。”（1946 年 4 月 9 日）“‘止谤莫如自修’，中国还得争气才行。”

（1946 年 4 月 26 日）“各国派来的都是有经验有地位的老法官，我得兢兢业业郑重将事，决不马马虎虎。”（1946 年 4 月 10 日）“我今天能高居审判台上来惩罚这些元凶巨憝，都是我千百万同胞的血肉换来的，我应该警惕！我应该郑重！”（1946 年 5 月 3 日）纵览父亲日记，可以发现，“争气”和“郑重”是反复出现的词语。父亲在 1948 年 4 月 24 日致时任外交部长的电报中说：“璈职责所在，自当竭其绵薄，为我国在此次空前国际法律正义斗争中之胜利尽其最后之努力。”使命感和大局观跃然纸上。不难看出，东京审判之所以能够取得差强人意的成果，与父亲的努力密不可分。

四

东京法庭工作告一段落，正值中国政权更迭。父亲拒任“政务委员兼司法部长”，拒赴台湾谋生，辗转香港，抵达北京。新中国政务院总理兼外交部长周恩来签署任命书，父亲于是出任中华人民共和国外交部顾问。

归国之初，待遇优渥，生活平安，业务上颇受尊重。一方面其乐融融，父亲可以在宽敞的庭院中哼京戏，在结霜的窗户上勾漫画，教女儿唱家乡童谣，给儿子买玩具刀剑。而另一方面却又紧张无奈，汇报思想、改造世界观、学习俄语，还有一场接一场的政治运动，都是无法回避的。不过，外交部毕竟不同于一般的机关或院校，有周恩来、陈毅等前辈贤哲直接领导，多数同事素质较高，“小气候”尚属宜人。即使在经过院系调整，社会学、政治学被取消，法学近乎“全盘苏化”的形势下，外交部的老专家们仍然能够开展对国际法、国际政治领域中某些问题的研究，在为现实服务的同时可以兼顾学术理论。迨至“文革”，周鲠生、刘泽荣等老前辈出版了学术专著，父亲的《远东国际军事法庭》完成了一半，还撰写了《战争罪行的新概念》《关于谷寿夫、松井石根和南京大屠杀事件》等论文。尽管在 1957 ～ 1958 年的反右派斗争中受到不公正待遇，父亲还是一如既往地爱国，认真严肃地自省，且不断有研究成果问世。

“文革”骤至，外交部不能幸免，那令人眷恋的“小气候”不复存在。父亲被扣上“反动学术权威”的帽子，为写作积累的资料，包括笔记、卡片、剪报，以及日记多册均遭没收，不知所终。《远东国际军事法庭》已经不可能继续撰写。除了被监督劳动，他还不得不消耗大量时间、精力，去写那些“外调材料”“检查交代”，加上纷至沓来的某老友自杀、某同事遇害的噩耗冲击，导致他的健康状况急剧恶化。他最终没能看到“文革”结束，于 1973 年 4 月 23 日溘然长逝，享年只有 69 岁。

与诸多以天下为己任的知识分子一样，父亲在生命的最后几年中，并没有因为自身处境尴尬而停止思考和抗争。针对一些打着“革命造反”旗号，实际上伤害公共利益、损毁国家声誉的恶劣行径，如焚烧英国代办处、抢夺机关领导权等，他不顾个人安危，毅然上书中央，建议制止、查办，不要信任那些私欲膨胀、“走马灯一般”轮番夺权的人们。顶着“反动学术权威”“反对中日友好”“美化美日反动派”“时刻妄想复辟”的罪名，他小心翼翼地辩解：“我实际上只是一本破烂过时的小字典而已。”“我学无专长，连一本像样的著作都没有……”“众所周知，我是多年来揭露美日勾结复活军国主义野心最力的一个人。”“我是一个被国民党政府通缉的要犯。说句笑话，真要是复辟了，我人头落地恐怕还在各位青年同志之先呢！”

时至今日，在父亲那些意味深长的议论中，被引用得最多的当属他在《关于谷寿夫、松井石根和南京大屠杀事件》一文中说的那段话：“我不是复仇主义者。我无意于把日本帝国主义者欠下我们的血债写在日本人民的账上。但是，我相信，忘记过去的苦难可能招致未来的灾祸。”可是，谁能想到，恰恰是那句“忘记过去的苦难可能招致未来的灾祸”，曾经给他招致“诬蔑我党健忘”的灾祸。其实，再早几年，他那些招致不公正待遇的议论同样发人深省：“有些东西不是关系到人的，是制度不好。如过去刘青山贪污几十个亿（旧币），这在国民党时代也不可能。应进行一些制度方面的改革。”“好大喜功、主观主义、打肿脸充胖子的现象（在经济建设方面）相当严重。”“奉苏联为神明，把苏联专家的话当作金科玉律，是严重的教条主义，崇外思想。”

朱弦一拂遗音在，却是当年寂寞心。

敬爱的父亲离开我们已经整整四十年了。展检故物，手泽如新，而墓木拱矣。诚堪欣慰者，祖国的法治已初具规模，对东京审判的研究正在深入展开。或许，仰赖各方俊彦勠力同心，先父写作中断、资料丢失之巨大遗憾终致弥平。果如此，先父并国家又何幸之甚！

2013 年 9 月